BIOGRAFÍA

DE LA

HUMANIDAD

JOSÉ ANTONIO MARINA
JAVIER RAMBAUD

BIOGRAFÍA
DE LA
HUMANIDAD

Historia de la evolución de las culturas

Ariel

Obra editada en colaboración con Editorial Planeta – España

Diseño de portada: Planeta Arte & Diseño
Imagen de portada: Detalle de Madonna con flores del campo (1528),
Jan van Scorel, Peter Horree/Alamy

© 2018, José Antonio Marina y Javier Rambaud

© Editorial Planeta S.A. – Barcelona, España
Derechos exclusivos de edición en español

Derechos reservados

© 2019, Ediciones Culturales Paidós, S.A. de C.V.
Bajo el sello editorial ARIEL M.R.
Avenida Presidente Masarik núm. 111, Piso 2
Colonia Polanco V Sección
Delegación Miguel Hidalgo
C.P. 11560, Ciudad de México
www.planetadelibros.com.mx
www.paidos.com.mx

Primera edición impresa en España: octubre de 2018
ISBN: 978-84-344-2935-2

Primera edición impresa en México: abril de 2019
ISBN: 978-607-747-681-8

Impreso en los talleres de Litográfica Ingramex, S.A. de C.V.
Centeno núm. 162, colonia Granjas Esmeralda, Ciudad de México
Impreso en México -*Printed in Mexico*

A mi nieto, José Quiroga,
que me ayudó a terminar este libro
JAM

A mis padres
JR

ÍNDICE

Este libro hubiera sido quemado por los nazis, como lo fue el de Franz Boas, *The Mind of Primitive Man,* por defender la importancia determinante de la evolución cultural sobre la influencia genética.

ROBERT WRIGHT, *Nadie pierde*

En un sentido significativo, toda la cultura es una: los seres humanos del presente debemos algo a cada cultura que ha existido antes de nosotros.

ROBERT N. BELLAH,
Religion in Human Evolution

La mente humana es distinta a cualquier otra mente que pueda haber en el planeta, no a causa de sus caracteres biológicos, que no son cualitativamente únicos, sino por su capacidad de generar y asimilar cultura.

MERLIN DONALD, *A Mind So Rare*

Hay una evolución convergente de las culturas. Lo hacen, sin embargo, por distintos caminos y a diferentes velocidades.

J. H. Steward, *Theory of Cultural Change*

El hombre es un animal que lleva dentro historia, que lleva dentro *toda* la historia [...]. Si alguien mágicamente extirpase de cualquiera de nosotros todo ese pasado humano, resurgiría en él de modo automático el semigorila inicial del que partimos.

J. Ortega y Gasset,
Una interpretación de la historia universal

Lejos de presumir que los creadores de las instituciones eran más sabios que nosotros, el punto de vista evolucionista se basa en percibir que el resultado de los ensayos de muchas generaciones puede encarnar más experiencias que la poseída por cualquier hombre en particular.

Friedrich A. Hayek,
Los fundamentos de la libertad

El pasado está encapsulado en el presente y constituye una parte de él no inmediatamente evidente para el ojo inexperto.

R. G. Collingwood, *Autobiografía*

INTRODUCCIÓN

Tal vez estemos viviendo la última oportunidad histórica de comprender nuestra evolución. No por falta de capacidad, sino de interés. La velocidad y la eficiencia de los cambios actuales pueden hacernos pensar que el estudio del pasado es un peso muerto que retrasa la navegación, pero el desdén por la historia nos condena a usar la cultura sin entenderla, lo que limita nuestra libertad. Necesitamos conocer para comprender, y comprender para tomar decisiones y actuar. La historia, tal como la entendemos, nos proporciona claves de comprensión: es la gran hermenéutica. Esto ha sido verdad siempre, pero en el momento actual ha aparecido un nuevo motivo para revisar nuestra genealogía. Si estamos a punto de entrar en la «era del posthumanismo», según dicen influyentes observadores, recordar lo que es la humanidad nos parece necesario, antes de que se extienda sobre ella una «cultura del olvido», antes de que la pasión por innovar nos impida pensar sobre lo que debe permanecer. No hace falta ir a libros técnicos para saber lo que se espera del futuro, porque el tema ha saltado ya al gran público. «Los posthumanos serán personas de habilidades físicas, intelectuales y psicológicas sin precedentes, autoprogramadas, autodefinidas y potencialmente inmortales», escribe

Pepperell.[1] «La interfaz cerebro-ordenador puede cambiar lo que significa ser humano», titula *The Economist*.[2] Luc Ferry, un peso pesado de la intelectualidad francesa, ha escrito *La révolution transhumaniste*.[3] Nick Bostrom, fundador de la World Transhumanist Association, prevé la emergencia de una superinteligencia en un libro recomendado por Bill Gates.[4] Se habla de la aparición de la «singularidad», de una nueva especie, dentro de veinte años.[5] Antes de decir adiós a la humanidad, parece sensato intentar comprender qué es para no caer en un adamismo entusiasta —poderoso, pero ignorante—. E. O. Wilson, en *El sentido de la existencia humana*, insiste dramáticamente en esta necesidad: «Nuestra supervivencia a largo plazo —escribe— radica en que nos comprendamos a nosotros mismos con inteligencia».[6]

Biografía de la humanidad cuenta la aparición evolutiva de los *animales espirituales,* que somos nosotros, y de lo que esto significa. La evolución biológica dejó a nuestra especie en la playa de la historia. Apareció entonces un extraño híbrido, mezcla de biología y cultura, inquieto y sometido a permanente cambio. Nuestra naturaleza nos impulsa a crear cultura y, al hacerlo, nos recreamos. Una especie muda creó el lenguaje, y ahora no podemos pensar sin él. Unos seres preparados para vivir en pequeños grupos han creado sociedades extensas. Tenemos, por ello, un doble genoma: el biológico y el cultural. Aquel ha sido ya descifrado, y tal vez haya llegado el momento de descifrar el otro. Por ello, este libro podría haberse titulado *Genética cultural.*

Queremos estudiar la evolución cultural de la humanidad, que es un colosal dinamismo de autoconstrucción, dirigido por ensayo y error, por hipótesis y comprobaciones, por proyectos y esfuerzos para realizarlos. En todos nosotros resuenan voces antiguas, cuya procedencia desconocemos. Vivimos entre instituciones, costumbres, códigos, lenguajes, técnicas que son la sedimentación secular de acciones olvidadas. También deberíamos conservar la memoria de nuestras equivocaciones. Estamos influenciados por decisiones que fueron tomadas en un pasado inmemorial y no sabemos por quién. Escribimos en castellano por la expansión imperial de Roma. El enfrentamiento entre chiitas y sunitas en los países musulmanes deriva de una decisión tomada en el siglo VII. En su libro *Por qué fracasan los países,* Acemoglu y Robinson comparan Egipto e Inglaterra. Abreviando mucho, Inglaterra es más rica porque en 1688 tomó una decisión política. La gente luchó, obtuvo más derechos y los usó para ampliar sus posibilidades económicas.[7] Para comprender el sentimiento que muchos estadounidenses albergan acerca de su responsabilidad en el bien de la humanidad hay que recordar la idea transmitida desde los primeros inmigrantes de que América era el nuevo Paraíso, y que ellos eran el pueblo elegido por Dios. Como escribió Chateaubriand: «El Eterno reveló a su hijo bienamado su designio sobre América: en esta parte del mundo preparaba una renovación de la existencia humana. El hombre, iluminado por luces crecientes y nunca perdidas, debía recuperar la sublimidad primera que había perdido con el pecado original».[8] No se trata de casos aislados, porque todo nuestro presente está influido por hechos y por relatos pasados.

Pensamos desde una cultura y convivimos en medio de creaciones culturales: incluso el maíz o el trigo que comemos son híbridos de naturaleza y cultura. En ese largo proceso, nuestra inteligencia se ha ido conformando. El niño aprende en muy pocos años cosas que la humanidad tardó miles de años en inventar, por ejemplo, el lenguaje, el pensamiento abstracto, la regulación de las emociones, el comportamiento voluntario o a convivir en sociedades extensas. Por tanto, vivimos desde las posibilidades físicas y mentales que nos proporciona nuestra cultura. *Posibilidad* es una de las palabras claves de esta historia. Cada momento histórico tiene sus propios horizontes, con los que tiene que contar para fijar los rumbos.

Es frecuente considerar la cultura como un conjunto de obras o de creaciones humanas, es decir, con una mentalidad museística: tras la sala prehistórica viene la sala egipcia, la mesopotámica, y todas las demás. Para nosotros, en cambio, la cultura es el modo humano de vivir. Lo que nos interesa es conocer la fuente de la que proceden esas obras, la energía que las produjo, las fantásticas retroalimentaciones de ese bucle prodigioso que crea aquello que después lo recrea. Quisiéramos contar la cultura *desde dentro*, ser sus biógrafos. No nos importa el magma solidificado, sino el volcán en erupción. Si fuéramos lo suficientemente sabios y convincentes, este relato se convertiría en parte de la autobiografía de cada uno de nosotros y nos sentiríamos implicados y emocionados por la azarosa vida de nuestra especie, de la que no es exagerado decir que está en busca de definición. Pico della Mirandola, en un texto representativo del Renacimiento, hace decir a Dios, refiriéndose al hombre: «Ningún lugar te he dado para que puedas ocuparlos todos».[9] Siglos después, Nietzsche lo reafirma: «Somos una especie aún no fijada».[10] Esta necesidad de buscar nuestro puesto en el universo resume la evolución humana, que pasa de ser una historia zoológica a ser una aventura metafísica.[11] Enfrentarnos a ella supone asistir a la aparición de lo extraordinario. Sófocles sintió ese mismo sobresalto y lo expresó en *Antígona*: el ser humano es *deinós*, extraño, terrible, admirable; es *polimathos*, *politropos*, capaz de muchas cosas, constructor y destructor de ciudades. Nos definen con la misma objetividad las obras de arte que los instrumentos de tortura. Pretender contar la historia de este ser obliga a viajar de la miseria a la grandeza, del horror a la bondad, del abismo a las cumbres, del espanto a la admiración. Los pensadores existencialistas fueron conscientes de que el ser humano había sido «arrojado a la existencia» y había tenido que inventarlo todo para evadirse del determinismo animal del que procede. Era inevitable que esta lucha desde la oscuridad, esta ascensión desde la cueva platónica para ver el sol, esté llena de sucesos horribles y de episodios magníficos: vivimos tensionados hacia el futuro por problemas, proyectos y preguntas.

La evolución de las culturas nos permite unir la psicología y la historia, que ha sido una aspiración constante de los investigadores.[12] La psicología tiene que explicar la historia y, recíprocamente, la historia nos permite descubrir misterios del ser humano. En ella yace el secreto de los *animales espirituales*. El sabio Wilhelm Dilthey ya advirtió que al ser humano no se le conoce por introspección, sino estudiando aquellas cosas a las que se ha dedicado con tenacidad. La cultura es, pues, una revelación de la intimidad de la especie.

Organizar la historia de las culturas como la *biografía* de la gran familia humana nos permite comprender todas sus manifestaciones como un esfuerzo coral, variado, a distintas velocidades, para resolver problemas, es decir para inventar, para inventarnos. «En 1844 —escribe elogiosamente Borges—, en el pueblo de Concord, un amanuense había anotado: "Diríase que una sola persona ha redactado cuantos libros hay en el mundo; tal unidad central hay en ellos que es innegable que son obra de un solo caballero omnisciente" (Emerson: *Essays*). Veinte años antes, Shelley dictaminó que todos los poemas del pasado, del presente y del porvenir, son episodios o fragmentos de un solo poema infinito, erigido por todos los poetas del orbe.».[13] Vamos a considerar la evolución de las culturas como una única aventura, en la que distintos protagonistas desean los mismos fines y crean los instrumentos para conseguirlos.

Nuestro proyecto tiene una meta que sobrepasa la historia. Ya hemos dicho que un acontecimiento zoológico desembocó en una aventura metafísica. Creemos que el estudio de la evolución de las culturas puede fundar un *nuevo humanismo*,[14] que es necesario cultivar en este momento, y que puede tal vez ayudarnos a alcanzar la paz sin perder la audacia. Consideramos que es importante recordar la epopeya de la humanización de nuestra especie —que es nuestra historia común—, la brillantez y la precariedad de sus logros, y estudiar, junto a las grandes creaciones, la historia de las víctimas, el libro negro de la historia. Nos parece que debería ser asignatura obligada en todos los niveles educativos, para dar sentido al resto de los estudios, porque permitiría aumentar nuestra *comprensión*.

Este libro tiene, pues, carácter programático. Estamos convencidos de que necesitamos una *ciencia de la evolución cultural de la humanidad* que prolongue la ciencia de la evolución biológica. Una vez escrito, nos reafirmamos en una serie de conclusiones, que adelantamos para convencer al lector de la importancia del tema:

1. La ciencia de la evolución cultural revela la evolución de la inteligencia humana y nos permite comprender sus creaciones, enlazando la psicología con la historia. De esa manera nos permite descubrir la esencia del ser humano y recordar que pertenecemos a una única especie.

2. La ciencia de la evolución cultural puede ayudar a hacer compatible la lealtad local con la lealtad a toda la humanidad.

3. La ciencia de la evolución cultural puede conseguir que aprendamos de la historia y, en un momento en el que la tecnología nos lo permite, puede ayudarnos a tomar decisiones sobre cómo dirigir la evolución de la humanidad. Martha Nussbaum señala, con razón, la necesidad de «enseñar a pensar en función de problemas humanos comunes, de esferas de la vida en las que los seres humanos, sin importar dónde vivan, tienen que elegir. Comenzar a hacer una comparación intercultural de estos problemas comunes nos permitirá reconocer una humanidad compartida y, al mismo tiempo, reparar en las considerables diferen-

cias en los modos en que las diferentes culturas e individuos han enfrentado esos problemas».[15]

4. La ciencia de la evolución cultural permite comprobar que la historia no tiene un fin determinado, pero que los seres humanos actúan movidos por fines, lo que libera nuestra evolución del azar y nos permite descubrir algunos grandes guiones evolutivos: la población aumenta, a pesar de guerras y epidemias; las sociedades se hacen cada vez más complejas y consumen cada vez más energía; las armas son más mortíferas; la comunicación es más amplia y tupida; la duración de la vida se alarga; aumenta el control de la naturaleza, de la sociedad y de la propia intimidad; se evoluciona de la magia a la ciencia, y se han reducido los niveles de violencia.

5. Por último, la ciencia de la evolución cultural permite enunciar una «ley del progreso ético de la humanidad», aunque a la vista de los horrores de la historia parezca falsa: «Cuando las sociedades se liberan de la pobreza extrema, de la ignorancia, del dogmatismo, del miedo y del odio al vecino y al diferente, evolucionan convergentemente hacia un modelo ético universal que se caracteriza por el respeto a los derechos individuales, el rechazo a las discriminaciones no justificadas, la confianza en la razón para resolver problemas, la participación en el poder político, las seguridades jurídicas y las políticas de ayuda». Pero esos logros son precarios, y pueden colapsar si desaparecen las condiciones previas. Nada nos asegura un final feliz.

Capítulo primero

CUESTIONES DE MÉTODO

1. El método

Estudiar la evolución cultural de la humanidad sin perderse en generalidades parece un proyecto megalómano, condenado al fracaso. No hace falta ser historiador para comprender que la información de que disponemos es inmanejable. Según un famoso neurólogo, solo hay una cosa en el universo más complicada que el cerebro humano: siete mil millones de cerebros humanos trabajando simultáneamente. Pues bien, únicamente hay algo aún más complejo de estudiar: los miles de millones de cerebros que han estado trabajando a lo largo de la historia de la humanidad. En este momento, las nuevas tecnologías permiten la utilización de los Big Data para el estudio de la historia.[1] Es decir, abren la posibilidad de tener millones de datos de cada uno de los habitantes del planeta, de los grupos, empresas, instituciones, de los flujos monetarios o migratorios, del impacto de las noticias, los medios de comunicación, la publicidad. El problema estriba en saber qué hacer con tanta información. Piensen lo que supondría escribir la «historia universal de un día», incluso la «historia de una hora» de manera exhaustiva. Sería algo semejante a pretender hacer un mapa del mismo tamaño que el territorio cartografiado.

Por desgracia, el cerebro humano solamente puede manejar esa información gigantesca simplificándola de alguna manera. El problema está en cómo hacerlo sin falsear la realidad, sin perder información relevante, sin desangrarla. Decía Woody Allen que gracias a un método de lectura rápida había conseguido leer *Guerra y paz* en un par de horas. «Trata de Rusia», resumía. En este proyecto vamos a utilizar un método que a nuestro juicio sortea con éxito esta dificultad, porque nos permite movernos en la generalidad sin perder la palpitación humana, abre la posibilidad de manejar y comprender gigantescos bancos de datos sin extraviarnos en los detalles. Si no tenemos razón, el proyecto entero estará construido sobre arenas movedizas, y nuestro trabajo será baldío. Por eso nos ha parecido necesario justificar su viabilidad antes de animarles a que nos lean.

El método que nos parece más adecuado tiene su fundamento en la estructura de la acción, que es el origen de todo. La fuente originaria de la historia. «El hombre es un ser activo —escribe Arnold Gehlen, un gran antropólogo—. Se debe por ello situar como punto central de todos los problemas y preguntas la acción, y definir al hombre como una esencia activa o, en forma equivalente, promotor y creador de cultura.»[2] Actuamos movidos por la necesidad, por las expectativas, por las emociones que orientan nuestro comportamiento, y lo hacemos con la ayuda de las herramientas mentales que tenemos a nuestra disposición. La emoción es personal; las herramientas, sociales. Spinoza tenía razón al decir que «la esencia del hombre es el deseo». En el origen de los fenómenos sociales encontramos invariablemente necesidades y deseos individuales, por lo que es inevitable escribir una historia pasional de la humanidad, como quería el gran historiador Georges Duby, si queremos comprenderla.[3]

La hipótesis de partida nos parece suficientemente contrastada: todos los seres humanos se enfrentan a los mismos problemas, pero cada cultura los resuelve a su manera.[4] Eso hace que, por muy diferentes que sean, todas las culturas resulten comprensibles. Vamos a exponer, pues, una «historia aporética», una crónica de los problemas humanos, y de cómo unos seres inteligentes pero desbordados por los retos, impulsados por las utopías pero paralizados por los miedos, han ido saliendo adelante. Inmediatamente vamos a tropezar con una paradoja: necesitamos resolver los problemas vitales, y necesitamos también inventar nuevos problemas, con lo que estamos comprometidos en una especie de competición inacabable con nosotros mismos. Los humanos buscan desesperadamente la paz para, desde ella, comenzar una nueva guerra. La tensión nos angustia, pero la falta de tensión nos aburre. En la década de los sesenta, una serie de pensadores consideraron que los grandes problemas de la humanidad eran la superpoblación, la guerra nuclear y el aburrimiento. Algunos alarmistas dijeron que la única amenaza a la que no se podía sobrevivir era el aburrimiento.[5]

Hay algunos problemas gigantescos y tenaces, derivados de necesidades o aspiraciones universales, que se trenzan con la existencia humana, que a lo largo de la historia aparecen y desaparecen para surgir de nuevo; que los humanos intentan una y otra vez resolver inventando soluciones nuevas o repitiendo las antiguas. La historia guarda un repertorio de respuestas, que con frecuencia plantean nuevas preguntas. Todas las sociedades han regulado la familia y la procreación, y solo han encontrado cuatro soluciones: un hombre con varias mujeres, una mujer con varios maridos, la monogamia permanente o la monogamia sucesiva. Últimamente, la biotecnología ha ampliado las opciones. Los Estados han tenido que conseguir dinero para financiar las guerras, y lo han conseguido mediante los impuestos, las alianzas, incluidas las matrimoniales, el robo o el préstamo. El deseo de eludir los impuestos lleva en la actualidad a los «paraísos fiscales». Pero ya Lutero se escandalizó cuando a la muerte en Roma del obispo de Bresanona, en 1509, no se encontró ni oro ni plata en su casa, sino simplemente una tira de papel oculta en el reborde de su manga, que un representante de los banqueros Fugger, de Alemania, aceptó como un pagaré por 300.000 florines.[6]

La historia es memoriosa, aunque parezca olvidadiza. «Hoy —escribe Armstrong— el mundo musulmán asocia imperialismo occidental con las cruzadas, y no se equivoca al hacerlo. Cuando llegó a Jerusalén en 1917, el general Allenby anunció que finalmente concluían las cruzadas, y cuando los franceses llegaron a Damasco, su comandante marchó hasta la tumba de Saladino en la gran mezquita y gritó: *"Nous revenons, Saladin!".*»[7]

2. El algoritmo evolutivo

Darwin descubrió un algoritmo evolutivo, es decir, un proceso que produjo la aparición de las especies. La naturaleza se modifica a lo largo del tiempo, y la realidad descarta las variaciones menos aptas para unas condiciones dadas. La teoría estuvo incompleta hasta que se descubrió el mecanismo que producía las variaciones: la mutación genética. En ese momento, el modelo fue más comprensible. La evolución de las culturas se rige por un mecanismo análogo. Hay una *fuerza impulsora,* que mueve y dirige la acción: las necesidades, deseos, expectativas y pasiones humanas; hay un mecanismo que proporciona soluciones a los *problemas planteados* por esos deseos; y hay un *sistema de selección* que elige una de las soluciones y rechaza las restantes.

Por la importancia que tiene en la trama del libro, analizaremos brevemente esta dinámica que ha movido al ser humano desde su aparición o, mejor dicho, que hizo aparecer al ser humano.

1. *La fuerza impulsora tiene raíces biológicas.* Los organismos tienen que mantener sus constantes vitales, lo que les obliga a una continua interacción con su entorno. Como señala Thomas Sowell: «La cultura tiene como fin satisfacer los deseos humanos».[8] Unos deseos que son la conciencia de una necesidad o la anticipación de un premio. Las necesidades básicas son comunes a todos los humanos —vivir, eliminar el dolor, buscar el placer, convivir, reproducirse—, pero a lo largo de la historia han ido evolucionando, hibridándose, cambiando de objetivos —que pueden ser reales o soñados—, expandiéndose. Una persona puede preferir morir antes que traicionar a sus amigos. Otra vive obsesionada por crear algo nuevo, o por atesorar un dinero que nunca va a poder gastar. Unas comunidades encuentran satisfactorio establecerse y otras prefieren la vida nómada. Son manifestaciones de un impulso más general y profundo. Una de las características humanas es que vivimos al mismo tiempo en la realidad y en la irrealidad, en lo necesario y en lo superfluo, y eso amplía nuestras posibilidades buenas y también las malas. Tal dualidad es, posiblemente, lo que mejor caracteriza a nuestra especie.

A riesgo de simplificar, hemos identificado cinco grandes motivaciones: sobrevivir, aumentar el bienestar, vincularse socialmente, dar sentido a la experiencia y ampliar las posibilidades vitales. Es decir, una voluntad de poder que pretende conseguir el dominio de la naturaleza, de uno mismo o de los demás. Por supuesto, estos deseos se mezclan, por lo que utilizamos esta clasificación con las debidas cautelas.

Tan grandes deseos no tienen su satisfacción asegurada. Alcanzar el objetivo ambicionado se convierte en un problema y, a veces es uno de los problemas pertinaces, difíciles de resolver, que acompañan a nuestra especie a lo largo de su historia. Podemos llamarlos *problemas estructurales*, es decir, que se derivan de nuestra naturaleza y la manifiestan, que nos obligan a enfrentarnos a ellos. Simplificando mucho, podemos resumirlos como un único problema difícil de definir dirigido a un objetivo difícil de precisar. Lo llamaremos *felicidad*. Un impulso abstracto y ciego, que se concreta en múltiples avatares: el placer, la libertad, la justicia, el poder, el amor, la riqueza, la belleza, la salvación, la venganza. Decir que la *evolución de las culturas* cuenta la historia de la búsqueda de la felicidad es de una superficialidad escandalosa, pero verdadera.[9] Una de las peculiaridades de las revoluciones de finales del siglo XVIII es que introdujeron la felicidad dentro del lenguaje político, haciendo así explícito lo que siempre había estado actuando desde la sombra. Continuamente hemos experimentado el sueño utópico de encontrar el mundo feliz, o la añoranza de una edad bienaventurada ya perdida. Incluso algún historiador audaz, como Edward Gibbon, se atrevió a datarla: «Si se pidiera a un hombre que señalara el periodo de la historia universal durante el cual la condición de la raza humana fuera más feliz y próspera, sin duda se decantaría por el que transcurrió entre la muerte de Domiciano y la subida de Cómodo al trono del Imperio romano (98-180 d.C.)».[10] Gibbon se excedió en sus atribuciones profesionales y, a la vez, señaló un estimulante proyecto de investigación. Miles de millones de existencias humanas esforzándose en ser felices, en huir del hambre, del dolor, de la sumisión, de la ignorancia, del miedo han producido el mundo que conocemos. ¿Podemos considerar que nuestra especie ha tenido éxito?

2. *La búsqueda de soluciones.* La índole aporética de la historia deriva de la índole problemática de la vida humana. La

inteligencia es la encargada de encontrar la salida. Así se abre el *espacio de la creatividad histórica*, donde aparece la cultura como repertorio de soluciones. Este es el núcleo de nuestro proyecto. Vamos a explorar la historia de la creatividad que nos alumbró como especie.[11] Sin cesar aparecen las mismas pasiones y los mismos problemas y, una y otra vez, los *sapiens* se aprestan a solucionarlos de nuevo, más eficazmente. La historia de las culturas es un registro de sedicentes soluciones. Voltaire lo dijo con una frase tajante: «La historia no se repite nunca; los seres humanos, siempre».

Es fácil poner ejemplos. Todos los animales huyen del dolor y buscan el placer. Los humanos, como *animales espirituales* que son, buscan no solo placeres físicos, sino también goces espirituales: la música, la danza, la pintura, las narraciones, la comunicación con el más allá, el poder.[12] En todos los seres humanos hay un *deseo de seguridad* (fuerza impulsora), que plantea el problema de cómo conseguirla. El gran historiador Lucien Febvre estudió este deseo por el papel capital que ha jugado en la historia de las sociedades humanas.[13] A lo largo del tiempo se han propuesto muchas soluciones: la cooperación para defenderse, la destrucción del enemigo, la organización política, los sistemas normativos, el retiro al desierto, la búsqueda interior de la impasibilidad, las religiones.

La evolución cultural va a revelarnos este paso del deseo a su satisfacción. Es, pues, una historia de invenciones, tanteos, fracasos, nuevos tanteos. De satisfacciones y decepciones. Por oposición al deseo animal —que tiene mecanismos muy fijos de sociabilidad—, los deseos humanos son proliferantes, insaciables. La misma cultura que los satisface los estimula. Somos animales lujosos, que ampliamos constantemente el repertorio de nuestras necesidades. Ya descubriremos el secreto de esta desmesura. En la tumba de Sungir (de hace 30.000 años) aparecen tres cadáveres. Un hombre de unos sesenta años decorado con 3.936 cuentas, brazaletes y un colgante al cuello; un hombre joven que llevaba 4.903 cuentas y una mujer joven con 5.274. Los animales siguen repitiendo sus rutinas durante milenios. Los pájaros siguen haciendo sus nidos de la misma manera, mientras que los humanos hemos pasado por cuevas, chozas, casas, palafitos, castillos, templos góticos, rascacielos, caravanas y tiendas de campaña. Hemos inventado dieciséis mil lenguas. Dos mil años antes de nuestra era, los eruditos babilónicos redactaron listas de dioses. Contaron dos mil. El sintoísmo japonés admite 800.000 seres divinos. Parece un número excesivo hasta que lo comparamos con los 330 millones de dioses venerados en la cultura hindú.[14] Según Poirier, existen en el mundo 12.000 sistemas legales.[15] Es la *ebriedad del cambio, la explosión inventiva.* El hombre es *bestia cupidissima rerum novarum,* dice san Agustín.[16] Padecemos la concupiscencia de la novedad. No nos basta con satisfacer nuestras necesidades, sino que las ampliamos para tener que satisfacerlas, ya que esto es siempre placentero. Como señaló Tomás de Aquino, «los deseos que proceden de la inteligencia, y no de la fisiología, son infinitos».[17] Todos los humanos necesitan consumir bienes, pero el «consumismo» ha sido una tendencia constantemente en aumento.[18]

3. *El criterio de selección.* Junto al *impulso* y a la *creación de soluciones,* el proceso evolutivo ha de tener una regla de selección. En la naturaleza funciona una muy simple: la supervivencia. En el campo intelectual, Karl Popper aplicaba el mismo criterio a las teorías: la mejor será la que sobreviva a la competencia con otras teorías;[19] las mejores soluciones se imponen a las peores. Sin embargo, este es un criterio muy elemental. Conforme entran en juego necesidades más complejas, se hacen más complejos también los criterios: el de utilidad, que dirigía la producción de herramientas, fue

ampliado en algún momento histórico por el deseo de decorarlas. La decoración, tal vez como señal de prestigio, debió de producir un placer especial.

Pondremos un ejemplo. La lucha por la supervivencia ha impulsado distintas soluciones para un mismo problema, moduladas por la presión del entorno. Felipe Fernández-Armesto ha descrito los esfuerzos por sobrevivir en el desierto, en la tundra, en el hielo, en los paisajes más inhóspitos, el afán por dominar el mar y los vientos.[20] Las formas de vida se multiplican. Hay un proceso constante de sedentarización y urbanización que al parecer ha triunfado. Pero durante milenios se mantuvo otra forma de vida que rechazaba esas novedades. Frente a las civilizaciones sedentarias existe una poderosa civilización nómada, cuyo permanente latido se escucha más allá de las fronteras, y que periódicamente asalta el mundo establecido. Son dos criterios de selección opuestos para decidir un modo de vida. Otro ejemplo, que nos afecta en la actualidad. La cultura occidental ha apostado por los derechos individuales, mientras que gran parte de las culturas orientales, africanas y musulmanas apuestan por los derechos comunitarios. Elegir un criterio de selección u otro se convierte así en un tema de gran calado.

Las soluciones pueden evaluarse inmediatamente, según aplaquen la necesidad o produzcan algún tipo de placer. Pero esas soluciones pueden manifestarse insuficientes, provisionales o producir problemas posteriores. Por ello hay que acudir a criterios más potentes. Uno poderoso y elemental es el que propone la teoría de juegos. Hay conflictos en que uno gana y los demás pierden. Se llaman «juegos de suma cero». En una guerra gana el que se lleva el botín e impone sus normas. Son situaciones de ganador-perdedor. Otras veces, pueden resultar beneficiados ambos competidores. Esto sucede, por ejemplo, en el comercio. Son situaciones de ganador-ganador. Son diferentes lógicas de triunfo que se entremezclan e interfieren. Podemos pensar que la Revolución francesa, con su defensa de los derechos del hombre y del ciudadano, aspiraba a un beneficio universal. Pero Napoleón volvió a la dialéctica del vencedor y el vencido. La consecuencia fueron los millones de muertos en las guerras napoleónicas.

Robert Wright sostiene que la evolución cultural ha privilegiado las soluciones *win-win*, los juegos de suma positiva.[21] Esto permitiría descubrir un dinamismo teleológico fragmentado, una corrección de la idea de la «mano oculta» de Adam Smith. El comercio, el derecho de gentes, la política de negociación, la democracia, los tribunales internacionales son intentos de lograr unos juegos de suma positiva. Pinker señala que las emociones sociales —compasión, confianza, gratitud, culpa, cólera— fueron seleccionadas porque permiten que a las personas les vaya bien en juegos de suma positiva.[22] El «dulce comercio» (*doux commerce*) es uno de esos juegos. Como resumió el jurista Samuel Ricard en 1704: «El comercio vincula unas personas a otras en virtud de la utilidad mutua. Mediante el comercio, el hombre aprende a deliberar, a ser honrado, a adquirir modales, a ser prudente».[23] Los estudios sobre el altruismo recíproco iniciados por Trivers refuerzan la misma idea.[24] Los humanos pueden colaborar con facilidad si la ayuda prestada generosamente suscita una respuesta análoga. Como dice un proverbio esquimal: «El lugar mejor para guardar la comida sobrante es el estómago de tu vecino». Los cuidadosos y universales rituales del regalo o del don manifiestan la importancia del tema.

Por desgracia, la evolución cultural no sigue siempre la lógica del *win-win*. Con detestable asiduidad volvemos a la lógica de suma cero. Un golpe militar puede alterar la marcha democrática. Una epidemia, provocar una hecatombe. Hitler llevó a Alemania, una nación culta y rica, al abismo. Y todavía en más ocasiones, y esta es una triste enseñanza de la historia, caemos en juegos de suma negativa, en los que todos los participantes pierden. El historiador Carlo Cipolla clasificó a los humanos en cuatro grupos: los héroes (que benefician a los demás aunque se perjudiquen ellos mismos), los inteligentes (que buscan el propio provecho al mismo tiempo que el provecho de los demás), los malvados (que buscan solo su propio bien), y los estúpidos, que hacen mal a los demás sin beneficiarse ellos mismos.[25] Muchos comportamientos de la historia son escandalosamente estúpidos. Todos tenemos la esperanza de que podamos volvernos más inteligentes. Colaborar en esa utopía es una de nuestras motivaciones.

3. El espacio abierto por el problema

Tenemos, pues, grandes deseos que plantean *problemas estructurales* universales, gigantescos y persistentes. Son el motor de la historia. Los expertos nos dicen que cada problema abre su propio espacio de solución, que incluye todos los factores y recursos implicados para pasar del deseo a la consumación del deseo, del estado inicial al estado final. Lo hemos llamado *espacio de creatividad*. En él van apareciendo dominios de experiencia —estética, científica, religiosa, amorosa, etc.—, grandes tradiciones e instituciones, secuencias evolutivas que se repiten. El espacio más amplio y abarcador es el que busca la felicidad. Todos los intentos, frustrados o triunfantes, van quedando en el gigantesco depósito evolutivo, parte del cual vamos a estudiar. Consideremos un dominio constante y misterioso: el artístico. Un artista nace dentro de una tradición a la que quiere pertenecer, y de la que quiere apartarse. No podemos comprender la pintura de Picasso si no la integramos en una genealogía pictórica, en una *corriente temática* constituida por la evolución de las formas, esa vida propia que Henri Focillon quiso narrar.[26]

Picasso, como todos los pintores, quiso integrarse en ese linaje cultural plástico. De acuerdo con la metodología de este libro, podemos considerar la creación artística como una permanente solución de problemas que el artista se plantea: el escorzo, la perspectiva, los colores y aceites, el cubismo, el impresionismo, la abstracción. Y también, el modo de sobrevivir, y de alcanzar la fama. En su ya clásica historia del arte, E. H. Gombrich expresa la misma idea. El artista siempre encuentra problemas «en la solución de los cuales puede desplegar su maestría, incluido el problema de cómo ser original».[27]

En la *evolución de las culturas* encontramos líneas de experiencia que se trenzan, se polinizan, se adaptan, dando origen a multitud de creaciones. La experiencia del poder, la necesidad de solucionar los conflictos, las formas del amor o del odio, las experiencias religiosas o poéticas forman la caudalosa corriente de la historia de la humanidad. Sus diferencias se enmarcan dentro de una misma corriente en la que encuentran inspiración y sentido. Pensemos en el misticismo, una corriente de experiencia universal, presente en todas las religiones. Hay analogías que resultan sorprendentes, ya que parten de creencias distintas y se sirven de lenguajes diferentes.[28]

Tradicionalmente se han elaborado historias de cada una de esas líneas evolutivas, de cada uno de esos *espacios de creatividad*. Hay, así, historias políticas, económicas, historias de la pintura, de la música, de la filosofía, del derecho. Producen una impresión de coherencia engañosa. La historia ha sido más desordenada. Y, sin embargo, creemos percibir en ella un mecanismo que va seleccionando soluciones que se imponen porque son aceptadas como mejores por la mayor parte de la población. A veces se trata de un consenso efímero, pero, como en las teorías científicas, nos mantiene la esperanza de que una teoría más poderosa desplace a la más débil.

Tropezaremos con una dificultad añadida. No siempre se pueden dar saltos evolutivos. Es cierto que una sociedad tecnológicamente atrasada puede pasar al teléfono móvil sin haber conocido los teléfonos fijos, pero en otros temas, por ejemplo, políticos o sociales, resulta más difícil. Francis Fukuyama cuenta que asesoró al Banco Mundial y a la Agencia Australiana para el Desarrollo Internacional sobre el modo de favorecer la construcción de un Estado moderno en Melanesia. El problema surgía del hecho de que esas sociedades están organizadas tribalmente, en lo que los antropólogos denominan *linajes segmentarios*, grupos de personas que descienden de un ancestro común, cada uno de ellos con una lengua, lo que produce una enorme fragmentación social. Papúa Nueva Guinea acoge más de novecientas lenguas incomprensibles entre sí, casi la sexta parte de todas las lenguas existentes en el mundo. Cada tribu vive en su valle, enfrentándose a las tribus vecinas.[29] La exportación de instituciones, aunque sean benefactoras, puede fracasar si la sociedad receptora no las entiende. Los intentos de implantar un sistema democrático en una sociedad tribal como la afgana son un buen ejemplo.

4. Dos consecuencias del algoritmo evolutivo: paralelismo y convergencia

Puesto que queremos hacer la biografía de la humanidad, esta historia tiene que ser multicéntrica, atender a las distintas figuras que las sociedades han formado, a los diferentes ritmos con que lo han hecho. Retomamos así el proyecto ilustrado que Kant expuso en su delicioso opúsculo *Historia universal desde un punto de vista cosmopolita*.

El dinamismo universal que mueve a todas las culturas permite explicar dos hechos que han intrigado a los historiadores. En primer lugar, que ha habido múltiples *invencio-*

nes en paralelo: la escritura, la agricultura, la cerámica, la metalurgia, los modos de organización política, las religiones, el dinero, la estratificación social, el papel religioso de los sacrificios, el arte. Ellas, y muchas más, han surgido de manera autónoma en diferentes lugares.[30]

Las invenciones en paralelo se dan también en el plano individual. En 1922 los sociólogos William Ogburn y Dorothy Thomas descubrieron hasta 148 ejemplos de descubrimientos científicos hechos por diferentes personas con muy poco tiempo de diferencia. El oxígeno fue descubierto en 1774 por Joseph Priestley en Londres, y por Carl Wilhelm Scheele en Suecia. En 1610 y 1611, cuatro astrónomos diferentes —incluyendo a Galileo— descubrieron las manchas solares. John Napier y Henry Briggs desarrollaron los logaritmos en Inglaterra, mientras que Joost Bürgi lo hizo en Suiza. La ley de conservación de la energía fue reclamada por cuatro personas distintas en 1847. Y, alrededor de 1900, la radio fue inventada simultáneamente por Marconi y Tesla. Ogburn y Thomas creen que eso prueba la influencia del entorno. Las ideas están en el aire y son inevitables.[31]

Si compartimos estructuras psicológicas y vivimos en la misma realidad, es explicable que tengamos experiencias semejantes. Mircea Eliade estudió la presencia del simbolismo de los «vuelos mágicos» en culturas muy distantes: «La ascensión y el «vuelo» forman parte de una experiencia común de toda la humanidad primitiva. Recordemos la importancia de los símbolos del alma-pájaro, de las «alas del alma», etc., y de las imágenes que expresan la vida espiritual como una ascensión. Es probable que el tema místico-ritual «ave-alma-vuelo extático» se haya formado en la época paleolítica».[32]

El segundo hecho es el *dinamismo convergente*.[33] Cuando las soluciones entran en competencia, las más poderosas desplazan a las más débiles. La ciencia se impone a la mitología; la técnica más eficiente, a la más costosa, y algún tipo de legislación, al mero empleo de la fuerza. Esta convergencia, sin embargo, estalla algunas veces, o sufre retrocesos, o resulta bloqueada por poderosas fuerzas. Ha habido, por ejemplo, una convergencia hacia la democracia, que fue interrumpida por el auge de los totalitarismos de la primera mitad del siglo xx.[34] En biología, eso se denomina *reversión*. Un órgano adquirido —por ejemplo, los ojos— puede atrofiarse si el entorno los hace inútiles. Así ha sucedido en los organismos que viven en la oscuridad. Y también en la historia humana cuando atraviesa etapas oscuras.

La convergencia es una tendencia de la humanidad que se produce por acumulación de miríadas de decisiones individuales. Consiste, pues, en una especie de gigantesco plebiscito. En un primer nivel, no hay razón para encontrar un progreso moral en esa convergencia. Ian Morris selecciona cuatro parámetros para medir lo que llama *desarrollo humano* —aumento del consumo de energía, mayor potencia destructiva de las armas, organizaciones más complejas, medios de comunicación más potentes—, advirtiendo que no se puede decir que sean fenómenos buenos o malos.[35] Tenemos, sin embargo, otros índices de «desarrollo humano» más precisos, como los utilizados por la ONU, que incluyen la longevidad, la educación o la equidad. Amartya Sen, premio Nobel de Economía, ha señalado la importancia de lo que llama *capacidades,* que son las oportunidades reales que tenemos de alcanzar las cosas que consideramos necesarias para una vida digna.[36] Esos índices ya incluyen una interpretación moral. ¿Podrían aplicarse a la historia?

Tenemos la convicción de que es posible. La inteligencia humana está en condiciones de elegir mejor, de conseguir mejores resultados de ese plebiscito continuo en que consiste la historia, cuando se libera de cinco obstáculos: la pobreza extrema, la ignorancia, el dogmatismo, el miedo y el odio. Cada vez que uno de esos obstáculos reaparece, se produce un colapso o un retroceso. El objetivo de esa convergencia es lo que denominamos *felicidad objetiva*. Se trata de un concepto que por su importancia conviene aclarar, puesto que este libro es realmente una historia de la búsqueda de esa felicidad.

5. Breve discurso sobre la felicidad objetiva

La felicidad es una palabra que a pesar de su vaguedad se ha puesto de moda en las ciencias psicológicas y sociales.[37] Implica un estadio de plenitud, en el que las expectativas se perciben como cumplidas. Han aparecido encuestas para medir el índice de felicidad de las sociedades, con resultados contradictorios, porque el sentimiento de felicidad no se correlaciona de un modo exacto con los niveles de vida: los ciudadanos de países económicamente deprimidos pueden sentirse más felices. Esto se explica por la ambigüedad de la palabra. Creemos necesario distinguir entre *felicidad subjetiva* y *felicidad objetiva*. Aquella es una experiencia que deseamos sentir y esta una situación en la que nos gustaría vivir.[38] El gran jurista Hans Kelsen decía que la *felicidad objetiva* es la justicia y, en efecto, a todos nos gustaría vivir en un país justo.[39] Con una finalidad didáctica, algunos autores llaman a ese lugar ideal *Dinamarca,* un lugar conocido por gozar de buenas instituciones políticas y económicas; es estable, democrático, pacífico, próspero e integrador, y tiene unos niveles extraordinariamente bajos de corrupción política. Lant Pritchett y Michael Woolcock, especialistas en Ciencias Sociales del Banco Mundial, acuñaron la expresión «¿Cómo llegar a Dinamarca?» para plantear el problema de cómo transformar países como Somalia, Haití, Nigeria, Irak o Afganistán.[40] Es evidente que la felicidad objetiva no asegura la felicidad subjetiva. Incluso en la mítica *Dinamarca* la gente pierde a sus seres queridos, tiene fracasos amorosos, está enferma o sufre depresiones.

Parece difícil que nos pongamos de acuerdo en lo que nos haría feliz, pero es posible que coincidiéramos al señalar las características de una situación objetivamente feliz. Cuando se empezó a trabajar en la preparación de la Declaración de Derechos Humanos, el filósofo francés Jacques Maritain se extrañó de que los convocados se pusieran rápidamente de acuerdo sobre los derechos universales, pero con la condición de que no se intentara justificarlos, porque entonces entrarían en liza diferencias ideológicas irreconciliables. Eso le llevó a admitir una «experiencia moral» de la humanidad. La historia se convertía así en banco de pruebas de las soluciones morales, lo que permitía un *aprendizaje ético*, una mayor finura en la elección de valores y de soluciones.[41] Son ideas muy cercanas a nuestro proyecto. Apreciamos sentirnos seguros, protegidos por nuestros derechos, con holgura económica, pudiendo gozar de libertad. Todos consideramos que es mejor tener educación y acceso a los bienes culturales que no tenerlos, y valoramos el beneficio de disfrutar de asistencia médica. La mayor duración de la vida, el menor índice de muertes infantiles o en el parto, la anestesia para evitar el dolor, sin duda permiten mejor calidad de vida. También nos preocupan los derechos de las futuras generaciones, lo que nos hace pensar en la sostenibilidad de nuestro modo de vida. Aristóteles advirtió que tanto la política como la ética estaban dirigidas a la felicidad. Aquella a la felicidad social y esta a la individual. Creía que la política tenía un rango superior. Una historia de la felicidad objetiva debería por ello ser una historia del progreso político y de cómo influye y simultáneamente depende del progreso ético. De esto estaban hablando los revolucionarios ilustrados cuando opinaban que las buenas leyes hacen buenos ciudadanos, pero que, en reciprocidad, solo las virtudes cívicas permiten hacer buenas leyes.

No podemos fiarnos de las mediciones del sentimiento de felicidad subjetiva porque pueden no corresponder con la situación real. En primer lugar, porque nos habituamos con facilidad a las cosas buenas y acabamos por no percibirlas. Además, el sentimiento de felicidad es «diferencial». Procede de la diferencia entre lo esperado y lo conseguido, por eso, pensadores clásicos, en la tradición occidental y oriental, han predicado que la ausencia de deseos es el mejor camino para la felicidad. Las culturas determinan el nivel de molestia soportable y, según advierten muchos psiquiatras, la cultura occidental ha rebajado mucho el umbral, lo que puede aumentar el sentimiento de malestar. En su artículo de 2013 «Abnormal Is the New Normal», el psicólogo Robin Rosenberg observaba que con la última versión del DSM (la biblia del diagnóstico psiquiátrico) podía diagnosticarse alguna enfermedad mental a la mitad de la población estadounidense a lo largo de su vida.[42]

La experiencia de la felicidad también es diferencial en un segundo sentido: depende de cómo percibamos la felicidad de los demás. El proverbio «mal de muchos, consuelo de tontos» funciona aquí a la perfección. El gran filósofo John Rawls, autor de una aplaudida teoría de la justicia, indicaba que la «envidia», a la que los moralistas definían como «tristeza por el bien ajeno», entorpece la decisión justa.[43] Por último, hay elementos fisiológicos o biográficos que influyen en el modo de interpretar lo que vivimos. Todo esto recomienda que consideremos fundamentalmente los *índices de felicidad objetiva*, y solo en casos muy especiales la *felicidad subjetiva*.

Al estudioso de la *evolución de las culturas* debe interesarle averiguar si es posible evaluar la felicidad objetiva de las culturas en cada momento de su desarrollo. Según la ley del progreso ético que hemos propuesto, el índice incluiría la situación de pobreza, de ignorancia, de dogmatismo, de miedo y de odio. Las consecuencias, que debemos comprobar, son que la eliminación de esos condicionantes conduciría convergentemente hacia el reconocimiento de los derechos individuales, el rechazo de las discriminaciones no justificadas, la participación en el poder político, las garantías jurídicas, la solución racional de los conflictos y las políticas de ayuda.

CAPÍTULO SEGUNDO

LA EMERGENCIA
DE LOS ANIMALES ESPIRITUALES

1. El pasado profundo

En este segundo capítulo vamos a asistir a la emergencia de nuestra especie. Contemplado desde la escala de la Gran Historia, que comienza con el Big Bang, es un acontecimiento minúsculo, pero que para nosotros es el comienzo de un big bang humilde que acabó inventando la idea del Big Bang enorme.[1] Ante tan radical novedad tenemos que utilizar conceptos que pueden parecer excesivos e incluso impertinentes para un libro de historia. *Con la aparición del ser humano, la realidad se convierte en «mundo».* La realidad existe con independencia de que nosotros existamos. Sin nosotros, las galaxias seguirían su curso y, en el otro extremo, las partículas elementales, el suyo. Somos parte de ese acontecimiento físico, sin duda, pero, además, lo revestimos de un significado, lo interpretamos, inventamos teorías para conocerlo, lo vivimos emocionalmente, lo transformamos en «mundo». En el nuestro. Vivimos en un mundo físico e ideal a la vez. Tendemos a incluir los datos en relatos. Convertimos nuestra galaxia en la «Vía Láctea», restos de un antiguo cuento que contaba cómo a la diosa Hera, mientras estaba

41

amamantando a su hijo Heracles, se le escaparon unas gotas de leche que se convirtieron en estrellas. Todos vivimos en la misma realidad, pero en distintos mundos. En esa segunda realidad, en ese bosque de los significados, en la cultura, que es apropiación e invención, es donde vamos a introducirnos.[2]

Nuestros antepasados, como nuestros primos animales, estaban guiados por impulsos y sentimientos de dolor y placer. Estamos de acuerdo con los psicólogos evolucionistas, en especial Leda Cosmides y John Tooby, cuando afirman que la inteligencia humana se formó en el Pleistoceno y que entonces adquirió las estructuras básicas que le permitieron crear cultura e irse modificando con arreglo a sus propias creaciones.[3] Asistimos, pues, a los cimientos de nuestra humanidad, a la emergencia de los «animales espirituales», de los «animales creadores». Al hablar de *animales espirituales* estamos haciendo una mera descripción. Un ser material ha creado grandes mundos simbólicos. Las leyes de la materia no son las leyes de las ideas. En un nivel están los acontecimientos físicos, neuronales, que suceden en nuestro cerebro; en el otro, las creaciones ideales. Una multiplicación, por ejemplo, es el resultado de la actividad física del cerebro, pero no está regida por leyes biológicas, sino por el mundo ideal de la aritmética. Lo material inventa lo ideal, que acaba dirigiendo la actividad material: es el bucle prodigioso.[4]

Nuestra historia tuvo un comienzo poco espectacular. Conviene no olvidarlo, para comprender nuestras limitaciones, pero también el dinamismo portentoso que ha hecho que nos apartáramos de nuestros antepasados animales. Hace 6 millones de años apareció en África la rama de los primates que daría origen al ser humano. Aparentemente fue un acontecimiento evolutivo rutinario. Una población de monos antropomorfos quedó aislada, en lo que se refiere a la reproducción, de los demás miembros de su especie. Este nuevo grupo evolucionó y se dividió, dando origen a otros grupos, proceso que finalmente culminó en el surgimiento de varias especies diferentes de homínidos bípedos del género *Australopithecus*, que convivieron durante varios millones de años. Con el tiempo, una de esas especies cambió tanto que ya no puede ser considerada una nueva especie de *Australopithecus*, por lo que ha sido necesario encasillarla en un nuevo género, *Homo*, al que pertenece nuestra especie: *Homo sapiens*.[5]

Filogenia de los humanos

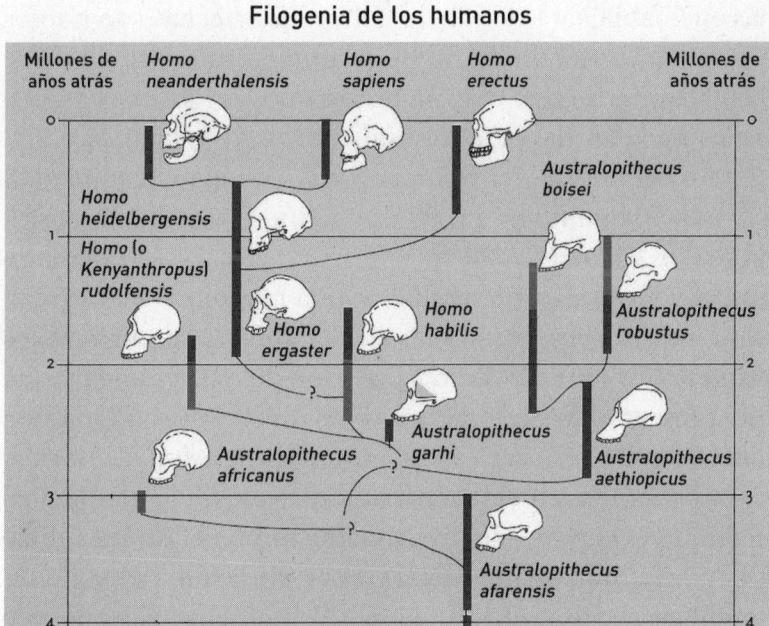

Fuente: Chris Scarre (ed.): *The Human Past*, Londres, 2013.

2. La lenta separación

No hubo una aparición súbita de la humanidad. El paso de la animalidad a la humanidad fue lento, titubeante y acumulativo. Motivaciones que hoy distinguimos con facilidad estarían posiblemente fusionadas. Basta pensar en lo que ahora consideramos como el inicio del arte: las pinturas prehistóricas. ¿Qué movió a aquellos humanos a esforzarse tanto por crear tan fantástica imaginería? ¿Deberíamos situarlas en el comienzo de la historia de la pintura o de la historia de las religiones? No eran obras para contemplar, porque estaban en lugares de difícil acceso, sino posiblemente para actuar sobre poderes invisibles, a medio camino entre la religión, los rituales mágicos y la emoción de crear imágenes. La aparición de la música también es un misterio. El primer instrumento musical —las flautas encontradas en Suabia, en la cueva de Hohle Fels, hechas con huesos de ala de aves y con marfil de mamuts— está fechado hace 35.000 años. En este caso, la historia nos revela una característica peculiar del cerebro humano: le gusta la música.

Los genomas del hombre y del chimpancé coinciden aproximadamente en un 99 por ciento. La evolución física ha sido estudiada con detalle a partir de los fósiles encontrados, pero la evolución mental resulta más difícil de rastrear. Los restos fósiles permiten calcular que el cerebro de los primeros homínidos pesó alrededor de 850 gramos y que fue aumentando hasta alcanzar los 1.300: esto supone una mayor capacidad para captar, guardar y relacionar información. Podemos, sin embargo, suponer que, de la misma manera que el cerebro de los primates amplía el de los animales menos inteligentes, el cerebro humano debe poder amplificar las grandes funciones del cerebro de nuestros antepasados animales. Este es el modelo cuyo despliegue vamos a describir. Procedemos de animales inteligentes, capaces de comprender relaciones y de aprender, que están movidos por necesidades y deseos, que cooperan, respetan jerarquías y normas, y, probablemente, manifiestan conductas de altruismo recíproco. A partir de esas capacidades emergió una nueva que iba a transformar todas las existentes. Supuso el gran salto de nuestra especie. Los arqueólogos de la mente denominan a esa nueva destreza *pensamiento simbólico*, la habilidad para manejar representaciones, imágenes, ideas, signos. Parece poca cosa y, sin embargo, lo cambió todo. Para Merlin Donald y para Annette Karmiloff-Smith significa poder manejar las representaciones guardadas en la memoria, utilizarlas para crear representaciones nuevas, para anticipar sucesos, para imaginar, elegir metas y orientar el comportamiento.[6] Cuando reconocemos una cosa, nuestra memoria funciona automáticamente. Cuando buscamos algo en nuestra memoria, la obligamos a trabajar siguiendo nuestras órdenes. Esto ha sido posible por el desarrollo de los lóbulos frontales, cuyo gran tamaño es una exclusiva humana. Donald ha acuñado una frase que nos resulta iluminadora: «El gran salto de la inteligencia humana se debe a que aprendió a gestionar la memoria desde la memoria». Podría servir de definición de nuestro proyecto. Desde la memoria que recuerda, intentamos poner en marcha la memoria que anticipa.[7]

3. *Zoom* sobre el pensamiento simbólico

Vamos a hacer un *zoom* sobre este momento estelar de la humanidad. Lo que nos diferencia del animal es que vivimos al mismo tiempo en el mundo real y en el mundo interpretado. Nos afectan las cosas, y las ideas que tenemos sobre las cosas. Esta liberación del estímulo abre la puerta a la novedad y a la desmesura. La hormiga que, impulsada por la genética, construye el hormiguero vive rutinas implacablemente reales. Si una de esas hormigas fuera capaz de imaginar una vida diferente, la estabilidad del hormiguero saltaría por los aires. Esa inestabilidad es el hábitat humano, y está provocada por la aparición de una inteligencia que no responde a un estímulo con una acción, sino con un significado, con un intermediario interior que dirigirá la respuesta. Nuestra especie ha descoyuntado la relación con la realidad, y a partir de ahí va a intentar vivir en dos niveles distintos.

Los primates son curiosos y disfrutan explorando cosas, los humanos pudieron explorarlas en la imaginación. Si la imagen de la piedra se independiza en mi mente, si puedo evocarla, rotarla mentalmente, hacer cosas con ella, esa imagen que contemplo no es la piedra, que puede no estar ya presente, sino un *signo* de la piedra: está en representación suya. Lo que denominamos *pensamiento simbólico* es esa capacidad para operar con signos en vez de tener que hacerlo forzosamente con realidades, una capacidad que, en términos contemporáneos, llamaríamos *computacional*.[8] El pensamiento matemático maneja signos matemáticos; el pensamiento lingüístico, palabras, y al pensamiento que trabaja directamente con imágenes lo llamamos *imaginación*. Antes de que apareciera esa capacidad, nuestros antepasados, al ver la huella de un bisonte, no pensarían en el animal, sino que correrían automáticamente tras las huellas, como hacen todos los animales cazadores. La nueva capacidad les permitió resistir el automatismo, convertir el estímulo en signo, y manejando el signo «bisonte» en sus cabezas, pensar en qué hacer.

4. La evolución trasformadora

Esta nueva capacidad simbólica no cayó como un aerolito en el cerebro ya formado, sino que transformó las funciones que poseía previamente. En eso consiste la evolución. Terrence Deacon afirma que la ampliación del cerebro que tiene lugar en los primeros miembros del linaje *Homo* conllevó un aumento desproporcionado del córtex prefrontal, lo que habría provocado una reorganización de todo el cerebro.[9] Lo cierto es que en la cabeza de los humanos se fue construyendo un incansable generador de ocurrencias que tenían consecuencias emocionales, placenteras o dolorosas, y que dirigían la acción. La inteligencia humana es la eficiente hibridación de biología y memoria, de funciones innatas ampliadas por el aprendizaje. Gehlen lo define, en frase certera, como la unión de instintos y hábitos.[10] Los neurólogos hablan de *memoria filética*, de memoria de la especie, guardada en nuestra estructura cerebral. Nos permitiremos una metáfora tecnológica: cuando nuestro cerebro aprende, sucede algo parecido a cuando instalamos una aplicación en el teléfono móvil. El móvil —el cerebro— es capaz entonces de realizar funciones para las que antes era incapaz. Se lo permite la «aplicación» que, sin el cerebro —el móvil—, es una posibilidad inerte.

Explicar la transformación de conductas animales en conductas humanas gracias a esta nueva capacidad supone describir la infancia de la humanidad. Nuestra mayor cercanía con el resto de los primates se da en el plano emocional, como ya vio Darwin en su seminal estudio *La expresión de las emociones en los animales y en el hombre*, publicado en 1872. El primatólogo Richard Wrangham describe en su libro *Demonic Males* grupos de chimpancés macho que salen de sus territorios para atacar a chimpancés de las comunidades vecinas.[11] Esos machos cooperan unos con otros para acechar, rodear y atacar al individuo aislado, y posteriormente continúan tratando de eliminar a todo el resto de machos de la colonia. Las hembras son capturadas e incorporadas al grupo de los chimpancés asaltantes. Esto es muy parecido a los asaltos realizados por machos humanos en lugares como las tierras altas de Nueva Guinea, o por los indios yanomami, descritos por Napoleón Chagnon. Es un guion evolutivo que se ha repetido por desgracia una y otra vez en muchas culturas, en las cuales se considera una actividad legítima. En tiempos de Roma, el rapto de las sabinas era la narración mítica de cómo consiguieron mujeres los primeros romanos, pero a Tito Livio ya le incomodaba la historia (I, 9). Según el arqueólogo Steven LeBlanc, «muchas de las guerras de las sociedades humanas no complejas se asemejan a los ataques de los chimpancés».[12]

Frans de Waal da una visión más benevolente de nuestros antepasados animales: considera que hemos heredado de ellos los sentimientos de generosidad, altruismo y compasión y lo resume en una frase llamativa: «La moral no la inventó Dios, sino los monos». De Waal ha analizado comportamientos de los chimpancés que podemos considerar esbozos o antecedentes de los nuestros —aplicaciones instaladas en su cerebro, por seguir con la metáfora tecnológica—. Por ejemplo, el modo como se alían para conseguir el poder. Una vez han alcanzado su puesto jerárquico, los chimpancés macho o hembra ejercen lo que solo puede describirse como autoridad, es decir, la capacidad de resolver conflictos e imponer normas basándose en su estatus dentro del grupo.[13] Los chimpancés parecen entender que hay normas sociales que se espera que cumplan y parecen sentir vergüenza cuando no lo hacen.[14] También progresaron en la comunicación. Los monos vervet tienen un pequeño diccionario de cuatro palabras. En su libro *Kanzi: The Ape at the Brink of the Human Mind*, los primatólogos Sue Savage-Rumbaugh y Roger Lewin describen las habilidades lingüísticas de Kanzi, un bonobo educado por humanos desde su infancia que llegó a entender oraciones habladas.[15] Parece demostrado que el lenguaje comenzó usando gestos, según estudiaron Amy Pollick y Frans de Waal.[16]

Incluso algo que consideramos una prerrogativa nuestra —el uso de herramientas— se encuentra también en algunas especies de primates. Hasta hace poco tiempo se pensaba que una de las funciones exclusivas del ser humano era la capacidad de comprender las intenciones de los demás. Michael Tomasello, un especialista que seguía defendiendo esta teoría, ha acabado por reconocer que los chimpancés son capaces de comprender estados psicológicos ajenos.[17] Esta capacidad aumenta colosalmente en nuestra especie: los niños nacen con una «teoría de la mente» que les permite comprender desde el nacimiento los gestos ajenos. El descubrimiento de las «neuronas espejo», que facilitan la imitación, ha desvelado otro de los medios de los *sapiens*. Todos estos recursos dan lugar a una de las grandes fuerzas evolutivas de la humanidad: la educación. Somos la única especie que *educa a sus crías*, y al hacerlo permite la transmisión acumulativa de saberes —instala más aplicaciones en el cerebro.

Sin embargo, en los demás animales, esas habilidades se quedaron estancadas. Tienen un techo competencial y continúan repitiendo indefinidamente conductas establecidas.

5. El animal amaestrado

Hay un consenso generalizado sobre la influencia social en la génesis de la inteligencia. Andrew Whiten ha descrito la evolución del cerebro como una «presión en espiral a medida que individuos inteligentes buscaban una y otra vez una mayor inteligencia en sus compañeros».[18] Según Nicholas Humphrey, cuando la mayor valía intelectual se correlaciona con el éxito social —y este implica unas buenas condiciones biológicas—, todo rasgo que produzca éxito competitivo se extenderá pronto al acervo genético. De la misma manera que se da una carrera de armas bélicas, se da una carrera de armamentos cognitivos. Nuestra especie no solo aprende muy rápidamente, sino que se preocupó de enseñar a sus crías. Por eso, podemos decir que se «amaestró» a sí misma. Esta es una palabra muy adecuada, porque deriva de «maestro», de enseñar, pero se utiliza únicamente para animales. Los niños se educan, los animales se amaestran. Ese es nuestro origen: una especie animal se educó a sí misma mediante procedimientos posiblemente terribles. El gran jurista Rudolf von Ihering, que escribió una interesante genealogía del derecho, cuenta en su prosa decimonónica que el ser humano aprendió a usar la violencia para dominar su propia violencia. Solo ella era capaz de resolver el problema planteado entonces: «Quebrantar la indomabilidad de la voluntad individual y educarla para la vida en común».[19]

El estudio del adiestramiento de animales nos permite aclarar este sorprendente hecho; entrenarlos significa someter su conducta a pautas impuestas desde fuera. *Un cerebro más desarrollado suscita cambios en un cerebro menos desarrollado.* Esta misma relación se da entre el bebé y su cuidador/ educador. Un perro sentirá el impulso de comer la comida que tiene delante, pero aguardará la orden de su dueño si está adiestrado para ello: el sistema de control exterior se impone sobre los impulsos internos. La asombrosa habilidad de los perros pastores o de los delfines en un acuario muestra destrezas innatas que han sido transformadas mediante el aprendizaje. La experiencia con animales nos da pistas sobre la evolución humana. En 1959, el genetista ruso Dmitry Belyaev inició en Siberia un programa de domesticación de zorros. Siguió solo un criterio: seleccionó los zorros jóvenes que más se aproximaban a su mano tendida, una conducta audaz y no agresiva. Al cabo de pocos años, ese proceso de selección produjo cambios en los zorros, parecidos a los que se ven en los perros domésticos: respondían con la misma presteza que estos a los gestos comunicativos humanos. Es muy probable que los humanos fueran autoseleccionándose, privilegiando ciertas ventajas competitivas: la rapidez en aprender, el autocontrol, el altruismo; esta fue ya la tesis de Franz Boas, que ha ido creciendo en verosimilitud.[20] Richard Wrangham ha postulado que también el hombre sufrió un proceso de domesticación que modificó su biología, pero por parte de sus propios congéneres.[21] Lo mismo opina Michael Tomasello, quien supone que en algún momento de nuestra historia evolutiva se produjo en los seres humanos una suerte de autodomesticación y el grupo eliminó a los individuos muy agresivos y acaparadores. Habría tenido lugar así un paso inicial en la evolución humana, abarcando el aspecto emocional y motivacional, que nos alejó de los grandes simios y nos arrojó a un nuevo espacio adaptativo en el cual era posible que se desarrollaran habilidades complejas, útiles para actividades en colaboración y favorables a la intencionalidad compartida.[22] Esto habría acelerado la evolución humana. Michael Gazzaniga es de la misma opinión: el cerebro produce la mente, pero la mente limita el cerebro. Lo somete a normas.[23]

Una parte significativa de la evolución de las culturas se relaciona con la invención, expansión y mantenimiento de los sistemas de control, como explicó Foucault, y de los sistemas de autocontrol, como señaló Norbert Elias.[24] Dodds y Jaynes han hablado de la impulsividad de los personajes homéricos[25] y Barbara Tuchman ha escrito sobre el «infantilismo perceptible en la conducta medieval, con su acusada incapacidad para reprimir cualquier clase de impulso».[26] Para algunos investigadores, la primera domesticación efectiva se dio en el Neolítico, y las creencias religiosas jugaron un importante papel.[27]

6. La máquina de ocurrencias

El aumento de la capacidad de computación neuronal, la de dirigir las propias representaciones, el aprovechamiento de las invenciones sociales a través del aprendizaje, convirtieron el cerebro humano en una máquina de producir pensamientos, anticipaciones, emociones. No podemos decir que el individuo las produzca voluntariamente. Eso vendrá luego. Los neurocientíficos hablan del «inconsciente cognitivo», que trabaja a su aire.[28] Pensemos en cómo un niño aprende el lenguaje: lo asimila con la misma naturalidad con que empieza a andar o a moverse con habilidad. Para él no hay diferencia entre aprender a coger la cuchara y aprender a usar las palabras. No piensa primero y luego formula lingüísticamente su pensamiento, sino que su cerebro piensa hablando. Vico, en su *Scienza Nuova*, hizo una afirmación que la ciencia actual acepta: «*Homo non intelligendo fit omnia*», el hombre hizo todas estas cosas sin entenderlas; hablando descarnadamente, podríamos decir que las hizo su cerebro por su cuenta. Daniel Dennett ha explicado minuciosamente en su último libro que la inteligencia adquiere la competencia para hacer algo antes de darse cuenta de que lo está haciendo. La función simbólica es, ante todo, una incansable productora de significados. Algo en lo que todas las escuelas psicológicas están de acuerdo.[29]

Nuestros antepasados fueron desarrollando nuevas destrezas, instalando nuevas aplicaciones en su cerebro, aprendiendo nuevos guiones. Tal vez hace 2,5 millones de años un antepasado nuestro aprendió a golpear una piedra para dotarla de filo, como muestran los restos encontrados en el río Gona, en Etiopía. Esa inventiva acción sería imitada rápidamente por los demás y les permitió comer carne, lo que acabó influyendo en su propia anatomía. Las herramientas son un modo de ampliar las posibilidades de acción, que ha sido siempre uno de los grandes deseos humanos. La capacidad de aprender rápidamente —de forma automática y de forma intencionada— es el tercer mecanismo de la evolución humana, además de las mutaciones genéticas y de la selección natural.

Aprendieron a dominar el fuego, hace ya 1,4 millones de años, y podemos imaginar hasta qué punto este hecho debió de cambiar su vida. El miedo a la oscuridad continúa presente en nuestros genes; el fuego proporciona luz, calor, protección. Se han encontrado pruebas de que se utilizó para acorralar elefantes en los pantanos y allí matarlos.[30] Permitió también cocinar, lo que fue importante sobre todo para hacer comestibles alimentos que de otra manera no se hubieran podido digerir. Como explica el neurocientífico español Alberto Ferrús: «Es imposible imaginar, dados los requerimientos energéticos, que el cerebro hubiera podido duplicar su tamaño de no haberse encontrado una alternativa: cocinar. [Pero] el arte de cocinar no fue la causa, sino solo uno de los factores que hicieron posible al *Homo sapiens* moderno. La evolución es, en origen, un cambio que, tan solo una vez ocurrido, se mantiene si la selección lo permite. Antes de alumbrar la idea de que el alimento puede cocinarse usando el fuego hay que disponer de muchos millones de neuronas corticales».[31] Podemos considerar que la «invención» del dominio del fuego tuvo una importancia decisiva en nuestra evolución. Está incluida en nuestro genoma cultural.

No es de extrañar que, en la mitología griega, se atribuyera el origen de la cultura a Prometeo, que robó el fuego a los dioses. Los andamaneses, un pueblo aislado en unas islas del Índico, parecen recordar algo parecido. «El hombre-paloma robó una brasa en Kuro-t'on-mika mientras Dios estaba durmiendo. Dio la brasa al antiguo Lech, quien entonces hizo fuegos en Karat-tatak-emi.» Los mitos pueden ser un esfuerzo para mantener recuerdos ancestrales. Hay muchas culturas, desde Nueva Zelanda a Grecia, que en sus mitos de origen describen la aparición de la luz asociada a la separación de los cielos y la tierra. Estudios geológicos han mostrado que hace unos 70.000 años se produjo una gigantesca explosión volcánica en Toba (Sumatra) que sumió en la oscuridad o en la penumbra grandes zonas del planeta.[32]

La aparición de mitos análogos en culturas muy diferentes intrigó tanto a Claude Lévi-Strauss que, tras estudiarlos sistemáticamente, llegó a la conclusión de que derivaban de «estructuras mentales comunes a toda la humanidad», es decir, que la inteligencia de todos los humanos está preparada para contar los mismos mitos.[33] La cultura queda en parte naturalizada. Julien d'Huy ha estudiado la evolución de los mitos, descomponiéndolos en «mitemas», unidades de información como los genes.[34] Y Michael Witzel, catedrático de sánscrito en Harvard, ha reconstruido una fuente común para los relatos míticos de un gran número de culturas. Este relato originario, luego reelaborado decenas de veces en todo el planeta, sobrevive en casi todas las tradiciones mitológicas y religiosas del mundo.[35] Son viejísimos recuerdos de familia, articulados y convertidos en relatos por nuestra máquina de fabricar ocurrencias.

7. Un mito que nos sirve de emblema

Hay un mito especialmente interesante para nuestro proyecto. Trata del momento en que los humanos comenzaron a hablar lenguas distintas y dejaron de entenderse. Los seres humanos no han querido hablar el mismo idioma. El mito de la torre de Babel menciona este hecho tan intrigante, para el que aventura una explicación en el capítulo 11 del Génesis:

> Toda la Tierra tenía una misma lengua y usaba las mismas palabras. Los hombres, en su emigración hacia Oriente, hallaron una llanura en la región de Senaar y se establecieron allí. Y se dijeron unos a otros: «Hagamos ladrillos y cozámoslos al fuego». Se sirvieron de los ladrillos en lugar de piedras y de betún en lugar de argamasa. Luego dijeron: «Edifiquemos una ciudad y una torre cuya cúspide llegue hasta el cielo. Hagámonos así famosos y no estemos más dispersos sobre la faz de la Tierra».
>
> Mas Yahveh descendió para ver la ciudad y la torre que los hombres estaban levantando y dijo: «He aquí que todos forman un solo pueblo y todos hablan una misma lengua, siendo este el principio de sus empresas. Nada les impedirá que lleven a cabo todo lo que se propongan. Pues bien, descendamos y allí mismo confundamos su lenguaje de modo que no se entiendan los unos con los otros». Así, Yahveh los dispersó de allí sobre toda la faz de la Tierra y cesaron en la construcción de la ciudad. Por ello se la llamó Babel, porque allí confundió Yahveh la lengua de todos los habitantes de la Tierra y los dispersó por toda la superficie.

Al redactor del Génesis la pluralidad de lenguas no le pareció una bendición, sino un castigo, porque era la antesala de la discordia. En Sumer hubo un mito similar. El poema titulado *Enmerkar y el señor de Aratta* —redactado en el siglo XXI a.C. y descubierto por el asiriólogo Samuel N. Kramer— narra el modo en que el dios Enki puso fin a la edad de oro en la que reinaba Enlil, el dios supremo del panteón sumerio.[36]

En otro tiempo existió una época en que no había serpiente,
    ni había escorpión,
no había hiena, no había león;
no había perro salvaje ni lobo;
no había miedo ni terror:
el hombre no tenía rival.
En otro tiempo existió una época en que los países de Shu-
    bur (y) Hamazi,
Sumer donde se hablan tantas lenguas, el gran país de las
    leyes divinas de principado,
Uri, el país provisto de todo lo necesario,
el país de Martu, que descansaba en la seguridad,
el universo entero, los pueblos al unísono
rendían homenaje a Enlil en una sola lengua.
Pero entonces, el Padre-señor, el Padre-príncipe, el Padre-rey,
Enki, el Padre-señor, el Padre-príncipe, el Padre-rey,
el Padre-señor enojado, el Padre-príncipe enojado, el Padre-
    rey enojado,
Enki, el señor de la abundancia, cuyos mandamientos son
    rectos,
el señor de la sabiduría, que escruta la tierra,
el jefe de los dioses,
dotado de sabiduría, el señor de Eridu,
cambió el habla de su boca, puso en ella la discordia,
en el habla del hombre que (hasta entonces) había sido una.

[Traducción de Jaime Elías]

La confusión de lenguas, que en la Biblia surge de un enfrentamiento entre Dios y los hombres, aparece aquí como un efecto del enfrentamiento entre dos dioses.

Los habitantes de la isla de Hao, en la Polinesia, cuentan una historia muy similar a la de la torre de Babel: «... había un dios que en un momento de ira persiguió a los constructores de la ciudad, destruyó un edificio y cambió el lenguaje del pueblo, por lo que todos hablaban diferentes idiomas». En Mesoamérica existe el relato acerca de un hombre llamado Coxcox y una mujer llamada Xochiquetzal que, después de naufragar juntos, llegaron a tierra firme y engendraron muchos hijos. Sin embargo, esos hijos no pudieron hablar hasta que un día llegó una paloma que les otorgó el don del habla, pero en diferentes idiomas, por lo que no se pudieron entender. Los ticunas del Alto Amazonas dicen que todos los pueblos fueron una vez una sola y gran tribu, y que todos hablaban el mismo idioma hasta que, en una ocasión, se comieron dos huevos de colibrí —no se explica por qué— y, posteriormente, la tribu se dividió en muchos grupos y se dispersó por todas partes, porque nadie entendía lo que se decían. Otra historia, atribuida por el historiador Fernando de Alva Cortés Ixtlilxóchitl (c. 1565-1648) a los antiguos toltecas, afirma que los hombres, después de un gran diluvio, se multiplicaron, y entonces se erigió una gran torre o zacuali para protegerse en caso de un segundo diluvio. Sin embargo, las lenguas se confundieron y el trabajo se detuvo. Un mito de la antigua Grecia decía que, durante siglos, los hombres habían vivido sin ley bajo el imperio de Zeus, pero Hermes trajo la diversidad de lenguajes y con ella llegó Eris, la discordia. Los wa-sanias, un pueblo bantú de África oriental, tienen una historia acerca del principio de los pueblos de la Tierra. Se cuenta que existía un solo idioma, pero, durante una grave hambruna, la locura invadió el pueblo, haciendo que la gente se alejase en todas las direcciones, farfullando palabras extrañas y dando forma a los diferentes idiomas.

Tan notables coincidencias tienen que ocultar un secreto que nos interesa descubrir: el contenido de nuestra memoria filética, de la memoria de nuestra especie.

8. Las herramientas amplían nuestras posibilidades

La fabricación de herramientas se considera distintiva del género *homo*, una prueba fehaciente de un gran salto intelectual. Implica un poder de representación, de anticipación de resultados y de fijación de metas que sobrepasa con mucho las habilidades del resto de los primates, aunque algunos de ellos utilizan herramientas de modo tosco. Nuestros antepasados *sapiens* manejaban ya mentalmente representaciones de la realidad. Estamos tan acostumbrados a ejercer esta destreza que no nos damos cuenta de su complejidad e importancia. James Steele y sus colegas han mostrado que para fabricar un hacha de mano bifaz achelense eran necesarios en promedio 301 golpes y unos veinticuatro minutos de trabajo. El cerebro del primer fabricante de hachas tuvo que ser capaz de manejar al mismo tiempo la imagen de una piedra, la imagen de los golpes necesarios para convertirla en hacha, la imagen del hacha terminada y la imagen de su finalidad.[37]

Los humanos tenemos una gran capacidad de aprender por imitación. Parece que también la tienen los chimpancés, pero es una impresión engañosa. Imitan sin comprender la acción que están imitando. Pueden hacer los movimientos de lavar un plato, sin entender que el sentido de la acción es limpiarlo, con lo que pueden dejarlo tan sucio como al comienzo. Para evitar estas conductas de imitación vacía de significado es por lo que necesitamos *comprender*.

La producción de ocurrencias, de ideas, de emociones de manera espontánea por el cerebro dirigió la evolución humana, hasta que poco a poco fue teniendo capacidad para reflexionar sobre ellas. Hay evidencias de que el cerebro asocia información y aspira a dar una explicación a lo que experimenta de manera automática. Inventa modelos. Se esfuerza en introducir lo desconocido en marcos conocidos. David Lewis-William está convencido de que la naturaleza chamánica de las primeras religiones se basaría en la experiencia de estados de conciencia alterados, los sueños, las alucinaciones producidas pors drogas o los estados de trance.[38] Tales experiencias habrían sido interpretadas como prueba de un mundo espiritual. Esa respuesta aplacaba la inquietud, como le sucede al niño cuando respondemos a algunas de sus preguntas.

9. La herramienta mágica

La fabricación de herramientas es, pues, un momento decisivo en la historia de nuestra familia. Más decisivo de lo que a primera vista parece. Lev Vigotski, uno de los grandes genios de la psicología, tuvo el acierto de pensar que las herramientas podían ser de dos clases: físicas y mentales. Ambas tienen la misma función: ampliar nuestras posibilidades de acción,[39] uno de nuestros deseos fundamentales. Hace unos 200.000 años emergió una nueva capacidad: la de hablar. Según Steven Mithen, entonces tuvo lugar «el último gran rediseño de la mente humana».[40] Nuestra narración debería comenzar en este último hito, pero no podemos olvidar que millones de años de evolución han ido troquelando nuestra especie, afinando las funciones cerebrales, configurando nuestra memoria filética. Lo que nosotros hemos olvidado está, sin embargo, presente en la arquitectura de nuestro cerebro. De nuevo tenemos que referirnos a la memoria filética con que nacemos. Con razón, Georges Duby, al reflexionar sobre la historia de la cultura advertía que es importante no dejarse fascinar por las novedades y recordar la enorme cantidad de conocimientos ya adquiridos que las hacen posible.

El lenguaje es la culminación del pensamiento simbólico, de la capacidad de operar con signos. Es difícil imaginar cómo una especie muda pudo inventar el lenguaje, y, si pudiésemos aclarar este enigma, daríamos un paso de gigante en la comprensión del ser humano. Observando el comportamiento de los primates, comprobamos la necesidad que tienen de comunicarse, que en nuestra especie se hizo más fuerte aún, y que parece abrirse camino incluso en circunstancias difíciles: niños mudos, criados en un ambiente mudo, inventan un lenguaje gestual. Hace unos 200.000 años, los registros fósiles indican que nuestros antepasados ya disponían de un aparato fónico apto para hablar. La utilidad de los primeros balbuceos iría seleccionando a los más hábiles en su uso, dando lugar así a una aceleración lingüística. Además, es posible que interviniera algún cambio genético, dado el protagonismo especial que, en el control motor de la boca, tiene el gen *FOXP2*, cuya alteración causa graves dificultades en el habla, que apareció en el mismo periodo —ya se encontraba en los neandertales— y que comparten todos los humanos actuales.[41] El lenguaje fue la gran herramienta de vinculación y comunicación, no solo de comunicación con los demás, sino también con nosotros mismos: continuamente nos estamos hablando. A pesar de su aparición hasta cierto punto reciente, los mecanismos del lenguaje se han introducido en nuestra herencia biológica, posiblemente premiando a los más elocuentes y marginando a los demás. Los niños nacen programados para aprender a hablar, y para conseguirlo mediante un aprendizaje que suele ser confuso y poco sistemático, pero eficacísimo.

La eficacia del lenguaje, que hizo que se extendiera y perfeccionara, pone de manifiesto otra característica de los esquemas evolutivos culturales: su carácter expansivo y acelerador. Nos encontramos en un círculo ascendente de interacciones. El habla permitió el aprendizaje colectivo y facilitó la cooperación necesaria para emprender en común tareas como la caza de grandes animales. La cooperación permitió enfrentarse mejor a las tareas de la supervivencia. Esto, a su vez, hizo aumentar el tamaño de las comunidades, lo que facilitó la emergencia de innovaciones —por ejemplo, lingüísticas—, que alimentaron de nuevo el círculo ascendente. Es una poderosa corriente de experiencia y de creatividad.

CAPÍTULO TERCERO

TODOS SOMOS AFRICANOS

1. La primera colonización

Hace más de 1,7 millones de años, una especie humana abandonó por primera vez el continente africano. Tal expansión se debió de producir muy lentamente, al desplazarse los grupos más allá de sus zonas de caza para establecerse en nuevas zonas. Así penetrarían en Asia sudoccidental, y a lo largo de las generaciones alcanzaron Asia oriental hace aproximadamente 1,5 millones de años. Al homínido que habitó Asia se lo conoce como *Homo erectus*. También, más o menos en las mismas fechas, *Homo ergaster* penetra en Europa, como prueban los yacimientos de Georgia (de hace 1,7 millones de años) y de Atapuerca, España (1,2-0,8 millones de años). *Homo erectus* conoce y usa el fuego, es cazador, recolector y carroñero, y elabora herramientas de piedra (industrias olduvayense primero y luego achelense).

Recordaremos brevemente nuestro árbol genealógico, lleno aún de incógnitas. En África, *Homo ergaster* evolucionó (entre hace 1.000.000 y 600.000 años) hacia *Homo heidelbergensis*, presente tanto en África como en Europa, que será el antepasado común de los neandertales (que evolucionan en Europa y Asia occidental desde hace unos 400.000 años)

61

Linajes del género *Homo*

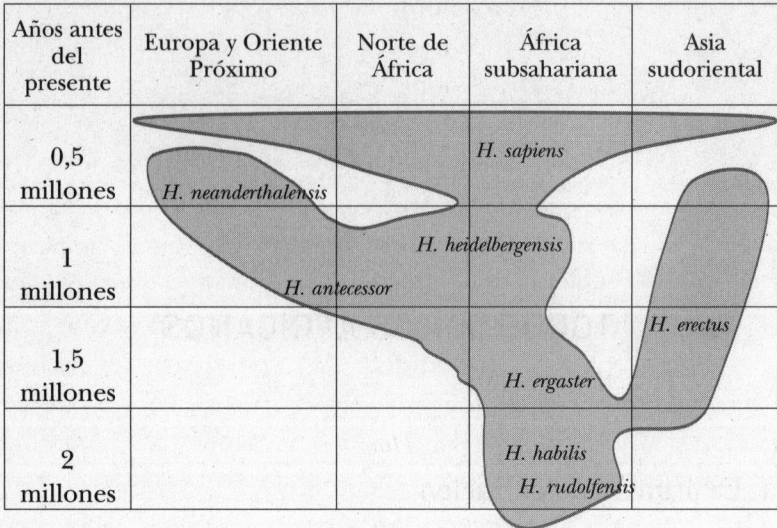

Años antes del presente	Europa y Oriente Próximo	Norte de África	África subsahariana	Asia sudoriental
0,5 millones	*H. neanderthalensis*		*H. sapiens*	
1 millones	*H. antecessor*		*H. heidelbergensis*	*H. erectus*
1,5 millones			*H. ergaster*	
2 millones			*H. habilis* *H. rudolfensis*	

Fuente: Chris Scarre (ed.): *The Human Past*, Londres, 2013.

y de los *Homo sapiens* modernos (que evolucionan en África desde hace unos 300.000 o 200.000 años) y que luego se extienden por todo el planeta. Durante muchas decenas de miles años, estas tres especies humanas coexistieron en el planeta: *Homo erectus,* en Asia; los neandertales, en Europa, y *sapiens*, inicialmente solo en África y después en el resto.

Los neandertales vivían básicamente de la caza y del carroñeo, pero también de la recolección (hierbas, granos, frutos secos, legumbres salvajes). Usaban el fuego y trabajaban la piedra (industria lítica musteriense), la madera y el hueso. Algunos grupos de neandertales enterraban a sus muertos y usaban pigmentos y plumas, aunque no se han encontrado pruebas definitivas de arte figurativo o de objetos decorados, por lo que queda abierta la cuestión sobre si esto implica actividad simbólica.[1] Con la extinción de los neandertales europeos (hace unos 28.000 años) y de los *erectus* asiáticos (hace unos 70.000 años), *Homo sapiens* se convirtió en la única especie humana en la Tierra, algo muy raro en el mundo biológico, donde es normal la coexistencia de diversas especies del mismo género, generalmente adaptadas a distintos biomas. Y *sapiens* llegará a colonizar una gran variedad de medios; según algunos arqueólogos, esto fue posible gracias a la evolución del lenguaje sofisticado. La supuesta «responsabilidad» de nuestra especie en la desaparición de las otras especies humanas ha sido planteada y discutida numerosas veces. Quizá nuestro «éxito» se deba a nuestra mayor capacidad de adaptación a medios diversos. Por los estudios genéticos, parece evidente que hubo hibridación, al menos con neandertales —cuyo ADN se ha podido estudiar—, como ha demostrado Svante Pääbo, director del Instituto Max Planck de Antropología Evolutiva. De *Homo erectus* no se ha recuperado ADN, a no ser que las muestras de ADN de la cueva de Denisova en Siberia correspondan a esta especie, como algún autor ha planteado. En este caso también se habría producido dicha hibridación, pues se detecta un mínimo porcentaje de este ADN denisovano en los actuales aborígenes australianos y en habitantes de Papúa-Nueva Guinea.[2]

2. La colonización de los humanos modernos

Nuestra familia ha sido siempre inquieta y viajera. Esto suscita una de las grandes preguntas que sobre la naturaleza humana nos plantea la historia. ¿Por qué esa tenacidad en separarse, en colonizar lugares nuevos? ¿Les movía solamente la necesidad de buscar comida? En un lapso situado entre hace 150.000 y 90.000 años comienza la gran expansión, el gran viaje. Recuperemos la imagen de esa colosal migración, de unos pequeños grupos atravesando los espacios inmensos. Desde África oriental, que posiblemente es nuestra cuna primordial, una rama de nuestra especie va a colonizar el resto de África. La llamaremos la *rama africana* de la familia, pero no utilizamos este tipo de términos técnicamente, sino de manera coloquial, porque estamos contando historias de familia. Otro grupo aventurero salió de África, siguiendo dos posibles rutas: la de la península del Sinaí, más húmeda en aquel momento, y la del mar Rojo —cuyo nivel, como el de todos los mares, era más bajo—, a través de su zona más accesible, el estrecho de Bab el Mandeb. Según estudios sobre el cromosoma Y, este grupo estuvo compuesto por unos mil hombres y otras tantas mujeres en edad reproductora.[3] Se desplazarían en grupos pequeños y se expandirían a lo largo de siglos; el clima delimitaba su propagación y de alguna manera la dirigía. Este grupo, al que vamos a denominar *rama euroasiática* de la familia, se asentó en la zona de Oriente Medio —de especial relevancia en nuestra historia porque funcionó como una gran región distribuidora— y se diversificó una vez más. Un grupo se fue hacia Occidente, hacia la actual Europa (lo llamaremos la *rama europea*), y allí se encontraron con los neandertales, con los que se aparearon durante 10.000 años, hasta que estos desaparecieron. Otro grupo —la *rama oriental*— marchó a Oriente posiblemente siguiendo la costa, «rebuscando en las playas». Esta rama familiar aún sufrió otra división: una parte se dirigió hacia el norte, cruzó el estrecho de Bering y colonizó el continente americano, y otra continuó hacia el sudeste y acabó en Australia. Son la *rama americana* y la *rama australiana* de nuestra familia. Hace unos 12.000 años habíamos colonizado la mayor parte del planeta, pero las ramas americana y australiana de la familia permanecieron separadas de las demás durante milenios.

La importancia que para nuestros antepasados tenían los grandes mamíferos que habitaban en tierras frías les hacía vivir en el límite de la supervivencia, teniendo que elegir entre el hambre y el frío. Las condiciones climatológicas hicieron que disminuyera la cantidad de vegetales consumidos, que se limitaban a frutos secos y a algunos tubérculos ricos en azúcares. Durante el invierno se consumía carne de

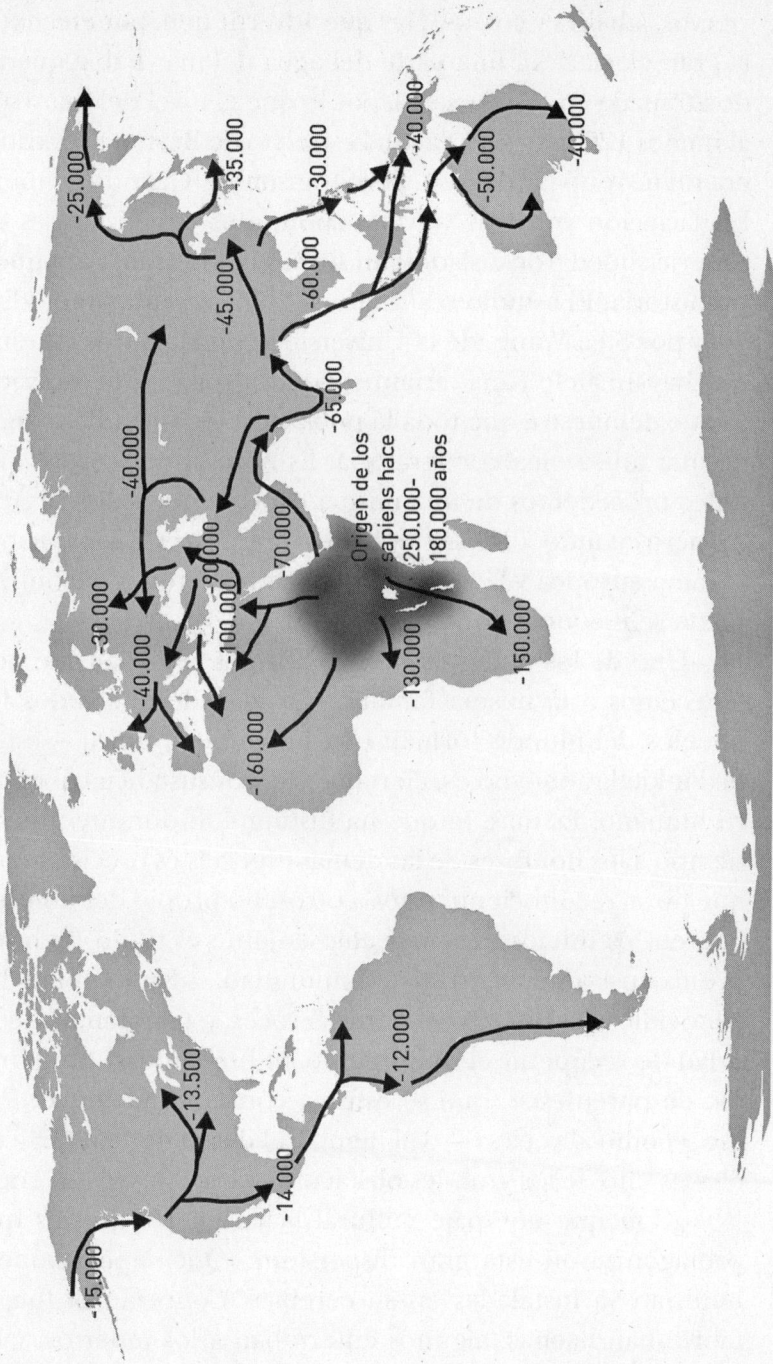

Dispersión del *Homo sapiens*

Origen de los sapiens hace 250.000-180.000 años

-25.000
-135.000
-30.000
-40.000
-50.000
-40.000
-45.000
-60.000
-65.000
-40.000
-90.000
-70.000
-30.000
-40.000
-100.000
-160.000
-130.000
-150.000
-15.000
-13.500
-14.000
-12.000

mamuts, osos, renos y bisontes, y en verano, caballos, cabras, ciervos, jabalíes y corzos. Hay que advertir que, por efecto de la gran glaciación, una parte del agua del mar había quedado atrapada en los glaciares, por lo que el nivel del mar bajó al menos 120 metros. El actual estrecho de Bering no existía; era un terreno pantanoso, pero transitable. Cuando terminó la glaciación y el mar volvió a subir, esos colonizadores de América quedaron aislados: un suceso importante para nuestra historia. El estudio realizado en 2007 por un equipo dirigido por Sijia Wang, de la Universidad de Harvard, muestra que hay un alelo (una variante genética) propia de América, lo que demuestra que toda la población indígena desciende de una única oleada migratoria. Es necesario recordar que todos procedemos de una misma tribu, la que salió de África, pero cuando, dieciséis milenios después de la separación, la rama europea y la rama americana volvieron a encontrarse, no se reconocieron.[4]

Uno de los objetivos de este libro es recordar que pertenecemos a la misma familia. «La idea de que todos los pueblos del mundo forman una humanidad única —escribe Finkielkraut— no es, ciertamente, consustancial al género humano. Es más, lo que ha distinguido durante mucho tiempo a los hombres de las demás especies es precisamente que no se reconocieran unos a otros. Lo propio del hombre era, en los inicios, reservar celosamente el título de hombre exclusivamente para su comunidad.»[5] Esto explica los genocidios, las discriminaciones feroces, y, también, la necesidad de recuperar el sentimiento de humanidad compartida, de parentesco, que se esfuma con tanta facilidad. Por eso, el odio al vecino —o al menos, el deseo de separarse de él— es uno de los grandes obstáculos para el progreso ético.

¿Con qué equipaje cultural viajarían los grupos que protagonizaron esta gran dispersión? ¿Qué «aplicaciones» tendrían ya instaladas en su cerebro? Conocían el fuego, fabricaban hachas, algunos enterraban a los muertos, y tenían algún lenguaje. Posiblemente irían vestidos —la aguja de coser, una invención minúscula, pero de enorme importancia, supuso un gran avance—. Los humanos tuvieron que vencer el frío. Mark Stoneking, del Max Planck de Leipzig, ha calculado la antigüedad de las primeras vestimentas analizando el ADN de los piojos encontrados en ellas. Calcula la edad de la ropa en 107.000 años aproximadamente, y piensa que ya empezaron a utilizarla en África.[6]

En 1991 se descubrió en el Tirol el cuerpo congelado de un hombre que vivió hace 5.300 años, es decir, mucho después del momento que estamos contando, pero, como se conservó perfectamente, congelado en un glaciar, puede darnos un idea de cómo viajaban nuestros antepasados. Había muerto por una flecha. Vestía una especie de capa hecha de piel de cabra, gorro y zapatos de piel de oso. Llevaba un hacha de sílex, un gran arco y un carcaj de piel de gamuza, en cuyo interior había algunas flechas a medio fabricar. Un recipiente de corteza de abedul parece que le servía para transportar ascuas de carbón. Si se apagaba el fuego, podía volver a encenderlo frotando una piedra de pirita y otra de sílex para que la chispa prendiera en un trozo de hongo de yesca. Se le puso el nombre de *Ötzi*, y está en el Museo de Arqueología de Bolzano.

La supervivencia de nuestra familia fue siempre precaria. Hace 70.000 años, la explosión del volcán Toba diezmó la población humana, y los arqueólogos también han detectado tres gigantescas inundaciones que pusieron en riesgo la existencia del *sapiens*.

3. El simbolismo avanza: la aparición de las hierofanías

La puesta en marcha de la «maquinaria simbólica» hizo que los *sapiens* vivieran en una realidad cada vez más mediatizada por símbolos. Uno de los *espacios de creatividad humana* más constantes es el religioso, que produce múltiples guiones evolutivos. ¿Cuándo se incorporó a nuestro genoma cultural? Las teorías sobre el origen de la religión son numerosas. Nosotros vamos a buscarlo en lo que ya sabemos: en el dinamismo de la función simbólica, que se convierte en una fábrica de ocurrencias, que funciona bajo el nivel de la conciencia y tiene, como productos conscientes, experiencias religiosas. Hace más de 100.000 años se realizaban ya enterramientos rituales. ¿Qué creencias los fundaban? Las religiones se diferencian mucho, pero no es aventurado suponer que todas admiten una división en la realidad: lo visible y lo invisible, lo sagrado y lo profano, los seres materiales y los espíritus. Es la gran escisión que define nuestra especie, que nos hace *animales espirituales*. La palabra *símbolo* designa esa dualidad: una parte remite a la otra. Mircea Eliade estudió estas hierofanías, esta manifestación de otro mundo. «Todo lo que el hombre ha manejado, sentido, encontrado o amado pudo convertirse en hierofanía. Cabe pensar que no existe ningún animal ni planta importante que no haya participado de la sacralidad en el curso de la historia.»[7] La palabra polinesia *tabú* indica objetos que hay que evitar porque tienen fuerza maléfica. Todavía encontramos en los periódicos noticias sobre personas esclavizadas por miedo a ser sometidas a rituales de vudú, lo que demuestra el profundo anclaje de estas creencias.

Conociendo cómo funciona nuestra inteligencia es probable que esos enlaces fueran casuales y que solo posteriormente se les diera una explicación. En 1948, Skinner mostró el proceso mediante el cual las palomas adquirían una creencia supersticiosa. El condicionamiento operante consigue que se repita la conducta que ha sido premiada. Si al apretar una palanca aparece una recompensa, el animal volverá a apretar la palanca. Pero, en el experimento que comentamos, se daba comida a las palomas cada cierto tiempo, con independencia de lo que estuvieran haciendo.

Las palomas, sin embargo, relacionaban ambas cosas y repetían la conducta que estaban realizando cuando les llegó la comida. Insistían en ella hasta que aparecía la ración siguiente, con lo que la creencia se reforzaba.[8] Si observamos cómo funciona la inteligencia en los casos de trastorno obsesivo compulsivo, vemos otra variante de creencias supersticiosas. Es probable que la persona que se lava diez veces las manos después de coger algo que considera sucio sepa que no es necesario el ritual. Lo hace, sin embargo, porque es lo único que le libera de la angustia. En ambos casos, un mecanismo muy elemental y automático explica la aparición y la aceptación de creencias supersticiosas.

La experiencia del poder de la realidad —algo parecido a lo que indicaba la palabra *espanto*: miedo y admiración— abrió posiblemente el espacio de la creatividad religiosa.[9] Una de sus manifestaciones más extendidas y arcaicas es la que designa la palabra melanesia *mana*, la fuerza misteriosa que poseen ciertos objetos e individuos, también las almas de los muertos y todos los espíritus. Se denomina *wakan* entre los sioux, *orenda* para los iroqueses, *oti* para los hurones, *semi* entre la población de las Antillas, *megbe* para los pigmeos africanos y *ngai* para los masai. La manifestación y el ejercicio del poder, y su complementario, la sumisión y la reverencia, son un fenómeno universal que plantea problemas que ambas partes intentan resolver.[10]

Los niños crecen ya entre creencias y objetos que encarnan esas creencias (amuletos, danzas, historias, imágenes). Los estudiosos de la evolución consideran que la «construcción del nicho», es decir, el revestimiento cultural de la realidad, es un mecanismo que consigue a la larga cambiar el genoma humano. Es lo que se denomina «efecto Baldwin», que veremos en acción a lo largo de esta historia. De una manera indirecta, lo aprendido acaba influyendo en nuestro genoma. No creemos exagerar al decir que la *creatividad religiosa* contribuyó a la humanización de nuestra especie.[11]

69

4. El progreso técnico

Durante estos miles de años se fueron perfeccionando muchas técnicas que favorecían la supervivencia y la hacían menos dura. El progreso técnico, impulsado por el afán de ampliar nuestro poder sobre la naturaleza o sobre otros hombres, es una constante de la evolución histórica. En este sentido, el hecho de que algunos grupos de nuestra gran familia conserven una tecnología paleolítica nos parece una anomalía evolutiva que nos gustaría poder explicar, porque nos permitiría comprender el proceso de los demás. Son grupos que se han acomodado a su medio y no han encontrado motivos o procedimientos para cambiar. Siempre son grupos pequeños, es decir, que no han alcanzado la masa crítica para estimular la invención.

Al intentar explicar los cambios, muchos autores apelan a elementos exógenos. Un desequilibrio en el entorno provoca la aparición de nuevas soluciones. Sin duda es verdad, pero resulta exagerado decir que las culturas «no cambian siempre que estén bien adaptadas al medio y el medio no cambie».[12] Hay impulsos creativos endógenos. Los humanos somos inventivos, inquietos, expansivos. Inventamos con una finalidad o por el simple placer de inventar, como si fuera un juego. Marcel Otte, un especialista en el Paleolítico, se asombra ante la índole paradójica del ser humano desde sus orígenes evolutivos: «Una anatomía muy frágil, se encuentra perpetuamente enfrentada a desafíos sucesivos, que no están justificados desde el punto de vista de las leyes naturales». Le mueve un afán de ir siempre más allá de los límites anteriores. «La búsqueda perpetua, suscitada por el sueño, el deseo, el pensamiento, está en la base de nuestro destino. Son los problemas y la búsqueda de la solución lo que constituye la historia humana.» Otte echa en falta una ciencia que estudie la constitución del pensamiento y de las emociones a lo largo del tiempo.[13] El presente libro apunta a ese objetivo.

La evolución de la técnica pone de manifiesto de nuevo los mecanismos de la cultura. Cuando un invento ve la luz, pasa a formar parte de la realidad modificada, a ser de dominio común, aunque en la práctica su acceso sea reducido. Cuando se inventó la rueda, el carro de guerra, el arco, la escritura, el arado, el bronce, esas creaciones aumentaban las posibilidades de la población, que seguiría creando a partir de esas metas alcanzadas. Los demás grupos tendrían que copiarlas si querían mantenerse competitivos. Es una de las leyes de convergencia. Tucídides, al principio de *La guerra del Peloponeso*, hace que un enviado corintio se dirija a los espartanos para advertirles de que sus técnicas están anticuadas en comparación con las de sus enemigos y que, por tanto, como ocurre siempre con las técnicas, fatalmente lo nuevo derrotará a lo viejo: «porque así como a la ciudad que tiene quietud y seguridad le conviene no mudar las leyes y costumbres antiguas, así también a la ciudad que es apremiada y maltratada por otras le conviene inventar cosas nuevas para defenderse, y esta es la razón por la que los atenienses, a causa de la mucha experiencia que tienen en estos asuntos, procuran siempre inventar novedades».[14] Tendremos ocasión de ver que las sociedades capaces de aprender tienen más posibilidades de sobrevivir. René Girard ha elaborado una teoría sobre el origen de la cultura, fundándola en la emulación competitiva de los individuos, en el «deseo mimético», en la envidia. Este deseo mimético cumple una función de transmisión cultural.[15]

Hace 50.000 años ya se usaban arcos y flechas. La capacidad de los humanos de lanzar cosas fue una enorme ventaja competitiva y un magnífico alarde de inteligencia. Eliade piensa que «el dominio de la distancia», conseguido gracias al arma arrojadiza, suscitó innumerables creencias, mitos y leyendas. Por ejemplo, las mitologías articuladas en torno a las lanzas que se clavan en la bóveda celeste y permiten la ascensión al cielo.[16] También aprendieron a conducir los animales hacia despeñaderos, en los que morían. Vemos aquí la inteligencia en acción, aplicada a la supervivencia, que es nuestra primera necesidad. Miríadas de pequeñas mejoras cambiaron nuestra historia. Posiblemente a partir de hace 30.000 años la carne era secada o ahumada y luego almacenada, ya que se han encontrado pozos y estructuras en yacimientos al aire libre. Esto exige una planificación, frente al consumo más o menos inmediato del Paleolítico inferior y medio. Ya se utiliza la sal.

Aunque se han conservado solo los objetos de piedra, posiblemente fabricarían cuerdas y cestas, porque todas las sociedades recolectoras que han llegado a nuestros días muestran gran habilidad en estos quehaceres. «El uso de instrumentos —escriben James Burke y Robert Ornstein— alteró la configuración del cerebro humano.»[17] El entorno en que vivimos cambia nuestro modo de percibir: esto es lo que nos interesa para nuestra historia. La cultura se convierte en entorno, en nicho evolutivo. Las creaciones culturales aumentan las posibilidades de actuación. Tomasello propone un «efecto trinquete»: cuando se ha conseguido una habilidad, no se vuelve atrás, salvo en circunstancias extrañas.

5. La explosión creativa

La evolución cultural nos depara una sorpresa. Nuestra especie cambia sin saber por qué ni cómo lo hace. Está dotada de un cerebro que capta información y genera planes de acción para adaptarse al entorno. Si el resultado es bueno, repetirá la acción. Friedrich Hayek opinó que la evolución de los humanos estaba dirigida por su capacidad de obedecer normas que no necesitaba comprender. La reflexión vino más tarde, y una de las *constantes evolutivas* humanas es, precisamente, esa capacidad de volverse reflexiva y analizar el propio comportamiento. Por ejemplo, Lévi-Strauss explica el totemismo como una reflexión práctica de la humanidad sobre sí misma y sobre su lugar en el mundo. Los animales no solo eran buenos para comer, sino que también ayudaban a pensar. Como ocurre en otros casos, la capacidad de reflexionar, como la capacidad para el pensamiento abstracto, no se desarrolla en todas nuestras ramas familiares al mismo tiempo. El estudio del «pensamiento salvaje» muestra que está sometido a una lógica concreta, parecida a la que Piaget descubrió en la infancia antes del acceso al pensamiento formal.[18]

Entre 60.000 y 30.000 años atrás, el cerebro humano comienza a producir ocurrencias sorprendentes, que produjeron una explosión cultural. Se generalizan los útiles de hueso, aparecen las primeras representaciones rupestres. Es asombrosa la antigüedad de muchas de nuestras actividades. El decorar herramientas, el utilizar objetos lujosos amplía el campo de las necesidades con el ilimitado ámbito de los deseos. Las escarificaciones y los tatuajes son comunes en pueblos primitivos, y es posible que los neandertales ya los practicaran. La historia de la cultura tiene que integrar no solo el modo como se han satisfecho las necesidades vitales, sino también una historia del lujo, del deseo de lo aparentemente superfluo. La actitud exploratoria del hombre lo llevó a descubrir incentivos imprevistos, que le animaron a conseguirlos de nuevo. Tampoco ahora sabemos por qué preferimos ciertas cosas. Por ejemplo, por qué se paga mucho dinero por pantalones vaqueros rotos.

El gusto por el lujo, por lo accesorio, por lo ornamental constituye un nuevo *guión evolutivo*. Toda nuestra gran familia —en África, en Asia, en Europa— experimentó transformaciones. El cerebro y las cambiantes relaciones sociales estaban moldeando la mente. «Es como si en el Paleolítico superior la forma del utensilio, y no solamente su función, hubiera comenzado a importar. Esta evolución parece implicar que las formas de los utensilios simbolizaban grupos sociales, dentro de asentamientos o entre ellos [...] —reflexiona Colin Renfrew—. La creatividad humana y el simbolismo estaban ligados a la diversidad social y al cambio, no a sociedades estables y sin historia. El cambio estimula; la homeostasis anestesia.»[19]

Debemos recordar que las innovaciones triunfantes tenían que satisfacer los grandes deseos. Todos los pueblos que conocemos han cantado, bailado y hecho música. Pero no sabemos por qué. Solo podemos suponer que les resultaba placentero. Por alguna razón, esas actividades enlazaron con el sistema de recompensas instalado en nuestro cerebro, algo parecido a lo que sucede con las drogas. Mc-Neill cree que los cánticos y la danza favorecían la cohesión del grupo, y tal vez este fuera el premio.[20] Kevin Laland, en línea con nuestro modelo, sostiene que una capacidad neurológica de coordinar circuitos motores y auditivos se utilizó como símbolo de identidad tribal, coreografiando rituales. Ese *espacio de creatividad* promovió muchas innovaciones a lo largo de los siglos mediante la acumulación de pequeñas innovaciones, cada una de las cuales provocó una cascada de reverberaciones en otros elementos culturales. «En muchos aspectos —concluye Laland—, la emergencia de formas culturales complejas se parece a la evolución de las adaptaciones biológicas complejas —como el ojo—, que requieren la fijación de numerosas mutaciones individuales.»[21] Las pinturas rupestres no parecen responder a un motivo estético sino religioso. Llama la atención la extraordinaria unidad del contenido artístico que se extiende desde Asturias al Don; Leroi-Gourhan, uno de los grandes especialistas en este tema, considera que se debe a la difusión por contacto de un mismo sistema ideológico, concretamente de «la religión de las cavernas».[22] Arte, religión, magia, rituales —escribe Armstrong— son intentos de producir efectos y emociones que cambian la realidad o al sujeto que las experimenta.[23] Tal vez el uso de sustancias psicotrópicas

74

nos permita comprender cómo se produjo esta ampliación de intereses y de incentivos. Por azar, algún antepasado probó una planta que desencadenó en él una experiencia placentera o extraña, lo que le animaría a repetir el consumo y a darlo a conocer a sus vecinos.

Gombrich reconoce, a nuestro juicio con razón, que un objeto se vuelve «artístico», cuando se lo percibe dotado de algún tipo de magia.[24] Hasta el siglo XX la experiencia estética ha estado siempre emparentada con la experiencia religiosa, como mostró Hans Urs von Balthasar en su gigantesca obra *Gloria*.[25] Tal vez el lector eche en falta en este libro —que pretende estudiar las fuerzas creativas de la especie humana— lo que tradicionalmente se considera la más clara manifestación de creatividad: la pintura, la literatura, la música, el arte en general. Sin embargo, no hemos estudiado la «vida de las formas» o la «evolución de la experiencia estética», además de por falta de espacio, para dejar patente uno de los escándalos de la cultura, recordado con desolación por George Steiner, después de la experiencia nazi. El arte no humaniza necesariamente a las personas. Dicho en nuestro lenguaje, no colabora de manera unívoca al aumento de la *felicidad objetiva*, aunque pueda ser una fuente inagotable de placeres espirituales. Por ello, solo mencionaremos el arte cuando esté en directa relación con los *problemas estructurales* que afectan a la organización de la convivencia, y por su capacidad de iluminar las situaciones sociales, anticiparlas o influir en ellas. Un caso claro es el nexo entre arte y religión, política o economía. El papel de las vanguardias en el siglo XX, la relación entre algunas de estas y el fascismo, la condena nazi del «arte degenerado» o el realismo soviético son otros buenos ejemplos. También nos referiremos a las diferencias culturales que ha habido en el modo de entender el arte y la figura del artista a lo largo de la historia.

Nuestros antepasados lejanos tuvieron sin duda que enfrentarse a todos los problemas fundamentales que han dado origen a la cultura. Sobrevivían cazando y recolectando, mejoraron la calidad de su vida con nuevas técnicas, apaciguaron el miedo con creencias, organizaron familias y clanes cada vez más complejos, y, aunque no sepamos cómo, establecerían normas de colaboración y convivencia. Por ahora, no podemos decir más.

6. La rama africana de la familia

Chris Stringer dice que, a medida que aparecen nuevos datos africanos, para muchos arqueólogos el concepto de «revolución humana» también se está trasladando a África, y la datación de dicha revolución se sitúa alrededor de 50.000/45.000 años atrás, en los inicios del Paleolítico superior africano. Algunos autores detectan un periodo de cambio acelerado en África hace 80.000-60.000 años, que se manifiesta con herramientas compuestas en cuevas sudafricanas, joyería, uso del ocre rojo, arte... Una serie de cambios que también podrían estar relacionados con las rápidas fluctuaciones climáticas vinculadas a la erupción de Toba.[26]

7. Una conmovedora historia de familia: los achés

Los achés, cazadores-recolectores que vivieron en la jungla de Paraguay hasta la década de 1960, nos permiten comprender la vida de nuestros archiantepasados, sus luces y sombras. Cuando un miembro estimado de la banda moría, era costumbre matar a una niña y enterrarlos juntos. Si una persona de edad no podía mantener el paso de los demás, la abandonaban bajo un árbol para que los buitres la devoraran. Cuando una mujer vieja se convertía en una carga para el resto de la banda, uno de los hombres jóvenes se colocaba a hurtadillas detrás de ella y la mataba de un hachazo en la cabeza. Un joven aché contaba así sus experiencias juveniles a los antropólogos: «Yo solía matar a las mujeres viejas. Maté a mis tías. Las mujeres me tenían miedo. Ahora aquí, con los blancos, me he vuelto débil». Una mujer recordaba que su primer bebé, una niña, fue muerta porque los hombres de la cuadrilla no querían una niña más. En otra ocasión, un hombre mató a un niño porque estaba de malhumor y el niño lloraba. Un niño fue enterrado vivo porque era divertido verlo y los demás niños se reían. Los miembros de esta etnia tenían algunos aspectos agradables: eran muy generosos, valoraban las amistades. Fueron perseguidos y aniquilados por los granjeros paraguayos.[27] Nos conmueve este relato porque plantea en fechas muy recientes situaciones que veremos repetidas a lo largo de la historia.

8. La rama americana de la familia

Gary Haynes ha proporcionado una descripción sensata de los primeros seres humanos que ocuparon el Nuevo Mundo. Lo más probable es que fuesen cazadores de grandes animales. La primera cultura conocida es la de Clovis, en Norteamérica, caracterizada por su hacha de mano aflautada (con una acanaladura que recorre el centro de la hoja), fechada hace 15.000 años. El aflautamiento se desarrolló para resolver el problema de sujetar el mango, aunque también podía tener como objetivo que los animales se desangraran antes, y tuvo tanto éxito que se expandió con rapidez por gran parte del continente. Habían atravesado Siberia para llegar a América, por lo que llevaron allí las enseñanzas chamánicas.[28]

Por lo que sabemos, la evolución en paralelo produjo los mismos esquemas evolutivos en el continente americano. Durante algunos milenios predominan las bandas de recolectores y cazadores.

9. La rama australiana de la familia

Una rama de la familia oriental se dirigió hacia el sudeste. Atravesaron el mar, posiblemente en balsas de juncos. Las pruebas arqueológicas datan de hace unos 50.000 años. Los actuales aborígenes son descendientes directos de los primeros humanos que habitaron Australia, por lo que podrían considerarse como una de las pocas y más antiguas poblaciones estables a lo largo del tiempo en un mismo lugar.[29]

Cuando los europeos llegaron a Australia en el siglo XVIII, vivían allí entre 200.000 y 700.000 aborígenes. Cazadores-recolectores, divididos en medio millar de tribus, cada una de las cuales se dividía en distintas cuadrillas. Las tribus tenían su propio lenguaje, religión, normas y costumbres.[30]

Estos lejanos parientes nos ayudan a llenar algunos huecos de nuestra historia familiar. Una tribu de Australia central, la de los arandas o arrerntes, que sobrevivió hasta el siglo XIX, nos permite imaginar cómo sería la vida de estos aborígenes. Se dividían en grupos territoriales de una o dos familias. En un día normal, las mujeres salían a recoger semillas o a escarbar en busca de algún lagarto o de hormigas, y los hombres iban a cazar canguros o se quedaban durmiendo. No tenían casas ni tiendas, sino que empleaban cobertizos como barreras contra el viento. El utillaje de la mujer se reducía a un palo para escarbar, una artesa de madera para acarrear cosas y un par de piedras de afilar. Solo tenían dos palabras para designar números: uno y dos, y contaban sumando dos y uno. Lo que sorprende es que, en una sociedad tan elemental, las normas matrimoniales eran complicadísimas. Los grupos se dividían en dos mitades y cada mitad en subsecciones y estaba rigurosamente determinado qué secciones se podían casar con qué secciones. Como comenta Cook, «los seres humanos, al parecer, tenemos una capacidad bastante sorprendente para vincularnos los unos con los otros a base de idear reglas enrevesadas y, en última instancia, arbitrarias».[31] Es una manifestación más de la incansable «maquinaria simbólica». El estudio de códigos legales modernos nos enseña que gran parte de su complicación se debe a que tienen que ir resolviendo problemas prácticos a medida que surgen. Algo parecido debió de suceder con esas enrevesadas estructuras de parentesco. Como no conocemos el problema, no comprendemos la solución.

A pesar de sus limitados recursos, la inteligencia de los aborígenes produjo anzuelos de pescar y zanjas sin salida para cazar anguilas, y el bumerang. Cuando llegaron los europeos a Australia, encontraron unas 250 lenguas distintas, y comprobaron que los aborígenes vivían, como el resto de nuestra familia, en una realidad ampliada simbólicamente. Encontramos también la dualidad de niveles —realidad/irrealidad— que consideramos característica esencial de nuestra inteligencia. Como explica Fred Wolf: «Los aborígenes creen en dos formas del tiempo; dos corrientes paralelas de actividad. Una es la actividad diaria objetiva, la otra es un ciclo infinito espiritual llamado el "tiempo de sueño", más real que la realidad misma. Lo que sea que pase en el tiempo de sueño establece los valores, símbolos, y las leyes de la sociedad aborigen. Se creía que algunas gentes de poderes espirituales inusuales tenían contacto con el tiempo de sueño».[32]

Los sueños, que son una constante universal, son creaciones de esa «máquina de producir ocurrencias» que es el cerebro humano. Nosotros hemos aprendido a separar esa experiencia de las que tenemos cuando estamos despiertos, pero debió de ser una distinción difícil de hacer. Lo mismo debió suceder con las alucinaciones, y no solo las producidas por drogas. En las últimas ediciones del DSM, la biblia de los psiquiatras, se les advierte de que en ciertas tribus mexicanas no deben tomar las alucinaciones como síntoma de trastornos esquizofrénicos, porque son un modo de vivir el duelo.

CAPÍTULO CUARTO

PARTE DE LA HUMANIDAD SE HACE SEDENTARIA

1. Continúan los grandes cambios

Nuestros antepasados han colonizado la Tierra casi entera antes del 9000 a.C. Forman tribus autónomas, separadas, que evolucionan a diferentes velocidades, que tienen lenguajes distintos, variantes tal vez de un tronco común. Viven en entornos muy diferentes, desde las estepas siberianas a las cálidas costas de la India, lo que demuestra la capacidad adaptativa de nuestra especie. Ya han avanzado por toda América. Son cazadores-recolectores, un modo de vida que se mantiene mientras los alimentos son abundantes. Aunque nos parezca un modo de vivir muy pobre, el antropólogo Marshall Sahlins los incluyó sorprendentemente entre las «sociedades opulentas», entendiendo por opulencia la fácil satisfacción de las necesidades, o, desde otro punto de vista, un modo de vida que deja mucho tiempo libre.[1] Estudios realizados sobre comunidades tradicionales de la Tierra de Arnhem han puesto de manifiesto que no trabajan mucho. La búsqueda de la subsistencia es muy irregular. Se parecen más a la cigarra que a la hormiga de la fábula. El trabajo se abandona cuando se ha conseguido una cantidad suficiente de alimentos. Las noticias sobre los achés o los arandas justifican que la mayor parte de la humanidad no cediese a la tentación de esa vida de mínimos: encontraron alguna recompensa en la vida sedentaria. Tal vez la simple holganza no es premio suficiente, si es verdad, como señaló Erich Fromm, que el hombre no es un ser perezoso por naturaleza.[2] Soporta mal el aburrimiento. Lo que sabemos es que, en ciertas zonas, la fertilidad del entorno animó a establecerse y dejar de viajar. Se separaron así dos formas de vida: la nómada y la sedentaria. Lo mismo sucedió en América. La vida nómada de los cazadores-recolectores se prolongó en el nomadismo de los pastores. Estos constituyen tribus endurecidas, acostumbradas a defenderse, a las que vamos a ver merodear alrededor de los asentamientos, dispuestas a caer sobre esas poblaciones más pacíficas. Son los hombres de las estepas, los invasores, una amenaza que resuena durante siglos en un mundo a merced de las apetencias del poderoso. En el siglo IX de nuestra era, un monje irlandés escribió en el margen del libro que estaba comentando (*Institutiones grammaticae*, de Prisciano de Cesarea) un breve poema que muestra la angustia en que viven:

> *The bitter wind is high tonight*
> *It lifts the white locks of the sea,*
> *In such wild winter storm no fright*
> *Of savage Viking troubles me.*[3]

Aún se rezaba como plegaria: «Oh, Señor, líbranos de la furia de los hombres del norte».

¿Qué hizo a algunos humanos detenerse y asentarse? McNeill piensa que aprendieron a conservar alimentos —ahumándolos, secándolos, guardándolos en pozos, tal vez convirtiendo los granos silvestres en harina—, lo que les obligaba a permanecer cerca de los depósitos. Otros piensan que fue la invención de la agricultura la que provocó el sedentarismo. Una cosa es cierta: la unión de sedentarismo y agricultura abre la vía principal de la evolución humana, la que conduce a las aldeas, las ciudades, los estados, la complejidad rampante. Es el gran *guion evolutivo*. Algunas sociedades, por supuesto, han permanecido viviendo una vida nómada, y alguna excepcionalmente ha vuelto del sedentarismo a la vida viajera. Pero la norma general parece cumplirse. La inteligencia va buscando formas mejores de enfrentarse con los problemas del alimento, de la seguridad y del aumento de posibilidades: los grandes deseos humanos. Pudo haber lugares mágicos, de culto, donde se congregaría mucha gente. Así sucedió en Göbekli Tepe, en la actual Turquía, donde hubo un gran centro ceremonial, un santuario, pero sin asentamientos, en torno al 9500 a.C. El paso a la agricultura pretendería resolver los problemas de abastecimiento provocados por estas aglomeraciones.[4] El manto simbólico lo recubrió todo, también la agricultura y, así, se adoraron plantas y se inventaron diosas de la fertilidad.

2. Una invención en paralelo

Lo cierto es que la agricultura apareció como fuente segura de alimento. Y también lo es que se inventó independientemente al menos en seis lugares del mundo. Todas las ramas de la familia humana inventaron la agricultura. En cada caso, aprovechando las oportunidades que ofrecían los vegetales que espontáneamente brotaban en cada zona: cereales y lentejas en Mesopotamia (9000 a.C.); arroz, mijo y soja en China (7000 a.C.); maíz y alubias en México (3000-2000 a.C.), boniato y patata en América del Sur (3000-2000 a.C.); sorgo y mijo en África subsahariana (3000-2000 a.C.), y taro y banana en las tierras altas de Nueva Guinea (hacia el 4000 a.C. o quizá antes). En el sudeste de Asia se cultivaron el ñame, la caña de azúcar, el coco, cítricos y arroz desde una fecha no

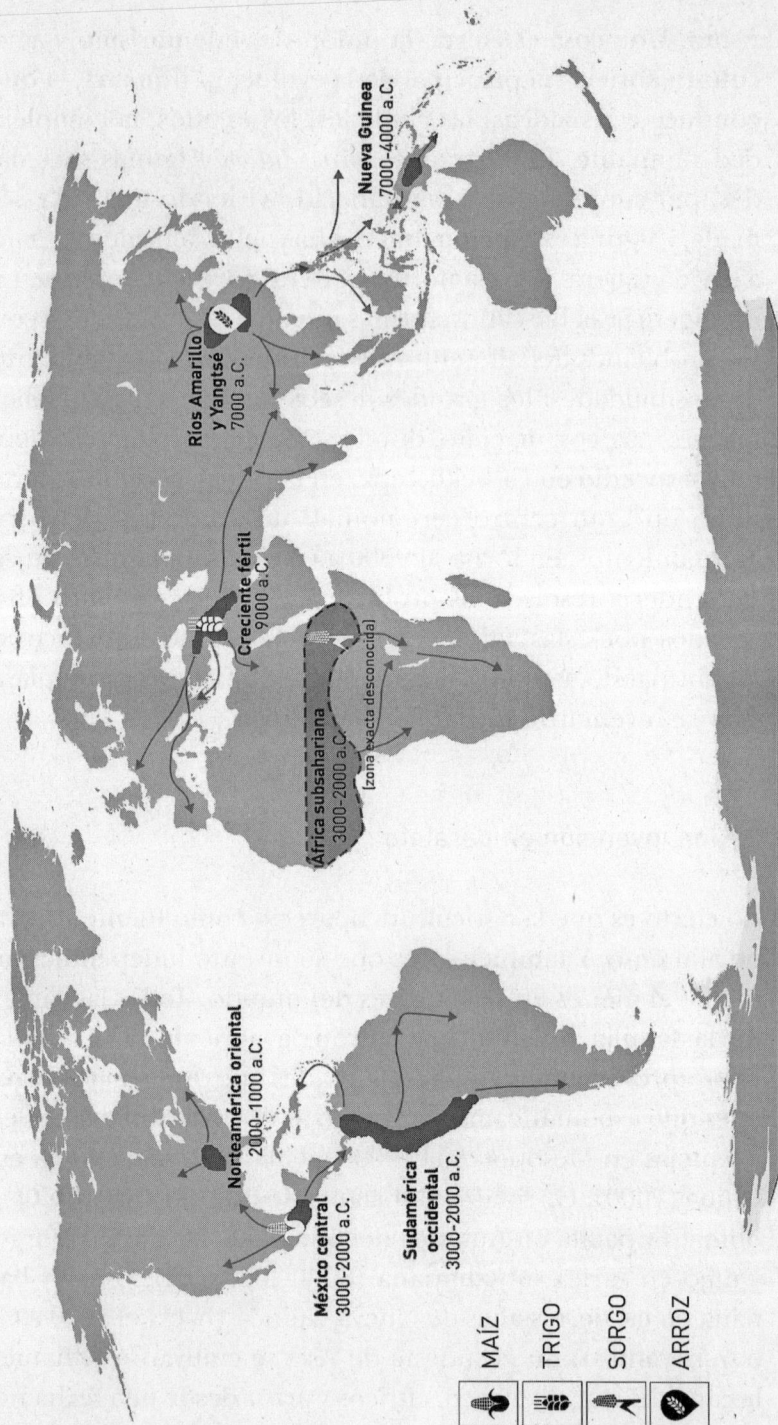

Focos de origen de la agricultura

Nueva Guinea
7000-4000 a.C.

Ríos Amarillo
y Yangtsé
7000 a.C.

Creciente fértil
9000 a.C.

África subsahariana
3000-2000 a.C.
[zona exacta desconocida]

Norteamérica oriental
2000-1000 a.C.

México central
3000-2000 a.C.

Sudamérica
occidental
3000-2000 a.C.

MAÍZ

TRIGO

SORGO

ARROZ

bien determinada. Hemos de acostumbrarnos a esta evolución en paralelo y asíncrona, que aparecerá con frecuencia. Si no hay interferencias, las mejores soluciones desplazan a las peores, dando así lugar a lo que hemos llamado *líneas de convergencia*. El paralelismo en el origen evoluciona hacia la convergencia.

Para los historiadores y arqueólogos Candice Goucher y Graeme Barker, «con el desarrollo de un mundo con agricultura, la historia del mundo se transforma en historia de la humanidad».[5] Recordemos nuestro modelo. Un *problema estructural* —nutrirse— impulsa a buscar soluciones (carroñeo, recolección, caza, agricultura, ganadería). Una vez iniciado el guión evolutivo de la «agricultura» se desencadena una secuencia muy semejante en todas las regiones. El estilo de vida de los cazadores-recolectores no permitía guardar nada. Vivían al día, moviéndose de un lado para otro, vivaqueando. Al establecerse, pasan de ser consumidores de los bienes del entorno, a productores. Estamos asistiendo a un cambio radical de vida que va a acelerar los cambios, y que se mantendrá hasta la actualidad. Comienza un «sistema de economía productiva», que favorece la división del trabajo, la acumulación de riquezas, la aparición del capital que permitía tener trabajadores —pagados o solamente mantenidos— para acometer obras públicas, y el aumento de población. Surge una institución que ya no va a abandonarnos: la propiedad. En su manual de historia del mundo, Felipe Fernández-Armesto cuenta que el capitán James Cook, en el verano de 1770, llegó a una pequeña isla en el estrecho de Torres, al norte de Australia, que bautizó como Isla Posesión, y que declaró británica al considerar que los nativos no habían dejado huella de su posesión en el suelo de la misma, pues no cultivaban. Para Cook, la ausencia de agricultura implicaba la ausencia de propiedad. No era una impresión equivocada, porque para muchos pueblos el hecho de arar la tierra es un signo de su apropiación.[6] El sedentarismo permite dar importancia a la propiedad y ofrece la posibilidad de aumentar considerablemente los bienes.

En algunos lugares de América, la evolución sucedió de un modo ligeramente distinto. Entre el 7000 y 5000 a.C. aparecen en Chile los asentamientos chinchorros, en Norte Chico, que no viven de la agricultura, sino de la pesca, una fuente inagotable de comida que no los obliga a viajar. Cerca se construyó Caral, tal vez dedicado al principio a cultivar algodón con el que trenzar las redes, pero que llegó a tener una economía autónoma. El paralelismo con la evolución del Viejo Mundo es llamativo. En esa zona chilena, extremadamente árida, se producen momificaciones naturales, pero también se utilizaron complejas técnicas de momificación, dos milenios anteriores a las egipcias.[7] En las tumbas se encontraron restos de sustancias alucinógenas.[8]

3. La propiedad como un problema inevitable

El deseo de propiedad plantea uno de los *problemas estructurales* de los humanos. Cómo conseguirla, cómo mantenerla, cómo distribuirla, cómo legitimarla. Abre un *campo de creatividad* que da origen a diversos guiones evolutivos que han ido convergiendo, y que vamos a estudiar brevemente, aun dando saltos históricos, porque nos permite comprender mejor los mecanismos de la evolución cultural.

Como en tantos otros fenómenos humanos, podemos buscar antecedentes animales. Ya sabemos que la inteligencia humana no cayó como un aerolito en la mente animal, sino que emergió a través de un largo proceso. Hay muchas especies que marcan su territorio y es posible que nuestros antepasados cazadores-recolectores tuvieran ya algún sentimiento territorial. Los miembros del pueblo !kung del desierto de Kalahari, en África meridional, nos permiten imaginar la vida de los grupos cazadores-recolectores. Viven sobre un territorio sin delimitación precisa, que no es exclusivo ni se defiende activamente, pero la territorialidad se basa en un recurso clave y escaso: la charca. Tiene razón Pipes al indicar que la propiedad aparece porque hay bienes deseados y limitados.[9] Cada grupo reivindica una charca y las zonas circundantes, que pasan de generación en generación. Alrededor hay una amplia región que se comparte con otros grupos. En palabras de Johnson y Earle: «Se reconoce así la propiedad del grupo sobre extensiones de tierra, al igual que la propiedad individual sobre las herramientas, los frutos recolectados y quizá algunos recursos naturales».[10]

Los shoshones de América del Norte viven en una sociedad aún menos estructurada. Tienen el «mínimo de organización humana» conocido. Aunque viven parte del año en campamentos multifamiliares, cada familia está sola la mayor parte del año y vagan por el desierto con un saco y un palo en busca de raíces y semillas. La diferencia de complejidad entre los !kungs y los shoshones depende posiblemente de la existencia de animales grandes que había que cazar y consumir en grupo, como ocurría en los territorios !kung.[11]

La agricultura y la ganadería producen la aparición de un fenómeno que va a darse en todas las culturas de economía productiva: los excedentes. Es decir, aquellos bienes que no son consumidos y que, por lo tanto, aumentan la riqueza y provocan la desigualdad. El número de hijos —o de esclavos— es fuente de riqueza porque aumenta los excedentes. Como señala el arqueólogo británico Colin Renfrew,[12] el paso de las costumbres nómadas a las sedentarias supuso un cambio crucial: en primer lugar, el establecimiento de una casa, una construcción que requiere una importante inversión de trabajo y materiales. Con la casa se crea una intimidad familiar que apenas existía en la vida nómada. Pero, además, la vida sedentaria también permite aumentar considerablemente la cantidad de bienes que se poseen (pues en los grupos nómadas solo se posee lo que se puede transportar), lo cual implica un necesario control sobre la propiedad. La codicia de los bienes ajenos siempre ha sido fuente de disputa. Es comprensible que uno de los mandamientos bíblicos fuera: no desearás la propiedad ajena, ni su mujer, ni su buey.

No hay que olvidar la relación entre propiedad y sexualidad. En las sociedades patriarcales, el ascenso social suponía tener más mujeres. En el mundo animal, la única manera de ascender es la manifestación de fuerza. En la especie humana hay otros procedimientos, entre ellos, la riqueza y la ostentación. Uno de los incentivos para trabajar más fue, sin duda, adquirir posición social y conseguir más mujeres. Esto suponía más hijos —más riqueza—, lo que aceleraba la dinámica de la desigualdad.

La complejidad de las sociedades va introduciendo formas diferentes de propiedad y de reparto. Entre las sociedades más complejas, con poblados, resulta destacable el caso de los inuits del norte de Alaska, donde se da una clara diferencia entre dos pueblos: los tareumiuts (gente del mar, cazadores de ballenas) y los nunamiuts (gente de la tierra, cazadores de caribúes). En ambos, la familia nuclear es la unidad básica residencial y productiva: se construyen casas juntos, pero la comida se almacena y cocina por separado. Entre los nunamiuts, las normas sociales marcan que se comparta la comida en la aldea, pero su propiedad se registra cuidadosamente, así como las armas, que son personales. Se permite el intercambio de esposas («forma de reciprocidad en los derechos de propiedad de los hombres sobre la sexualidad de sus mujeres»). Los tareumiuts practican la caza cooperativa de ballenas bajo el liderazgo del «propietario de una barca», que luego vela por la distribución correcta de la ballena cazada. Dicho propietario (el líder del grupo) «establece lazos con otros líderes del poblado, de los que puede conseguir reservas de alimentos cuando su barca sufre una racha de mala suerte». «Permanecen juntos durante el invierno, disfrutando de cierto grado de seguridad alimentaria, desconocida entre los nunamiuts, a quienes critican por abandonar en ocasiones a parientes mayores o enfermos durante un mal invierno. Dicen de ellos: "Son como animales". El líder de la barca desempeña un papel importante en la integración económica más allá del nivel familiar.»[13] Esta diferente solución al problema de organización social —más sofisticada y efectiva entre los tareumiuts (del mar) que entre sus vecinos de tierra (nunamiuts)— parece deberse a la necesidad de un liderazgo en la actividad de caza de ballenas en barca, por su mayor complejidad y riesgo que la caza del caribú en tierra.

Un tema tan importante no podía quedar fuera de recreaciones simbólicas, religiosas o míticas. En muchas sociedades, la propiedad estaba relacionada con el parentesco y con los antepasados. Entre griegos, romanos o pueblos del África precolonial, los grupos familiares estaban ligados a la tierra porque sus antepasados estaban enterrados en ella.[14]

Como dijo un líder nigeriano de principios de siglo xx: «Considero que la tierra pertenece a una inmensa familia, muchos de cuyos miembros están muertos, unos cuantos están vivos e innumerables todavía no han nacido».[15] «La incapacidad de los occidentales para entender la naturaleza de los derechos de propiedad consuetudinarios y su arraigo en grupos familiares es, en cierta medida, la causa de muchas de las actuales disfunciones en África», escribe Fukuyama.[16]

El reconocimiento social de la propiedad de un bien es un rudimento de derecho, de protección social de las pretensiones personales, de lo que milenios después se denominará «derecho subjetivo». Siempre ha tenido enfrente una noción de la propiedad como posesión. Posesión es el uso de un bien, sin más justificación que la capacidad de apropiarse de él y de conservarlo. La invasión de un territorio ajeno o el robo ha sido durante toda la historia de la humanidad un modo de ampliar las propias posesiones. El «derecho de conquista» no es más que un intento de legitimar la ley de la naturaleza, que premia al más fuerte.

Esta situación de indefensión, de estar siempre a merced del poderoso, ha sido tan común en la historia de la humanidad que se la debió aceptar con la misma resignación con que se acepta el rayo o la enfermedad. Planteaba, sin embargo, un problema que afectaba al bienestar de gran parte de la población. ¿Cómo podía una persona, una familia o una tribu mantener lo suyo ante la codicia de un competidor más poderoso? La lucha era la solución más elemental. Una solución de suma cero que ha provocado peleas interminables en todos los niveles. Pero no solucionaba nada, porque el vencedor era quien establecía lo que había de considerarse justo.

¿No habría una solución de suma positiva? Al menos hay dos. La primera es el comercio, del que hablaremos mucho, que permite adquirir la propiedad codiciada por medios pacíficos. La segunda es más sofisticada, pero también un expresivo ejemplo de progreso evolutivo. La inteligencia creadora de símbolos inventó una «fuerza simbólica» para oponerse a la fuerza bruta, real, y protegerse de ella: nos referimos al «derecho».[17] Cuando una comunidad reconoce el derecho de una persona, se compromete también a respetarlo y defenderlo. Amplía así sus posibilidades de acción y su seguridad. Los tsembaga marings de la cordillera central de Papúa-Nueva Guinea nos ofrecen un ejemplo de este derecho *in nuce*. Practican el cultivo itinerante, se organizan en familias nucleares que se agrupan en clanes definidos ceremonialmente (grupos suprafamiliares con un líder). Al habitar en regiones con una relativamente alta densidad de población, las familias se unen a un clan como mecanismo de defensa y afirmación de sus derechos sobre la tierra. El clan define los derechos de propiedad y restringe el acceso a la tierra; los miembros del clan poseen individualmente las tierras cultivadas y pueden intercambiarlas entre ellos.[18]

El *guión evolutivo* que se abre así forma parte de una de las más brillantes aventuras del animal espiritual. Respetar la propiedad de cada uno se convirtió en definición de la justicia: *suum cuique tribuendi*: dar a cada uno lo que se le debe. Los juristas medievales ya advirtieron que ese deber de dar a cada uno «lo suyo» significaba darle lo que era de su propiedad. Con lo que esta se configuraba como fundamento de la justicia. Pero no se terminaba aquí el guión, porque era necesario explicar de dónde procedía ese derecho. Una primera respuesta fue: de Dios. Eso permitió a los monarcas considerarse dueños de todo el territorio. En el Egipto antiguo, el faraón era propietario de las tierras, que cedía a personas destacadas, que podían legarlas a sus herederos. En Etiopía, toda la tierra es del rey; él la da a quien desea y cuando le place. Cuando una persona muere, sus propiedades pasan al rey. En España, se usó el título de «rey propietario». Luis XIV consideraba que todo el dinero del reino era suyo y que podía pedirlo cuando quisiera.

Este intento de legitimación no resolvía el problema. Era necesario poner la propiedad fuera del alcance del poderoso. Y eso comenzaron a hacerlo los que también eran poderosos. El enfrentamiento de los nobles o las ciudades con el soberano comenzó para defender la propiedad de las incautaciones o de los impuestos.

La solución era reconocer un derecho previo, inviolable. Locke elaboró una teoría radical de la propiedad, porque afirmaba que la propiedad fundamental de un ser humano era su propia persona. Tendremos ocasión de ver la influencia de estas ideas en las primeras constituciones americanas, que construyeron sobre ellas su edificio político.

Había, sin embargo, que precisar los límites del derecho de propiedad. El Código de Napoleón decidió que era un derecho absoluto. El propietario podía hacer con sus bienes lo que quisiera. El comunismo intentó aniquilar el derecho de propiedad individual, considerándolo un abuso antisocial. En este momento, casi todas las naciones admiten el derecho de propiedad, pero con una función social que lo limita. Como decíamos, el *problema estructural* de la propiedad abre un enorme ámbito de invenciones para ir solucionando los problemas que van apareciendo. Por eso lo tomamos como ejemplo de evolución que, partiendo de un deseo profundamente sentido, ha desembocado en el reconocimiento de derechos individuales subjetivos. Pero nuestra especie necesitará varios milenios para alcanzar esa solución.

4. La historia continúa

La agricultura se expandió con rapidez. Osborne cuenta así la llegada a Europa: «Es casi seguro que la agricultura entró en Europa con pequeños grupos de inmigrantes que llegaron por el oeste por tierra o que se dirigieron hacia el oeste por el litoral mediterráneo y luego hacia el norte. No eran cazadores indígenas que habían aprendido nuevas técnicas, sino forasteros que llevaban consigo su propia cultura, sus propios animales domésticos y sus propios productos agrícolas. El trigo, la cebada y el mijo que se cultivaron en Europa durante milenios procedía de variedades de Oriente Próximo, al igual que los rebaños de ovejas y cabras domesticadas». La difusión fue bastante rápida en Europa central (7500-7000 a.C.), pero cuando los agricultores llegaron al norte y al oeste se produjo una interesante transformación. En la franja septentrional de Europa encontraron un suelo de arena y grava que no servía para el cultivo, de modo que los habitantes del litoral entre Holanda y Polonia siguieron viviendo de la pesca y la caza durante otros mil años.[19]

El *guion evolutivo* sedentarismo-agricultura se prolonga al producir la concentración de la población, la aparición de las grandes aldeas, de las ciudades, del embrión del Estado, del Estado mismo. «La violencia sistémica —escribe Armstrong—prevaleció en todas las civilizaciones agrícolas. La clase dominante tenía que mantener su control sobre la aldeas campesinas, defender su tierra cultivable contra los agresores, conquistar más espacio físico y suprimir despiadadamente todo intento de insubordinación.»[20] La fuerza fue el medio empleado para mantener la estabilidad. ¿Cómo respondieron a este dinamismo las diferentes familias humanas? Las sociedades extensas imponen normas férreas; obligan a la obediencia, pero también a la cooperación. Conocemos bien el proceso de urbanización en Oriente Próximo: Jericó surgió como asentamiento estacional en torno al 9000 a.C., debido probablemente a sus numerosos manantiales de agua dulce. Hacia el 8000 a.C., los habitantes comenzaron un importante plan de edificación que incluía una muralla de piedra bien labrada, con una torre de ocho metros de alto por nueve de diámetro, con veintidós escalones. Una obra que, según su descubridora, Dorothy Garrod, habría exigido que al menos cien hombres trabajaran cien días. No podemos pensar que esas obras públicas puedan acometerse sin alguna estructura de poder. Allí vivieron unas tres mil personas, que se sustentaban del cultivo intensivo de variedades recién domesticadas de trigo y cebada, y producían también algún tipo de cerámica —que forma parte importante de nuestra historia, pues permitía almacenar grano o líquidos—. En la actual Turquía se ha descubierto otro asentamiento agrícola arcaico, Çatalhöyük, que alcanzó la cima de su prosperidad a partir del 6500 a.C. gracias al comercio de la obsidiana, un cristal volcánico muy apreciado. En Jericó y Çatalhöyük comenzaron a formarse sociedades más estratificadas, y posiblemente apareció una casta que llegaría a tener gran importancia en la historia de la humanidad: la sacerdotal. El poder se bifurca: existe un poder material (militar, económico) y un poder religioso (que suele ser también económico). Aparece también una invención definitiva para la evolución humana, una institución imprescindible: la división del trabajo.

Las grandes aldeas atraen a mucha gente y se convierten en populosas ciudades, en un proceso, imparable hasta ahora, que estudiaremos en el capítulo siguiente. En Ubaid (actual Irak), desde el 5900 a.C. construyeron sistemas de irrigación, y pronto tuvieron excedentes suficientes para sostener a especialistas en hilado, fabricación de cerámica, metalistería, comercio y construcción. Construyeron con ladrillos de adobe.

5. Cambios en el modo de pensar

La función simbólica, que permite las innovaciones, es expansiva, multiplica los significados, relaciona, combina, inventa historias. Lo desconocido se interpreta desde cosas más conocidas. Los seres vivos sirven como marco de interpretación de la realidad entera, que se hace animista. Los dioses se interpretan desde los comportamientos humanos: son poderosos como los reyes y celosos como los humanos. Todo está penetrado de simbolismos, que ahora consideramos religiosos. Lo característico del símbolo es que la realidad conocida remite a otra realidad no conocida. Las creencias en ese mundo irreal tienen poderosos efectos reales, lo que fortalecía la confusión de lo real y lo irreal. Dos neurólogos, Walter Cannon y Martin A. Samuels, estudiaron la llamada «muerte vudú», provocada por el conocimiento de que se había transgredido un precepto.[21] Hasta tal punto se interiorizan las creencias que producen efectos fisiológicos reales.

La presencia de la religión es tan potente que un proyecto llevado a cabo por la Universidad de Stanford y la

Fundación Templeton en Çatalhöyük pretendió descubrir si los cambios en la vida espiritual y religiosa son un preludio necesario para los cambios sociales y económicos que conducen a la «civilización».[22] El simbolismo religioso penetraba toda la vida social. En las excavaciones realizadas en el asentamiento de Jericó se encontraron unos cráneos que se guardaban en las casas; una cubierta de yeso imitaba las facciones del rostro vivo, los ojos eran «dos segmentos de concha, con una abertura entre ellos que simulaba la pupila»; estas conchas habían sido transportadas unos cincuenta kilómetros desde el Mediterráneo. Había una gran preocupación por los muertos, tal vez los seres sobrenaturales más poderosos. Alrededor del 6000 a.C., la gente de Çayönü, en el sudeste de Turquía, construyó la «casa de los muertos», con sesenta y tres calaveras y más de cuatrocientos esqueletos almacenados tras un altar, tal vez restos de sacrificios.[23] En China, las excavaciones de Jiahu (7000 a.C.) muestran también el interés por los antepasados... y por las flautas: primero de cinco agujeros y, a partir del 6500, de siete; y posteriormente de ocho, con las que se puede interpretar cualquier melodía moderna.[24] Cauvin ha expresado con contundencia esta idea: «Los grandes cambios del Neolítico que promovieron la civilización fueron anticipados y representados primeramente en contextos religiosos y rituales», y se refiere a todo ello como una «revolución simbólica».[25] La afirmación nuclear del materialismo de Karl Marx era que el modo de producción de la vida material domina en general el desarrollo de la vida social, política e intelectual. La historia nos dice otra cosa. Los modos de producción pueden depender de ideas previas y, desde luego, de sentimientos previos.

Muchos mitos agrícolas consideran necesaria la inmolación de una divinidad para que los humanos obtengan las plantas comestibles —aunque, en otros casos, éstas se deben a la generosidad de un héroe civilizador—, lo que establece cierta relación entre muerte y reproducción. Así, el culto de los muertos y el de la fecundidad suelen estar vinculados, pues todo ello responde a un misterio común de la reproducción. Además existe una valoración religiosa y una lectura simbólica de la casa, la aldea y los campos como centros del mundo: en este sentido, es común que la casa se convierta en «imagen del mundo», y así pronto aparecen construcciones o espacios específicos que indican cierta evolución hacia formas públicas, y quizá centralizadas, de actividad religiosa, como en 'Ain Ghazal (actual Jordania), yacimiento neolítico habitado entre los milenios octavo y el sexto antes de Cristo. En cualquier caso, muchas deducciones acerca del mundo espiritual neolítico se realizan a partir del punto de llegada: la religiosidad conocida de las primeras civilizaciones, donde ya están presentes ciertos elementos que seguramente han surgido en tiempos neolíticos o anteriores.[26]

6. Una ocurrencia magnífica y extravagante: los megalitos

Aprovechando las investigaciones neurológicas sobre el «inconsciente cognitivo» hemos hablado del cerebro como «máquina de producir ocurrencias». El cerebro capta relaciones o realiza actividades que le resultan placenteras por algún motivo. Pensemos en las huellas de manos dejadas en las paredes de grutas prehistóricas. ¿Qué emoción sentirían nuestros antepasados al comprobar que su mano quedaba en la roca? Jared Diamond ha hablado del desarrollo inconsciente de la agricultura: «Lo que en realidad sucedió no fue un *descubrimiento* ni una *invención*, como podríamos suponer en un principio. Con frecuencia no se trató siquiera de una elección consciente entre producción de alimentos y recolección de caza. En realidad, en toda región del mundo, los primeros pueblos que adoptaron la producción alimentaria es evidente que no podían estar haciendo una elección consciente, estar esforzándose a propósito en la agricultura como objetivo, dado que jamás habían conocido tal actividad y no tenían medio de saber a qué se parecía. La producción alimentaria *evolucionó* como deriva de decisiones tomadas sin tener conciencia de sus consecuencias».[27]

Algunas de las ocurrencias nos resultan asombrosas. Una de ellas fueron las construcciones megalíticas que aparecieron en muchos lugares en épocas arcaicas. En Göbekli Tepe (Turquía) encontramos megalitos de los milenios décimo al octavo antes de Cristo. En las costas atlánticas europeas, a mediados del quinto milenio antes de Cristo —es decir, cuando en estas regiones se ha iniciado la transición hacia el sedentarismo y la agricultura—, aparece una práctica de enterramiento colectivo en cámaras construidas con grandes piedras. Se inicia en las costas de Portugal y en la Francia atlántica, y se extiende por gran parte de la península Ibérica, Francia, las islas británicas, así como hasta Dinamarca y Suecia por el norte y las costas norteafricanas por el sur. En Malta se construyeron en el quinto milenio; en Corea, en los milenios segundo y primero, y en la India, desde el cuarto milenio antes de Cristo.

La construcción de grandes monumentos es una constante universal. En América del Sur se construyen pirámides. La de 24 metros de altura, de Salinas de Chao, cerca de Lima, data del 2000 a.C. En Sechín Alto hay grandes túmulos y plazas del 1700-1650 a.C. Donald Lathrap cree que eran ejes simbólicos entre el mundo de los vivos y el de los espíritus.[28] La cultura nazca elaboró las famosas líneas, los «geoglifos» —enormes diseños en el terreno desértico que pueden llegar a tener ocho kilómetros en línea recta sea como sea el terreno, llano o montañoso—, cuyo significado se desconoce.

Unas obras de tales magnitudes resultan para nosotros un mensaje cifrado. ¿Qué son? ¿Qué significan? ¿Para qué se construyeron? Las comunidades que edificaron estas construcciones realizaron una enorme inversión en trabajo. Apenas se encuentran en ellas objetos de prestigio que reflejen la existencia de individuos destacados de alto rango. Por eso, algunos autores hablan de culturas «grupales». Colin Renfrew las atribuye a «sociedades orientadas al grupo».[29] El resultado de su actividad es un monumento con un sentido social, que quizá pretende manifestar y proclamar a la propia comunidad su importancia como colectividad. Es muy posible que el gusto por los grandes proyectos colectivos no esté movido solo por la finalidad de la obra (enterramiento, templos, palacios, etc.), sino por el gusto mismo de colaborar en algo enorme. Trasladar grandes piedras simbolizaba la fuerza de la comunidad. Gosden y Lock suponen que los megalitos son monumentos mnemotécnicos para guardar la memoria mítica.

Desde que comenzamos nuestra investigación hemos encontrado una y otra vez este dinamismo inventivo, proliferante, incansable, excesivo del ser humano. Ahora hablamos de *inteligencia creadora*. Sófocles consideró al ser humano *deinós* porque no se detiene ante nada, movido por la *hybris*, por la desmesura. Hölderlin afirmó que «poéticamente habita el hombre la Tierra», es decir, creando incesantemente significados.

7. Otra forma de vida

Ya hemos señalado que no todos los humanos eligieron un modo de vida sedentario. La vida nómada ha sido una constante en la historia de nuestra especie. Durante milenios vamos a observar una lucha entre pueblos estables y pueblos nómadas. Ansary escribe: «El patrón era el siguiente: los agricultores asentados construyen sistemas de riego para sustentar los pueblos y las ciudades. Llega un momento en que algún tipo duro, un sistema de sacerdotes bien organizado, o alguna alianza de ambos, somete a una serie de centros urbanos al gobierno de un único poder, forjando así una unidad política mayor: una confederación, un reino, un imperio. Entonces aparece una tribu de robustos nómadas, vencen al monarca de turno, se apoderan de todas sus tierras y, de paso, ensanchan el imperio de este. Aquellos robustos nómadas acaban por convertirse en habitantes de la ciudad, blandos y amantes del lujo, exactamente el tipo de personas que habían conquistado, y en ese momento aparece otra tribu de robustos nómadas, vencen a los primeros y se hacen con su imperio».[30] Conquista, consolidación, decadencia, conquista: ese era el guión. Lo codificó en el siglo XIV el gran historiador musulmán Ibn Jaldún.

Desde las llanuras de las actuales Hungría y Rumanía hasta Manchuria, en el Extremo Oriente, se extienden las estepas euroasiáticas —enormes espacios de praderas, limitadas al norte por los bosques siberianos y al sur por la transición a los desiertos centroasiáticos (Karakum, Kyzylkum, Gobi), algunas cadenas montañosas (Cáucaso, Tian Shan) o mares (Negro, Caspio y Aral)—. Tienen 10.000 kilómetros de este a oeste y 600 kilómetros de norte a sur.[31] Sobre este inmenso territorio se estableció una gigantesca ruta por la que viajaron mercancías e ideas. Según A. M. Petrov, la posterior Ruta de la Seda «no es solo una carretera, es un enorme y fluido espacio histórico y cultural a través del cual en la Antigüedad y en la Edad Media se lleva a cabo la emigración de pueblos diversos desde los extremos de Asia hasta los países occidentales».[32]

Los rebaños de caballos, ovejas y cabras podían oscilar entre 2.000 y 27.000 ejemplares. Era una economía condenada al estancamiento: estos grupos humanos necesitaban moverse continuamente, pero los pastos iban perdiendo productividad. Esto creó lo que Gérard Chaliand llamaba la «zona de turbulencia», un elemento esencial en la historia

Mapa de las estepas eurasiáticas

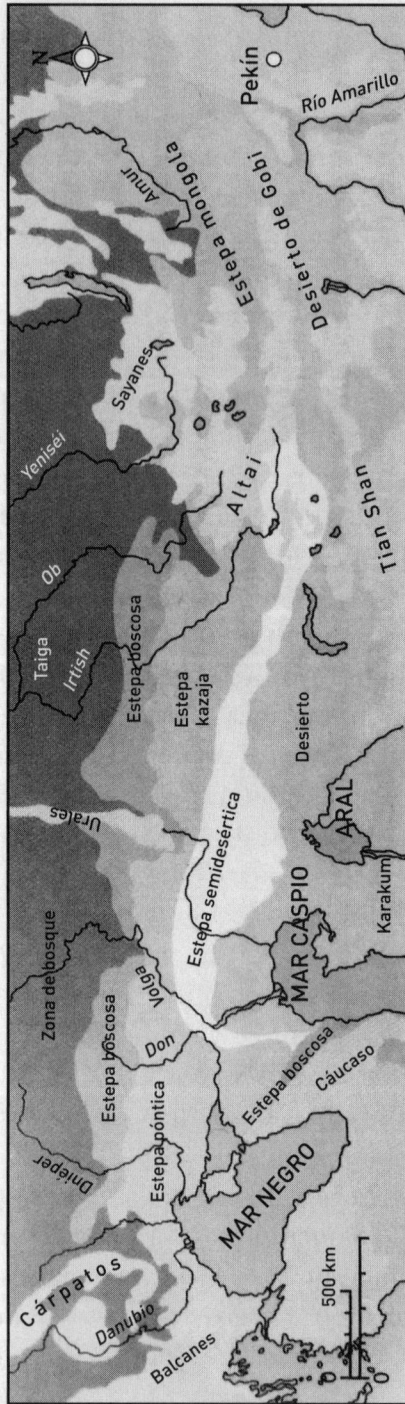

Fuente: B. Cunliffe, *Europe between the Oceans*, Yale, 2008.

del Viejo Mundo que comenzó en la Edad del Bronce y duró 2.000 años. Durante ellos, amenazaron a los pueblos afianzados como China, Roma, Irán, la India, el Imperio bizantino e incluso Egipto. No tenían un idioma común, la mayoría no conocía la escritura y sus orígenes étnicos eran diferentes: hunos, turcos, mongoles.[33]

Los pueblos nómadas de las estepas asiáticas se dedicaban mayoritariamente al pastoreo de sus rebaños de caballos, ovejas, cabras, camellos, vacas o yaks, que trashumaban según la estación del año en busca de agua y nuevos pastos. Estos animales constituían la riqueza del nómada y su fuente principal de subsistencia en forma de productos lácteos y sus derivados (como el kumis, leche de yegua fermentada), complementada por la caza, así como por otros subproductos (lana, cuero, pelo, cuernos...). Dado que los nómadas no eran totalmente autosuficientes, muchos comerciaban con las sociedades sedentarias vecinas, a las que compraban cereal, seda, armas, herramientas y objetos de lujo. Cuando no podían comerciar, recurrían a la guerra y al saqueo. Asimismo se producían migraciones en masa de las tribus cuando estas se veían desplazados por vecinos más poderosos o agresivos. En general, su organización social era tribal y su líder solía ser investido a menudo por su competencia guerrera.[34]

A pesar de su pequeño tamaño y escasos recursos, los pueblos nómadas han tenido una influencia considerable en la historia de las civilizaciones gracias a su gran movilidad y a los contactos que establecían entre culturas, así como al impacto, en ocasiones letal, sobre los pueblos sedentarios. Pero, además de las incursiones temporales o de las invasiones, el comercio jugó un papel importante en la transmisión cultural, aunque por esa vía también se difundieron enfermedades. Ciertos cultivos, tecnologías militares o productos, como el papel y la seda, siguieron las rutas y movimientos de estos pueblos.[35] Son sociedades organizadas en pequeños grupos o bandas (de entre 30 y 150 personas) que se unen en grupos mayores en situaciones de crisis. Así, cuando estos pueblos se ven forzados a trasladarse a otras zonas (por cambios ecológicos, presión demográfica interna o la amenaza de otros pueblos), las tribus suelen adoptar una organización militar de mayor alcance, lideradas por jefes guerreros carismáticos, que reclutan una guardia personal de confianza, en un proceso de creciente militarización que suele culminar en la creación de un sistema político complejo (estado) bajo un dirigente supratribal (kan).[36]

En el imaginario popular, esos nómadas eran seres terribles. Se decía que bebían la sangre de sus enemigos y hacían ropa con sus cueros cabelludos y que, en algunos casos, incluso comían la carne de sus propios padres. Ciro el Grande pereció luchando con los escitas. Según las crónicas, lo decapitaron y metieron su cabeza en un odre lleno de sangre humana para que pudiera saciar por fin la sed de poder que le dominaba.[37]

Debemos tener este mapa presente porque representa un gigantesco canal de comunicación entre Oriente y Occidente que va a hacerse cada vez más transitado. Es la ruta del comercio, del poder, de las ideas. La ruta de la seda, de las especias, de la peste.

8. La guerra y los juegos de suma cero

La idea de que los cazadores-recolectores eran grupos pacíficos ha ido debilitándose. Es cierto que la poca densidad de población reducía los enfrentamientos, pero las luchas contra otros grupos debieron ser frecuentes.[38] La guerra nos ha acompañado a lo largo de la historia, lo que parece que contradice la teoría de que la humanidad ha ido evitando los juegos de suma cero y los que perjudicaban a todos. Ha habido incluso muchas voces que han proclamado que la guerra es el motor del progreso. Esta situación va a abrir un campo de investigación que atravesará toda la historia.[39] La guerra es un fenómeno colectivo, de grupos contra grupos, en una competición por la supervivencia que aumenta la energía y promueve la cohesión entre los miembros del grupo y entre grupos, tal vez enfrentados, que se unen frente a una amenaza. Las mercuriales políticas de alianzas responden a este mecanismo de unificación, que favorece la obediencia y la sumisión. Como decía Spencer: «Las sociedades donde hay poca subordinación desaparecen». En la Biblia se cuenta una historia que explica la formación de las jefaturas, o de los estados. Las tribus israelitas sufren una derrota ante los filisteos. Entonces deciden unirse en una monarquía unificada, a sabiendas de que eso significaba tributos y obligaciones, pero insistieron: «Que haya sobre nosotros un rey, así nos juzgará nuestro rey y saldrá al frente de nosotros para librar nuestros combates».[40]

La situación de enfrentamiento, agresividad, imposición, robo, rapto ha sido considerada natural durante milenios. En ese sentido, lo menos natural era «hacer la paz». Por eso, estudiar los procedimientos para evitar la destrucción forma parte de la evolución de las culturas. La guerra suele ser declarada por gobernantes que, si pueden, intentan previamente movilizar las pasiones belicosas de la sociedad, fomentando el miedo, el resentimiento, el odio o la codicia. Creemos que eso confirma las condiciones para el progreso que hemos propuesto. Uno de los grandes obstáculos es el odio al vecino o al diferente.

Existe la idea de que la guerra es la única solución para que las naciones no se estanquen. Incluso el pacífico Kant consideraba que nuestra especie está movida por una «insolidaria sociabilidad», y que la competencia era el truco de la naturaleza para materializar su «plan secreto».[41] En cambio, Elman Service propuso una teoría «pacifista» de la evolución cultural. Puede que «no solo la evolución de las formas de gobierno, sino también la misma evolución de la sociedad y de la cultura dependan de la evolución de los medios de "hacer" la paz en esferas sociales en continua expansión, añadiendo sin cesar nuevos componentes a la organización social».[42] Es evidente que estas ideas están en consonancia con el método aporético que estamos utilizando. El primer paso para hacer la paz —señala Wright— sería admitir que la guerra continua es un juego de derrota general.[43] Tenía razón un individuo de Papúa-Nueva Guinea cuando observó: «La guerra es mala y no le gusta a nadie. Las batatas desaparecen, los cerdos desaparecen, los campos se echan a perder y mueren muchos familiares y amigos. Pero no se puede evitar».[44] Por desgracia, los juegos de suma cero casi siempre producen beneficios a alguien, por lo que es difícil que desaparezcan.

En segundo lugar, conviene averiguar cómo se evitan. La historia de la cultura se ha ocupado más de los modos de hacer la guerra y de la guerra en sí, que de los modos de hacer la paz. La *ciencia de la evolución cultural* intenta eliminar ese desequilibrio.

Capítulo quinto

UN MUNDO DE CIUDADES

1. Las grandes ciudades

La palabra *civilización* procede del vocablo latino *civis*, «ciudad». Y la palabra *política* se relaciona con el término griego *polis*, que también significa «ciudad». Con la aparición de las urbes se da un salto en la historia: «Las ciudades han sido, desde su origen, el principal motor de la innovación humana».[1]

En el cuarto milenio antes de Cristo, las distintas ramas de nuestra familia se habían ido asentando en pequeñas poblaciones, cerca de fuentes de aprovisionamiento fáciles y predecibles: alimentos y agua. Los asentamientos fueron creciendo. Los ríos Tigris, Éufrates, Nilo, Indo, acogieron grandes ciudades en sus orillas. Mil años más tarde sucedió lo mismo en las cercanías del río Amarillo, en China. En el África subsahariana, la primera ciudad (Jenné-Jeno) se edificó junto al río Níger en el primer milenio antes de Cristo. En América también se edificaron ciudades, aunque no junto a los ríos; en los primeros siglos de nuestra era, Teotihuacán fue una de las mayores ciudades del mundo. Cuando llegaron los españoles, las ciudades americanas asombraron al cronista Bernal Díaz del Castillo: «Y desde que vimos tantas ciudades y villas pobladas en el agua, y en tierra firme otras grandes poblaciones, y aquellas calzadas tan derechas y por nivel, como iba a México, nos quedamos admirados, y decíamos que se parecía a las cosas de encantamiento que cuentan en el libro del Amadís».[2]

El fenómeno de la concentración de las poblaciones ha sido una constante de la historia de la humanidad, un permanente *guion evolutivo*. A finales del tercer milenio, el 90 por ciento de quienes vivían al sur de Mesopotamia lo hacían en áreas urbanas.[3] Según cifras de la ONU, mientras que, en 1950, el 30 por ciento de los habitantes de la tierra vivía en ciudades, en 2015 el porcentaje ya era del 54 por ciento (3.960 millones de personas) y pronostica que para el año 2030 se llegará a un 60 por ciento, lo que supondrá que 5.060 millones de almas vivirán en núcleos urbanos. Estas semejanzas nos hacen preguntarnos, siguiendo nuestro método, qué problemas resolvían las grandes ciudades, qué aspiraciones satisfacían y qué nuevos problemas planteaban. Su éxito se debe a que en ellas convergen los grandes deseos humanos: *sobrevivir* de la mejor manera posible huyendo del dolor y del miedo; *convivir* manteniendo relaciones sociales provechosas, y *aumentar las posibilidades de acción*. Las grandes ciudades permitían satisfacer esas aspiraciones de manera más eficiente. En ellas se manifiestan todos los intereses culturales que posteriormente se fueron ampliando a lo largo de la historia. Las formas de vida social, política o familiar, las grandes construcciones, el arte, la educación emocional, los sistemas normativos, la vida religiosa, económica, el ejercicio del poder, el desarrollo técnico.

La ciudad resolvía grandes problemas, pero ¿es una solución de suma positiva? ¿Salen todos ganando? Su éxito hace suponer que sí, pero conviene observar más de cerca para aprender de la experiencia. Tenemos que hacerlo para que la *ciencia de la evolución de las culturas* sea realmente útil. La ciudad es una poderosísima solución a muchos problemas, porque proporciona seguridad, ofrece oportunidades y estimula la innovación. Pero trae también formas de vida miserables y enfermedades. Según los economistas partidarios de la «nueva teoría del crecimiento» como Romer, la densidad demográfica aumenta el índice de innovación y, con ello, el desarrollo económico y tecnológico.[4] Lo hace por varios caminos: porque hay más gente pensando, porque la comunicación es menos costosa, y porque, al haber más objetos apetecibles, la gente se esfuerza más por conseguirlos. El antropólogo Robert Carneiro publicó un importante artículo sobre los kuikurus, que vivían en las selvas de la Amazonia cultivando huertos de mandioca. Comentaba que habrían podido duplicar o triplicar su producción, pero preferían dedicarse al ocio. Sin embargo, cuando llegaron los europeos con sacos de artículos para comerciar, la producción de mandioca subió como la espuma. Los kuikurus no trabajaban más porque no encontraban nada que valiera la pena para hacer horas extraordinarias.[5] Había otra fuerza impulsora de la innovación menos optimista. Según Marvin Harris, la densidad de población planteaba enormes problemas, y estos eran los que obligaban a estimular el ingenio.[6] Fuera por motivos positivos o negativos, lo que ningún estudioso niega es que las ciudades fueron y son centros de creatividad.

Como no se obligaba a nadie a ir a la ciudad, hay que suponer que la gente encontraba incentivos para hacerlo. Solo podemos establecer un balance adecuado si retrocedemos a nuestra hipótesis de base. La pobreza extrema, la ignorancia, el dogmatismo, el miedo y el odio hacen que las elecciones sean poco fiables. Da lo mismo que se refieran a ir o no a la ciudad que a las elecciones en una nación democrática. Si personas en la extrema pobreza o aterrorizadas por la inseguridad fuera de las murallas acuden a la ciudad como última solución, esa decisión no puede legitimar el éxito de las ciudades, a no ser que ayude a remediar la pobreza.

2. Las primeras ciudades

En vez de analizar en abstracto estas dimensiones de toda cultura, vamos a hacerlo tomando como ejemplo la cultura urbana de Mesopotamia porque fue ligeramente anterior a las demás y, sobre todo, por la riqueza de información que tenemos sobre ella: «A veces parece como si toda la historia antigua hubiera servido de entrenamiento, un ensayo general para las civilizaciones posteriores».[7] Nuestra familia ha tenido momentos de brillantez creadora, igual que ha tenido momentos de terror. La cultura mesopotámica, su capacidad de invención, sigue asombrándonos. El país sufrió múltiples invasiones a lo largo de su historia. Hace unos cinco mil años, más o menos una docena de ciudades se fusionaron y formaron una sola red: Sumer. Samuel Noah Kramer tituló con razón su libro *La historia empieza en Sumer*. A partir de las traducciones de las tablillas identificó al menos veintisiete grandes invenciones, «primeros logros históricos», conseguidos, descubiertos o registrados por los antiguos iraquíes. Entre ellos tenemos, en primer lugar, la escritura, y posiblemente el carro, las primeras escuelas, el primer historiador, la primera farmacopea, los primeros relojes, el primer arco arquitectónico, los primeros códigos jurídicos, la primera biblioteca, el primer calendario agrícola. Fueron los primeros que recogieron proverbios y fábulas, que tuvieron literatura épica y canciones de amor. Forman, por ello, parte del genoma cultural de la humanidad.[8]

Allí aparecieron entre el sexto y cuarto milenio antes de Cristo ciudades como Eridu, Nippur y Uruk. Uruk se considera ejemplo de la primera gran ciudad-estado. Llegó a tener 10.000 habitantes en el tercer milenio antes de Cristo. Una de las primeras creaciones literarias —el *Poema de Gilgamesh*, que forma parte de la tradición de nuestra literatura— nos habla de ella. Una mujer convence a Enkidu, el hombre salvaje, para que vaya a la ciudad, a Uruk, «la de amplios mercados». Los sumerios han visto en la ciudad el hecho principal de la civilización, opuesto al desierto y a la vida salvaje. El mal es el desorden. Esta es una idea universal: nadie quiere el caos. Los reyes se enorgullecen de ser constructores de ciudades. «Yahdun-Lim, el hijo de Yaggid-Lim, el rey de Mari, de Tutuk y del país de Hana, el rey fuerte que mantiene dominadas las orillas del Éufrates, Dagan, proclamó mi realeza. Yo abrí canales, suprimí el sacador de agua en mi país. Construí el muro de Mari y cavé su foso. Yo construí el muro de Terqa y cavé su foso. Además, en esas tierras quemadas, en un lugar de sed donde jamás un rey había construido una ciudad, yo realicé el deseo y yo construí la ciudad.»[9] También la prosperidad de la ciudad depende de las relaciones del rey con los dioses, como lo demuestra la *Maldición de Akkad,* una lamentación por la decadencia de la ciudad, causada por la desavenencia entre el rey y la diosa Inanna, que maldice la ciudad con contundente poesía: «Que los seres maléficos de la estepa desierta hagan resonar sus aullidos en el palacio. Que en Akkad, donde tú hacías correr el agua dulce, no corra más que agua salobre».[10] Realidad y símbolo se entremezclan.

En Mesopotamia podemos asistir al paso de vivir en grandes aldeas a vivir en la ciudad, que estaba constituida por las casas de la gente, la casa del rey y la casa del dios. La ciudad tenía dos centros: el palacio y el templo. En el palacio vivía el rey, y era también el centro administrativo, económico y de la vida artística. El templo es el segundo polo de la ciudad. Es la casa del dios en sentido estricto, donde vive, donde se le sirve, y donde entran solo los privilegiados. Dentro del recinto del templo, la construcción más típica es el *zigurat,* en pisos escalonados decrecientes. No se sabe bien cuál era su significado. Posiblemente un monumento al dios de la ciudad, pero también un lugar seguro en caso de ataque o inundación. La religión personificaba en los dioses las fuerzas de la naturaleza para hacerlas benévolas mediante el culto. Cada ciudad tenía su dios. El de Uruk era Anu, rey del cielo. Enlil, dios del viento y de la tempestad, era el dios de Nippur. El de Eridu era Enki, dios del suelo, el subsuelo y las aguas primordiales. Un gran número de sacerdotes se encargaba del culto. El rey era el gran sacerdote y debía ocuparse de la construcción y el mantenimiento de los templos. Una inscripción de finales del siglo XIX a.C. nos permite comprender la idea de los dioses. El rey Yahdun-Lin, de Mari, construyó un templo dedicado «a Shamash, el dios del cielo y de la tierra, el juez de dioses y hombres, que tiene la equidad en herencia, a quien la verdad se le ha dado como un don, el pastor de los Cabezas Negras, el dios resplandeciente, el juez de los seres vivos que acepta la súplica, que escucha las plegarias, que acoge la alimentación, que otorga una vida dichosa a todos los que le veneran».[11] El templo se convirtió en un centro de actividad comercial. Junto con el rey, es el principal distribuidor de carne. Explica Van de Mieroop: «Los templos eran los propietarios principales de los campos, los rebaños y las marismas, y encargaban a los ciudadanos el cuidado de las labores diarias. Pero los administradores de los templos siempre conservaban la autoridad máxima».[12]

El templo y el palacio eran manifestaciones del poder, servían para albergarlo, pero no para dar servicio a los habitantes. Según Liverani, habrá que esperar al primer milenio antes de Cristo para que en Grecia aparezcan esos edificios públicos.[13]

3. Grandes invenciones: el dominio del agua y del fuego

El dominio de las fuentes de alimento se consiguió mediante la agricultura y la domesticación de animales, implantadas ya desde el séptimo milenio. Pero fue necesario algo más: el dominio del agua, una preocupación universal. Para algunos autores, como Karl A. Wittfogel, el Estado apareció en Mesopotamia, Egipto, China y México impulsado por la necesidad de riego a gran escala, lo cual podía gestionarse únicamente con un Estado burocrático centralizado.[14] Una parte importante del territorio mesopotámico no permitía el cultivo de secano y las ciudades tenían necesidad de suministro de agua. Para abastecer la ciudad de Mari (2800 a.C.) se construyó un canal de 120 kilómetros de longitud. Una de las funciones de los gobernantes era mantener los canales de riego. Un servidor llamado Kibri-dagan escribe a su señor diciéndole que no puede mantener en condiciones el canal a su cuidado: «Los trabajadores que están en la obra mantienen conciliábulos, no están a la altura de la tarea. Si las aguas se cortan, el país de mi señor tendrá hambre».[15] Según los primeros historiadores chinos, la legendaria dinastía Xia fue fundada por Da Yu, que consiguió domar al río Amarillo y evitar las inundaciones.[16]

También se progresa en el dominio del fuego. Al salir del Paleolítico, el hombre es capaz de conseguir con madera de 350 a 400 grados de temperatura, excepcionalmente 600 o 700. El dominio del fuego era indispensable para la cerámica y la metalurgia. Con la metalurgia del hierro, hacia el 1200 a.C. se tuvieron que alcanzar necesariamente 1.530 grados, ya que es el punto de fusión de ese metal. Los primeros objetos metálicos pertenecen al séptimo milenio, pero el verdadero cambio se da a mediados del sexto en Uruk. El bronce, aleación de cobre con estaño para darle dureza, supone un salto tecnológico y, puesto que Mesopotamia carecía de metales, una demostración de que las redes comerciales eran amplias y permitían importar las materias primas. Se conserva una tablilla que registra las posesiones del rey de Mari en diversas ciudades: «14 talentos, 30 minas de estaño que proceden de Mari, 1 talento de estaño que Hammurabi, rey de Babilonia, ha depositado en Alepo; 20 minas de estaño procedentes del regalo de Ishi-Dagan y de Iaar-Addu, depositados en Ugarit».[17]

4. Dos poderosísimas herramientas: la escritura y la escuela

Una de las grandes creaciones mesopotámicas es la invención de una poderosa herramienta mental: la escritura. Es otro caso de invención paralela. Hay protoescritura (uso de símbolos mnemotécnicos) en China desde el séptimo milenio, en el valle del Indo (milenios cuarto-tercero) y en la cultura balcánica de Vinča (sexto milenio). La escritura cuneiforme se inventó en Mesopotamia alrededor de 3200 a.C. La escritura jeroglífica de Egipto, hacia el 3100 a.C. En Creta y Micenas, alrededor de 2000 a.C. En las ciudades chinas del río Amarillo, ya como escritura, hacia el 1400 a.C. En Mesoamérica, los símbolos mayas y zapotecas-mixtecas aparecen en los siglos v-iii a.C. y quizá antes.

Los sumerios escribieron en tablillas de arcilla, y las más antiguas pertenecen a finales del cuarto milenio. Pero se limitaban a representar un objeto por un signo, lo que se llama escritura pictográfica. Les interesaba sobre todo ampliar la memoria, dejar constancia de tratos, deudas, propiedades. Era, en su origen, un sistema de contabilidad. Fue un avance magnífico pero limitado. En este sentido, la referencia más antigua que se conserva sobre el templo de Salomón es una inscripción en un fragmento de arcilla del siglo vii a.C. ¿Es una plegaria o un himno? No. Es un recibo. Un individuo donó tres siclos de plata al templo y el donativo quedó debidamente registrado.[18]

El número de objetos era enorme. Entonces tuvo lugar uno de esos fantásticos saltos inventivos. En Mesopotamia convivían dos lenguas, el sumerio (lengua no semítica) y el acadio (semítica). En vez de utilizar los signos para designar objetos, los utilizaron para simbolizar sonidos. Cada signo empezó a representar el sonido de la sílaba que más se parecía a la palabra sumeria, y luego se adaptó a otras lenguas, como el acadio. Uniendo varios signos, se podía escribir el sonido de una palabra. Fue un nuevo adelanto, pero todavía era demasiado complejo, porque las combinaciones silábicas pueden ser muchas. A finales del segundo milenio antes de Cristo, en las tierras de Fenicia o Siria, se dio otro paso de gigante. Cada signo pasó a representar una letra. Con muy pocos signos se podrían representar todas las palabras. Había aparecido la escritura alfabética, que aún seguimos utilizando. El alfabeto fenicio inspirará los sistemas alfabéticos que se desarrollen en su región, como los del arameo y el hebreo, y será también la fuente del alfabeto griego. Las diferentes ramas de nuestra familia han dibujado de manera diferente esos signos alfabéticos. Y podríamos decir que esa línea inventiva —pictogramas, escritura silábica, escritura alfabética— se ha completado en el siglo xx con la escritura digital, que permite representar el lenguaje, las imágenes, la música con un código elemental compuesto solo de dos signos: 0 y 1. Se reproduce una vez más el efecto *expansivo* y *acelerador* de alguna de las invenciones.

Algunos investigadores piensan que una invención aparentemente menor —el alfabeto— produjo grandes transformaciones, en primer lugar, por su facilidad para aprenderlo. En vez de un amplio conjunto de miles de caracteres o logogramas, el alfabeto consistía en veinte o treinta signos. Esa facilidad hizo que se produjera una industria de la escritura. Además, alentaba el pensamiento abstracto. Dado que los signos eran totalmente independientes de las entidades que representaban, el alfabeto animaba a la gente a ver más allá de lo particular.[19] Robert K. Logan afirma que el alfabeto alentó el desarrollo de las matemáticas, la ley codificada y la lógica deductiva.[20]

La invención de la escritura despertó la pasión por escribir. Se conservan unas 500.000 tablillas y, sin duda, se han perdido muchas más. Fueron millares, decenas de millares, las que salían todos los días de las manos de los escribas durante los milenios tercero, segundo y primero. Conoce-

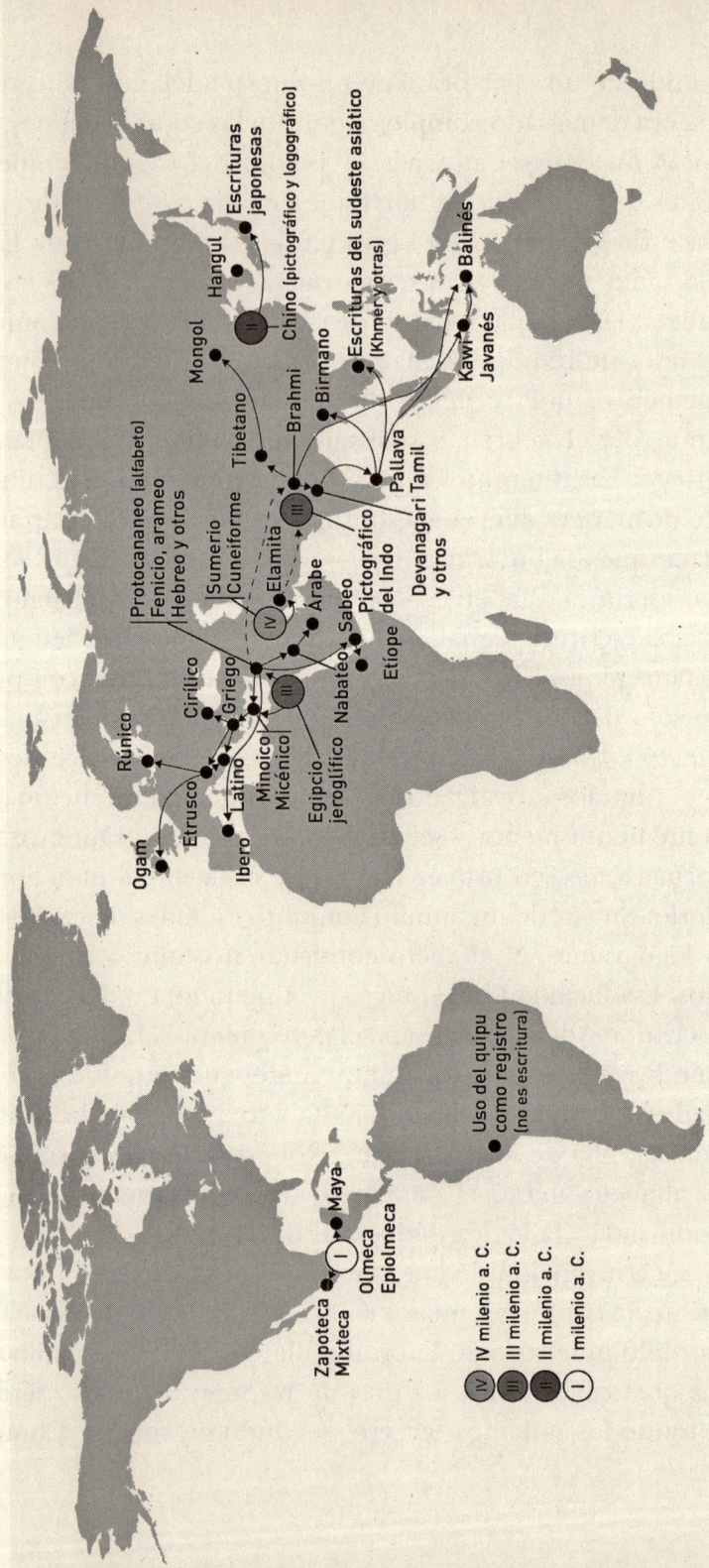

Focos de origen y difusión de las principales escrituras

mos los nombres de muchos de ellos, porque lo indicaban como señal de autenticidad. Rodeados de gran prestigio, se convirtieron en pieza clave de la administración y del gobierno. Shulgi, un rey sumerio, hacia el 2000 a.C. se jactaba: «De joven estudié el arte del escriba en la casa de las tablillas. Nadie de noble cuna puede escribir una tablilla como yo puedo».[21] La vida en estas escuelas de escribas nos es conocida gracias a un escrito sumerio que la describe:

—Escolar, ¿dónde has estado desde tu más tierna infancia?
—He ido a la escuela.
—¿Qué has hecho en la escuela?
—He leído mi tablilla, he tomado mi desayuno, he preparado mi nueva tablilla, la he llenado de escritura, la he terminado; después se me ha indicado que diga mi lección y a mediodía se me ha indicado mi ejercicio de escritura. Al final de la clase he ido con los míos, he entrado en mi casa y he encontrado a mi padre sentado. He hablado a mi padre del ejercicio de escritura. Le he leído mi tablilla, y mi padre ha quedado maravillado. En cuanto me he despertado, por la mañana temprano me he vuelto a mi madre y le he dicho: «Deme mi desayuno, tengo que ir a la escuela». Y me he puesto en camino. En la escuela, el vigilante de servicio me ha dicho: «¿Por qué llegas tarde?». Asustado y con el corazón saltando, he ido ante el maestro y le he hecho una respetuosa reverencia.

El profesor le dice: «Tu escritura no es satisfactoria», por lo que recibió un correctivo.[22]

5. La escritura y el juego de suma positiva

La escritura fomenta la comunicación, no solo la memoria. Y la comunicación es necesaria para los juegos de suma positiva. Para comenzar una guerra no es necesario hablar;

para hacer la paz, sí. Thomas Schelling, experto en teoría de juegos, indica que en una relación estrictamente de suma cero no hay ningún motivo racional para la comunicación. El poder ha necesitado siempre comunicarse para recibir información y para enviar órdenes. La tercera dinastía de Ur creó un servicio de correos transportado mediante burros, una red de caminos con postas para los mensajeros.[23] Otras civilizaciones utilizaron servicios parecidos, como los corredores de relevos aztecas.[24] Los incas organizaron un sistema de caminos que recorría los Andes: su longitud total bastaba para dar la vuelta al planeta.[25] Los correos se apostaban a intervalos de dos a ocho kilómetros y cedían el mensaje, que repetían ritualmente durante la cesión para que no hubiera equivocaciones. Los datos llegaban a recorrer 240 kilómetros diarios. Los ashanti o asante en África occidental eran más rápidos. Enviaban información a cientos de kilómetros por una red de «tambores parlantes».[26]

Uno de obstáculos del progreso ético de la sociedad es la falta de información. Se ha calculado que la alfabetización en la antigua Mesopotamia estaba por debajo del 1 por ciento.[27] Los escribas tenían un estatus prestigioso. Algunos escribas egipcios decían que había que conducir a las clases inferiores como al ganado porque no tenían inteligencia.[28] Lo que no tenían era educación.

6. El río de la literatura

Desde muy pronto, los *sapiens* debieron contar historias. Como han señalado los arqueólogos de la inteligencia, la nuestra es narrativa. Y escuchar historias ha debido ser uno de los placeres sociales más antiguos. Robin Dunbar ha defendido que el lenguaje nació para cotillear, es decir, para contar historias domésticas.[29]

La escritura, que comenzó para ayudar a la contabilidad, se puso al servicio de esta pasión. Asistimos así a la aparición de la literatura. Puesto que estamos narrando la biografía de un personaje único —la humanidad—, podemos ver la historia de la literatura como un único esfuerzo expresivo, parte importante del genoma cultural. El *Poema de Gilgamesh* es uno de los primeros capítulos de esa historia universal; es probable que el protagonista gobernara Uruk hacia el 2900 a.C. Era en parte dios y en parte hombre. Los ciudadanos, viéndose oprimidos, piden ayuda a los dioses para que les mande un ser tan poderoso como Gilgamesh que les libere de él. Envían a Enkidu, que acaba haciéndose amigo del rey. Tras la muerte de Enkidu, Gilgamesh decide ir a buscar la inmortalidad y fracasa en el intento.

También se desarrolla una poesía amorosa, que nos resulta extraordinariamente cercana y a la que podríamos recurrir como constante universal, literaria y emocional. En 1889 se desenterró en Nippur, en el actual Irak, una carta de hace 4.000 años que ahora está guardada en el Museo del Antiguo Oriente de Estambul. Innana —la diosa Ishtar— habla de su amor por Dumuzi, un joven dios al que llama «mi amado, la delicia de mis ojos»: «Novio mío, próximo a mi corazón, grandioso en tu belleza. Me has cautivado. Novio mío, llévame al dormitorio. Novio mío, has obtenido placer de mí».[30]

7. Una fuerza inagotable: la búsqueda de la justicia

El orden en un hormiguero está regido por leyes instintivas. No ocurre así en el caso humano. De ahí que sea necesario algún poder que establezca las normas. El poder se ejerce aplicando la fuerza —el modo más elemental, más animal, de ejercerlo—, pero desde el alba de la historia se intentó que fuese acompañada de herramientas que ahora denominaríamos de «poder blando»: aquellas que, para dominar, otorgan premios o cambian las emociones y las creencias de los súbditos. Según los antropólogos, como paso intermedio entre los grupos familiares y los Estados aparecieron las jefaturas. Una personalidad fuerte somete a grupos distintos. Pero las jefaturas pueden ser muy efímeras. Desaparecen, fundamentalmente, por dos razones: haber perdido una guerra o producir tal descontento en la población que se produzcan rebeliones.

En Mesopotamia aparece documentado el interés que siempre ha tenido el poder real por adueñarse también del poder simbólico. Todos los gobernantes han intentado legitimar su poder. «Incluso nuestro secular Estado nación depende de una mitología que define su carácter y misión específica», escribe Armstrong.[31] En agrupaciones complejas, como lo son las ciudades, es necesario que se establezcan normas de convivencia, por eso los reyes son legisladores que para mover a la obediencia pueden presentarse como meros intermediarios de la divinidad. Los más antiguos legisladores se definieron a sí mismos como encomenderos de los dioses. Así empiezan los más antiguos códigos:

1. Cuando el dios Ningirsu, héroe de Enlil, dio a UruKAgina la realeza de Lagash, cuando, entre 36.000 hombres, cogió su mano, entonces UruKAgina comprendió las órdenes que su señor, el dios Ningirsu, le había dado.

2. Cuando los dioses An y Enlil otorgaron al dios Nanna la realeza de Ur, en esos días, a Ur-Namma, el hijo nacido de Ninsun, su amado servidor...

3. En ese tiempo, el dios An y el dios Enlil designaron para que ejerciese la soberanía sobre el país a Lipit-Istar, el pastor que escucha, con el fin de establecer la justicia en el país...

4. Anun y el divino Enlil también a mí, Hammurabi, el príncipe devoto y respetuoso de los dioses, a fin de que yo mostrase la equidad al país, a fin de que yo destruyese al malvado y al inicuo, a fin de que el prepotente no oprimiese al débil...[32]

Aparece en este texto una aspiración asombrosa, una novedad evolutiva: la preocupación por el débil. La naturaleza es implacable, no tiene compasión por ellos. El cazador atrapará a la presa más vulnerable. Esta preocupación es un sentimiento que se mantiene con dificultad y que desaparece ante cualquier enfrentamiento. Podemos evaluar a las sociedades por su manera de tratar a las viudas, los huérfanos, los pobres, los enfermos, los desvalidos.

Es posible que el deseo de justicia sea una constante evolutiva. De él procede el *problema connatural* de cómo definirla y de cómo conseguirla. En todas las culturas existe este concepto, expresado mediante grandes sistemas metafóricos recurrentes: equilibro, igualdad, reciprocidad, orden, rectitud. Los papúas kapauku llaman a la justicia *uta-uta,* medio-medio, equilibrio. La balanza es símbolo de la justicia en Occidente, pero también lo es para los ukomis del Gabón. En latín, las palabras *compensación* o *recompensa* derivan de *pesar.* Los lozis de Zambia llaman a la justicia *tukelo,* que significa «igualdad», lo mismo que la palabra griega *diké.* La reciprocidad es una norma general en casi todas las culturas: Marcel Mauss lo estudió en las sociedades arcaicas; Pierre Bourdieu, en las cabilas marroquíes; Ruth Benedict, en Japón. Otro sistema metafórico universal identifica la justicia con el orden, con lo opuesto al caos. Y, por último, abundan las referencias a la rectitud. Los wolofs del Senegal la representan como un camino recto y bien trazado. *Regla* y *reglamento* son palabras que designan una línea recta y el modo correcto de hacer las cosas. En la antigua Babilonia, para nombrar la justicia usaban la palabra *misaru(m)*, y en Occidente se usan esas mismas palabras: derecho, *dirigere, diritto, droit, right, Recht.*[33]

La percepción de lo que es injusto precede a la definición de la justicia, que con frecuencia solo puede definirse como la «ausencia de injusticia», es decir, de aquello que crea discriminaciones dolorosas. El deseo de vivir y convivir sin miedo, sin miseria, sin violencia es uno de los grandes impulsos que mueven la historia y que los poderosos han tenido que respetar, al menos nominalmente. Los textos legales más antiguos se preocupan por la equidad. Son las *Reformas* de UruKAgina (2350-2300 a.C.), las leyes de Ur-Namma (2112-2095 a.C.), las leyes de Lipit-Istar (1934-1924 a.C.) y las más conocidas leyes de Esnunna y Hammurabi. El código de Hammurabi es un ideal de justicia que se manifiesta en cada caso particular formulado. La organización del código nos da idea de su cuidada elaboración y de los temas que preocupaban al legislador: delitos contra la propiedad (20 secciones), transacciones comerciales y mercantiles (40 secciones), la familia (68 secciones que cubren el adulterio, el concubinato, el abandono, el incesto, el divorcio, la adopción, la herencia), salarios y tarifas de contratación (10 secciones) y posesión de esclavos (5 secciones).

Tanto los faraones como los reyes mesopotámicos consideraban que debían defender la equidad. La preocupación por la justicia social fue un rasgo común de todo el Oriente Próximo. En Egipto se podía criticar e incluso oponerse a cualquier abuso por parte de los poderosos —reyes, nobles o funcionarios— si la condena se expresaba indirectamente mediante conceptos religiosos. Según el egiptólogo alemán Jan Assmann, el concepto egipcio de justicia, *ma'at*, implicaba que las diferencias entre los hombres no encajaban en el orden de la creación, pues la desigualdad era una muestra de desorden que debía ser compensada. Por tanto, el monarca aparecía como un reformador social y un buen pastor que protegía a su rebaño de la opresión de los poderosos.[34] Los reyes de Mesopotamia insistían en que la justicia para los pobres, los huérfanos y las viudas era un deber sagrado, decretado por el dios sol Shamash, que escuchaba los lamentos de aquellos que pedían ayuda. Los reyes de Egipto también tenían el compromiso de cuidar de los indigentes porque Ra, el dios del sol, era el «visir de los pobres».[35] En Ugarit, el hambre y las sequías se podían mantener a raya solamente si la justicia y la equidad prevalecían en la Tierra. En Israel, Yahvé era el defensor de los débiles. Para comprender el papel que las religiones han representado en la evolución de la humanidad, hay que recordar su doble relación con el poder: lo han legitimado y lo han limitado. Desde tiempos tan remotos como los que estamos describiendo, el poder, que se basa en la fuerza, quiere legitimarse. Milenios después, la tradición permanece. En una inscripción trilingüe escrita en persa, elamita y acadio, referida al rey persa Darío el Grande, se recomienda: «Mantén el país seguro y cuida del pueblo con justicia, pues la justicia es el cimiento del reino».[36]

¡Qué notable hallazgo! Las fuerzas reales, las que permiten imponer el poder, se veían limitadas por fuerzas simbólicas, irreales. El poder de legislar se veía dignificado por un aura religiosa. La divinidad garantizaba las decisiones del soberano, pero también le exigía. Esta necesidad de legitimación puede incluirse en nuestro genoma como un *guión evolutivo* permanente. El soberano recibía el poder de la divinidad, y por ello el pueblo, para defenderse de él, tenía que acudir a la divinidad, ante quien este era responsable. Este guion ha permanecido hasta tiempos muy cercanos. En la *Peking Gazette* del 6 de octubre de 1889 puede leerse un decreto del emperador (bajo tutela de la emperatriz viuda) en el que denuncia sus pecados como probable motivo de la sequía reinante.

La necesidad de fundar la organización de la sociedad en poderes que transciendan la situación presente parece

121

ser universal. Sumner Maine, gran historiador del derecho, cuenta que, como funcionario en la India, asistió a la creación por el gobierno de canales de agua para riego. Se estableció un sistema de reparto. Pues bien, puesto en marcha ese sistema, los campesinos olvidaron voluntariamente que el reparto lo había decidido una autoridad humana. Fingieron creer o trataron de convencerse de que los lotes de agua recién recibidos habían sido asignados por una antigua costumbre originada en una primitiva imposición.[37] En capítulos posteriores veremos la eficacia legitimadora que ha tenido, por ejemplo, en Inglaterra o en el País Vasco, la apelación a *leyes antiguas*.

8. Una constante universal: la esclavitud

Vemos mencionada la esclavitud en los primeros textos legales. El Código de Hammurabi ya impone terribles escarmientos: «El que ayude a escapar a un esclavo, sea muerto». «El que esconda en su casa a un esclavo, sea muerto.» La esclavitud existió en todas las culturas. La lucha por la abolición de la esclavitud durará milenios y es una de las líneas de progreso que vamos a estudiar. En el 103 a.C. en Grecia se rebelaron más de diez mil esclavos que trabajaban en las minas de plata. En Roma hubo tres revueltas en menos de setenta años. En España, la esclavitud fue legal hasta 1886. En la actualidad, continúa en algunos países.[38] Durante siglos fue un colosal negocio. En el siglo IX los vikingos atravesaban Europa hasta llegar al mar Caspio para esclavizar a las poblaciones locales y venderlas al sur. Tantos y tantos fueron los hechos prisioneros que el nombre de los cautivos —eslavos— terminó usándose para designar a todos aquellos a los que se les arrebataba la libertad: esclavos.[39] En el apogeo de su poder, el Imperio romano necesitaba entre 250.000 y 400.000 esclavos al año.[40] Los musulmanes fueron colosales compradores y vendedores de esclavos. Venecia comenzó a traficar con ellos en el siglo VIII. En el siglo XIX había en la India ocho millones de esclavos. En tres siglos, más de quince millones de africanos fueron secuestrados y convertidos en mercancía. «¿Cómo pudo tolerarse durante tanto tiempo ese negocio?», se pregunta Hugh Thomas. Pone de manifiesto las contradicciones sangrantes de reyes, papas o filántropos, que proclamaban su interés por la justicia mientras mantenían esclavos a su servicio. O las de Bartolomé de las Casas, que tanto luchó por la dignidad de los indios y que sin embargo no incluyó a los negros en esa lucha. Más aún, propugnó la importación de esclavos africanos para liberar a los indios de trabajos pesados. ¿Qué pensar de Fernando el Católico, llamado por el Papa «atleta de Cristo», que dio en 1510 el primer permiso para enviar esclavos negros en gran número al Nuevo Mundo para que extrajeran oro de las minas de Santo Domingo?[41]

El poder quiere justificarse y por eso las justificaciones de la esclavitud han existido siempre. Un autor de referencia fue Aristóteles, que escribió: «La naturaleza quiere incluso hacer diferentes los cuerpos de los esclavos y de los libres; unos, fuertes para los trabajos necesarios; otros, erguidos e inútiles para tales menesteres, pero útiles para la vida política».[42] La historia de la humanización de nuestra especie que estamos contando debe tomar como otro test de progreso la actitud hacia la esclavitud. Antes nos referimos al comportamiento con los débiles. Deberíamos añadir que como envés de nuestra narración debería estar presente una historia de las víctimas, protagonistas involuntarios de nuestra historia.

9. Un formidable invento: las finanzas

La complejidad de una ciudad planteó nuevos retos y complicaciones en la vida económica. Recordemos que la agricultura había desencadenado un dinamismo que ya no pararía: excedentes, propiedad, división de clases, necesidad de protección, impuestos. «Las finanzas comenzaron con las primeras ciudades, y viceversa», escribe William Goetzmann. Es inevitable porque hacen posible el dinamismo del progreso. «Incluso los primeros negociantes operaban en una sofisticada red de instituciones y compromisos; tenían que tratar con instituciones como los templos y los palacios, con granjeros y otros productores, con comerciantes muy lejanos, lo que suponía interactuar con otras culturas.»[43]

La necesidad de gestionar los medios materiales impulsó la creación de nuevas herramientas intelectuales. En el siglo XXIV a.C. aparece un primer contrato de préstamo.[44] Este tipo de contrato no era necesario en los poblados pequeños, donde todo el mundo se conocía. Pero Uruk era una ciudad de 10.000 habitantes, y las relaciones habían cambiado. La aparición de la deuda es un gran avance ya que, pidiendo un préstamo, permite usar un bien futuro (la próxima cosecha) en el momento presente. Los préstamos permitían disfrutar en el presente de bienes futuros cuya existencia también posibilitaban. Las invenciones financieras tienen que ver con la relación entre el presente y el futuro. Robert K. Englund, director de la Cuneiform Digital Library, señala que los contratos económicos conservados en las tablillas cuneiformes están calculados sobre un año artificial. Eligieron un año de 360 días porque es divisible por 2, 3, 4, 5, 6, 8, 9, 10, 12, 15, 18, 20, 24, 30, 36, 40, 45, 60, 72, 90, 120 y 180, mientras que 365 es divisible solo por 5 y por 73. Los templos recogían ofrendas y las distribuían, para lo cual necesitaban llevar algún tipo de registro. El vaso de Warka representa la ceremonia de ofrenda. Se conservan también listas de las ofrendas esperadas: «Kidu, el hombre de Bagara, 720 medidas de cebada. Igizi, el herrero, 720 medidas de cebada». Un documento del 2400 a.C. habla ya del interés compuesto.

Mesopotamia nos ofrece un mapa de lo que va a ser cualquier cultura. El deseo de supervivencia y bienestar incita a la invención de técnicas y de creencias; la necesidad de convivir da lugar a instituciones familiares y políticas, a la aparición de normas y sistemas jurídicos; el afán de ampliar el poder y las posibilidades de acción impulsa a dominar la naturaleza, dominar a los demás, dominarse a sí mismo, e influir en los dioses. Conocer y crear son manifestaciones de este afán, que da lugar a mitologías, ciencias, arte, escuelas y estructuras económicas. La literatura y el resto de las artes comienzan su amplia andadura.

10. Invasiones y cambios

La zona mesopotámica ha sido siempre territorio deseado y disputado. Los acadios conquistaron Sumer. Su dirigente Sargón fue el primer conquistador notable conocido por su nombre en la historia. Dejó un buen testimonio de sus hazañas en forma de documentos de arcilla grabados en escritura cuneiforme, escritos en primera persona, que básicamente decían: «Este se levantó y lo abatí, y luego se levantó aquel y lo abatí».

La invasión es una constante de la historia, y tiene diversas motivaciones: necesidad de encontrar fuentes de suministros, buscar seguridad deshaciéndose de enemigos, o imponer una religión. Pero sobre todo está impulsada por personajes que sienten la pasión irrefrenable por el poder, un afán de aumentar inmensamente el propio yo o las propias fuerzas. Eso llevaba a los guerreros de tribus arcaicas a comerse los sesos y el corazón de sus enemigos, y también puede impulsar a imponerse a los demás o a acumular dinero. El amor al poder es el amor a uno mismo, al sentimiento de valía inducida que da su ejercicio. Siglos después, Hobbes dio un diagnóstico preciso: «Doy como primera inclinación natural de toda la humanidad un perpetuo e incansable deseo de conseguir poder, que solo cesa con la muerte». Los grandes conquistadores son víctimas de una bulimia territorial, económica o política, y es importante conocer los mecanismos por los que pudieron movilizar a pueblos enteros para satisfacer su pasión. Destilando los hechos históricos aparecen los fundamentos del poder que ya hemos mencionado. Tiene poder quien puede dar premios, imponer algo por la fuerza o cambiar las creencias o los sentimientos de la gente. Son los *guiones de ejercicio del poder* que veremos repetidos.

Encontramos ya consolidada una creencia que tardará milenios en cambiarse y que ya hemos mencionado al hablar de la propiedad: el derecho de la fuerza. La fuerza se apodera de todo lo que sea capaz. Pasó mucho tiempo hasta que se consideró necesario buscar una legitimación de las conquistas, por muy insuficiente que fuera. Pinker cree que uno de los factores que han fomentado la paz fue la aceptación de la idea de que las fronteras eran sacrosantas.[45] Mark Zacher señala que el número de guerras de conquista ha disminuido extraordinariamente desde 1950. Pero durante milenios, propiedad y posesión se confunden. Es mío aquello que puedo capturar y defender.[46]

Sargón condujo sus ejércitos hacia el sur, tan lejos que podían limpiar sus armas en el mar. Pasó el tiempo, y una nueva oleada de duros nómadas procedentes de las tierras altas, bajaron y conquistaron Acadia, y fueron conquistados por otros y estos por otros —los gutis, los casitas, los hurritas, los amoritas— y el patrón siguió repitiéndose. Los amoritas (o amorreos) determinaron un momento crucial de este ciclo cuando ocuparon la famosa ciudad de Babilonia, y desde esta capital gobernaron el (primer) imperio babilónico. Los babilonios cedieron el paso a los asirios, que gobernaron desde la aún mayor y más suntuosa ciudad de Nínive. Su imperio se extendía de Irak a Egipto. Se labraron la fama de tiranos despiadados. Desplazaron poblaciones enteras a otro lugar por la convicción de que así serían incapaces de rebelarse. Pero al final cayeron en manos de uno de los pueblos sometidos, los caldeos, que reconstruyeron Babilonia y se hicieron un lugar ilustre en la historia por sus logros intelectuales en astronomía, medicina y matemáticas. Pero también siguieron la estrategia asiria de trasladar a poblaciones enteras de un lugar a otro. Su rey Nabucodonosor fue uno de los primeros que destruyó Jerusalén y llevó a los judíos a la cautividad.

11. Al sur, Egipto

Nuestros antepasados mesopotámicos no estaban solos. Mientras sucedía lo que hemos contado, otros antepasados nuestros establecidos junto al Nilo construyeron una fascinante cultura, con similares líneas de desarrollo que la mesopotámica. Hacia 4000 a.C., Egipto era una llanura poblada por pequeñas comunidades de agricultores. Las primeras ciudades amuralladas se construyeron hacia el 3300 a.C.: Naqada y Hieracómpolis. Se fundaron dos reinos, pero hacia el 3100 el país fue unificado por Menes. La historia egipcia se suele dividir en XXXI dinastías —la última duró hasta el año 30 a.C., cuando los romanos se anexionaron Egipto—. El faraón adoptó unas características que permanecieron durante los tres mil años siguientes. Se identificó con la divinidad, lo que le distinguía de los *lugales* sumerios. Estos se declaraban protegidos o elegidos de los dioses. Su legitimidad procedía de ellos. Las primeras leyes conservadas fueron dictadas por el rey, pero en nombre de la divinidad. En Egipto era distinto. El faraón se declaraba él mismo divino. El poder regio divino provenía del momento de la creación del universo. Estaba integrado eternamente en el propio orden del cosmos. La divinidad del monarca impedía toda aproximación directa a su persona o incluso cualquier referencia directa a él. Esto obligaba a usar perífrasis, y desde el Imperio nuevo se impuso referirse a él como «la Gran Casa», *per-aa*, que pasaría al griego *pharao* (faraón).[47] Es posible que fuera una estratagema para conseguir unificar políticamente los dos reinos. El poder político y el religioso han mantenido durante toda la historia una relación continua pero cambiante. Un mismo problema se ha solucionado de manera diferente. De la colaboración se ha pasado a la enemistad o a la sumisión en uno u otro sentido. Hasta no hace mucho los reyes y los dictadores consideraban que lo eran «por la gracia de Dios».

Sorprende en la cultura egipcia su capacidad para movilizar recursos enormes, lo que permitió acometer proyectos arquitectónicos colosales. Pero se mantuvo muy aislada, encerrada en sí misma, con conciencia de superioridad. Los egipcios estaban protegidos por el desierto, y el agua les proporcionaba una rica producción agrícola. Frente a la violencia mesopotámica, la civilización egipcia da impresión de estabilidad y calma. En el segundo milenio se enfrentaría con dificultad a un nuevo hecho: la aparición de grandes imperios. Y después a las invasiones.

La religión egipcia se preocupaba sobre todo por la renovación de la vida. Osiris e Isis, hermano y hermana, marido y mujer, ocupan el lugar central de una compleja mitología. Set, hermano de Osiris, lo asesinó. Pero Osiris volvió a la vida y engendró a Horus, que mantendría la lucha contra el mal. Osiris, el mito de la renovación de la vida, también era una divinidad importante en el culto a los muertos. Osiris presenta un doble papel: por un lado es dios de la fertilidad, y por otro constituye la encarnación del rey muerto y resucitado. Así se refleja el doble modo de supervivencia establecido en la religión egipcia: la renovación anual sin fin en un ciclo de muerte y renacimiento, y la inmutabilidad eterna en el reino de los muertos.

Hay en la historia de Egipto un paréntesis singular: el reinado de Amenhotep IV o Amenofis IV, que cambió su nombre por Akenatón, trasladó la capital desde Tebas hasta territorios vírgenes del Nilo, y cambió el politeísmo ancestral por el monoteísmo solar. «¡Oh, Dios, único Dios! ¡No hay más dios que Tú!», dice uno de los himnos compuestos por el faraón. Jan Assmann sostiene que fue la revolución monoteísta más radical.[48] Tendremos ocasión de ver que el paso al monoteísmo producía horror a los fieles acostumbrados a contar con muchas deidades, y provocó movimientos sociales complejos y contradictorios. A los que nos hemos criado en una civilización cristiana nos parece sorprendente oír decir a Gerardus Van der Leeuw, uno de los más reputados filósofos de las religiones: «Dios es un personaje de última hora en la historia de la humanidad».[49] Ya hemos mencionado que la experiencia del poder, del maná, el miedo ante las fuerzas de lo real, el desasosiego ante los sueños, debieron poner en funcionamiento la máquina simbolizadora que es el cerebro humano.

La religiosidad egipcia tiene su reflejo en las complejas técnicas que se desarrollan para atender las necesidades del culto y las creencias de ultratumba. Así se van perfeccionando las técnicas de embalsamamiento, que se van depurando y mejorando con el tiempo. También el calendario y la astronomía deben su desarrollo a la interpretación religiosa del mundo natural —aprovechamos la ocasión para comentar que la medición del tiempo ha sido una preocupación universal—. El año comienza con la inundación, a mediados de julio. Se divide en 365 días, que se agrupan en tres estaciones de cuatro meses de treinta días cada uno, más cinco días adicionales. También por motivos religiosos además de los puramente prácticos, la medicina egipcia alcanzó buenos conocimientos anatómicos.

La aparente obsesión egipcia por la muerte constituye en realidad una preocupación por la vida pues, como se verá, la muerte del rey supone la mayor amenaza al orden humano. Este optimismo parte de la propia concepción del cosmos egipcio: el universo es una zona de luz, vida y orden, creado y sostenido dentro del Nun, el océano ilimitado, oscuro, inerte e indiferenciado. Siempre amenazado por el caos. No solo por el caos físico, sino también por el caos humano. Mientras que la libertad se puede considerar un peligro, la ley era el principio liberador.

La gran diferencia existente entre la cultura mesopotámica y la egipcia no puede ocultar sus analogías. Egipto inventó su propia escritura (aunque tal vez con lejanas influencias sumerias). Tenía tres funciones principales: la conmemoración de los reyes y sus hazañas, la administración y las peticiones a los dioses. En el tercer milenio ya hay escritos de una cierta complejidad. Desde el Imperio antiguo se utiliza la escritura jeroglífica. También hay una versión cursiva del jeroglífico llamada hierática. El sistema jeroglífico contaba con unos setecientos signos distintos. En épocas posteriores llegó a cinco mil. La escritura hierática mantiene un número más limitado de signos, y evoluciona hacia un alfabeto consonántico con elementos pictográficos, que se mantuvo hasta el siglo IV d.C. Paralelamente se desarrolló otro sistema distinto de escritura, el demótico, que ya había perdido toda relación con los jeroglíficos.

El 95 por ciento de la población era analfabeta. Ese porcentaje se ha mantenido durante la mayor parte de la historia de la humanidad. La cultura estaba reservada a la elite. Durante el Imperio antiguo, la formación de los escribas se llevaba a cabo en una escuela oficial en la corte. Luego fueron ampliando las escuelas, organizaron políticamente el imperio con una eficiente burocracia, tuvieron una obsesiva preocupación por el más allá, y realizaron colosales construcciones, muchas de las cuales aún perduran. En su libro *The Creation of Inequality*, Flannery y Marcus afirman que hacia el 2500 a.C. habían sido inventadas casi todas las formas de desigualdad conocidas por la humanidad, y cinco o seis de las posibles variaciones y de los sistemas que las justificaban; tuvieron tanto éxito que se han repetido una y otra vez en docenas de sociedades no relacionadas entre sí.[50] La riqueza se basaba en la producción agrícola, que se dedicaba al consumo local y en parte se transfería a las arcas públicas mediante el sistema tributario; así se concentraban unos recursos que luego se distribuían a gran parte de la población que trabajaba para la Corona. En esas redistribuciones desempeñaban un papel fundamental los escribas, que se encargaban de la contabilidad de las raciones distribuidas, pues, al desconocer el dinero, los pagos se hacían en bienes. Aun así, se recorrió cierto camino hacia el simbolismo monetario, pues la contabilidad hacía referencia a los productos, pero con un grado de abstracción y manipulación de cantidades, y no implicaba necesariamente la circulación concreta de los bienes. La propiedad de la tierra parece haber correspondido sobre todo a los latifundios reales. No está claro si había propiedad privada o la que se consideraba tal era una tierra asignada a un cargo que resultaba hereditaria durante generaciones.

El arte egipcio demuestra un refinamiento que nos conmueve todavía. Como ocurre siempre, estuvo determinado por creencias. Ernst Gombrich comenta: «Los egipcios creían que la conservación del cuerpo no era suficiente. Si también se perennizaba la apariencia del faraón, con toda seguridad este continuaría existiendo para siempre. Por ello ordenaron a los escultores que labraran el retrato del faraón en duro e imperecedero granito, y lo colocaran en la tumba donde nadie pudiese verlo, donde operara su hechizo y ayudase al alma a revivir a través de la imagen. Una denominación egipcia del escultor era, precisamente, "el que mantiene vivo"».[51] La extraordinaria homogeneidad formal de lo que debía ser la forma correcta tiene origen en el arte cortesano, que establece un ideal estético que abarca todas las artes visuales. El canon egipcio de las figuras queda establecido desde una época muy temprana, pues ya está presente en la Paleta de Narmer, del siglo XXXI a.C. Sus reglas se basan en la representación del aspecto más característico de cada parte del cuerpo: así, aunque la cabeza aparece de perfil, el ojo se presenta de frente, la parte superior del torso también es frontal, mientras que las piernas figuran de lado, como las manos y los pies; además, en estos últimos, el dedo gordo suele estar en primer término de ambos pies. Al parecer esta forma idealizada pretende representar cada parte del cuerpo con la forma más identificable y exacta posible, pero esta exactitud no se corresponde con la figura real del personaje, sino con la forma ideal de cada elemento de la figura humana.

La arquitectura monumental egipcia tiene un inicio espectacular con las construcciones de tumbas reales del Imperio antiguo, cuya forma más característica, la pirámide, cuenta con un precedente en las pirámides escalonadas de la III dinastía. El estudio de las grandes pirámides de la IV dinastía ha demostrado cómo se fueron aplicando soluciones constructivas cada vez más perfeccionadas para asegurar la estabilidad del conjunto. La pirámide era un símbolo del Sol, que se corresponde con la adopción por parte del faraón del título de hijo de la divinidad solar Ra.

Los textos literarios tienen un gran peso en el Imperio Medio, considerada la época clásica de la literatura egipcia. Entre ellos se encuentran narraciones como *La historia de Sinuhé*, que relata la vida de un funcionario, su viaje a Asia, su añoranza de Egipto y la invitación del faraón Sesostris I para que vuelva a la corte. El cuento presenta al rey-dios como un salvador y un pastor que cuida de su pueblo. Hay también un importante desarrollo de la literatura sapiencial, en forma de consejos o instrucciones, además de composiciones que, por su estructura y expresión lírica, pueden ser clasificadas como poesía. Como ejemplo de creación paralela hemos elegido los poemas amorosos. Los egiptólogos han encontrado 55 poemas de amor anónimos datados 2.000 años antes de nuestra era. En el papiro Harris 500 leemos unos versos de enorme delicadeza:

> Soy tu amada, la mejor,
> te pertenezco como la tierra
> que he sembrado de flores.
> Tu mano reposa sobre mi mano,
> mi cuerpo es feliz,
> mi corazón se llena de alegría,
> porque caminamos juntos.[52]

12. La situación social

Un documento del reinado de Amenemhat III, fechado hacia 1850 a.C., cuenta de un hombre adinerado llamado Dua-Khety que llevaba a su hijo Pepy a la escuela para que fuera escriba. De camino a la escuela describía a Pepy la vida miserable de campesinos, obreros, soldados y artesanos para animarlo a que dedicase toda su energía a estudiar. Según Dua-Khety, la vida de un trabajador del campo que carece de tierras está llena de penalidades. Vestido con harapos, trabaja todo el día hasta que los dedos se le llenan de ampollas; después vienen unos funcionarios del faraón y se lo llevan para que haga trabajos forzados. A cambio solo recibe enfermedad. La suerte del campesino con tierras apenas es mejor, se pasa el día acarreando agua: por la mañana tiene que regar los puerros, por la tarde las palmeras y por la noche el campo de cilantro. Al final cae muerto.

Aunque la gran masa de campesinos y pequeños artesanos constituía hasta el 95 por ciento de la población, no todos eran iguales.[53] En el nivel inferior y más numeroso se encontraban los siervos, que solían estar ligados al servicio de nobles o altos funcionarios para el trabajo agrícola, aunque no se trataba de esclavos. De hecho, la presencia de esclavos en Egipto no es tan importante, comparada con las ciudades-estado mesopotámicas o con Grecia y Roma clásicas. En Egipto eran sobre todo cautivos extranjeros empleados en las canteras, la construcción o el servicio doméstico.[54] Este menor número quizá se deba a que Egipto tuvo menos contactos bélicos con el exterior, que eran su fuente de abastecimiento de esclavos.

Hacia 1750 a.C. se produjo la primera rebelión de siervos y campesinos, cansados de la brutal explotación en las pirámides y grandes construcciones. De dicha rebelión existen documentos egipcios en el Museo de Leyden, Holanda. Uno de ellos dice: «La capital del rey fue ocupada y el rey apresado por los pobres». En su *Biblioteca Histórica* Diodoro Sículo anota: «No es posible volver la vista a estos desdichados, los condenados a trabajos forzados en las minas de oro situadas entre Egipto, Etiopía y Arabia, que ni siquiera pueden tener sus cuerpos limpios. Allí no hay miramientos ni piedad para los enfermos. Todos tienen que trabajar, azotados por el látigo, hasta que la muerte viene a librarlos de sus tormentos».[55]

CAPÍTULO SEXTO

SUCESOS PRECURSORES

1. Interludio teórico

El tiempo ya recordado nos ha enseñado lo suficiente para precisar alguno de los conceptos que habíamos simplemente esbozado. La evolución de las culturas se enfrenta con *problemas estructurales* en coyunturas distintas, lo que provoca soluciones diferentes. Cada una de ellas queda a disposición de los demás, que pueden olvidarla, desdeñarla, copiarla o reinventarla por su cuenta. Se convierten en instrumentos mentales o físicos que sirven de intermediarios entre el hombre y la realidad. Son *herramientas* que la cultura ofrece a los individuos para ampliar sus posibilidades de pensar o de actuar. Fue el gran psicólogo Lev Vygotski quien propuso ese concepto para explicar la índole cultural de la psicología humana.[1] Como ya mencionamos al hablar del método, las *herramientas* pueden ser *físicas* o *mentales,* y pueden dar lugar a *tecnologías materiales* o a *tecnologías de la inteligencia.*[2] En ambos casos sirven para ampliar nuestra capacidad de resolver problemas, físicos o teóricos. La rueda, el carro, el estribo, el arado, la metalurgia, el arco de medio punto, la ojiva o el óleo son *herramientas físicas*. El lenguaje, la escritura, las ideas religiosas, los conceptos jurídicos, las institucio-

135

nes, el dinero, la notación musical o algebraica, o los ritos son *herramientas intelectuales*. Gilles Deleuze decía con razón que una teoría es «exactamente como una caja de herramientas». La teoría debe sobre todo servir y funcionar para algo y para alguien.[3] Cada una de esas *herramientas culturales* es un depósito de experiencias. Las palabras, las instituciones, las técnicas y las máquinas son «inteligencia objetivada», como dijo Richard Gregory.[4] Nos parece una noción indispensable para entender la evolución cultural. Vivimos en nichos ecológicos cada vez más inteligentes, es decir, más penetrados de creaciones humanas, más apartados de lo meramente natural. Si las *herramientas intelectuales* se pervierten, una sociedad puede sufrir un brutal descenso de su inteligencia, es decir, de su capacidad para resolver conflictos y problemas, para encontrar juegos de suma positiva.

Cuando usamos una herramienta —pensemos en un teléfono móvil— estamos aprovechándonos de una gigantesca cantidad de conocimientos y experiencias ajenas. Nos proporcionan unos guiones de utilización que debemos seguir. Hablar de algoritmos es otra manera de hablar de lo mismo. Un objeto material, una idea o una institución se convierten en *herramienta* cuando sabemos para qué sirve y cómo usarla. Nos permite ampliar nuestras posibilidades, como puede comprobar quien solo tiene un destornillador para aflojar una tuerca. Cada cultura dispone de su propia *caja de herramientas* con las que descifra, maneja y construye su mundo. La historia de la *evolución cultural* nos permite conocer las que se han ido inventando y que están a nuestra disposición, o las que ya se han incorporado de tal manera a nuestro modo de vivir que no tenemos ocasión de elegirlas. Forman ya parte de nuestro genoma cultural. Nuestra capacidad de hablar es ya genética. Los distintos idiomas que tenemos a nuestra disposición son *herramientas culturales*. Todos los imperios han tenido que lidiar con una pluralidad de pueblos, culturas e idiomas, y han resuelto el problema a su manera.[5]

Es posible que el lector piense que hablar de *herramientas* cuando estamos hablando de cosas tan grandiosas como la idea de dios o las leyes de la termodinámica es emplear una metáfora ramplona, pero la hemos elegido por cuatro razones.

En primer lugar porque la invención de herramientas fue un signo del comienzo de la humanización, y podemos interpretar las culturas como una prolongación de ese momento auroral. Permite recordar que a los seres humanos los caracterizó la capacidad de inventar herramientas, y así sigue siendo. Anima también a examinar el catálogo de herramientas de que la historia nos provee y comprobar su idoneidad para cada problema planteado. Nos permitirá seleccionar las que proporcionan soluciones de suma cero, de suma positiva o de suma negativa. El hacha, instrumento útil para talar árboles, no producirá resultados de suma positiva si se utiliza para neurocirugía. La rapidez con que Estados Unidos afrontó la crisis del 2008 tuvo que ver con el hecho de que al frente de la Reserva Federal estuviera Ben Bernanke, un historiador de la economía, experto en la Gran Depresión de 1929. Pudo aprovechar la experiencia.[6]

En segundo lugar porque nos permite explicar la transmisión de la cultura mejor que el modelo de memes propuesto por conocidos autores.[7] Estos adjudican a las creaciones culturales una actividad propia, casi biológica, de la que carecen. La actividad no depende de ellas, sino de los sujetos que las piensan. El único sujeto pensante real es el individuo. Las *herramientas* se copian porque son buenas ideas, porque es difícil sobrevivir si no se asimilan. Cuando los pueblos nómadas inventaron el estribo, que les permitía disparar el arco al galope, no tuvieron que hacer proselitismo para que el invento se extendiera. La evolución de las herramientas físicas nos ayuda a comprender la de las herramientas mentales y su difusión.[8]

El uso va introduciendo variaciones que las hacen más eficientes. La mejor solución puede conseguirse dentro de un proceso comunitario de prueba y error. Rogers y Erich han estudiado la evolución de las canoas polinesias y citan un fragmento de Alain sobre las barcas de pesca de la Bretaña: «Cada barca es una copia de otra barca. Razonemos como sigue a la manera de Darwin. Está claro que una barca mal construida acabará en el fondo del mar tras uno o dos viajes y no se copiará».[9]

En tercer lugar, la misma ramplonería pragmática del concepto puede servirnos para contrarrestar la tendencia a la mitificación que los humanos experimentamos. Por ejemplo, Benedict Anderson cree que los nacionalismos son «artefactos culturales», entidades imaginarias «solo existentes en la mente de sus seguidores».[10] Eric Hobsbawm pensaba que eran «artefactos inventados».[11] Considerarlos, según nuestro método, como herramientas conceptuales para resolver soluciones políticas, nos permite estudiar su genealogía, su utilización y su eficacia.

La cuarta razón es que esa metáfora nos permite copiar el modo como los ingenieros estudian las nuevas herramientas, cuyo mecanismo desconocen. Aplican lo que llaman «ingeniería inversa».[12] Intentan comprender por qué los ingenieros inventores hicieron las cosas de esa manera. Una rigurosa historia de las invenciones humanas, de las soluciones y de las herramientas que se han utilizado nos puede permitir una «historia inversa» que remonte el curso del tiempo para tratar de comprender la genealogía. Fukuyama, tal vez con excesivo optimismo, afirma que conocer cómo han evolucionado las sociedades incluso en tiempos tan lejanos nos da la posibilidad de responder a preguntas como las siguientes:

- ¿Por qué Afganistán, las regiones selváticas de la India, las naciones insulares de Melanesia y parte de Oriente Próximo continúan organizadas en tribus?

- ¿Por qué la condición por defecto de China es ser gobernada por un gobierno fuerte y centralizado, mientras que la India nunca ha alcanzado ese nivel de centralización salvo en breves periodos de tiempo durante sus tres milenios de historia?
- ¿A qué se debe que casi todos los casos de exitosa modernización autoritaria —países como Corea del Sur, Taiwán, Singapur y China— se concentren en Asia Oriental y no en África u Oriente Próximo?[13] Allá por la década de 1770, a Adam Smith le parecía evidente que las razones del desconcertante «estado estacionario», de estancamiento técnico de China, residía en sus «leyes e instituciones». Es decir, no había acertado con las buenas herramientas para resolver los problemas sociales, políticos y económicos. ¿Tenía razón Smith?

En el periodo de tiempo que vamos a historiar sucedieron acontecimientos cuya influencia perdura en la actualidad. Por eso hemos titulado el capítulo «sucesos precursores».

Y basta por ahora de teoría.

2. Recorriendo guiones semejantes

La evolución política de China está bien documentada. La sociedad tribal, previa a la construcción de ciudades, se fundaba en unos lazos familiares potentes y en el culto a los antepasados. Como señala Hugh Baker, un individuo está ligado tanto a los antepasados muertos como a los descendientes no nacidos. Es una cuerda que «se extiende desde el infinito hasta el infinito, pasando por una cuchilla que es el presente. Si la cuerda se corta, ambos extremos caen y desaparecen».[14] En China —al igual que en la India, Oriente

Próximo, África, Oceanía, Grecia y Roma Antiguas y las tribus bárbaras—, la forma más común de organización era la agnaticia. Cuando una mujer se casa, deja su grupo y se incorpora al del marido. En las sociedades matrilineales sucede lo contrario: es el hombre quien se integra en la familia de la mujer. En ese caso suele ser el hermano de la mujer quien administra los bienes, el cabeza de familia. Tendremos ocasión de ver los cambios en la estructura familiar al estudiar la intervención del cristianismo en las relaciones matrimoniales.

La familia ofrece un caso paradigmático de hibridación de biología y cultura. Es una realidad biológica, que cada sociedad ha estructurado, interpretado e institucionalizado a su manera. Manifiesta con claridad la unión de realidad e irrealidad, de hechos y simbolismo, en que consiste el mundo humano. A eso nos referíamos al decir que creamos sin parar *herramientas ideales* para manejar los problemas reales. La organización de las familias —respecto de la sexualidad, la procreación, las herencias, las alianzas, las jerarquías— son de una complejidad asombrosa y a veces disparatada. Margaret Mead estudió el sistema de los mundugumor, una tribu empeñada en fomentar una hostilidad permanente como procedimiento para mantenerse siempre alerta en un mundo peligroso, donde no se podía confiar en nada ni en nadie. Cada matrimonio daba lugar a dos líneas familiares separadas, llamadas *rope*. Una formada por el padre, el primer hijo, el tercero, el quinto, etc., y otra por la madre, el segundo hijo, el cuarto, etc. Esto daba lugar a celos, recelos y enfrentamientos continuos entre ambas ramas.[15] La obra de Claude Lévi-Strauss subraya este carácter híbrido —natural y artificial— de la familia en *Las estructuras elementales del parentesco*. Toma como ejemplo un tabú universal: «La prohibición del incesto no tiene origen puramente cultural, ni puramente natural, y tampoco es un compuesto de elementos tomados en parte de la naturaleza y en parte de la cultura. Constituye el movimiento fundamental gracias al cual, por el cual, pero sobre todo en el cual, se cumple el pasaje de la naturaleza a la cultura».[16] ¿Qué problema intentó resolver esa prohibición? Las respuestas son tan variadas que no podemos detenernos en ellas, pero sin duda todas tenían que ver con un *problema estructural.*

En China, las ciudades amuralladas y otras pruebas de estratificación social aparecieron entre 3000 y 1900 a.C. (periodo Longshan). Aunque ya existía una religión chamánica anterior, las autoridades tomaron el control del chamanismo y lo utilizaron para reforzar su propia legitimidad.[17] Son fenómenos que ya conocemos. Muy tempranamente, a partir de mediados del segundo milenio antes de Cristo se produjo un proceso de concentración política, con las dinastías Shang y Zhou, que fue reduciendo las unidades políticas hasta que resultaron unificadas en 221 a.C. por la dinastía Qin. Al mismo tiempo se fue concibiendo paulatinamente la idea de un territorio estatal claramente delimitado.[18]

Este proceso de unificación también se vio favorecido por el desarrollo de la escritura, que surgió en China en el segundo milenio antes de Cristo. La escritura logográfica china presentaba ciertas ventajas pues se podía leer independientemente de la lengua. Así ha ocurrido históricamente en China. El sinólogo Derk Bodde explica: «El hecho de que los caracteres mantengan su significado independientemente de los valores fonéticos asociados a ellos (del mismo modo que 1, 2, 3 siempre significan el mismo número, ya se pronuncien "uno, dos, tres" o *one, two, three*), supone que todos los chinos que saben leer pueden comunicarse con otros mediante la escritura independientemente de su dialecto», dialectos que a menudo resultan ininteligibles entre sí.[19] Charles Holcombe añade: «Hay una tendencia natural a asumir que los sistemas logográficos iniciales, como el chino, el cuneiforme o el jeroglífico, representan un

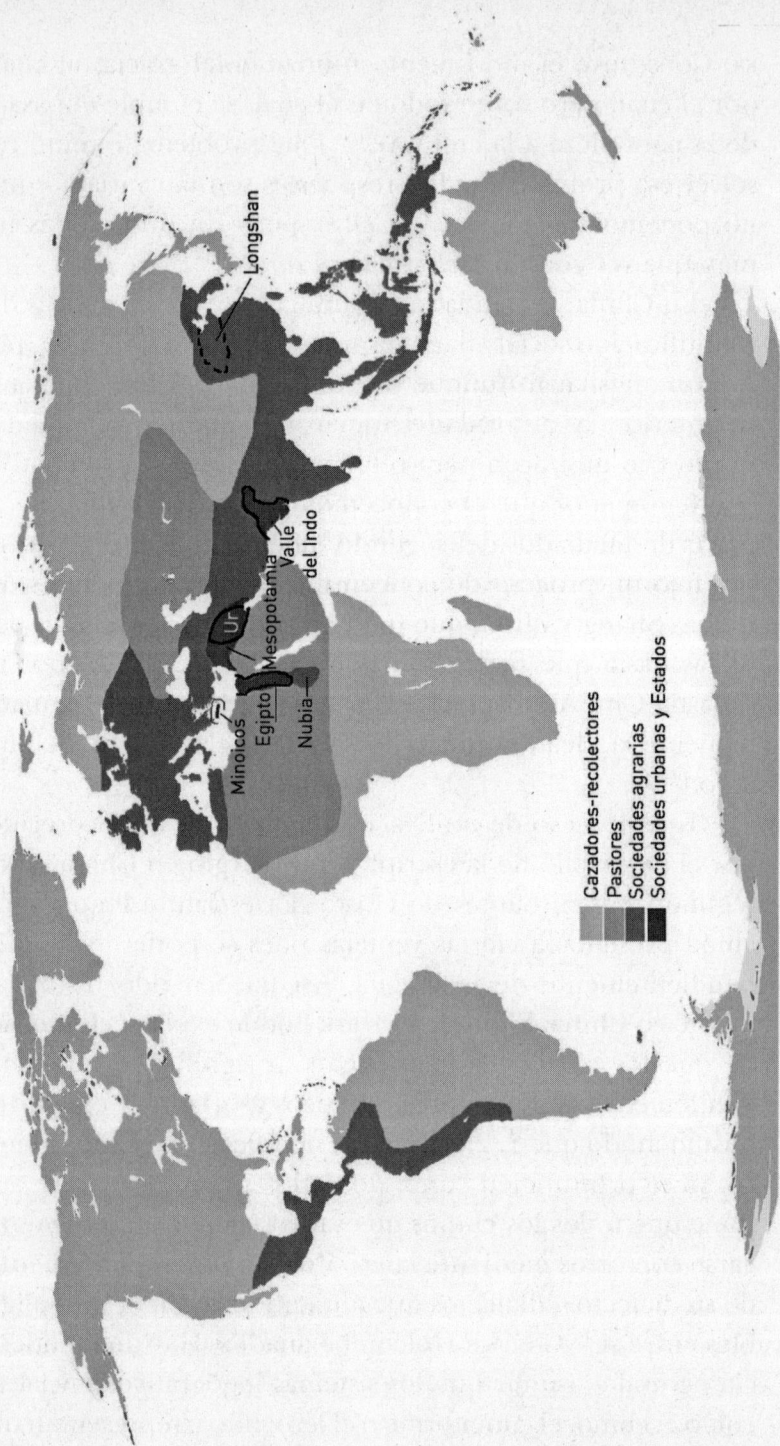

El mundo en el año 2000 a.C.

Longshan

Minoicos
Egipto
Mesopotamia
Valle
del Indo
Nubia

Cazadores-recolectores
Pastores
Sociedades agrarias
Sociedades urbanas y Estados

estadio primitivo de una especie de progresión lineal universal hacia el alfabeto», pero ninguna de estas escrituras logográficas evolucionó nunca de forma directa hacia un sistema de escritura puramente fonético. Estos solo se desarrollarían cuando un sistema logográfico se tuvo que adaptar a otros pueblos para escribir lenguajes distintos de aquellos en los que se había originado.[20]

El proceso de formación del Estado chino es especialmente interesante porque en muchos sentidos se anticipa al proceso vivido por Europa más de mil años después. En ambos casos existió una estructura feudal, la formación de Estados fue impulsada por la necesidad de hacer la guerra, lo cual llevó a la centralización del poder político y al auge de una administración moderna y profesionalizada.[21] Tendremos que volver sobre este tema. China ha entrado en nuestra historia para no abandonarla. Y lo ha hecho como adelantada. Organizó un Estado que en el presente aún se mantiene. Se convirtió en un imperio extraordinariamente precoz, duradero y brillante, pero que se encerró en sí mismo. En los años setenta fue un éxito editorial en toda Europa el libro de Alain Peyrefitte *Cuando China despierte*.[22] El título hacía referencia a una frase atribuida Napoleón: «Cuando China despierte, el mundo temblará». China ha despertado y, como veremos, su evolución cultural nos proporciona muchos temas de meditación.

3. El resto de la familia

El segundo milenio antes de Cristo fue una época de grandes cambios. Aparecieron nuevos imperios, y nuevas ideas sobre los dioses y su relación con la humanidad comenzaron a desplazar a las antiguas. En Oriente Próximo nacen dos de las tradiciones religiosas más duraderas del mundo occidental: el judaísmo y el zoroastrismo.

A finales del siglo XIX, un arqueólogo aficionado, Heinrich Schliemann, decidió investigar como si fueran relatos históricos las narraciones sobre la guerra de Troya, Teseo y el minotauro, las aventuras de Ulises. Utilizando como guía los poemas de Homero, descubrió las ruinas de Troya. Poco después, sir Arthur Evans encontró en Cnosos (Creta) un gran palacio. Llamó *minoica* a esta cultura, en recuerdo del rey Minos, el poderoso gobernante que los griegos posteriores creían que gobernaba el Mediterráneo. En el siglo V a.C. el historiador Tucídides escribió que el «rey Minos había gobernado una talasocracia», un imperio marítimo desde Creta. Aún nos admira la belleza de las pinturas cretenses, la delicada belleza de sus bailarinas o el poderoso dibujo de sus toros. Hitos importantes en la historia de las formas.

En Grecia continental se expandió la cultura micénica, cuyos ciudadanos tuvieron fama de guerreros y mercenarios. En 1400 a.C. ya habían sometido la isla de Creta. Pero su poder se desplomó en el siglo XII a.C. Su desaparición se produjo en una ola de destrucción que afectó a todo el Mediterráneo oriental. Los llamados «pueblos del mar» arrasaron gran parte de las sociedades más poderosas. Grecia micénica fue destruida y entró en una edad oscura. Egipto resistió, pero se empobreció. De las cenizas de la Edad de Bronce tardía surgiría un mundo cultural más duradero y vibrante, pero las víctimas de aquellas perturbaciones merecen al menos un recuerdo.

Mientras, había ido apareciendo la cultura fenicia. A partir del 1200 a.C. sus ciudades se convirtieron en centros comerciales. Gubla había sido un gran depósito o centro de exportación de papiros. El nombre griego para esta ciudad —Biblos— se convirtió en base para la palabra *biblos*, que significaba «libro». Los fenicios inventaron el alfabeto que aún conservamos. Otro ejemplo de la permanencia del genoma cultural.

En América aparecieron dos grandes focos culturales durante el segundo milenio; uno en Perú (la cultura chavín) y otro en Mesoamérica (la cultura olmeca). Se suele considerar que la primera civilización del continente americano fue la cultura olmeca, que se desarrolló en las costas meridionales del golfo de México entre el 1400 y el 400 a.C. Su característica más destacada son las cabezas monumentales de piedra, cuya materia prima fue transportada desde grandes distancias. Algunos rasgos, como los orígenes de redes comerciales interregionales, la aparición del calendario mesoamericano y los primeros indicios de rituales cruentos y de ciertas divinidades hacen que se la haya considerado como la «cultura madre» de Mesoamérica. En el valle de Oaxaca surge de forma casi paralela la cultura zapoteca, que mantiene intercambios comerciales y culturales con el mundo olmeca. En ambas culturas se han encontrado ejemplos de los primeros sistemas de escritura del Nuevo Mundo. La escritura parece haberse inventado en Mesoamérica en más de una ocasión, por lo que es difícil establecer en qué lengua o cultura se inventó. La arqueología documenta inscripciones olmecas datadas con ciertas dudas a comienzos del primer milenio antes de Cristo y otras (epiolmecas) casi un milenio después, así como en la cultura zapoteca y en el mundo maya preclásico, donde también se obtienen fechas tempranas y posiblemente independientes de la escritura olmeca. En general parece documentarse una forma de escritura precoz en las regiones de México meridional, vinculada al mundo olmeca, que luego desaparece, al igual que sucede con la escritura zapoteca.

4. Un protagonista que no abandonará la escena

Tenemos que incluir en este milenio dos sucesos precursores del gran cambio que se producirá en el milenio siguiente. Nos referimos a la entrada en el foco de la historia de dos pueblos: el indoeuropeo[23] y el hebreo.[24] Ambos suponen un aumento de reflexividad. Los primeros, sobre la experiencia religiosa. Los segundos, sobre su propia experiencia histórica. Forman parte del genoma de la humanidad y de la universal «caja de herramientas culturales». Nos permiten aclarar la intención de este libro: la permanencia del pasado. Los estudios sobre los indoeuropeos comenzaron como un caso de «historia inversa». «Las semejanzas entre el sánscrito, de un lado, y el griego y el latín, de otro, establecida desde fines del siglo XVIII, dio poco a poco pie a la teoría de que estas lenguas, así como otras varias que a su vez presentan semejanzas con ellas, son descendientes de una antigua lengua de la que se derivan todas ellas.»[25] Parte de la cultura indoeuropea está, pues, presente en la nuestra.

Los indoeuropeos habían vivido en las estepas caucasianas y, hacia la mitad del tercer milenio antes de Cristo, algunas de sus tribus empezaron a vagar cada vez más lejos hasta que alcanzaron Grecia, Italia, Europa central e incluso Escandinavia, pero también se dirigieron hacia Asia central y meridional. No formaban un grupo étnico diferenciado. Su rama oriental, el pueblo indo-iranio, se autodenominaba *ario*, como una afirmación de orgullo: significaba «noble». Los que habían permanecido en las estepas asiáticas se fueron dividiendo en dos pueblos separados con dos lenguas diferentes, el avéstico y el sánscrito. Hasta 1500 a.C. vivieron pacíficamente. Lo más propio de su cultura y que les hace ocupar un lugar privilegiado en la genealogía de la humanidad era su concepción espiritual. Humanos, plantas, animales, fuerzas de la naturaleza, todo era una manifestación del mismo «espíritu divino». Todo estaba habitado por la divinidad. Agni no era el dios del fuego. Era el mismo fuego que ardía en todos los hogares. Incluso la planta alucinógena que inspiraba a los poetas arios era un dios. Se llamaba *haoma* en avéstico y *soma* en sánscrito. Los arios avéticos llamaban a sus dioses *devas*.[26] Hacia 1500 aprendieron a forjar el bronce y a domesticar los caballos. Deberíamos considerar la domesticación del caballo como una potentísima *herramienta cultural* que influyó de manera profunda en la marcha de la humanidad.[27]

Todo cambió. Los arios se hicieron guerreros. La voluntad era la ley. No había normas. Los dioses se enfrentaron. Los pacíficos *ahuras*, que se identificaban con la justicia, la verdad o la bondad, estaban siendo atacados por los agresivos *devas*. Esa fue al menos la explicación que hacia 1200 dio un sacerdote visionario: Zoroastro. Durante una aparición, Ahura Mazda (u Ormuz) le pidió que movilizara a su pueblo en una guerra santa contra el mal. Pero el mal le parecía tan fuerte que Zoroastro llegó a la conclusión de que también era un principio divino. Había que luchar violentamente contra el mal. Esta idea persistió durante milenios. La historia va a aparecer como una permanente lucha entre el bien y el mal. Tras la muerte de Zoroastro, los violentos ladrones arios, contra los que había luchado Zoroastro, fueron los primeros en crear una religión estable, antecedente de lo que llamaremos «la era axial». Aparecen dos principios divinos —Ormuz y Ahriman— en los que aún creen muchos fieles. El imperio persa, que veremos aparecer en el primer milenio, profesó el zoroastrismo.[28]

Otros arios emigraron hacia el sur, a través de Afganistán, hasta el Punyab, y colonizaron el norte de la India. En el valle del Indo se encontraron los restos de una antigua civilización. En la cima de su esplendor (hacia 2300-2000 a.C.), la civilización del valle del Indo había sido más extensa que Egipto o Mesopotamia. Había centenares de pequeñas ciudades, una sofisticada red comercial que exportaba oro, cobre, madera, marfil y algodón, y dos impresionantes ciudades —Mohenjo Daro y Harappa— que fueron abandonadas alrededor de 1900 a.C. por motivos que se desconocen.[29] En los niveles más modernos de las excavaciones de Mohenjo

Daro se han descubierto esqueletos en las escaleras, como si nadie se hubiera preocupado de enterrar a los muertos. Eran ciudades construidas según un trazado en cuadrícula, muy modernas, y con sistemas de alcantarillado, lo que demuestra una preocupación por la higiene.

Los emigrantes arios que llegaron a la India, siempre en movimiento, despreciaban la seguridad de la vida sedentaria y optaban por el *yoga*, es decir, por colocar el yugo para uncir los caballos a los carros. Al contrario que los zoroastrianos, los arios no tenían ningún interés en una existencia tranquila y pacífica. Preferían los audaces *devas* a los pacíficos *ahuras*. Eran pueblos de vida dura, que bebían mucho y amaban la música, los juegos y el vino, pero incluso en esa lejana etapa mostraron una genialidad espiritual. Poco después de su llegada comenzaron a compilar los primeros himnos del *Rig Veda*, himnos *shruti* «oídos» durante visiones. Eran antiguos, compuestos en un lenguaje muy arcaico, transmitidos de memoria durante siglos, y mantienen el recuerdo de la Edad del Bronce. Los videntes aprendieron a mantenerse continuamente a la escucha. Desarrollaron técnicas de concentración. Descubrieron que si se liberaban de las preocupaciones habituales que los distraían, «las puertas de la mente se podrían abrir».[30] La oposición entre los habitantes de ciudades y selva, entre los establecidos y los nómadas, se volvía a manifestar aquí. En la guerra, los arios se identificaban con Indra. El sacrificio se encontraba en el corazón espiritual de la sociedad aria en la India. También lo estuvo la separación en castas, que se convirtió en característica distintiva de la sociedad india hasta el siglo xx. El contacto entre las castas estaba restringido por ideas de contaminación. La distinción entre «puro» e «impuro» es un guion evolutivo que aparece y desaparece.

Posiblemente hacia 1700-1500 a.C. se comenzó a componer el *Rig Veda*, el más antiguo documento ario, del que transcribimos el *Himno a la Creación*:

148

Entonces no existían ni lo existente ni lo inexistente, no existía el espacio etéreo, ni el cielo que está más allá. ¿Qué cubría? ¿Dónde? ¿Bajo la protección de quién? ¿Existía el agua, insondable, profunda?

[1. En el origen, antes de la Creación.]

Entonces no existía la muerte ni algo inmortal; no existía aparición de la noche, del día. Solo aquel Uno respiraba sin aire, por su propia naturaleza. Aparte de él no existía cosa alguna.

En el comienzo solo existía tiniebla envuelta en tiniebla. Agua indiferenciada era todo esto. Aquel Uno, estando a punto de surgir estaba [todavía] rodeado por el vacío, nació por el poder de su ardor [ascético].

En el comienzo vino a él el deseo, que fue el primer semen de la mente. Buscando en su corazón, gracias a su sabiduría, los sabios encontraron en lo inexistente el vínculo con lo existente.[31]

Durante el periodo védico tardío, alrededor del siglo X a.C., los arios desarrollaron la idea de «Brahman», la realidad suprema. Era la propia vida. El principio supremo. No podía verse. Solo puede experimentarse en el ritual. «Los dioses son posteriores a la creación del mundo. ¿De dónde procede este?» Estas creencias están vivas en millones de corazones humanos. Han determinado la evolución de la India.

Aunque en tiempos más antiguos y en distintos lugares se habían compuesto obras que ahora podemos considerar poéticas, es en la cultura aria donde emerge la figura del poeta. El indoeuropeo lo designa con dos palabras: *karu*, el que celebra, el que elogia, y *uot*, el vidente. Cuatro mil años después, Rainer Maria Rilke definirá de la misma manera al poeta.

5. Otro protagonista superviviente: el pueblo hebreo

Un pequeño pueblo entra en la historia para no abandonarla: los hebreos. Las grandes ciudades costeras que formaban parte del Imperio egipcio se desintegraron con la retirada de los egipcios. Poco después de 1200 a.C. se estableció una nueva red de asentamientos en las montañas que se extendían de la baja Galilea hasta Beersheba en el sur. Sus habitantes vivían de los cultivos y de los rebaños. En el siglo XI crecieron hasta ser unos ochenta mil. Eran la gente de «Israel» mencionada en la estela de la victoria del faraón Merneptah (hacia 1210 a.C.). Aparece un fenómeno absolutamente inédito. Ese pueblo medita de manera continua sobre su historia, en la que encuentra su identidad.

La narración definitiva asegura que el pueblo de Israel no era original de Canaán. Su antepasado Abraham venía de Ur en Mesopotamia y se estableció en Canaán a instancias de su dios hacia 1750 a.C. Es un personaje singular, referencia religiosa de la mayor parte de los humanos, puesto que judíos, cristianos y musulmanes lo consideran padre común. Abraham tuvo dos hijos, Ismael e Isaac. Según la tradición, de Ismael descienden los árabes, y de Isaac, los judíos. Abraham significa «padre de muchos pueblos». Yahvé había prometido a Abraham convertir a Israel en una nación fuerte, pero durante una hambruna emigraron a Egipto. Allí prosperaron primero, y fueron esclavizados después, hasta que, según su relato fundacional, Yahvé los liberó. Y volvieron a Canaán, que conquistaron.

Pero los datos arqueológicos no parecen confirmar esta historia. Los expertos coinciden en que el relato del éxodo de Egipto no es histórico, su narración refleja la realidad del siglo VI a.C., cuando se escribieron muchos de los textos bíblicos, pero no la del siglo XIII.[32] Tal vez fueran una tribu de gente de variada procedencia, habitantes de Canaán, pero que rechazaba la vida cananea. Tuvieron que forjar una identidad poderosísima, una narración de su pasado que ha llegado hasta nosotros. Ya hemos dicho que una de las funciones de la religión ha sido siempre unificar a una sociedad. Lo veremos con claridad cuando estudiemos la obra de Mahoma. La religión hebrea fue primeramente politeísta. Baal era un dios guerrero y Yahvé en su origen fue descrito también así. Los poemas normalmente representaban a Yahvé en su marcha desde su hogar en las montañas del sur para ir en ayuda de su pueblo en las tierras altas. Otros dioses y diosas eran más amables y simbolizaban la armonía y la concordia y hacían fértil la tierra. Pero se estaba gestando un nuevo movimiento religioso que pretendía adorar solo a Yahvé.[33] Eso sucederá en el capítulo siguiente.

CAPÍTULO SÉPTIMO

EL GRAN GIRO ESPIRITUAL
PRIMER MILENIO ANTES DE NUESTRA ERA

1. Un milenio decisivo

Todo lo que hemos contado contribuyó a la constitución de nuestro genoma cultural, a aumentar el repertorio de *guiones evolutivos* que se mantienen a lo largo de la historia, el catálogo de nuestras herramientas físicas y mentales. Pero la aportación del primer milenio antes de Cristo es tan enorme que podemos hablar de un giro en la evolución de la humanidad. Muchas de sus creaciones siguen vigentes todavía. Desde el alfabeto fenicio hasta la ciencia griega, desde la espiritualidad budista hasta el monoteísmo hebreo, desde la organización de los imperios hasta la creación del derecho de gentes, desde la invención del dinero hasta la consolidación de la burocracia. En la India, en China, en Oriente Próximo y en la cuenca del Mediterráneo surgen grandes y permanentes creaciones culturales. Mientras, en otros continentes, nuestra familia continúa buscando su destino. Acabarán inventando soluciones distintas a problemas iguales, lo que hará que todas las culturas sean diferentes pero con un aire de familia. Este milenio va a suponer un gran salto en la evolución del *animal espiritual* que se ha ido esbozando en los milenios anteriores. Las creaciones simbólicas van a redefinir las necesidades biológicas. El mundo se hará más pequeño al aumentar las vías de comunicación, las relaciones comerciales, la expansión absorbente y extractiva de grandes imperios. Se dibuja el gran eje transversal que comunicará Oriente con Occidente, un eje en el que el poder político y la economía se entremezclan, en el que aparecen grandes centros comerciales, presas deseables por su capacidad de generar impuestos.

Una de las características geográficas que más han influido en la evolución cultural es que Eurasia mantiene relaciones este-oeste, en el sentido de los paralelos, con un gigantesco corredor que va desde el Pacífico al Atlántico, mientras que en América y en África, las grandes corrientes culturares viajan en dirección norte-sur, en el sentido de los meridianos. Eso hace que la transmisión de especies botánicas o animales sea mucho más difícil.[1] Este eje acabará consolidándose como la Ruta de la Seda. Una ruta, por cierto, que los actuales gobernantes chinos quieren reabrir con el proyecto Silk Road Economic Belt and the 21st-century Maritime Silk Road, más conocido por One Belt and One Road (OBOR).

En este milenio aparecen tres cambios perdurables. El primero se da en el mundo espiritual. En China, en la India, en Oriente Próximo, en Europa aparecen grandes genios religiosos y filosóficos, cuya influencia sirve para deslindar grandes espacios culturales: Confucio (China), Buda y Mahavirá (India), los profetas (Israel), Sócrates (Grecia). A la vuelta del milenio aparece Jesús de Nazaret. Es lo que Karl Jaspers denominó «era axial», un momento de giro, de transformación profunda, una denominación que ha sido aceptada cada vez por más investigadores.[2] Las religiones, milenarias ya, se hacen reflexivas. «La era axial —escribe Merlin Donald— podría considerarse como el momento en que la humanidad da un salto evolutivo en la capacidad de dirigir y supervisar lo que llamamos *metacognición*.»[3] En su obra *Religion in Human Evolution*, Robert Bellah acepta esta versión.[4] La era axial ha recibido varios nombres, todos los cuales apuntan en la misma dirección. El sinólogo Benjamin Schwartz la ha denominado «la edad de la trascendencia».[5] Para Björn Wittrock es «la era de la reflexividad, la época en que aparecen las innovaciones que dan origen a las diferentes civilizaciones y a las visiones religiosas de la comunidad universal».[6] McNeill y Harari señalan el avance que supuso la creación de religiones menos tribales.

El segundo cambio tiene que ver con la organización política: emergen los grandes imperios: asirio, persa, chino, romano. Y la genialidad de este último impone también una reflexión sobre el poder, el gobierno y el derecho.

El tercer cambio es económico. Aparece el dinero, la gran invención que va a convertirse en motor de la economía y que supone también una reflexión abstracta sobre los intercambios concretos.

Las tres creaciones ayudan a hacer más complejo, expansivo y eficiente el mundo irreal, las ficciones culturales con las que los *sapiens* van a prolongar la realidad y a manejarla. Una red cada vez más tupida de significados, símbolos y construcciones culturales actúa de mediadora entre nuestros antepasados y la realidad. El *mundo sapiens* alcanza cada vez más consistencia, más reflexividad. La separación de lo real y lo simbólico, existente desde el principio de la historia, se somete a análisis, evaluación y crítica. No es casual que el derecho romano descubra la noción de «ficciones jurídicas», ni que Platón acuñe la idea de las «nobles mentiras», que pueden ser beneficiosas en ética o política, o que los sofistas insistan en el carácter convencional (inventado) de las normas, ni que el hinduismo considere pura ficción (velo de Maya) lo que a los simples mortales nos parece real.[7]

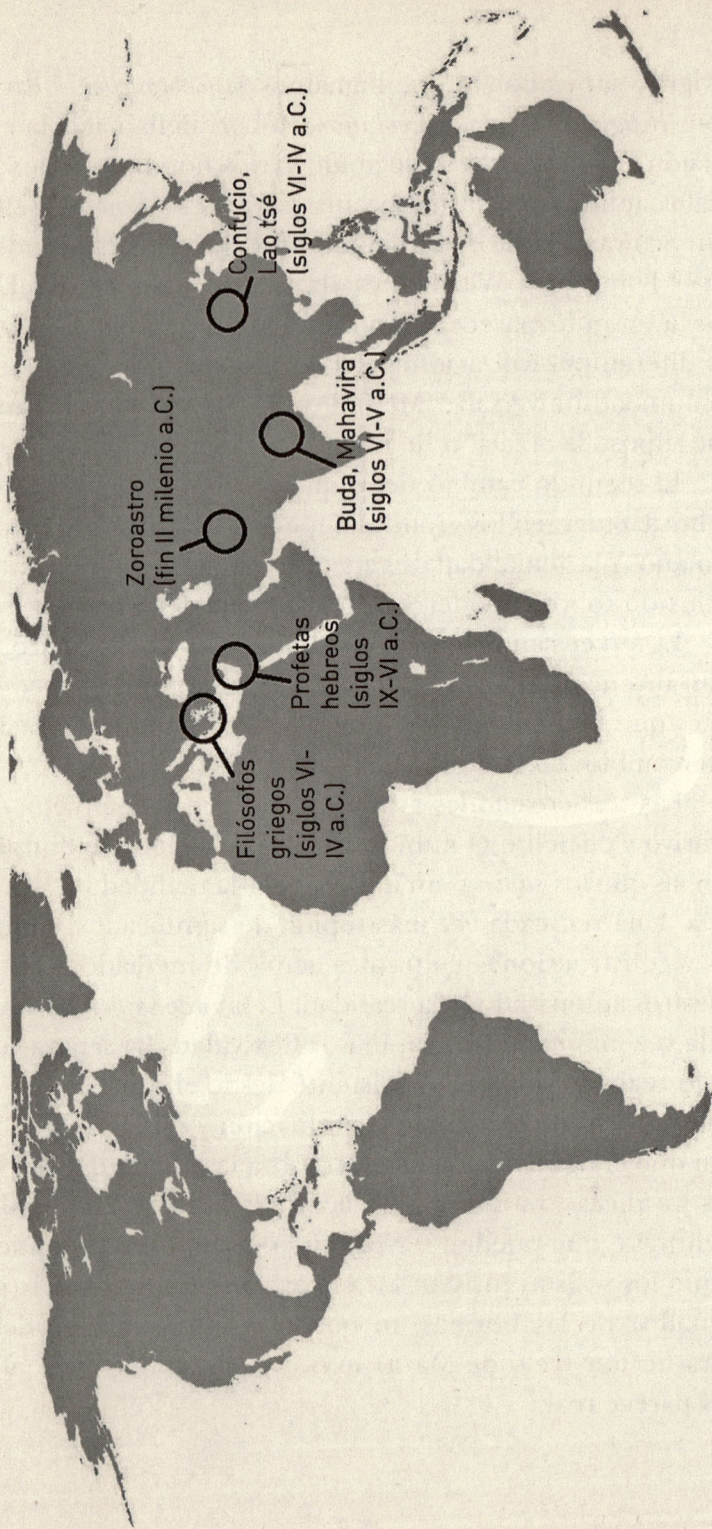

Los focos de la era axial

Confucio, Lao tsé (siglos VI-IV a.C.)

Zoroastro (fin II milenio a.C.)

Buda, Mahavira (siglos VI-V a.C.)

Profetas hebreos (siglos IX-VI a.C.)

Filósofos griegos (siglos VI-IV a.C.)

2. Primera novedad: la gran transformación espiritual

La era axial se extiende desde 800 hasta 200 a.C. Habría que incluir como precursores a Zoroastro —que en estos siglos adquiere relevancia porque el Imperio persa adopta su religión— y a dos grandes personalidades que son continuadoras: Jesús de Nazaret y Mahoma. Jesús no pretendió crear una religión nueva, sino llevar a su plenitud la ley mosaica. Algunos de sus coetáneos pensaron que era el profeta Elías, vuelto del más allá. Por su parte, Mahoma afirmó que pertenecía a la línea de los antiguos profetas y que su pueblo procedía de Ismael, uno de los hijos de Abraham. Ambos querían integrarse en tradiciones religiosas existentes, aunque produjeran novedades trascendentales. Son hijos de la era axial.

Para comprobar que no estamos exagerando la importancia de lo ocurrido en estos siglos, basta con que observemos en el cuadro siguiente el número de seguidores actuales de las religiones que podemos relacionar con la sabiduría axial:

Cristianos	2.400 millones
Musulmanes	1.600 millones
Hindúes	1000 millones
Budistas	500 millones
Taoístas	100 millones
Judíos	15 millones
Jainistas	7 millones
Zoroástricos	0,5 millones

Hemos visto que algún tipo de experiencia más o menos directamente relacionada con lo que ahora llamamos religión siempre ha estado presente en la evolución cultural de la humanidad, hasta tal punto que muchos antropólogos han sugerido que más que hablar de *Homo sapiens* deberíamos hablar de *Homo religiosus*.[8] Roy Rappaport, que fue presidente de la American Anthropological Association, escribe: «En ausencia de lo que según el sentido común llamamos religión, la humanidad no habría podido salir de su condición pre o protohumana».[9] Mircea Eliade consideraba que lo sagrado es un elemento en la estructura mental humana y no un estadio en la historia de la conciencia.[10] Otto piensa que es un *a priori* innato en la mente humana.[11] Como todas las creaciones culturales, cumplía varias funciones: explicar (los mitos de origen, por ejemplo), tranquilizar (aplacar el miedo o la angustia), cohesionar la sociedad (mediante ritos comunes), salvar (proponer socorro ante el dolor o la muerte), ordenar el caos (mediante ritos y normas).[12] Las religiones han intervenido con gran profundidad en la búsqueda de la *felicidad subjetiva*. Lo que nos interesa es saber si han aumentado la *felicidad objetiva*. Marx diría que no. Que han funcionado solo como «opio del pueblo», ejerciendo una función consoladora. Pero en su brillante libro *Darwin's Cathedral: Evolution, Religion, and the Nature of Society*, David Sloan Wilson presenta una interpretación más acorde con la *evolución de las culturas*: «Algo tan complejo y que requiere tanto tiempo, energía y pensamiento como la religión no existiría si no tuviera una utilidad laica. Las religiones existen ante todo para que los seres humanos logren unidos lo que no pueden alcanzar de forma aislada».[13] Podemos, pues, reconocer que han desempeñado un importante papel en la elaboración de soluciones a *problemas estructurales*, pero también que han sido fuente de enfrentamientos crueles.

Hans Küng —teólogo católico, gran defensor del ecumenismo y organizador del Parlamento de las Religiones— decía, con razón, que mientras no se produzca esa convergencia ética de las religiones no habrá paz en el mundo.[14]

3. El cambio en Israel

A pesar de sus diferencias, podemos encontrar aspectos esenciales comunes en la sabiduría axial, un inicio de las grandes convergencias que va a revelar nuestra historia. Todas las regiones en que surgió atravesaban momentos convulsos, de crisis moral y política. A finales del siglo IX a.C. en Israel, Yahvé todavía no era el único dios, sino el mayor entre una asamblea de seres sagrados. En el salmo 89 podemos leer: «¿Quién en las nubes es comparable a Yahvé? ¿Quién a Yahvé se iguala entre los hijos de los hombres?». «Pues cuantas son tus ciudades, otros tantos son tus dioses, Judá», escribe el profeta Jeremías en el siglo VI a.C. Yahvé era el dios más poderoso, no el único. Era un dios guerrero. Pero un pequeño grupo de seres iluminados, los profetas, quería adorar solamente a Yahvé. Baal, dios de la fertilidad, era su mayor opositor. El monoteísmo va a imponerse en gran parte de la humanidad, pero de ello hablaremos más tarde.

Los profetas —en especial Isaías— eran personalidades religiosas con un gran talento literario y que sabían conmover a sus oyentes. Se sentían llamados a corregir y a anunciar. «No recordéis las cosas pasadas, no penséis en lo antiguo. Mirad, yo voy a hacer algo nuevo», dice Yahvé al profeta Isaías (Is 43,18). La esperanza sustituye al recuerdo. Oseas promete una nueva conquista el país; Isaías, el nuevo David; Jeremías, el nuevo pacto; el Deuteroisaías, un nuevo templo. Las promesas más consoladoras fueron la de Jeremías, que prometió a los israelitas que Dios les iba a dar «un corazón nuevo» (Jr 24,7), y la de Isaías, que en un maravilloso poema hace decir a Yahvé:

> He aquí que yo creo cielos nuevos y tierra nueva. No habrá allí niño que viva pocos días, o viejo que no llene sus años, y el que no alcance los cien años será porque está maldito. Edificarán casas y las habitarán, plantarán viñas y come-

rán su fruto. No edificarán para que otro habite, ni plantarán para que otro coma, pues cuanto vive un árbol vivirá mi pueblo, y mis elegidos disfrutarán el trabajo de sus manos. No se cansarán en vano, ni tendrán hijos para sobresalto, pues serán raza bendita de Yahvé ellos y sus retoños con ellos. Antes de que me llamen, yo responderé, aún estarán hablando y yo les escucharé. Lobo y cordero pacerán a una, el león comerá paja como el buey, y la serpiente se alimentará de polvo. No harán más daño ni perjuicio en todo mi santo monte (Is 65,17-25).

Nada de eso sucedería si no se transitaba por la senda de la justicia. El profeta Amós anuncia que Yahvé abandona a Israel por su maldad y se alía con Asiria. Aunque durante el siglo VIII a.C. las alianzas con Asiria concedieron un periodo de calma a Israel, las injusticias de los poderosos produjeron un gran descontento entre los pobres. En ese momento se consolida un *guion evolutivo* ya iniciado en las legislaciones mesopotámicas y egipcias, que constituye una de las grandes creaciones del pensamiento humano. Dios protegía al pobre, y si el rey no hacía lo mismo, su poder dejaba de estar legitimado. Dios y la religión se convirtieron en unas poderosas *herramientas conceptuales* que se utilizaron a lo largo de la historia con dos finalidades opuestas: justificar al soberano y limitar al soberano.

Dios, que hasta ese momento era la manifestación del poder absoluto y temible, al que había que aplacar con sacrificios, se convertía en defensor de la justicia. Se hacía bueno y compasivo. Es una idea que acabará imponiéndose. Solo los malvados debían temerle. Oseas predica una renovación ética. Yahvé no quería sacrificios, sino que lo conocieran: «Harto estoy de holocausto de carneros, de sebo de becerros y de sangre de novillos y machos cabríos, dice Yahvé» (Is 1,11). Los ritos —que habían sostenido la religiosidad, la unión de las sociedades y la obediencia a los sacerdotes— quedaban en segundo plano. Quien quisiera acercarse a Yahvé tenía que hacerlo purificando su corazón y buscando la justicia: «¿Quién subirá al monte de Yahvé? El hombre de corazón recto y pura voluntad». En el año 732, Asiria se apoderó de casi todo Israel. Solo los territorios de Judá, sin salida al mar, permanecieron independientes. Su salvación, según el profeta Isaías, se debía a su confianza en Yahvé.

4. El cambio en China

China también estaba en periodo de cambio y consolidación. En el siglo IX a.C. el antiguo sistema feudal se estaba desintegrando. Todavía no había un imperio unificado, solo unas dinastías que pretendían en algún momento abarcar un gran territorio. Lo único que mantenía a todos unidos era el culto. Los ritos recordaban que el rey era el *Tianzi*, el «Hijo del Cielo». La religión lo penetraba todo y su mayor preocupación era mantener el orden natural del universo mediante rituales. Los chinos nunca se interesarían por un dios que trascendiese el orden natural. El Cielo y la Tierra eran complementarios, y el Cielo se experimentaba a través del rey. Sin el trabajo de los seres humanos, el Cielo no podía actuar. Todo trabajo tenía un significado religioso. El Cielo y la Tierra eran un *continuum*, y del Cielo y el rey también. El rey prolonga la creación. Como dice un poema clásico, «El Cielo hizo la alta montaña / El rey Tai la agrandó» (Oda 270).[15] Lo importante era seguir el Camino del Cielo revelado en los procesos naturales y realizado en el trabajo. Los reyes establecían el orden de las estaciones. El rey no inventaba nada; solo podía seguir el camino.

El paso de admitir órdenes divinas a pensar que se daban a través de los procesos naturales es una genialidad china que encontraremos posteriormente en otras religiones. En la China antigua, Ti era el dios supremo, que residía en la Osa Mayor, centro del cielo. Solamente el rey podía comunicarse con él, por lo que el dominio de la dinastía Shang quedaba religiosamente legitimado. Hasta aquí nada nuevo. Pero hacia el año 1046 a.C. el último monarca Shang fue derrocado por el duque de Zhou, que en una proclama justificó su rebelión apelando a una orden del Señor celeste para que pusiese fin a una dominación corrompida. Así comenzó la doctrina de los «mandatos del cielo», pero poco a poco, la naturaleza divina de este garante de la ley natural fue siendo sustituida por la ley natural misma. Este proceso de abstracción y racionalización de un dios supremo es frecuente en la historia de las religiones: Brahma y Zeus, el dios de los filósofos helenistas. También se da en el judaísmo, el cristianismo y el islam.[16]

Una serie de catástrofes hicieron dudar de la eficacia de los ritos. Pero, por otra parte, en épocas de confusión eran aún más necesarios los rituales. Todas las actividades se convirtieron en una ceremonia complicada. Las costumbres eran un medio para proporcionar la armonía social, más importante que la libertad o que la justicia. Incluso en la guerra se aspiraba a ser cortés. Un noble perdía su estatus si mataba a demasiada gente. No debía existir una delectación indecorosa en la victoria. El *li* —el ritual cortés— lo guiaba todo. El respeto a los padres era absoluto y ceremonial. Pero las guerras se hicieron crueles. Alrededor del 551 nació un personaje que tendría gran relevancia en esta historia: Kong Fuzi (literalmente, maestro Kong). Conocido en castellano como Confucio, este pensador chino no fue un asceta, sino un pedagogo. Ante el desmoronamiento del mundo, su solución radicó en volver a las tradiciones que tan bien habían funcionado en el pasado. Pero como se dice en las *Analectas*, quería «reanimar lo antiguo para adquirir conocimiento de lo nuevo». El verdadero caballero (*junzi*) debe ser un estudioso, y todo estudioso se convierte en caballero. El *junzi* no nacía, se hacía. Debía afilarse como un espada.

Confucio quería que la gente fuera plenamente consciente de sus actos, que supiera que era el centro de una serie de círculos en constante crecimiento. El altruismo era el camino hacia la santidad. Las doctrinas confucianas fueron protegidas por algunos emperadores, y con la dinastía Han las obras de Confucio fueron la base para los exámenes de los funcionarios. Su influencia se extendió a Corea y a Japón.[17]

Un seguidor de Confucio, Xun Zi, reconoce con claridad el origen social de la moral. En palabras de Jacques Gernet: «El bien y la razón nacen de la disciplina que impone por sí misma la vida en sociedad. La sociedad es la gran educadora de los individuos. Los deberes (*yi*) y reglas de conducta (*li*, ritos) enseñan a cada cual el control de sí mismo y el sentido de lo conveniente y justo. Las instituciones forman al hombre».

Pero *yi* y *li* son un producto histórico, e incorporan la racionalidad derivada del orden social.[18] En la definición de la *felicidad objetiva* no tiene gran importancia la libertad, sino otros valores, como la armonía social, la paz, la estabilidad. Creemos que en la actualidad se están configurando aspectos esenciales del modo chino de resolver problemas.

A principios de siglo XX, muchos pensadores chinos y occidentales (por ejemplo, Max Weber) pensaban que el confucianismo había sido culpable del retraso chino. Apareció como reacción un «nuevo confucianismo» que intentaba mostrar que era un pensamiento avanzado y que sus propuestas podían fundamentar un «humanismo confuciano» válido para el mundo actual.[19]

En la actualidad, dice Anne Cheng, autora de *Historia del pensamiento chino*,[20] el confucianismo se ha convertido en la ideología de un régimen totalitario que, además, cultiva un nacionalismo exacerbado. La China del siglo XXI está tomando la revancha por su pasado de subordinación respecto a las potencias occidentales. Proliferan los discursos oficiales sobre la grandeza de la cultura china.

Cheng considera que es fácil reconocer a un confuciano: tiene un agudo sentido de la relación justa con su entorno. Tiene una dimensión estética, que se refleja en la importancia dada a la caligrafía. En toda la estética china se valora la precisión del gesto, tanto en el tiro al arco como en la caligrafía o en la pintura, en las prácticas, digamos, psicofísicas. En la relación entre uno mismo y su entorno existe un acorde que requiere desarrollar un buen oído, lo que Confucio dice haber logrado a los sesenta años. La ética confuciana no es exigencia rigorista de privación para alcanzar la santidad, sino realización, plenitud, búsqueda de la armonía en la relación con los demás y con el mundo. Cuando los textos antiguos hablan de *dao*, no hablan de algo trascendente ni místico, sino del funcionamiento del cielo, de la belleza equilibrada de los ciclos de los planetas a los que se conforman las actividades humanas. Puede parecer un ideal campesino, pero el mensaje confuciano es capaz de superar las especificidades culturales.

El taoísmo o daoísmo se funda en el *Tao Te Ching* —atribuido al legendario Lao Tsé o Laozi—, y en la obra que lleva el nombre del personaje histórico Zhuangzi o Chuang Tzu. Como religión taoísta se elabora en el siglo II d.C., con su cuerpo de escrituras canónicas, instituciones y liturgia. En la amplitud de la naturaleza, los humanos y sus inquietudes carecen de trascendencia, y los distingos de la lógica y la ética resultan un impedimento para la comprensión. El recurso a la palabra en la enseñanza es ilusorio, y toda verdad es fugaz, perecedera y relativa. La salvación individual se logra con el retiro y las prácticas que permitan abstraerse del mundo. Pero del *Tao Te Ching* se deducen también prácticas mágicas que ejercen un influjo crucial sobre la religiosidad y el pensamiento chinos, así como en la formación de determinadas concepciones científicas.

Por otra parte, el pensamiento de los legalistas o legistas representa el realismo político extremo con el propósito de dirigir y organizar el Estado. Se los ha tachado de inmorales por su defensa de valores por completo opuestos a la costumbre. Su valor reside en haber comprendido que el poder estatal reside en las instituciones y en querer someter la sociedad a la soberanía de la ley. Esta debe ser una norma objetiva, imperativa y general, de aplicación unívoca y sin posibilidad de interpretaciones divergentes. En su época, resulta sorprendente la pretensión de igualdad ante la ley que tratan de imponer. Sin embargo, parten de una concepción pesimista del ser humano (egoísta y poco previsor), de manera que la armonía social solo se alcanza mediante un estricto control y la obediencia ciega a la autoridad. Así, las leyes deben modificar las conductas humanas mediante premios y castigos. Su objetivo último consiste en construir un país rico con un ejército poderoso.[21]

5. El cambio en la India

En la India, la religión védica alcanzó su mayoría de edad con las escrituras conocidas como *Upanishads*. Un grupo de místicos se embarca en la pacífica conquista del espacio interior. Esto marcó un avance fundamental en la historia religiosa. Se hace más radical la dualidad de planos que hemos visto aparecer desde el origen de nuestra especie. Hay un monismo de la realidad. No hay materia y espíritu. Solo hay espíritu, la materia es una ilusión. La conciencia *(atman)* se identifica con el absoluto y unirse a él es la gran aspiración. Los grandes textos no se pueden penetrar de modo lógico, sino solo después de un largo periodo de entrenamiento, meditación y un hábito introspectivo que transforma la manera de vernos a nosotros mismos. La gente estaba dispuesta a caminar dos mil kilómetros para consultar a un santón. Había una chispa inmortal en el fondo del ser humano. Este descubrimiento se convirtió en el conocimiento fundamental de las tradiciones religiosas más importantes, en el principio de la nueva era. La acción de pensar se da en la dualidad; a la unidad se llega de otra manera. Es preciso emprender una larga búsqueda para descubrirse a sí mismo. Las personas iluminadas descubrirán dentro de sí mismas los medios para elevarse por encima del mundo, experimentarán la transcendencia dilucidando los misterios de su propia naturaleza, y no sencillamente tomando parte en rituales mágicos.[22] Yajñavalkya, uno de los grandes maestros, enseña que «lo que un hombre resulte ser dependerá de cómo actúe y cómo se conduzca. Si sus acciones son buenas, se convertirá en algo bueno. Si sus acciones son malas, se convertirá en algo malo». Cuando se libera de los deseos, alcanza el Absoluto.

Nos parece importante recordar que no estamos hablando de ideas pensadas, sino de ideas vividas, de la experiencia de la humanidad. Las tradiciones confucianas, hinduistas, budistas, cristianas, musulmanas son poderosos intentos de resolver nuestros problemas vitales, de dar sentido a nuestra dolorosa finitud, y de intentar trascenderla. Nuestro inagotable impulso de ampliar nuestras posibilidades se manifiesta por múltiples caminos: la expansión del poder político, la pasión por conocer, el afán de crear belleza, la conmovedora necesidad de transcender nuestra finitud. Estamos condenados a aspirar a más de lo que posiblemente podamos conseguir. Y este impulso nos lleva a la grandeza y al horror, sin que hayamos aprendido a separar los caminos.

El afán de liberación individual se mantuvo durante siglos. Alentó las técnicas yoguis para alcanzar el *samadhi*, un estado de conciencia pura. Apareció también la doctrina del *karma*, de la reencarnación para purificarse. Eso produjo un tiempo de vacío espiritual. Hombres y mujeres creían que estaban atrapados en el ciclo sin fin de muerte y renacimiento. El yoga era incompatible con una vida de familia o de trabajo.

En una situación de crisis social y económica apareció un personaje peculiar: Siddharta Gautama, al que cien años

después de su muerte llamaron Buda. A los veintinueve
años abandonó su casa para encontrar «un camino de salida
al dolor». Siguió las enseñanzas de muchos maestros «renun-
ciantes», se sometió a las prácticas ascéticas más extremas,
sin encontrar en estas experiencias ni la paz ni la liberación
que buscaba. Llegó a la conclusión de que lo importante no
era someter el cuerpo, sino liberar la mente. Había que
comportarse siempre y con todas las cosas de la manera más
dulce y amable posible. La práctica de la concentración
(sati) era prolongada con la búsqueda de estados más positivos, como la compasión. El amor era un sentimiento expansivo que podía dirigirse a todas las personas y cosas. Era
un programa con cuatro aspectos. Primero, cultivaba una
actitud de amistad hacia el mundo entero. A continuación
aprendía a sufrir con las demás personas. En tercer lugar
lograba una alegría receptiva, alegrándose con la felicidad
de los demás sin envidia. Por último, cuando entraba en el
trance más profundo, estaba más allá del placer y del dolor.
Debió de ser un proceso largo, pues el propio Gautama explicaba que esa transformación podía llevar hasta siete años.
Sus discípulos contaron que lo había alcanzado en una sola
noche, pero no parece verdadero. Él mismo advirtió a sus
discípulos que «en este método, el entrenamiento, la disciplina y la práctica tienen efecto por grados, lentamente, sin una
súbita percepción de una verdad definitiva».[23] Contemporáneo de Buda fue Mahavirá, que dio origen al jainismo, una
religión que todavía cuenta con millones de seguidores.

6. Grecia y la religión de la razón

Para muchos historiadores y pensadores, Grecia es un acontecimiento único en la historia de la humanidad. Rodríguez
Adrados interpreta la revolución griega como una trascendental elección entre culturas abiertas y culturas cerradas.[24]

La gran cesura. Grecia supuso la glorificación de la individualidad, de la libertad, del pensamiento crítico, de la racionalidad como acceso a la verdad. Estos valores nos parecen incontrovertibles a los laicos occidentales, pero no todo el mundo está de acuerdo. Ya lo hemos comentado. Orlando Patterson ha mostrado que la libertad es un valor apreciado solo en Occidente:

> Nadie negaría que la libertad permanece sin competencia como el valor supremo en el mundo occidental. En cambio, los pueblos no occidentales han pensado tan poco en la libertad que muchos de ellos ni siquiera poseen una palabra para designarla. Por ejemplo, en Japón la palabra que se usa para designarla —*jiyu*— solo adquirió ese significado en el siglo xix, por influjo occidental. Antes significaba *licencioso*.[25]

Las culturas occidentales aprecian más la armonía, la paz, la justicia. En 1992, en la Convención de Viena para revisar la Declaración Universal de los Derechos Humanos, un bloque formado por países musulmanes, hinduistas, budistas y confucianos hicieron frente común para afirmar que esos derechos son exclusivamente occidentales, y que olvidan otras grandes tradiciones que dan más importancia a la comunidad que al individuo, a la realización de los valores más que a la libertad, a la resignación más que al poder, a la paz más que a la guerra, a la obediencia más que a la rebeldía. Pero Grecia venera la libertad. En el discurso fúnebre pronunciado en el 431 a.C., Pericles dijo a los atenienses que sus antepasados «por su valor y virtudes nos dieron una patria libre, Atenas está abierta al mundo y sus instituciones hacen libres a sus ciudadanos».[26] Según Pericles, los atenienses eran excepcionalmente tolerantes con sus vecinos, respetuosos con la ley, amantes de la belleza pero no de las extravagancias, valientes y «capaces de ser señores y dueños de sí mismos». No había nadie más ni en Grecia ni en el resto del mundo que tuviera tales cualidades, que se debían al hecho de vivir en una democracia.

Uno de los grandes hallazgos de la cultura griega fue acelerar el despegue desde el mundo mítico, legendario. La ciencia y la filosofía fueron protagonistas, pero también la historia. La historiografía, en el sentido moderno del término, nació del mismo impulso y, con el tiempo, «la historia documentada reemplazó a la leyenda como forma de entender el pasado».[27]

En la década de 420 a.C., mientras Atenas sufre la guerra del Peloponeso, aparece Sócrates, un personaje que alcanzó un aura mítica durante siglos. Se convirtió en símbolo del triunfo de la razón sobre la superstición. El pensamiento adquiere una función salvadora. Ser incapaz de pensar profundamente es una traición del alma. El cultivo del alma era lo más importante. La razón se convertía en su mayor virtud. Su discípulo Platón escribió:

> La raza humana no verá días mejores hasta que, o bien el linaje de aquellos que siguen la filosofía de forma recta y genuina adquiera autoridad política, o bien los que tienen el control político se vean obligados por alguna bendición de la providencia a convertirse en auténticos filósofos.[28]

Platón compartía la convicción de muchos filósofos y maestros religiosos de este milenio de que había una dimensión de la realidad que trascendía nuestra experiencia sensible, pero que era accesible para nosotros y natural para la humanidad.[29] Murió en 347 a.C. Aristóteles, su más importante discípulo, se fue de Atenas, Filipo lo invitó a fijar su residencia en Macedonia para educar a su hijo Alejandro.

Hay culturas que consideran que ya se ha descubierto la forma perfecta y que lo importante es repetirla. Así sucedió en Egipto, exceptuando el asombroso periodo de Tell el-Amarna. Así sucede en sociedades muy conservadoras. Hay otras culturas que valoran la novedad. Eso sucedió en Grecia. Uno de los libros del *Corpus hippocraticum (De prisca medicina)* dice: «Descubrir cosas nuevas o rematar las investigaciones que aún no se han concluido, es la ambición y tarea de la inteligencia».[30] Aristóteles se refiere a un tal Hipodamos que, en un proyecto de Constitución, había propuesto una ley para recompensar a quienquiera que inventase algo útil para la patria.[31]

El ciudadano ateniense se vive a sí mismo como racional y miembro de una sociedad libre. Es animal racional y animal político. La búsqueda reflexiva de la felicidad se convierte en tema filosófico. ¿La felicidad es el placer, como dicen los hedonistas? ¿Es la ausencia de deseos, como indican algunos estoicos? Aristóteles propone una interpretación menos subjetiva: la felicidad es la perfección. La felicidad es la virtud, que nos hace capaces de practicar las bellas acciones.[32] Séneca, en esa misma línea, separa más radicalmente la felicidad del sentimiento, al decir, que el virtuoso será feliz incluso en el potro del tormento.[33] ¿Dónde podríamos incluir esta idea en nuestra distinción entre *felicidad subjetiva* y *felicidad objetiva?* Proponemos que en un lugar intermedio. La virtud personal es el modo de conseguir la *felicidad objetiva*. Las virtudes principales —justicia, prudencia, templanza, fortaleza— son las necesarias para construir una sociedad feliz. La virtud humana no es la del cuerpo, sino la del alma; así, la felicidad será una actividad del alma.[34]

7. Guiones para conservar en el archivo del genoma cultural humano

Hemos considerado que se incorporan al «genoma cultural» aquellas invenciones, aquellas herramientas que se han generalizado hasta el punto de que se olvida que son creaciones humanas y se consideran propiedades naturales. En la era axial parece que la humanidad estaba madura para una vuelta hacia sí misma. La acción tiene que acompañarse de la reflexión. Merlin Donald dice que se hace metacognitiva, aprovechando el concepto psicológico moderno que designa la vuelta consciente sobre los propios procesos. También se amplía el territorio de la intimidad. «Una vida sin reflexión no vale la pena de ser vivida», afirmó Sócrates,[35] y la sentencia fue recogida por filósofos estoicos como Epicteto. Para Confucio, lo importante es el cuidado que es preciso poner en lo que se está haciendo, para de esa manera identificarse con el Camino. Para los profetas de Israel, lo importante es la interioridad. Los *Upanishads* descubren en esa interioridad la chispa del Absoluto, por eso en cierto sentido son el punto culminante de la sabiduría axial. *Tat tvam asi*, «tú eres eso», tú eres el absoluto. El adorador ya no dirigía su atención sobre el exterior, sobre los *devas*, sino sobre sí mismo, «porque en realidad cada uno de esos dioses es su propia creación, para sí mismo es todos los dioses».[36] Para el budismo es la compasión universal.

Randall Collins, en su monumental *Sociología de las filosofías*, donde pretende hacer una teoría global del cambio intelectual, también descubre en toda la evolución intelectual de la humanidad un aumento de la reflexividad, de la metacognición, del pensamiento crítico. Como todas las creaciones humanas, no se da un progreso continuo, sino que hay retrocesos, colapsos o derrapes.[37] La reflexividad —la metacognición— lleva a un nivel superior de abstracción porque «explicita determinadas operaciones que antes se asumían tácitamente».[38] Es el paso del «hacer» a la «comprensión de lo que se hace» que hemos señalado al comienzo del libro.

«Subjetivación» es una herramienta conceptual moderna que nos interesa utilizar. Significa el modo de pensarse una persona como sujeto. En psicología se usa el término *autoconcepto.*[39] Foucault y su escuela defendieron que la aparición del «sujeto», como categoría reflexiva, ocurrió en la modernidad, especialmente a partir de Descartes.[40] Eso sucede solo en el terreno filosófico. En el cultural, cada sociedad ha procurado mediante la educación y la presión social troquelar el modo de sentirse sujeto, de valorarse y de entender el propio puesto en el mundo. En la era axial se consolidan algunas de las figuras que van a permanecer a lo largo de la historia. El hinduista se siente sometido al sistema de castas; el confuciano, a una estructura familiar en la que no está bien vista la independencia. El griego, aun dentro de una sociedad clasista, valora al individuo, al ciudadano activo, reflexivo y libre.

A pesar de esta vuelta hacia la intimidad y de la intensificación de las diferencias culturales, comienzan a esbozarse unos valores morales universalmente compartidos. En Grecia, en especial los estoicos, comienzan a hablar de «ciudadanía universal». Ser *kosmou polités* (ciudadano del mundo) supone un esfuerzo para comprender al otro, un alejamiento de la ética tribal y una devaluación de ritos ancestrales como el sacrificio. En el alejamiento de estas creencias hay una actitud crítica respecto a ellas que se manifiesta incluso en un pensador tan amante de las tradiciones como Confucio.

También la ciencia supone una superación del pensamiento tribal. Los conocimientos astronómicos eran guardados por los sacerdotes mesopotámicos y egipcios como un secreto religioso. Nada de eso sucede en Grecia. Y tampoco en los demás maestros axiales que desean enseñar el camino a la perfección para que los demás puedan alcanzar la misma experiencia. Descubrieron que si se liberaban de las preocupaciones habituales, «las puertas de la mente se podían abrir».[41] Hay todavía divisiones tremendas, entre libres y esclavos, entre civilizados y bárbaros, entre hombres y mujeres, pero comienza a esbozarse un cierto consenso más práctico que teórico. Los grandes maestros axiales no son teólogos: les interesa la acción. Y el comportamiento está regido por sentimientos universales de compasión y generosidad. Todos ellos consideran como normas universales la compasión y la regla de oro: «No hagas a los demás lo que no quieras que te hagan a ti». Según el rabino Hillel, toda la Torá está contenida en este precepto: «Lo que es odioso para ti, no se lo hagas al prójimo». Está presente en el zoroastrismo («La naturaleza solo es buena cuando no se hace a los demás nada que no sea bueno para uno mismo»),[42] en el confucianismo («No impongas a otro lo que no elegirías para ti mismo»),[43] en el budismo («No hieras a los otros de una forma que tú mismo encontrarías hiriente»),[44] en el taoísmo («Considera la ganancia de tu vecino como tu ganancia, y la pérdida de tu vecino como tu pérdida»),[45] en el hinduismo («Trata a los otros como te tratas a ti mismo»)[46] y en el judaísmo («Amarás a tu prójimo como a ti mismo»).[47] En el cristianismo, la frase de Jesús cita la ley judía: «Tratad a los demás como queráis que ellos os traten a vosotros, porque en esto consisten la ley y los profetas»,[48] y un hadiz islámico afirma: «Ninguno de vosotros habrá de completar su fe hasta que quiera para su hermano lo que quiere para sí mismo».[49]

La regla de oro puede considerarse una gran contribución a los juegos de suma positiva.[50] Como sostiene Gewirth, la regla de oro es el denominador moral común de la mayoría de las religiones del mundo.[51] En la Declaración para una ética mundial aprobada por el Parlamento de las Religiones del Mundo en Chicago en 1993 se afirma:

> Existe un principio que se ha encontrado y ha persistido en muchas religiones y tradiciones éticas de la humanidad por miles de años: *Lo que no quieres que te hagan, no lo hagas a los demás.* O en términos positivos: *Lo que deseas que te hagan, hazlo a los demás.* Esto debe ser una norma irrevocable, incondicional para todas las áreas de la vida, para familias y comunidades, para razas, naciones y religiones.[52]

8. Las grandes personalidades

Las gigantescas personalidades aparecidas en la era axial han generado «imperios mentales», extensos, permanentes, profundos. Forman parte del genoma de nuestra familia. En su libro *La rencontré du bouddhisme et de l'Occident*,[53] Fréderic Lenoir indica que desde su descubrimiento por Occidente en el siglo XIX, el budismo ha estado presente en «cada brecha utópica, religiosa, ética, abierta como reacción frente al avance implacable de la modernidad y de sus componentes técnico-científicos». Según Einstein, «el budismo es la única religión compatible con la ciencia moderna». Para Arnold Toynbee, «el encuentro del budismo y de Occidente constituye el suceso más significativo del siglo XX».[54] Algo parecido podríamos decir de las demás religiones. Karen Armstrong escribe:

> El hecho de que todos dieran con unas soluciones tan profundamente similares por caminos tan distintos sugiere que en realidad habían descubierto algo importante sobre la forma de funcionar de los seres humanos. Sin tener en cuenta las creencias teológicas (que no preocupaban demasiado a los sabios), todos concluyeron que si las personas hacían un esfuerzo disciplinado por reeducarse a sí mismas, experimentarían una mejora de su humanidad.[55]

Unos siguieron el camino emprendido por Grecia. Otros, el indicado por Confucio, Lao Tsé, Buda o Mahavirá. La humanidad está buscando caminos, deseando alcanzar la felicidad o, al menos, la serenidad.

La evolución de las culturas nos muestra la interacción entre las grandes personalidades, las sociedades en que aparecen, y los sistemas de difusión a los que ya nos hemos referido. En capítulos siguientes asistiremos a la expansión y difusión de las creaciones de la era axial.

CAPÍTULO OCTAVO

LA ERA AXIAL POLÍTICA Y ECONÓMICA

1. La ampliación de la era axial

La era axial no produjo solo un cambio espiritual, sino que este fue acompañado por cambios en el modo de organización social. «Una visión más plural —escribe Arnason— tendrá en cuenta la lógica inmanente y la autorreflexión en otras esferas.»[1] Christian Meier y Kurt Raaflaub sitúan lo que denominan *la emergencia de la política* en el centro del giro axial griego, y lo comparan con lo sucedido en otros países. La semejanza más llamativa se da con China, durante el periodo de las Primaveras y otoños (siglos VIII-V a.C.), en que aparecen reflexiones sobre la política y sobre el modo de resolver las crisis.[2] Ya hemos visto que cambia la antigua relación entre religión y poder y se fomenta el racionalismo político. La solución racional de los problemas y la reflexividad son las líneas evolutivas que se mantendrán a lo largo de la *evolución cultural*. La aparición del dinero impulsa en la misma dirección. Seaford estudió el papel del dinero en el pensamiento griego primitivo y señaló que el proceso de monetización fue más rápido e invasivo en Grecia que en otros países y ayudó a configurar la vida de la polis.[3] «El impacto de la moneda acuñada —dice Watson en *La gran divergencia*—fue económico, pero no solo económico. En la reforma constitucional de Solón tuvo un importante papel para la democratización. Promovió el comercio, y el centro de la ciudad se desplazó al mercado.»[4] El sistema monetario obligó a la gente a calcular, lo que generó una tendencia hacia la racionalización que, según Jack Weatherford, «no se aprecia en ninguna cultura tradicional que no utilizara el dinero».[5] Ya lo hemos dicho antes: el dinero es una poderosa *herramienta intelectual*. Pero el continuo proceso de racionalización que veremos en la *evolución de las culturas* va acompañado, impulsado o perturbado por una gigantesca corriente de irracionalidad de la que la humanidad intenta desprenderse, sin saber siquiera si es posible hacerlo. Ha sido uno de los *problemas estructurales* más difíciles de resolver. Cíclicamente, un ramalazo de locura conmueve el mundo.

2. Cambios políticos

En el capítulo anterior vimos el papel que habían desempeñado en la *evolución cultural* gigantescas personalidades movidas por la pasión de la verdad, del bien o de la libertad interior. Siguen dirigiendo la historia no por su poder coactivo, sino por su capacidad de atracción, de mostrar valores nuevos, como describió brillantemente Henri Bergson.[6] Pero no podemos olvidar otra pasión que ha sido continua protagonista de la historia: la pasión por el poder, el impulso más potente que mueve al ser humano, según Nietzsche, y que introduce en la historia una gigantesca energía irracional.[7] Se relaciona con la *hybris* —la locura de la afirmación del yo— tan temida por los antiguos griegos. La psicología se hace necesaria para comprender la historia, y a tal fin tiene que elaborar una psicología del poder, pero también de la sumisión, la cara oculta de la historia. Necker, el ministro de Luis XVI, escribió: «Semejante subordinación [la de los súbditos] no puede menos de sorprender a los hombres capaces de reflexión. Esta obediencia de un gran número a un pequeño número es un hecho singular, una idea casi misteriosa».[8] A Rousseau, el espectáculo del poder le recordaba a Arquímedes sentado tranquilamente en la orilla y sacando a flote sin esfuerzo una gran nave.[9]

Muchos *sapiens* solo encuentran su *felicidad subjetiva* en el ejercicio del poder, puesto que el ejercicio del poder es una función relacional y para alcanzarlo necesitan intervenir en la vida de otras personas o de pueblos enteros. Bertrand de Jouvenel escribe sobre el poder político:

> En toda condición y posición social, el hombre se siente más hombre cuando se impone a los demás y los convierte en instrumentos de su voluntad, medios para alcanzar los grandes fines cuya visión le embriaga. Dirigir un pueblo, ¡qué dilatación del yo! Solo la dicha efímera que nos proporciona la docilidad de nuestros miembros tras una larga enfermedad puede hacernos sospechar la felicidad incomparable de irradiar a diario los propios impulsos en un cuerpo inmenso, haciendo que se muevan a lo lejos millones de miembros desconocidos.[10]

Esta es la razón de la euforia que invade al que ama el poder, en el mismo acto de ejercerlo. Según cuenta su secretario Perrault, Colbert, el ministro de Luis XIV, se frotaba las manos de alegría al acercarse por la mañana a su mesa de trabajo.[11] Algo parecido se trasluce en la correspondencia de Napoleón y en los comentarios que hace su secretario, el barón Fain.[12] Pensaba que toda la maquinaria del poder en Francia recibía la energía inicial de la mesa de su despacho. Sentir esa gigantesca circulación de energía era para él como sentir su propia circulación magnificada. Y Sorensen cuenta en su biografía de Kennedy la excitación casi infantil con que los hermanos ocuparon el despacho oval tras las elecciones. Tenían un gran juguete en sus manos, y todavía sufrían la impresión de que alguien podía entrar para decirles que el recreo se había terminado.[13] Sin embargo, buscando legitimidad, el líder se convence fácilmente de que lo único que quiere es servir a la colectividad y olvida que su verdadero móvil es el disfrute de la acción y de la expansión vital.

A lo largo de la historia veremos que esta pasión, que es individual, puede hacerse colectiva a través de los mecanismos de identificación y de orgullo nacionales, por ejemplo. *Deutschland, Deutschland über alles, über alles in der Welt* era la primera estrofa del himno alemán. «Alemania por encima todo en el mundo.»

3. El imperio como solución

En el primer milenio antes de nuestra era se consolida una institución política extraordinariamente duradera: el imperio. El Imperio romano ejerció el poder durante seiscientos años, y el bizantino, mil más. El otomano resistió seiscientos años. Durante siglos, Rusia ha mantenido formas imperiales de gobierno sobre poblaciones muy diversas. En comparación, el estado-nación parece una anécdota en el horizonte histórico, lo que desafía la idea de que sea una forma natural, necesaria e inevitable de convivir. Habían existido imperios anteriores, pero en este momento se hacen más reflexivos, más conscientes de los mecanismos del poder. El imperio supone la unificación —bajo un mando único— de distintos pueblos, normalmente con culturas, organizaciones e idiomas diferentes. Intenta resolver *problemas políticos estructurales*, como el afán de poder, la necesidad de seguridad, la conciencia de una misión o la búsqueda de fuentes nuevas de financiación. Va a desencadenar nuevos problemas que perdurarán hasta nuestra época, como la tensión entre «imperio y nación» o las pretensiones nacionalistas de

El mundo en el año 500 a.C.

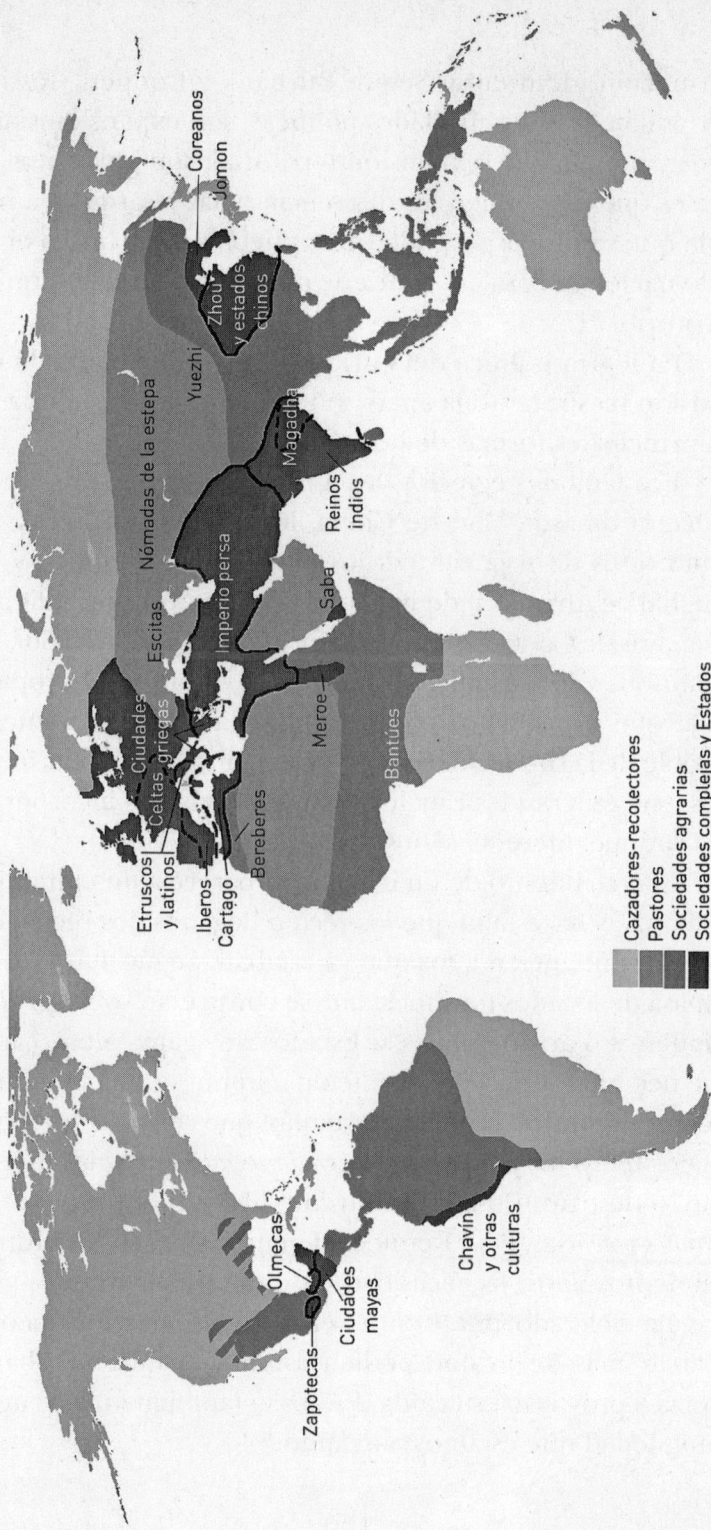

Coreanos

Jomon

Zhou
y estados
chinos

Yuezhi

Nómadas de la estepa

Magadha

Escitas

Reinos
indios

Imperio persa

Saba

Ciudades griegas

Meroe

Celtas y latinos

Bantúes

Etruscos
y latinos

Bereberes

Iberos

Cartago

Olmecas

Ciudades
mayas

Zapotecas

Chavín
y otras
culturas

Cazadores-recolectores

Pastores

Sociedades agrarias

Sociedades complejas y Estados

afirmación identitaria. Según Burbank y Cooper, «los imperios son grandes unidades políticas, son expansionistas o tienen nostalgia de expansión territorial, son gobiernos estatales que mantienen las diferencias y las jerarquías a medida que van incorporando otros pueblos. En cambio el estado-nación se basa en la idea de un único pueblo, un único territorio».[14]

La lógica política del enriquecimiento mediante la expansión ha supuesto la aparición de imperios como una de las principales formas de poder.

Los faraones egipcios, los asirios, los reyes Gupta de la India, la dinastía Han de China, los pueblos túrquicos, así como otros de Asia central, los persas, los mandinkas y los songhai de África occidental, los zulúes de África meridional, los mayas de Centroamérica, los incas de América del Sur, los bizantinos y los carolingios del sureste y norte de Europa al igual que los califatos musulmanes, utilizaron la estrategia flexible de la subordinación de otras gentes para crear imperios, esto es, grandes Estados expansionistas que incorporan, a la vez que diferencian, a sus individuos.

El crecimiento de un imperio se parece a una pirámide de Ponzi, y hace falta que los recién llegados, los recién absorbidos, financien a los que ya estaban. Según Ian Morris, se pasa de Estados mínimos, que se construían sobre grupos familiares o aristocráticos, a Estados de «gama alta», caros, que necesitan una administración e impuestos y mantienen ejércitos grandes. Los Estados tenían que centralizarse o perecer.[15] Pero lo que llama *desarrollo social* genera las fuerzas que lo destruyen. En su influyente libro *Auge y caída de las grandes potencias*, Paul Kennedy defendió que, en los últimos quinientos años, la necesidad de emprender grandes guerras ha obligado una y otra vez a los Estados europeos a abarcar más de lo que podían asumir, lo que minaba su fuerza y provocaba su caída. Eso pasó también en la remota Antigüedad que estamos narrando.[16]

Los reinos se convirtieron en imperios porque necesitaban más dinero para financiar sus propias guerras de conquista. Eran lo que Acemoglu y Robinson han denominado sistemas económicos *extractivos*. Aprovechan la riqueza en beneficio de una clase privilegiada o de la metrópoli. Se trata de un sistema de suma cero, que acaba por agotarse. Por eso, para sobrevivir tiene que sustituirse paulatinamente por relaciones económicas de suma positiva en las que se aumenta la riqueza de los países dominados y se favorece el acceso de más gente a los beneficios. Eso produce un resultado incómodo: estructuras imperiales fundadas en la injusticia pueden acabar produciendo beneficios a los países conquistados. Aparece así una triste característica de la historia. Los triunfos quedan y a las víctimas se las olvida. Son efectos colaterales inevitables. La evolución política se hace, con frecuencia, darwiniana. El más competente sobrevive. Esa ley de vida se convierte en ley de muerte. La familia humana busca un dinamismo evolutivo no darwiniano. Es lo que estamos historiando.

4. Personajes imperiales

Entre 883 y 859 a.C. Asiria renace impulsada por un gobernante brutal, Asurnasirpal II, que impone una política expansiva de «horror calculado». La evolución de las culturas tiene trenzada una historia de la crueldad. Esta es la crónica de los castigos que aplicó a reyes rebeldes:

> Construí torres contra la puerta de su ciudad y flagelé a todos los jefes que se habían rebelado, y cubrí la torres con sus pellejos. A algunos los emparedé en las torres, a otros los empalé sobre la torre en grandes estacas. A muchos cautivos que hice los quemé en hogueras y muchos me los llevé como esclavos. A algunos les corté la nariz, las orejas y los ojos.

A muchos se los arranqué. A los hombres jóvenes y a sus doncellas los quemé en una hoguera. A veinte hombres los capturé vivos y los emparedé en su palacio. Al resto de sus guerreros los dejé morir de sed en el desierto.[17]

Reclutó un ejército permanente de cien mil soldados, equipados con armas de hierro. Al final del siglo VII, Asiria era la potencia sin rival del antiguo Oriente Próximo. Es el primer imperio militar de la historia. Utilizaron precozmente una de las argucias justificativas de los imperios: la idea de que estaban realizando una misión. Unieron poder militar y misión religiosa, una alianza que veremos aparecer una y otra vez. Estaban convencidos de que el dios Assur reclamaba que su culto se extendiera a través de la conquista militar. En Asiria, como en tantas otras ocasiones, el ejército pertenecía a su dios. Al conquistar una ciudad humillaban a sus dioses y los llevaban como rehenes a su capital. La guerra siempre fue brutal, pero los asirios parecían disfrutar de esa brutalidad. Supieron aprovechar tácticamente el terror, un mecanismo eficiente para ejercer el poder. Con el reinado de Asurbanipal (668-627 a.C.) el Imperio asirio parecía estar en su cénit. Fue un rey ilustrado, construyó una magnífica biblioteca en su capital, Nínive, donde se copiaron las grandes obras de la literatura mesopotámica. De allí proceden todas las copias de *La epopeya de Gilgamesh*. Pero una coalición de medos y caldeos destruyó Nínive en 612 a.C. Tenía razón Spinoza: «El espacio es el terreno de la potencia de los hombres; el tiempo, de su impotencia».

Ciro el Grande reinó entre 559 y 530 a.C. y construyó otro gran imperio, el persa, que llegó a dominar el Oriente Próximo y Egipto. Fue un nuevo tipo de gobernante. Se presentó a sí mismo como el salvador de las naciones conquistadas. Adoptó las enseñanzas de Zoroastro, y quizá se consideraba el representante del bien en la permanente lucha contra el mal. Para reforzar esta imagen y «crear condiciones de cooperación con las elites locales», protegió los cultos (como el de Marduk en Babilonia) y restauró templos y otras infraestructuras en las ciudades recientemente adquiridas. Con ello Ciro se ganó el apoyo de buena parte de la casta sacerdotal de Babilonia, que en los textos (el *Cilindro de Ciro*, la *Crónica de Nabonido*) por lo general se muestra favorable hacia él. Lo mismo sucede en los textos bíblicos porque permitió a los judíos cautivos en Babilonia regresar a Judea y reconstruir el Templo. A diferencia de los conquistadores asirios y babilonios precedentes, Ciro trató con benevolencia a los pueblos sometidos y perdonó a los reyes enemigos. En general siguió la estrategia de dejar las estructuras administrativas de los lugares conquistados, pero sometiéndolas al poder imperial.

Un imperio tiene que gestionar la diversidad de pueblos y culturas. Eso exigía tener vías de comunicación, físicas e intelectuales. Los persas construyeron caminos, impusieron una moneda y facilitaron la traducción, un trabajo que resultaría imprescindible. Darío hizo grabar su historia en Behistún en tres lenguas: persa, elamita y babilonio. En vez de homogeneizar las culturas, las respetó y favoreció su entendimiento. La dispersión de las lenguas hizo necesaria la traducción, que junto con el comercio, ha sido una vía de comunicación pacífica. Las carreteras unían Asia Menor con Babilonia, Susa y Persépolis, y permitían recorrer más de 2.500 kilómetros en menos de una semana, un logro que maravilló a Heródoto.[18]

Tras dos siglos de Imperio persa, en el año 356 a.C. Filipo accedió al trono de Macedonia, un Estado pequeño y relativamente pobre al norte de Grecia, en la frontera del mundo helénico. Creó un ejército para defender su frontera norte. Pero cuando se encontró a la cabeza de un ejército eficaz, entró en una dinámica expansiva y acabó por convertirse en dueño de toda Grecia. Su obsesión fue acabar con el Imperio persa. Treinta años después, su hijo Alejandro lo había conseguido y gobernaba un imperio que se extendía desde Italia hasta la India y desde Egipto hasta el mar Caspio. Lo consiguió con un ejército de 30.000 hombres.

Alejandro quiso construir un imperio desde su eficacia militar. Estaba influido por una idea recogida en las primeras líneas de *Las bacantes*, de Eurípides, en las que Dioniso dice: «He venido a Grecia desde el este fabulosamente rico». En Occidente no había nada interesante. La riqueza estaba en Oriente. Frente al belicismo restringido de las sociedades asiáticas, impuso una ideología del honor militar. Sus soldados combatían por una causa, no por un territorio ni por el botín. No sabía más que guerrear, aunque demostró el suficiente talento práctico como para establecer una moneda única para todo el imperio. El griego se convirtió en el idioma de un gigantesco territorio de 7.300 kilómetros de anchura. El helenismo fue un ejemplo de exportación cultural. Alejandro murió a los treinta y tres años. Después de su muerte, sus familiares y sus generales se pelearon por el poder.

Es posible que Alejandro introdujese en el mundo una idea nueva, la unión de la humanidad bajo un imperio. El escritor griego del siglo I Plutarco comenta que Alejandro había rechazado deliberadamente el consejo que le dio su maestro Aristóteles de tratar como humanos solo a los griegos y de considerar a todos los «bárbaros» meras bestias.

Pero al creerse el enviado del Cielo como moderador común y árbitro entre todas las naciones, y tras someter por la fuerza a aquellos con los que no podía asociarse mediante una oferta justa, dirigió todos sus esfuerzos a unir todas las regiones, lejanas y cercanas, bajo un mismo mando.[19]

Un general, Seleuco, gobernador de las tierras entre el Tigris y el Indo, fundó la dinastía que iba a gobernar esos territorios durante tres siglos: los seléucidas. Se siguió un programa de helenización. En Ai-Khanoum, en el norte de Afganistán, fundada por Seleuco se grabaron máximas de Delfos:

> En la infancia, compórtate.
> En la juventud, contrólate.
> En la madurez, sé justo.
> En la vejez, sé sabio.
> En la agonía, no sufras.[20]

Más de un siglo después de la muerte de Alejandro, el griego seguía siendo usado de forma cotidiana por los funcionarios. En la India, los textos de Asoka tenían una traducción paralela en griego. Las estatuas de Buda solo aparecen después de que el culto de Apolo hubiera arraigado en el oeste de la India. Hasta entones los budistas habían evitado las representaciones visuales. «Son bárbaros —decía el texto conocido como Gargi Samhita, hablando de los griegos—; no obstante, la ciencia de la astronomía se originó con ellos y por ese hecho merecen ser venerados como dioses.»

Roma heredó el ideal alejandrino, pero lo mismo les ocurrió a los gobernantes orientales, desde los persas hasta los indios. Cuando se le preguntó a Chandragupta, el fundador de la dinastía Maurya en la India en el siglo IV a.C., cómo concebía su imperio, se dice que contestó: «Observé a Alejandro, siendo aún muy joven». Era el modelo.

Un caso singular fue el del emperador maurya Asoka (siglo III a.C.), quien, tras una cruenta guerra, sintió una gran pesadumbre y mandó inscribir, en pilares y rocas por todo su imperio, un texto en el que confesaba su arrepentimiento con un tono sorprendentemente sincero y proclamaba la honestidad, la compasión y la benevolencia hacia todos los seres, humanos y animales. A partir de entonces se convirtió al budismo, o al menos lo favoreció, y se preocupó por el cuidado de sus semejantes: fundó hospitales (para humanos y animales) y plantó árboles en los caminos para dar sombra a los viajeros. Todo ello suponía una actitud revolucionaria en un mundo en el que la violencia era un principio rector en las relaciones sociales. Sin embargo, los ideales defendidos por Asoka murieron con él, quizá porque se percibieron como una debilidad e invitaron a la resistencia por parte de algunos reinos sometidos. Incluso su recuerdo se perdió en pocas generaciones y no se recuperó hasta que en el siglo XIX se descifraron sus inscripciones, que llevaban dos mil años proclamando la no violencia.[21]

5. El Imperio chino

En el año 221 a.C. aparece el imperio que va a mantener más tiempo su protagonismo en la historia: China. Con algunas intermitencias, dura hasta 1912. Más de dos milenios. El primer Imperio chino se agotó en proyectos gigantescos de canales, murallas y caminos. La enormidad del ejército (500.000 soldados para atacar al sur) y de la mano de obra para esas construcciones (700.000 obreros para construir la tumba del primer emperador Qin) acabaron provocando una guerra civil. El primer emperador Han descentralizó el imperio y estableció varias líneas de autoridad. Su legitimidad se basaba no solo en su origen celestial sino también en el lugar que ocupaba en el orden moral y social. Durante su mandato se recopilaron y difundieron las ideas de Confucio como norma de vida. Un hombre debía comportarse con integridad y justicia, ser leal, considerado, altruista, respetar la tradición y practicar los buenos modales en todo momento. El imperio mantuvo una actitud flexible ante las religiones. El budismo llegó a China en tiempos de la dinastía Han, y las imágenes de Buda pudieron integrarse en los ritos locales e imperiales.

Es posible que una de las *herramientas culturales* inventada por China haya sido la «burocracia por méritos». Max Weber mostró que la creación de una burocracia profesionalizada era una manifestación de racionalidad, por lo que podemos incluirla en la marcha hacia la racionalidad que descubre la *evolución de las culturas*.[22] La capital china era un hervidero de funcionarios con rangos bien definidos. El gobierno de los funcionarios se veía reforzado por su selección, en la que primaban los méritos de cada uno. El emperador no seleccionaba a los miembros de la administración entre la aristocracia, sino entre los hijos de los terratenientes. En 124 a.C. creó una academia imperial para que se prepararan, aprendiendo las técnicas de gobierno y archivo junto con los ideales confucianos. La educación como vía hacia el ascenso en la carrera y al incremento de la fortuna supuso la introducción de nueva savia y de nuevas ideas. Esto suponía una gran novedad en el modo de organizar el poder. Philip T. Hoffman señala que las dinastías Qin y Han (206 a.C.-200 d.C.) crearon una burocracia centralizada, captando a las elites para que sirvieran como funcionarios y recompensándolas por ello. Así se debilitaba su vínculo con la sociedad local y se mantenía su lealtad al gobierno central.[23] Los funcionarios, además, cobraban del Estado y tenían un incentivo para mantener la burocracia aunque la propia dinastía fuera derrocada por invasores. A estos les convenía también mantenerla. Así sucedió en diversas ocasiones. En el caso romano fue distinto porque los funcionarios no cobraban del Estado, sino que tenían sus fuentes de financiación. Premiar a los funcionarios supuso que la carrera militar dejara de tener atractivo para la elite china. En vez de eso, dichas elites cultivaban la enseñanza y la erudición, lo que les abría la puerta a los puestos de funcionario.[24] Es posible que influyera en el modo pacífico de resolver los conflictos. También el confucianismo, que tenía mucho predicamento entre los funcionarios, pudo haber aumentado la aversión hacia lo militar, puesto que condenaba la guerra e instaba a gobernantes y oficiales a prescindir de ella y a ocuparse del sustento de las gentes.

El Imperio chino logró uniformar muchos aspectos de la vida común. Así lo explica Mark Edward Lewis: en la escritura, el resultado fue una koiné gráfica, un lenguaje compartido por gentes muy diversas sin que fuese la primera lengua de ninguna de ellas. El lenguaje escrito artificial solo existía en los textos y era distinto de las lenguas (mutuamente ininteligibles) que se hablaban en todo el Imperio. Permitió la comunicación entre pueblos que no habrían podido entenderse por vía oral. El canon de textos se unificó mediante una academia imperial que controló su interpretación. Las pesas y medidas se estandarizaron para todo el Imperio, incluso en el ancho de los ejes de los carros, que así tenían las mismas rodadas en todas las vías imperiales. La uniformización de la moneda supuso que se dejasen de usar otros objetos (perlas, jade, conchas de tortuga) como moneda de cambio. Todas estas estandarizaciones —a las que se sumaría la del derecho— nos parecen algo normal en la actualidad, pero suponían una extraordinaria innovación en la época. En Occidente no aparecieron hasta la Revolución francesa, más de dos mil años después.[25]

6. El Imperio romano

El origen de Roma está envuelto en narraciones míticas. Su origen legendario se fecha en el 753 a.C. Los romanos pertenecían a la etnia de los latinos que habitaban la región del Lacio. Al norte estaban los etruscos, una cultura más avanzada, influida por Grecia. Hasta el siglo VI, Roma no se independiza de la monarquía etrusca. Comienza entonces una increíble fase de expansión. A finales de ese siglo, la monarquía romana cae y es sustituida por la república, régimen que hará grande a Roma y que alumbrará un concepto clave, el de «ciudadano», en parte heredado de Grecia. Ser ciudadano romano era un título valioso, que comprometía a ser protagonista de grandes empresas. Es un modo peculiar de subjetivación, de autoconcepto, que se irá abriendo paso en todas las culturas, pero lentamente. Como señala Max Weber, nada parecido puede verse en la cultura china, por ejemplo.[26] Los revolucionarios franceses rechazarán el concepto de *súbdito* y ensalzarán el de *ciudadano*. Lo que los definía era ser titulares de derechos políticos. Una gigantesca invención, la gran *herramienta conceptual* que hará posible las grandes revoluciones.

La sociedad romana estaba muy estratificada. Entre patricios y plebeyos había grandes discriminaciones. Pero la plebe reclamaba su derecho a participar en la vida colectiva. Hacían sus propios acuerdos *(plebiscitos)*. Las dos instituciones políticas más importantes eran la magistratura (cónsules, pretores, censores, etc.) y el Senado. Pretendían un equilibro entre los distintos poderes, que será una aspiración constante en la historia de la humanidad. Polibio, historiador y político de origen griego, decía que el sistema romano podía parecer monárquico si un observador concentraba su atención sobre las funciones de los cónsules, aristocrático si lo hacía sobre el Senado y democrático si lo hacía sobre los poderes e instituciones que representaban al pueblo. Al final llegó a emerger un poder por encima de todos: el ejército.

La expansión fue asombrosa. La conquista de territorios permitía movilizar más soldados, lo que a su vez permitía conquistar más territorios. En 264 a.C. ya había firmado ciento cincuenta tratados con ciudades o comunidades vencidas o aliadas. A comienzos del siglo III a.C. ya es dueña de casi toda Italia peninsular, y entra entonces en conflicto con otras potencias mediterráneas: primero con Cartago, en las guerras púnicas (264-146 a.C.), y luego con los reinos helenísticos, en las guerras macedónicas (214-148 a.C.); de modo que a su término Roma domina Hispania, el norte de África y Grecia continental. El contacto directo con el mundo griego resulta decisivo para la cultura romana, que adopta muchas de sus formas artísticas, literarias, religiosas y filosóficas. Pero la expansión territorial parece intensificar los conflictos internos: se producen revueltas de esclavos (guerras serviles) y el levantamiento de los aliados o socios (guerra social) de Italia, que solo concluye con la extensión del derecho de ciudadanía a todos los itálicos. El comercio de esclavos fue enorme. En tiempos de Augusto, de un total de seis millones de habitantes en Italia, dos millones eran esclavos. Diodoro Sículo explicaba así la situación: «Muchos comerciantes itálicos se hacen ricos gracias a la afición de los galos al vino. Reciben a cambio un precio realmente elevado. Por un ánfora de vino les dan un esclavo, un siervo a cambio de una copa».[27] La existencia y la dimensión de la esclavitud es un test que va a revelarnos el progreso de una sociedad.

Julio Cesar sustituyó el comercio con los galos por la conquista. Hicieron falta siete años para conseguirlo. Plutarco calcula que durante la campaña murió un millón de galos y otro millón fue esclavizado. Augusto quiso ampliar las fronteras hasta el Elba, pero las poblaciones germánicas estaban mejor preparadas para la guerra, y la frontera se estabilizó entre el Rin y el Danubio. El final de la República se produce después de un periodo de guerras civiles, dictaduras y triunviratos en el que desempeñan un papel decisivo figuras como Julio César, conquistador de la Galia, y Octavio Augusto, que tras vencer a sus oponentes y dominar Egipto es proclamado *princeps* (primer ciudadano). Con Augusto se conservan las formas republicanas, pero el gobierno de hecho corresponde al *princeps*. Sus sucesores se denominarán emperadores.

Se impone una paz solo alterada excepcionalmente por la presencia de bárbaros en sus fronteras o por ciertos momentos de disturbio civil. En tiempos de Augusto, Roma tenía un millón de habitantes. Alimentarlos era el asunto primordial. Cicerón decía que Roma libraba las guerras para los comerciantes, pero los comerciantes solían ser miembros del Senado; los que ordenaban las guerras sacaban provecho económico de ellas.[28] El hecho de alimentar al ejército y a la ciudad de Roma comportaba operaciones a gran escala. Según Kumar:

> En el siglo II d.C. el número de hombres en armas ascendía a casi cuatrocientos mil. Una fuente egipcia señala que la ración diaria de un soldado era de unas dos libras de pan, libra y media de carne, aproximadamente un litro de vino y unos ciento veinticinco mililitros de aceite. Alimentar solo a Roma requería unas doscientas mil toneladas de trigo al año.[29]

Es interesante la relación de la idea de Roma con sus ciudadanos. Los romanos luchaban por el honor y por la gloria de Roma, convencidos de que la victoria romana era beneficiosa para la humanidad porque Roma era la expresión de una humanidad común y, por lo tanto, una fuerza eterna.

La religión estaba unida con la política. Los dioses velaban por la prosperidad del Estado. Todo acto público era un acto religioso. El emperador era *Pontifex Maximus*. A pesar del tradicional vínculo entre religión y política, desde finales de la República se produjo un lento proceso de identificación de la religión como un ámbito autónomo, objeto de escrutinio intelectual pero también de cierto escepticismo, con sus propias reglas. Al mismo tiempo tuvo lugar una demarcación de límites entre sus formas lícitas e ilícitas, es decir, entre la religión y la magia, pues esta última se entendía como una forma pervertida de religiosidad.[30] En general se pueden identificar diversos estratos de presencia de la religiosidad en la sociedad romana. El pontífice Quinto Mucio Escévola y el escritor Marco Terencio Varrón distinguieron tres modos de hablar de los dioses: el de los poetas (teología mítica o legendaria), el de los filósofos (teología natural) y el de los gobernantes (teología civil o política). El primero presentaba un carácter meramente estético; el segundo contenía una indudable pretensión de verdad (de ahí el influjo del platonismo en las nuevas religiones de salvación), y el tercero, aunque basado en los mitos del primero, suponía un deber cívico y cumplía una función básica de control social.[31]

7. Guiones para guardar en el archivo del genoma cultural humano

Hay varias ideas romanas que siguen vigentes: la de ciudadano, la de democracia representativa, la de derecho y la de *humanitas*. La democracia directa fue una creación griega, pero ninguna nación la practica. En cambio, la democracia representativa está incluida en la mayoría de las Constituciones actuales. El derecho romano también forma parte de nuestro genoma cultural. No todos los sistemas jurídicos derivan de él, pero su perspicacia y la contundencia de su argumentación han influido en todo el mundo. Suele pensarse que el derecho continental, con su amor por la codificación, deriva del derecho romano, mientras que el anglosajón, basado en la jurisprudencia, pertenece otra tradición. Sin embargo, el derecho romano se basa en la jurisprudencia. Adelantaremos algunos acontecimientos. Cuando en el siglo VI d.C. el emperador Justiniano manda elaborar el *Corpus iuris civilis*, incluye en él las constituciones imperiales, pero también las opiniones de los jurisconsultos.

Queremos llamar la atención sobre una contribución especialmente brillante a la evolución cultural y a la búsqueda de soluciones de suma positiva: el *ius gentium*, el derecho de gentes. El trato con los extranjeros ha planteado siempre problemas. El trato violento o la exclusión ha sido con frecuencia la norma. En cambio, el comercio ha sido siempre una vía pacífica de intercambio. Para resolver los conflictos entre extranjeros se estableció una jurisdicción especial, lo que conllevaba la necesidad inmediata de hallar algunos principios para poder juzgar. No se querían decidir esos litigios por el derecho civil romano, ni querían tampoco, por parecerles una suerte de humillación, aplicar el derecho del país al que el extranjero pertenecía. Entonces se decidió elaborar un derecho común a todas las naciones. Henry Sumner Maine advierte que en su origen no era un derecho muy apreciado en Roma. No era más que una solución práctica. Pero el enfoque cambió cuando por influencia de Grecia se admitió la idea de un derecho natural: «Cuando la palabra *naturaleza* llegó a ser habitual en boca de los romanos, los jurisconsultos acabaron por creer que el viejo *ius gentium* era el código perdido de la naturaleza».[32] Esta relación entre derecho y naturaleza va a estar presente en nuestro genoma cultural hasta la actualidad. Ahora vuelve a sostenerse la necesidad de un nuevo *ius gentium*.[33]

Sumner Maine llama la atención sobre otro cambio trascendental, una fantástica herramienta para facilitar los juegos de suma positiva: el tránsito del estatus al contrato. En sociedades patriarcales, los hombres no son tratados como individuos, sino como miembros de un grupo particular. Por eso, considera que es un progreso la evolución de relaciones regidas por estatus a relaciones regidas por contrato.[34] Se encamina al modelo de la *felicidad objetiva*. Se une a una corriente que se va haciendo cada vez más caudalosa, que conduce al reconocimiento del valor del individuo, del valor de la razón, de la igualdad como categoría simbólica aunque no real. Los humanos somos realmente distintos en fuerza, salud, inteligencia o sexo, pero queremos incluirnos en una igualdad simbólica. Afirmar, contra toda evidencia, que nacemos libres e iguales.

Como todas las *economías extractivas*, la romana necesitaba expansionarse, conquistar nuevas fuentes de financiación por vía de impuestos. Historiadores económicos como Cameron y Neal atribuyen el fracaso económico de Roma a su falta de creatividad tecnológica, y esta a la importancia de la mano de obra esclava: «Una sociedad basada en la esclavitud puede producir grandes obras de arte y literatura, pero no un crecimiento económico sostenido».[35]

8. El mundo se hace más pequeño

Al igual que sucedía en el Imperio romano, a lo largo de la frontera norte de China, los pueblos nómadas eran una fuente de preocupaciones. Incapaz de vencerlos, el emperador chino llegó a un acuerdo. Los xiongnu —conocidos en Europa como hunos— serían dueños del terreno al norte de la muralla china. Esa separación en dos imperios animó a los sabios a reflexionar sobre lo que los diferenciaba. Crearon una imagen del pueblo chino como todo lo contrario de lo que eran sus contrincantes: un pueblo sedentario, y no nómada; que comía grano y no carne; vestidos con trajes de tela, y no de pieles.

«Romanos y chinos —escribe Marr—[36] sabían poco unos de otros. Se encontraban a más de 7.000 kilómetros. Aun así, sus imperios se intuyeron mutuamente; parece que existía una noción confusa en China acerca de una China alternativa, posiblemente mitológica, en algún lugar del extremo occidental.» En el año 97 d.C., un general chino, Ban Chao, trató de enviar un emisario a Roma para proponer una campaña común contra los partos, que estaban causando daños a ambos imperios por igual. El emisario, Gan Ying, no consiguió llegar, pero recopiló muchos rumores acerca de los romanos. Contó, por ejemplo, que el rey romano tenía 36 líderes con los que debatía los sucesos diarios. Setenta años más tarde, según los anales chinos, una delegación romana llegó por vía marítima a Vietnam, que entonces formaba parte de Imperio chino, probablemente enviados por el emperador Marco Aurelio. Se los devolvió a su país. La relación más duradera fue la comercial. Para los romanos China era *Serica*, el país de los *seres* (gentes de la seda), aunque quizá con el término se refiriesen a la más próxima Asia central o a la India. Las mujeres romanas llevaban trajes de seda china. A Séneca le horrorizaba la popularidad de la seda. Era imposible que una mujer dijera honestamente que no iba desnuda cuando se ponía un vestido de seda.[37]

La expansión de China contribuyó a conectar el continente asiático. Hasta entonces, esas redes habían estado bloqueadas por los xiongnu, que como los escitas de Asia central eran motivo de inquietud constante, pero también proveedores de ganado. En el siglo II a.C. autores de la dinastía Han mencionan decenas de miles de reses compradas a los pueblos de la estepa, sobre todo caballos. Decían que eran caballos descendientes de dragones y los llamaban *hanxue ma*, los que sudan sangre.[38] Se estableció un sistema de tributo informal porque cada año el emperador hacía regalos para mantener la paz. Se despertó el interés por los países más al oeste. En su libro *Shǐjì* (Memorias históricas), Sima Qian expuso lo que había conseguido saber sobre el valle del Indo, Persia y Asia central. El comercio se desarrolló con lentitud. Para atravesar el borde del desierto de Gobi eran necesarios camellos. La seda era el producto más deseado. Servía también como dinero para pagar a las tropas. Por los 35.000 textos conservados en Xuanquan, escritos en tablillas de bambú y madera, sabemos que los visitantes que entraban en China tenían que seguir una ruta determinada, recibían permisos por escrito y eran contados. El mundo se estrechaba ante sus ojos. «Hoy solemos pensar en la globalización como un fenómeno exclusivamente moderno, pero hace dos mil años era también una realidad, que ofrecía oportunidades, creaba problemas y animaba el progreso tecnológico.»

El mayor estímulo para la expansión romana procedía de lo que sucedía en el Mediterráneo. Roma se adueñó de él. Lo que hacía grandes a los imperios era poseer una gran cantidad de ciudades que produjeran rentas gravables. Su éxito empezó con Egipto, gobernado durante casi trescientos años por sucesores de Ptolomeo, uno de los lugartenientes de Alejandro. Augusto conquistó Egipto, lo que influyó profundamente en la economía del imperio. Asia era indescriptiblemente rica, escribió Cicerón. Augusto quiso conocer más. Mandó fuerzas expedicionarias a Etiopía y Yemen, supervisó las rutas que se dirigían hacia Asia central a través de Persia. De esa época datan las *Stathmoi Parthikoi*, las estaciones partas, un texto que recoge las distancias entre puntos clave. Según Estrabón, a los pocos años de la invasión de Egipto salían 120 barcos anualmente desde el puerto en el mar Rojo hacia la India. La literatura tamil habla con entusiasmo de la llegada de estos comerciantes y de su «vino fresco y perfumado». Llegaban también mercancías de Vietnam y Java. En el *Satiricón*, Petronio criticó la fascinación por el lujo y la ostentación. Describe el banquete de Trimalción, un nuevo rico, que solo quiere lo más exótico que se pueda comprar con dinero: faisán importado desde la costa oriental del mar Negro, gallina pintada africana, pescados raros y pavo real. El poeta Marcial ofrece un ejemplo de internacionalismo en un poema en el que llora a una joven esclava a la que compara con un lirio virgen, el marfil pulido de la India y las perlas del mar Rojo y a continuación señala que «su pelo es más fino que la lana bética o las trenzas rubias de las muchachas del Rin».[39]

La gran autopista comercial sirvió también para la difusión de las ideas. Los conceptos budistas se abrieron paso en Asia con rapidez. Los terapeutas de Alejandría se parecían a los budistas. «La ecuación era tan sencilla como poderosa: las sociedades que gozaban de la protección de los dioses correctos, prosperaban; las que se confiaban a ídolos falsos y promesas vacías, sufrían.»[40] Había fuertes incentivos para que los gobernantes invirtieran en la estructura espiritual y de culto. Eso les otorgaba más herramientas de control interno y forjaba con los sacerdotes una alianza que beneficiaba a todos. El Imperio kushán, que se extendió desde el norte de la India hasta la mayor parte de Asia central en los primeros siglos de nuestra era, constituye un buen ejemplo. Sus reyes apoyaban tanto el culto de Shiva como el budismo. Pero forzaron también su evolución. Para una dinastía que no era oriunda de la región resultaba importante justificar su preeminencia. Construyeron templos para expandir la idea, ya arraigada en la región, de que los gobernantes eran vínculos entre el Cielo y la Tierra. En una inscripción hallada en Taila, en el Punyab, el soberano afirma que era «el gran rey, el rey de reyes, el Hijo de Dios». Aunque en su origen el budismo era un viaje personal interior, comenzaron construirse lugares de peregrinación. Llevar flores u ofrendas a un santuario contribuía a alcanzar la salvación, según el *Sutra del loto*. También las donaciones. Hacia el siglo I d.C. la propagación del budismo desde el norte de la India a través de las rutas comerciales se aceleró. Hacia el norte y el este lo expandieron los comerciantes sogdianos, intermediarios que gracias a unas redes sociales muy tupidas y un uso eficaz del crédito habían conseguido dominar el comercio a larga distancia.[41] Posteriormente el budismo pasó a China, y en el siglo IV d.C. lo veremos ya competir con el confucianismo.

A estas alturas de la historia ya podemos tipificar los principales modos con que unas culturas han influido en otras. Invasiones como las que hemos visto (indoeuropeos, pueblos del mar, asirios, persas, macedonios, etc.), comercio (fenicios y griegos en el Mediterráneo, la Ruta de la Seda), misiones religiosas (budistas y cristianas sobre todo), y transmisión de información técnica o científica. Tal vez habría que añadir la diplomacia, que adquirirá cada vez mayor importancia.

9. La invención del dinero

Una religión universal, un derecho de todas las gentes, un esbozo de ética general basada en la religión y el imperio como organización de la diversidad fueron nuevas ideas unificadoras que llegaron para quedarse. Lo mismo sucedió con el dinero, un formidable sistema simbólico. El dinero fue creado muchas veces y en muchos lugares. Su desarrollo no necesitó grandes descubrimientos tecnológicos: fue una revolución puramente mental. Implicó la creación de la nueva realidad intersubjetiva que solo existe en la imaginación compartida de la gente. Las conchas blancas o cauris se utilizaron como moneda durante unos 4.000 años en África, el sudeste asiático, Asia oriental y Oceanía. «En el siglo XVII la trata de esclavos se hacía usando dos monedas: la plata y las conchas de cauri.»[42] A principios del siglo XX, en la Uganda británica todavía podían pagarse los impuestos mediante cauris.

El dinero es una gran invención del pensamiento simbólico. Para entender la historia hemos de conocer su funcionamiento porque es una *herramienta* formidable para el progreso económico. Alrededor del 600 a.C. en Lidia se habían empezado a acuñar trozos de metal para garantizar su peso. Se trata de otra invención en paralelo, porque la acuñación surgió de manera independiente en la gran llanura de China septentrional, en el valle del Ganges y en Lidia.[43] David Graeber se pregunta por esa coincidencia entre el periodo más innovador de la era axial y la aparición de las monedas. Supone que una de las razones de la acuñación fue pagar a los soldados en una época de extraordinaria violencia. El ejército de Alejandro, que contaba con 120.000 hombres, necesitaba media tonelada de plata al día solo en sueldos.

El dinero comenzó siendo una *herramienta comercial*, pero ahora se ha integrado en nuestro genoma cultural porque todo nuestro sistema económico se basa en él. Eso quiere decir que un proceso real —la producción, el trabajo, el consumo— está transformado simbólicamente. Por eso pueden enfrentarse la «economía real» y la «economía financiera».[44] Desde que nació, el dinero tiene tres funciones principales:

a. *Medio de cambio*, o mejor aún, de intercambio. El trueque se simplificó cuando cada cosa pudo cambiarse por una tercera —el dinero— que se podía fraccionar. Introduce una fractura en la economía muy parecida a la que hemos visto en general entre realidad y ficción. Se rompe el intercambio basado en el valor, para duplicarse o ser sustituido por el intercambio basado en el precio. Esa fue una de las ideas centrales de Karl Marx.[45]

b. *Unidad de cuenta*. Permite homogeneizar los precios. El precio de cualquier cosa puede medirse y calcularse en dinero. En el sistema de trueque era difícil calcular cuánto trigo costaba un azadón, y cuántos azadones costaba una vaca. ¿Cuánto costaría una gallina calculada en «vacas»? ¿Una pata? ¿Dos orejas? El dinero resolvió estas dificultades. Todo se podía traducir a una lengua universal. El dinero funcionó como un esperanto aritmético del trueque.

c. *Reserva de valor*. El dinero permite guardar nuestra capacidad de compra para emplearla cuando queramos. Es una fantástica ampliación de nuestras posibilidades porque nos permite aplazar las decisiones de compra o de inversión. En el sistema de trueque, el agricultor tenía que cambiar rápidamente sus productos por otras mercancías, las necesitara o no, para evitar que su cosecha se pudriera.

El invento del dinero fue, pues, brillantísimo. Ha sido el gran motor del progreso económico humano. Al ser un símbolo, entra en el juego fantástico de los símbolos, como el lenguaje, que nos sirve para entendernos o para engañarnos, para describir rigurosamente la realidad o para crear mundos imaginarios, para elaborar planes que después se pueden «realizar». Es una ficción que, como otras ficciones políticas o económicas, sirve para resolver problemas reales. El dinero permite la formación de «capital» con mucha facilidad. Si muchas personas aportan una pequeña cantidad para crear una empresa, se acumula el capital necesario, es decir, se aumentan las posibilidades de producir.

El dinero es una ficción que solo funciona cuando la gente confía en él. La confianza en las monedas de Roma fue tan grande que en el siglo I d.C. eran aceptadas en la India, aunque la legión romana más cercana estaba a miles de kilómetros. El nombre *denario* se convirtió en término genérico para nombrar las monedas. Los califas árabes arabizaron el nombre y acuñaron dinares, que sigue siendo el nombre del dinero oficial en muchos países. China también acuñó dinero, y tal vez los primeros billetes impresos en papel, lo que significaba un avance más del mundo simbólico.

10. Noticias de la familia lejana

En el mundo americano, los desarrollos de mayor complejidad, que ya se puedan considerar fases iniciales de formación estatal, datan del periodo que los arqueólogos han denominado Preclásico (o Formativo) que abarca desde el cuarto-tercer milenio antes de Cristo hasta el siglo I d.C. Posiblemente el desarrollo más espectacular sea el de la ciudad de Teotihuacán, en México central, desde el siglo IV a.C., que vive su época de mayor esplendor entre los siglos I y VI d.C. La ciudad fue la capital de una potencia regional con una extensión sin precedentes y construcciones monumentales nunca vistas en América, como las pirámides del Sol y de la Luna. Teotihuacán llegó a alcanzar una población de unos 150.000 habitantes, y hacia el 400 d.C. era la quinta mayor ciudad del planeta, solo superada por Roma, Nankín, Constantinopla y Pataliputra. Extendió su influencia económica y cultural hasta las regiones del Golfo, Oaxaca y los territorios mayas en el sur, en parte gracias a su control de la producción y comercio de la obsidiana verde. Tras varias centurias de esplendor, en el siglo VI se documentan amplias destrucciones e incendios de los centros y símbolos del poder tradicional, quizá debidos a un conflicto interno pues no parece que se produjese una invasión. A mediados del siglo siguiente ya había perdido una gran parte de su población y había desaparecido un orden ideológico y religioso que abarcaba amplias regiones de Mesoamérica.

En Sudamérica, entre las primeras culturas destaca la ciudad de Chavín de Huántar en la región andina, que alcanzó su apogeo en el primer milenio antes de Cristo, en origen como un centro ceremonial que luego llegó a tener una presencia destacada mediante la difusión de sus estilos artísticos en su región y posiblemente de un sistema de creencias asociado a los mismos. Tras su disolución en el siglo III a.C., le sucederán las culturas moche y nazca en las costas de Perú, donde consiguen cultivar diversas especies vegetales mediante la construcción de obras de irrigación, y aprovechar los ricos recursos marinos del Pacífico. La cultura mochica cuenta con una considerable complejidad sociopolítica, como prueba la tumba del Señor de Sipán (siglo III d.C.). Mientras, en el sur, la cultura nazca destaca no solo por sus acueductos subterráneos, sino también por las famosas líneas (geoglifos) trazadas en su territorio. En su mayoría son largas líneas rectas (alcanzan los 20 kilómetros) y extensas figuras geométricas, pero también se grabaron varias decenas de grandes figuras animales y vegetales con un fin desconocido. Las especulaciones acerca de su sentido son múltiples, desde caminos que recorrer (líneas rectas) con indicaciones de fuentes de agua o vías rituales para obtenerla, hasta imágenes para ser contempladas desde las colinas o creaciones dedicadas a los dioses como símbolos de fertilidad o calendarios astronómicos. En todo caso, no parece existir un plan previo de conjunto, pues muchas de ellas se superponen, olvidando el trazado de las más antiguas.

En África los pueblos de habla bantú comienzan a expandirse por África central. Las migraciones de pueblos bantúes constituyen un gran movimiento poblacional que se desarrolla a lo largo de más de dos milenios. La expansión se produce en dos fases: sus inicios se suelen datar hacia el 2000-1500 a.C. desde la región de praderas de Nigeria y Camerún hacia el este por las sabanas; en un segundo momento llegan a la región de los grandes lagos, y luego se extienden por las sabanas al sur de la selva ecuatorial, para alcanzar el extremo meridional del continente hacia el 500 d.C. Esta segunda fase vino a coincidir parcialmente con la expansión del Imperio romano (2.500 kilómetros al norte), y aunque esta última también se produjo en parte en el continente africano, nunca tuvieron noticia unos de otros.

Se suele asociar dicho movimiento a la difusión de la metalurgia del hierro y de la agricultura tropical (banana, ñame, taro). La expansión se ha deducido a partir de estudios lingüísticos, pero supone también la asimilación de muchos pueblos previos (cazadores-recolectores y pastores) a la cultura bantú.[46]

CAPÍTULO NOVENO

DIFUSIÓN DE RELIGIONES
Y MUDANZAS DE IMPERIOS

1. El año 753 *ab urbe condita* (1 a.C.)

Durante la dominación romana de Judea sucedió un acontecimiento religioso que pareció intrascendente, pero que había de alcanzar gigantesca importancia. Numerosos *goetés*, hacedores de prodigios, deambulaban por la región, pero entre ellos destaca un personaje singular: Jesús de Nazaret. Cuando aparece Jesús, toda Palestina vivía un paréntesis de calma política. Los romanos habían llegado a un entendimiento hábil, tenso pero pacífico, con las autoridades judías. Pero era un país en continuo hervor religioso, lo que era siempre un potencial peligro para unos invasores considerados paganos. Había numerosos predicadores y movimientos religiosos. Flavio Josefo (37-100 d.C.), el mejor informador judío de la época, cuenta en su autobiografía que cuando era joven buscó su camino espiritual junto a los grupos religiosos más importantes —fariseos, saduceos, esenios— para acabar siendo discípulo durante tres años de un tal Banno, un asceta del desierto. En el escondido lugar de Qumrán había aparecido un misterioso personaje, el llamado Maestro de Justicia, pretendiendo purificar la Ley. La creencia en el retorno a la vida de alguno de los grandes profetas estaba muy extendida. Se esperaba a Elías, que según las Escrituras había sido arrebatado al cielo en un carro ígneo. Juan el Bautista, un asceta vuelto del desierto y legitimado por las credenciales de esa vida terrible, había recorrido las riberas del Jordán predicando la conversión y bautizando hasta que Herodes le cortó la cabeza. Cuando apareció Jesús, Herodes pensó que era el Bautista resucitado, que venía a vengarse. Los movimientos religiosos proféticos se fueron volviendo más violentos y numerosos. En el año 44, Teudas arrastró a una muchedumbre hasta el desierto, apropiándose del anuncio de la venida de un profeta «semejante a Moisés», predicho en Deuteronomio 18,18. Fue muerto y sus seguidores se dispersaron. Apareció Judas el Galileo, arrastrando al pueblo tras de sí, para acabar crucificado con cinco mil de sus seguidores. En los años 60, otro profeta, el Egipcio, también pretendió renovar los milagros del Éxodo.[1]

Jesús de Nazaret pareció un predicador más. Su historia fue vulgar: tuvo algunos enfrentamientos con los fariseos, fue condenado a muerte por el prefecto Poncio Pilato y se lo crucificó. Algunos de sus discípulos dijeron que había resucitado. Sorprendentemente, aquella «herejía» judaica se mantuvo, creció, se fue propagando hacia Occidente, y acabó convirtiéndose en la religión oficial del Imperio romano.

En Occidente se toma el nacimiento de Jesús de Nazaret como el punto de partida para datar la historia, aunque es muy posible que naciese hacia el año 4 a.C. No hubo, por supuesto, un año 0. Como dice Watson, ni siquiera se había inventado el número 0 en aquellas fechas. Además, la idea de dividir el curso histórico en un antes y después de Cristo no se introduciría hasta el siglo VI. Puesto que, dentro de nuestros límites, deseamos hacer una historia desde el punto de vista cosmopolita, deberíamos evitar el cronocentrismo, pero resulta muy difícil hacerlo. Cada sociedad ha numera-

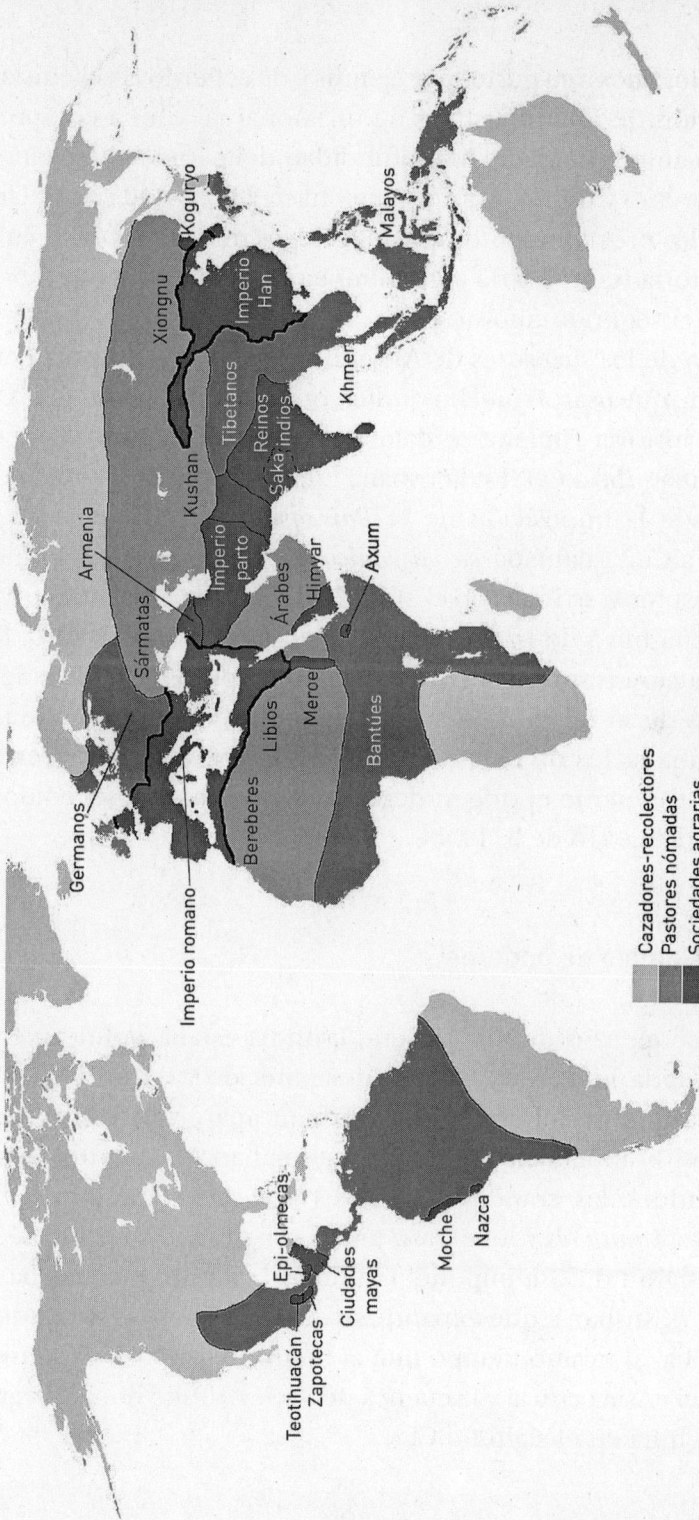

El mundo en el cambio de era

Koguryo
Malayos
Xiongnu
Imperio Han
Tibetanos
Kushan
Reinos indios
Saka
Armenia
Imperio parto
Khmer
Sármatas
Árabes
Himyar
Axum
Germanos
Libios
Meroe
Bereberes
Bantúes
Imperio romano

Teotihuacán
Epi-olmecas
Zapotecas
Ciudades mayas
Moche
Nazca

Cazadores-recolectores
Pastores nómadas
Sociedades agrarias
Sociedades complejas, reinos e imperios

do los años a su gusto; por ejemplo, de acuerdo con la instauración de una dinastía o de un monarca. China comprendió antes que nadie la profundidad del pasado al fechar «el supremo y último gran origen» hace 23.639.040 años.[2] Uno de los procedimientos que los griegos utilizaron para fijar la historia fue referirla a las olimpiadas. Alejandría fue fundada el segundo año después de la olimpiada 112.[3] Seleuco, uno de los sucesores de Alejandro, instauró su propia datación, que usaron muchos judíos, que se iniciaba en el 321 a.C. La historia romana se databa a partir de la fundación de Roma (753 a.C.). En la España medieval cristiana se fechaba desde la imposición de la *Pax romana* en Hispania en el 38 a.C., la llamada *era hispánica*. La cronología del mundo musulmán se inicia en el año 622 de nuestra era, cuando Mahoma huyó de La Meca hacia Medina: la Hégira. En la Revolución francesa se estableció un cómputo propio desde el año de su inicio. Los mayas crearon un calendario que utilizaba ciclos de cincuenta y dos años para calcular retrospectivamente el origen del mundo, que habría sucedido el 11 de agosto de 3114 a.C.

2. Cambio de poderes

A comienzos de nuestra era, la India estaba políticamente dividida. En el 187 a.C. había desaparecido la dinastía Maurya, a la que pertenecía Asoka. Habían aparecido «universidades» brahmánicas, donde se estudiaban los grandes textos hindúes: las grandes epopeyas (*Mahabharata y Ramayana*), los *Upanishads* y los *sutras,* textos religiosos y filosóficos. En el siglo I d.C. se impone una dinastía de origen centroasiático (Kushan), que expande su dominio sobre el norte de la India, al mismo tiempo que el budismo inicia su expansión hacia Asia central y la cuenca de Tarim, desde donde llegará a China en el siglo I d.C.

En China, el confucianismo se había convertido en la ideología del Estado. Su pensamiento central es que el cosmos esta ordenado jerárquicamente, y que todos deben respetar ese orden. Como afirma el gran sinólogo John Fairbank, «el punto básico de la amalgama legal confuciana es que a los gobernantes les gustaba el legalismo, y que a sus burócratas les gustaba el confucianismo».[4] El budismo que llegó a China fue el más religioso, es decir, el que atendía más a los ritos, devociones e imágenes que a la iluminación o la superación moral. Buda era el principio de todo, y además del Buda original había otra serie de budas, cada uno de los cuales tiene un importante papel en la evolución del universo y en el crecimiento moral de la humanidad. La dinastía Han (206 a.C.-220 d.C.) supuso una larga época de estabilidad y prosperidad. Practicaban con sus vecinos una política de «generosidad» interesada para comprar la paz. Según los registros oficiales, en el año 1 d.C., los Han entregaron a los xiongnu unos 30.000 rollos de seda. Jacques Gernet calcula que los ingresos del emperador eran unos 10.000 millones de monedas al año, y que unos 4.000 millones se dedicaban a donaciones para seducir a sus vecinos bárbaros, acostumbrándolos al lujo. Lo cierto es que la estrategia pareció funcionar, porque consiguieron mantener la estabilidad en la frontera durante siglos.[5] En esta época aparece en China un invento que influye poderosamente en nuestras vidas todavía: el papel. A finales de la época Han, los maestros usaban copias de los clásicos escritas en papel. Pero en el siglo II d.C. la crisis agraria, la aparición de movimientos mesiánicos y varias minorías de edad conducen al control del poder por parte de jefes militares que dan lugar a luchas civiles. Todo ello anuncia ya el fin de la dinastía Han.[6]

El año 14 moría Augusto, el emperador de Roma. Augusto fue un gobernante astuto, que no cambió las instituciones, pero las «desvió sutilmente». Creó una administración paralela que emanaba del emperador, como desarrollo de su casa. Su tesoro personal se separó del de la República. Se yuxtaponían así dos jerarquías —gobernadores senatoriales y burocracia doméstica— que actuaban eficientemente, vigilándose unos a otros. Con el largo reinado de Augusto, las instituciones romanas se acomodaron al poder absoluto. Sin embargo no se estableció un sistema sucesorio seguro, y la lucha por el poder se hizo cada vez más violenta. Entre los años 235 y 285 hubo veintiséis emperadores romanos, y solo uno de ellos falleció de muerte natural. No era, pues, la persona quien mantenía unido al Imperio, sino la existencia de una economía a gran escala, diferenciada y productiva, y de amplias redes de relaciones materiales y personales, así como el éxito de su sistema ideológico. Por ejemplo, la importancia del derecho. Roma alcanzó su máxima extensión en el siglo II d.C. tras las conquistas de Trajano. La ciudad se convirtió en el centro de una vasta red de suministros, rutas marítimas y caminos que recorrían todo el orbe mediterráneo. La cultura romana, enriquecida con numerosos rasgos griegos, está muy presente tanto en el Occidente latinizado como en el Oriente helenizado. El latín y el griego son las lenguas del gobierno y la cultura.

Si registráramos con una «cámara de alta velocidad histórica» el mundo entre los años finales del siglo II y el comienzo del siglo VII, veríamos cómo unas culturas se debilitan y otras florecen. Estudiar los procesos de triunfo y decadencia es una fascinante y productiva tarea.[7] En México, ya hemos visto el auge y caída de Teotihuacán. Más al sur, la cultura maya vive su época clásica, con numerosas ciudades-Estado (Tikal, Copán, Calakmul, Palenque) que se alían, comercian y guerrean entre sí. En Persia, el Imperio parto, que había sido el enemigo número uno de Roma, dio paso a los sasánidas, que durante cuatro siglos lucharán contra romanos y bizantinos, para caer finalmente ante los conquistadores árabes. En la India, la dinastía Gupta funda un imperio en el norte del subcontinente durante una época de esplendor cultural. Se fijan entonces muchos de los textos clásicos del hinduismo y su influencia cultural se extiende al sudeste asiático. Además, en estos siglos, en la India se realizan algunas contribuciones fundamentales a la matemática: las reglas algebraicas básicas, el sistema de cifras llamado *arábigo* (aunque es una notación desarrollada en la India), el principio de posición y el concepto del cero, que constituirán las bases del cálculo moderno.[8] Como hemos visto, en China, la dinastía Han desaparece en el 220, y el país sufre un periodo de atonía. El Imperio romano de Occidente se debilitó desde el siglo III, se fue descomponiendo por la incapacidad interna de mantener la cohesión y por la presión externa. Gibbon, simplificando mucho, atribuía su muerte a dos debilidades: «La debilidad interna era el cristianismo; la debilidad externa eran los bárbaros».[9] Tras la dinastía de los Severos, se abrió un periodo de crisis en el siglo III —con guerras civiles, anarquía, depresión económica— que se vio agravado por las incursiones de los pueblos del norte. Diocleciano consiguió restaurar la estabilidad; comprendiendo que el Imperio era demasiado grande, lo dividió en dos mitades. Tras su muerte estalló la guerra civil, de la que salió victorioso Constantino, que reunificó el Imperio y construyó una nueva capital, que llevó su nombre: Constantinopla, que sería la capital imperial hasta 1453.

3. La expansión de las religiones

Fuese por la promesa del reino, por la emoción del cambio radical, por el ansia de liberación política, por su capacidad de conmover, o por todo a la vez, lo cierto es que Jesús movilizó a un grupo de discípulos y con ellos recorrió el país. Su radio de acción fue minúsculo. Si exceptuamos un par de viajes a Jerusalén, se movió por las aldeas y ciudades galileas. Es difícil saber el número de sus seguidores. Los Evangelios hablan repetidamente de la multitud (*ójloi*). Juan el Bautista también la movilizaba y, tal vez por ello, fue asesinado por Herodes. Las autoridades —judías y romanas— temían los movimientos populares y preferían descabezarlos antes de que crecieran. Seguramente lo mismo sucedió con Jesús: se había enfrentado con la religión oficial, criticó el templo, el sábado, el ayuno, los rituales de purificación. Fue ejecutado, posiblemente por blasfemo, pero con la tortura que los romanos aplicaban a los rebeldes políticos. Fue crucificado, y sus seguidores huyeron. Sin embargo, un suceso les hizo volver a Jerusalén y comenzar a predicar: Jesús, decían, ha resucitado.[10]

El cristianismo salió de Judea y se extendió por todo el Mediterráneo. En esta difusión jugó un papel fundamental Pablo de Tarso, judío, ciudadano romano de lengua griega. Frente a quienes querían mantenerse más fieles a la tradición judía, san Pablo defendió abrirse al resto del mundo, viajó por el Imperio y escribió en griego. En sus cartas están presentes dos presupuestos teológicos básicos que proceden del judaísmo: el monoteísmo y la providencia (la intervención de Dios en el mundo).[11]

El cristianismo introduce un elemento esencial en la *historia de la felicidad*, en parte heredada de la religión judía. Mantiene una ambigua relación entre la *felicidad subjetiva* y la *felicidad objetiva*. Posiblemente, el mensaje esencial de Jesús se dirigía a la instauración de una *felicidad objetiva*, del Reino de Dios. «Buscad primero el Reino de Dios y su justicia», ordena en Mt 6,33. Cuando los fariseos le preguntan cuándo llegaría el Reino de Dios, Jesús contesta: «Ya está entre vosotros» (Lc 17,20-23). La esperanza mesiánica de los judíos, tan política como religiosa, es prolongada por Jesús. Después de su muerte, los decepcionados discípulos esperan una segunda venida, que proclaman muy cercana. Pero pasan los años y el Reino de Dios no se manifiesta. Al contrario, el mundo se hace más terrible e injusto para judíos y cristianos. En ese momento, escribe Schnackenburg, el «Reino de Dios» se convirtió en «reino de los cielos». Y el «reino de los cielos» acabó confundiéndose con el «cielo» a secas, con la otra vida. «Las consecuencias para la nueva historia de la teología y la espiritualidad son conocidas. Hay un desplazamiento de la mirada desde una escatología general a la expectativa individual de "ir al cielo" después de la muerte, de llegar al más allá.»[12] La *felicidad subjetiva* pasa a primer plano, pero se aplaza hasta la otra vida. La existencia en este mundo deja de ser importante: el cristiano se comprende a sí mismo como «peregrino»,[13] la preocupación por la *felicidad objetiva* se difumina. Sin embargo, no desaparece. Veremos cómo aflora una y otra vez a lo largo de la historia, a veces con mensajes espirituales utópicos, como el de Joaquín de Fiore, a veces pretendiendo imponer el Reino con *herramientas políticas*, a veces confundiendo el Reino con la Iglesia, a veces destacando la fuerza revolucionaria, como en la teología de la liberación, a veces secularizando la idea, como en el marxismo.

Esta dialéctica religiosa entre *felicidad subjetiva* y *felicidad objetiva* se desarrolla independientemente en el islam. Pero tendremos que esperar al capítulo siguiente para comprobarlo.

4. Un ejemplo de psicología social

La expansión del cristianismo —y del resto de las religiones— nos permite hacer *zoom* sobre un poderoso *guion evolutivo*: la transmisión de las creencias, de la fe, de las ideologías. A partir de un hecho fundador, de una personalidad carismática —un «líder resonante», en terminología moderna—,[14] cada una de las grandes religiones abre una corriente de tradición que va a ser trabajada por sus fieles a lo largo de los siglos en un proceso autocatalítico. En este sentido, son una creación compartida y coral. Wilfred Cantwell Smith, un interesante estudioso de estos temas, escribe:

> Buda no produjo la religión budista, que las siguientes generaciones habrían recibido como una entidad o idea fija y autosubsistente. Más bien la activa y activadora respuesta, la implicación participativa de esas generaciones han construido y continúan construyendo la permanente vitalidad de esa empresa dinámica. Confucio fue, sin duda, un hombre excepcionalmente sabio, pero el confucianismo es el producto de la fe de los chinos que durante veinticinco siglos han encontrado, a través de su compromiso con su tradición clásica, la posibilidad de vivir vidas ricas e íntegras y valerosas y alcanzar la armonía social de una manera que les daba un último significado.[15]

Es un vago deseo de perfección, de salvación, de felicidad lo que les mueve. El poder social que consiguen estas grandes ideologías religiosas muestra la parcialidad de la interpretación marxista de la historia como determinada por factores económicos.

Al finalizar el siglo I ya había comunidades cristianas en la mayoría de las ciudades principales del Mediterráneo oriental. A mediados del siglo II en Roma ya había una comunidad organizada. Es difícil explicar este éxito. A los paganos cultos, el Dios cristiano les resultaba primitivo. Además, apelaba a una revelación, mientras que la religión romana confiaba en los oráculos. Durante esos siglos, el judaísmo fue aceptado en el Imperio, pero el cristianismo era una innovación, y para los romanos la novedad en la religión era peligrosa. Siempre habían sido muy tolerantes en materia religiosa, y lo único que pedían a los pueblos dominados era que respetasen a los dioses de Roma con el mismo espíritu que a los suyos. La tolerancia disminuyó cuando se implantó el culto al emperador. Los cristianos fueron perseguidos en varias ocasiones, pero en el año 313, el emperador Constantino proclamó en Milán el Edicto de tolerancia. Cada vez se implicó más en el gobierno de la Iglesia: frente a las herejías, convocó y presidió el Concilio de Nicea, donde se condenó el arrianismo, que negaba la idea de que Jesús pudiera ser igual que Dios. El apoyo de los emperadores al cristianismo se hizo cada vez mayor, con la excepción del reinado de Juliano el Apóstata (360-363). Finalmente, Teodosio prohibió el resto de los cultos en el Imperio en el año 380. Llegó a eliminar el altar a la diosa Victoria en la cámara del Senado, en Roma. El cristianismo, convertido en religión de Estado, se hizo inflexible y persiguió a los paganos, mostrando un patrón inquisitorial que se repetirá a lo largo de la historia.

Con el cristianismo se consolida una *herramienta cultural* de extraordinaria importancia: la iglesia. La figura del sacerdote como persona privilegiada en su relación con el más allá existe desde el comienzo de la historia. El templo y el palacio son las sedes del poder, y su relación es cambiante, como ya hemos visto. La variedad de formas de sacerdocio es enorme. Israel organizó jerárquicamente su sacerdocio: como institución central se consolidaron la sinagoga y sus rabinos. Según Hans Küng, esta «representa un paso revolucionario en la historia de las religiones y se convierte en modelo para las iglesias cristianas y para las mezquitas islámicas».[16] En la sinagoga se desarrolló la concepción rabínica de estudio de la escritura y de oración, pues los rabinos (doctores de la Ley) se convirtieron en el poder dominante en sustitución de la casta sacerdotal, ya que el templo había sido destruido, y la comunidad de Judea, dispersada. Los rabinos ya no son sacerdotes ni dirigentes de la comunidad o mediadores de la salvación: son los expertos en la Ley, intérpretes del derecho religioso. Constituirán una nueva clase social, que se considera superior al pueblo, norma y modelo para este.

Como *herramienta cultural,* la iglesia sirve para situar a los fieles dentro de una organización jerárquica compleja, dirigida por un clero profesional; se convierte en centro de poder, capaz de rivalizar con los poderes seculares, y tiende a instaurar un monopolio de la verdad y de su predicación.[17]

En este sentido, estrictamente solo podría hablarse de *iglesia* en las religiones monoteístas con una organización clerical más o menos jerárquica, es decir, en las distintas versiones del cristianismo, pues el modelo para esta definición de iglesia procede de dichas religiones. Sin embargo, cabe encontrar estructuras de tipo eclesial en otras tradiciones religiosas. En general, la formación de estas estructuras no parece depender tanto del tipo de creencia religiosa —aunque los monoteísmos resultan más proclives a su creación— como de los sistemas de poder sociopolítico en los que se desarrollan dichas religiones.

En el hinduismo no existe una jerarquía sacerdotal ni una estructura eclesial, aunque sí hay sacerdotes o personas que ejercen una función sacra en los templos. En palabras del indólogo norteamericano Thomas Trautmann:

> El hinduismo como religión es una entidad compleja y poco estructurada, sin una institución central que defina la ortodoxia o que imponga cierto grado de uniformidad; quizá sea mejor hablar de una familia de religiones que han crecido juntas y que por tanto comparten una historia común y muestran cierto parecido.[18]

En el budismo se establece una jerarquía dentro de los monasterios, pero normalmente no existen estructuras jerárquicas por encima de estos. Solo en Tailandia —donde el budismo ha contado históricamente con el apoyo de la monarquía— se ha creado, a partir del siglo XIX, un sistema jerárquico algo más complejo, surgido del patronazgo regio de los monasterios y de cierta intervención estatal en su organización y nombramientos. En Tíbet, el budismo sirvió para consolidar el poder monárquico (desde el siglo VIII), y, tras incorporar las disciplinas monásticas de la India, en el siglo XVII se impuso la escuela Gelug, cuyos principales monasterios eran regidos por los dalái lamas y los panchen lamas. En 1912, aprovechando la caída de la dinastía manchú, consiguieron independizarse *de facto* del poder chino y gobernar el Tíbet como una teocracia regida por el dalái lama. Antes de la incorporación a la China comunista en 1951, se calcula que la mitad de la población masculina era miembro de la orden monástica. Se formó una administración religiosa dentro de las organizaciones de gobierno, pero no se creó una estructura eclesial compleja.

En la lengua china no hay una palabra que traduzca el concepto occidental de religión. El término *chiao* (enseñanza) hace referencia al sistema de enseñanzas morales y se aplica indistintamente a las religiones teístas y a los sistemas morales seculares. Sin embargo, existen formas asimilables a las religiones occidentales, en especial el budismo y el taoísmo religioso, pero resulta más difícil considerar al confucianismo como una religión, por lo que algunos autores lo definen como una «religión difusa», es decir, como aquella cuyas creencias, culto y personal se encuentran diseminados en una o más instituciones sociales seculares que forman parte de los conceptos, rituales y estructura de la sociedad, sin una entidad propia. Explica el sociólogo C. K. Yang:

> La débil situación estructural del sacerdocio y de las organizaciones religiosas en la sociedad china impidieron el desarrollo de una autoridad religiosa organizada que impusiera una disciplina moral a la población secular. Como la religión no era la fuente principal de los valores éticos seculares, las organizaciones religiosas no podían ser las encargadas de juzgar lo bueno y lo malo. La autoridad sobre el juicio moral era una prerrogativa celosamente guardada por el gobierno y los burócratas-letrados confucianos.[19]

En Japón, cada clan o linaje cuenta con sus propias divinidades o espíritus *(kami)*, que luego serán unificados alrededor de un núcleo central de mitos. El conjunto de creencias y prácticas tradicionales recibe el nombre de sintoísmo (*shinto*, el tao o camino de los dioses) cuando se institucionaliza y para distinguirlo del budismo. El sintoísmo primitivo apenas presenta contenido ético y hace mucho hincapié en la pureza ritual, como sucede en muchos cultos arcaicos, pero a lo largo de los siglos evoluciona y se desarrolla hasta constituir una religión más organizada, en parte por la influencia de otros credos importados.[20] En el siglo XX se produjo un renacimiento del sintoísmo cada vez más vinculado con el creciente nacionalismo nipón, centrado en la figura del emperador.[21]

5. La difusión de budismo

Desde su foco original en el norte de la India, el budismo se propagó hacia Asia central primero y luego hacia China, Corea y Japón, así como al sudeste asiático. Sus medios de expansión fueron las misiones y el culto de reliquias, como en otras religiones, pero también la acción de los mercaderes y el patronazgo regio. Los monarcas le dieron su apoyo porque se beneficiaban de la legitimación que les confería el budismo como *cakravartin,* señor universal-cósmico que gobierna según principios éticos. Entre comerciantes y comunidades budistas se produjo una asociación de intereses, pues los monasterios solían actuar como prestamistas y lugar de refugio para mercaderes. En este aspecto, el budismo, de forma parecida al islam, mantiene una relación positiva y de mutuo apoyo con el comercio, a diferencia de otras religiones como el cristianismo, que sospechan o se distancian de estas prácticas.

En Asia central y China, la versión que se difunde es el budismo mahayana, que permite que los laicos sigan el camino budista sin renunciar a la vida en sociedad, es decir, sin ingresar en una comunidad monástica. Así, en China, los gobernantes de las dinastías del sur tomaban formalmente los votos de *boddhisattva* —personas iluminadas que posponen el nirvana para ayudar a los demás en su camino budista— con el fin de afirmar su estatus como salvadores, lo que les confería un esplendor adicional como *cakravartin*.[22]

En cambio, desde el sur de la India y Sri Lanka se extendió hacia el sudeste asiático (Birmania, Tailandia, Indochina e Indonesia) el budismo theravada, más conservador en cuestiones de disciplina monástica. Las relaciones entre poder político y religioso se dan a través de guiones evolutivos muy semejantes en Oriente y en Occidente. Ambos poderes colaboran a veces y a veces pugnan por imponerse uno al otro.

La propagación de una nueva religión taoísta que interactuó con el budismo es paralela a la difusión de este en China. A su vez, el budismo se enriqueció y modificó sustancialmente al asentarse en el ámbito chino. Los «optimistas» ideales confucianos de activa vida social y servicio a la familia y a la comunidad parecían oponerse al mensaje budista, aparentemente pesimista, de retiro de un mundo lleno de miserias, por eso su progreso inicial fue lento. Al principio, Buda fue considerado como una divinidad taoísta más y para gran parte del pueblo chino seguiría siendo una imagen devocional a la que rogar protección o buena suerte, algo muy diferente al maestro de iluminaciones filosóficas. Así, parte del éxito del budismo se debió a su supuesta capacidad de obrar milagros. Además, la idea de reencarnación, que llegó a China con el budismo, resultaba atractiva para los chinos, que veían en ella una promesa de vida eterna, a pesar de que el budismo realmente pretendía liberarse de dicho ciclo de reencarnaciones.[23]

China desempeñó también un rol esencial en la transmisión del budismo a Corea y Japón, lo que contribuyó a la constitución de una comunidad cultural coherente en Asia oriental. De este modo, una creación india como el budismo resulta fundamental para comprender las dinámicas culturales de gran parte de Asia. Los filósofos chinos iniciaron una tradición de filosofía comparada muy interesante para nosotros. La denominaron *Ko Yi*.[24]

6. Los pueblos de la estepa

Los movimientos de los pueblos nómadas se deben sobre todo a dos causas: una interna, la presión demográfica que les obliga a buscar nuevas tierras, y otra externa, la presión de otros grupos, a menudo más numerosos y agresivos. Toda Eurasia mantenía una tensión secular con los pueblos de la estepa. Entre los nómadas orientales, el poder de los líderes procede del éxito en las guerras con otras tribus y en las incursiones sobre China, pues así obtienen los bienes que luego distribuyen entre sus fieles. De este modo, la estructura política de estos pueblos evolucionará en consonancia con el sistema chino, pues sus elites dependen de él para mantenerse en el poder. Pero estos pueblos nómadas también tendrán un efecto considerable sobre el mundo chino, pues allí se creó una imagen de un mundo dividido entre nómadas bárbaros y chinos sedentarios, lo que supuso la primera formulación de la unidad de la civilización china, que desplazó las diferencias regionales internas a un lugar secundario. La invención de esta dicotomía chino/nómada constituirá un concepto central en el mundo chino posterior.[25]

Pronto los chinos practicarán una política de asentamiento de nómadas dentro del Imperio, lo que tendrá consecuencias desastrosas, como en Roma.[26] Son constantes los paralelismos entre la China Han y el Imperio romano con respecto a la presión de los pueblos bárbaros, su representación de los mismos y la influencia mutua entre pueblos nómadas y civilizaciones sedentarias, tanto en sus costumbres como en sus formas políticas, concepción del mundo y legitimación de elites.

Los Han optaron por un política de paz y matrimonios, que consistía en enviar oro, seda y cereal al soberano de los xiongnu, así como princesas imperiales Han para su harén; a cambio, los xiongnu se comprometían a no atacar China. Los Han pensaban que así los nómadas terminarían aplacando sus belicosos instintos, debilitados por el lujo y la influencia cultural china. Las políticas de apaciguamiento tuvieron efectos mucho más allá del mundo chino, y alcanzaron dimensiones transcontinentales —por ejemplo, en las grandes vías comerciales—. Había un trasiego enorme de seda hacia Occidente y de plata hacia Oriente a través de lo que en el siglo XIX Ferdinand von Richthofen denominó *Ruta de la Seda*. La ruta existía, pero nadie era consciente de ello, porque nadie la conocía en su totalidad. Eran rutas regionales que se iban coordinando. Cada participante local solo conocía a los comerciantes más próximos con los que negociaba, inconsciente de la ruta transcontinental que se había generado.

Los romanos establecieron una frontera en el Rin-Danubio con la intención de detener incursiones migratorias desde el norte, como los saqueos de cimbros y teutones que recorrieron la Galia durante casi veinte años a finales del siglo II a.C. La relación con los pueblos del norte será desde entonces tensa. Las tribus migran y se asientan temporalmente en unas zonas para cambiar al poco tiempo; algunas desaparecen mientras que otras lideran grandes confederaciones de pueblos. En general, distintas tribus nómadas se suceden en sus movimientos desde las estepas pónticas (al norte del mar Negro) hacia el oeste, donde ocupan el bajo y medio Danubio. Estos movimientos dan lugar a un complejo mapa de pueblos y culturas. Algunos viven ciertas etapas de esplendor, como, por ejemplo, los dacios en el siglo I d.C., que, bajo el liderazgo de un jefe carismático, forman un reino en el Danubio, que terminará absorbido por Roma bajo Trajano.[27]

7. La tormenta

En el siglo IV hubo varios desastres climáticos que fueron devastadores para algunas regiones. En una carta de un comerciante de principios del siglo IV se dice que la catástrofe había caído sobre China. El emperador había huido de la capital y prendido fuego a su palacio. Las ciudades fueron saqueadas. El caos creó las condiciones perfectas para la consolidación de los nómadas de la estepa, pueblos que habitaban las tierras que unían Mongolia con las llanuras de Europa oriental. Tal vez la sequía puso en movimiento a los xiongnu, que marcharon hacia el este, forzando a las tribus amenazadas a refugiarse en territorios imperiales.

Persia también estaba aterrada. Construyó una muralla de doscientos kilómetros —la Gran muralla de Gorgán— al este del mar Caspio, e intentó defender ahí la frontera.

Las tribus germanas habían convivido durante siglos en el «límite» del Imperio romano, una zona fluida, de difícil definición. Algunas tribus se habían asentado enteramente dentro del territorio de Roma, y daban servicio a las guarniciones romanas. A finales del siglo IV, muchas habían adoptado el cristianismo, aunque en la versión arriana. En la década de 370, los romanos invitaron a los visigodos (los godos occidentales) a que se asentaran frente al Danubio para guardar esa frontera de otros «bárbaros». Mediante el sistema de *hospitalitas* se regularon los asentamientos de los pueblos bárbaros. Pero pocos años después hubo protestas porque Roma no les proporcionaba alimentos y tierra. Los romanos fueron vencidos en la batalla de Adrianópolis (año 378), en la que murió el emperador Valente. Teodosio, su sucesor, firmó la paz con los visigodos y les concedió lo que pedían. Cuando repartió el Imperio entre sus dos jóvenes hijos, las rencillas entre estos animaron a los visigodos, que se adentraron en el Imperio en busca de botín. Estaban sufriendo también la presión de los hunos. Los visigodos, bajo el mando de Alarico, llegaron a las puertas de Roma en el 410. Conminó a la población para que le pagaran por dejarla en paz. Mientras el Senado, desesperado, intentaba acceder a sus peticiones, Alarico se cansó y asaltó y saqueó la ciudad. La noticia se expandió por todo el Mediterráneo. Desde Jerusalén, san Jerónimo se lamentaba: «Cuando la luz más brillante del mundo se extinguió, cuando cayó cercenada la cabeza misma del Imperio romano, el mundo entero pereció en una sola ciudad».[28] Theodor Mommsen escribió que «para los romanos resultaba un concepto familiar el hecho de ser no solo la primera potencia de la tierra, sino también, en cierto sentido, la única». Roma era el mundo, el orbe, y el emperador romano, como se refleja en la *Lex Rhodia* del siglo II —*Ego orbis terrarum dominus sum* [Yo soy el señor del orbe]—,[29] una ilusión que permanecerá en el imaginario de la humanidad. Roma será fuente de legitimidad para muchos poderes. «En la historia mundial de Spiridon se aseguraba que la familia real rusa descendía del hermano del emperador Augusto y con ello reforzaba la poderosa ficción de que Rusia era la "tercera Roma". Los escritores lituanos daban pábulo al orgullo nacional narrando que su pueblo descendía de la tripulación de un bote de legionarios romanos separados de las fuerzas de Julio César por una tempestad en el mar del Norte».[30] Los papas intentaron justificar su preeminencia sobre los poderes seculares apelando a la «donación de Constantino», un falso decreto en el que el emperador donaba al papa Silvestre I todo el Imperio, y cuya autenticidad se aceptó hasta mediados del siglo xv.

Otros pueblos germanos, dirigidos por los vándalos, penetraron en tromba en la Galia e Hispania, cruzaron la

Península y llegaron al norte de África. Las invasiones se sucedieron: alanos, francos, borgoñones y alamanes fueron las oleadas sucesivas. El año 444, Atila accedió al liderazgo de los hunos. Amiano Marcelino (325-391) los describe así:

> Los hunos son ciertamente humanos, aunque toscos, y hasta tal punto que no necesitan fuego ni comida bien sazonada, sino que viven de las raíces de las hierbas que toman de los campos o de la carne medio cruda de cualquier animal, que solo calientan rápidamente poniéndola entre sus muslos y el lomo de sus caballos. Nunca se cobijan bajo casas con techo, sino que vagan sin rumbo por montañas y bosques, y se acostumbran a soportar el frío, el hambre y la sed desde la propia cuna. No hay una sola persona en su nación que no pueda estar sobre su caballo día y noche: a caballo compran y venden, toman su comida y bebida, y se reclinan sobre el estrecho cuello de su corcel para dormir. Y cuando hay que tomar una decisión sobre un asunto importante, celebran su consejo a lomos de sus caballos.[31]

Atila se dirigió contra Roma. La tradición dice que salió a su encuentro el papa León, y que, por razones desconocidas, Atila retrocedió. El año 476, el último emperador del Imperio de Occidente —llamado burlonamente *Rómulo Augústulo, «el pequeño Augusto»*— fue derrocado por Odoacro, al mando de un ejército mixto de germanos, hunos y romanos descontentos.

Roma había adquirido fama de «imponer paz y moralidad, perdonar a los sometidos y someter a los soberbios» —*pacisque imponere morem/parcere subiectis et debellare superbos*—.[32] Esta versión poética y propagandística olvida, una vez más, a las víctimas de las guerras de conquista emprendidas por Roma. La brutalidad ha acompañado siempre a la humanidad, a quien le cuadra bien el mito del doctor Jekyll y mister Hyde, así como la sentencia de Walter Benjamin: «No hay documento de cultura que no lo sea al tiempo de barbarie». Los griegos primitivos tenían un título honorífico, *poliporthos*, que significaba «destructor de ciudades».[33] Fueron romanos quienes, para vengarse de una derrota ante los godos, se llevaron a unos niños godos, tomados como rehenes años antes, desfilaron con ellos por varios pueblos y luego los mataron.[34] Nerón ataba a los cristianos, los rociaba con brea y les prendía fuego, al parecer para iluminar sus jardines de noche.[35] El emperador Tito celebró el cumpleaños de su hermano matando públicamente a 2.500 judíos, obligándolos a combatir entre sí o contra animales salvajes, y quemando al resto.[36]

8. ¿Fueron tan bárbaros los «bárbaros»?

La cultura se desplomó con las invasiones:

> Los niveles de alfabetización cayeron en picado, la construcción en piedra desapareció casi por completo, un indicio claro del colapso de la riqueza y la ambición; el comercio a larga distancia, que otrora conseguía llevar las cerámicas fabricadas en el norte de África hasta lugares tan lejanos como la isla Iona, en Escocia, se derrumbó; y a juzgar por la polución registrada en los glaciares de Groenlandia, la fundición de metales sufrió una gran contracción y cayó a niveles de tiempos prehistóricos.[37]

La economía del Imperio se sostenía gracias a la administración romana que, en efecto, cobraba impuestos, pero también inyectaba dinero a través sobre todo del aparato militar asentado en las provincias. Las ciudades que no eran sede eclesiástica se vaciaron. La vida urbana se redujo. Roma, que había llegado a tener un millón de habitantes en el siglo II, tenía solo 20.000 en el siglo VII. A los contemporáneos les resultaba difícil entender ese derrumbamiento del orden mundial: «¿Por qué permite Dios que seamos más débiles y miserables que todos esos pueblos tribales?» se lamentaba Albino, un autor cristiano del siglo V. La respuesta era sencilla. Los hombres habían pecado y Dios les estaba castigando.

Esta interpretación moral de la historia, que responsabilizaba a los vencidos, plantea dos importantes interrogantes a la *ciencia de la evolución de las culturas*. El primero, si la decadencia o derrota de una cultura depende de factores internos o externos. El segundo, si el «desarrollo social» se da por acumulación o si es necesaria una «destrucción creadora».

En relación con el primer interrogante, el hundimiento del Imperio romano de Occidente muestra que, cuando se plantean más problemas de los que se pueden resolver, los problemas vencen. Este proceso es lo que llamamos «decadencia». Roma tuvo que contar cada vez más con la ayuda de aquellos pueblos que acabaron convirtiéndose en sus destructores. Alimentaron al competidor. Las sociedades bárbaras, nómadas o sedentarias evolucionaban como todas las sociedades hacia niveles más elevados de organización y tecnología. Fueron nómadas los que inventaron el estribo y una táctica guerrera basada en el arquero a caballo, y la dieron a conocer a los chinos, que posteriormente la utilizaron para unificar China.[38] Un motivo de creciente inquietud para los romanos fue que los amenazadores pueblos del norte tenían una administración cada vez más eficaz, en parte copiada de Roma. Los bárbaros se volvían cada vez más civilizados y, por ello, más terribles.[39] Lo mismo sucedía con los pueblos bárbaros que amenazaban China. Eran realmente peligrosos en la medida en que se civilizaban y aprendían las artes de la organización, la producción y la guerra. Uno de aquellos bárbaros se sabía de memoria los textos confucianos y gustaba de decir: «Desconocer, aunque sea una sola cosa, es causa de vergüenza para el hombre noble». Su edu-cadísimo hijo saqueó la capital de los Jin en 311, un aconte-cimiento comparable al saqueo de Roma.[40] El modelo impe-rial romano era incapaz de generar soluciones a sus problemas económicos, sociales y militares. Max Weber subrayó que el final de las guerras de conquista significó una pérdida de la base de esclavos, lo que influyó en la decadencia económi-ca, que obligó a hacer recortes en el presupuesto militar. Otto Seeck da importancia a la falta de progreso técnico, que facilitó la destrucción de las elites a causa de las guerras civiles y las intrigas políticas.[41]

Utilizando la experiencia de casos muy posteriores —el estancamiento chino y la expansión europea— podemos aventurar otra respuesta: los imperios tendían a homoge-neizar y estabilizar las soluciones porque no había competi-dores de su mismo nivel. En cambio, la fragmentación del Imperio romano de Occidente en reinos, y, más tarde, la aparición del feudalismo, dieron lugar a un enfrentamiento continuo entre potencias de un nivel semejante, lo que me-joró su competitividad.

El segundo interrogante es más complejo. ¿Es la deca-dencia de los sistemas culturales inevitable? El historiador árabe Ibn Jaldún (1332-1406) afirmó que todas las culturas pasaban por una fase de ascenso, una de desarrollo y otra final de decadencia. Es, en efecto, difícil mantenerse en pri-mera línea en una competición por el poder, que es como puede entenderse la historia de la humanidad. Los proble-mas cambian, y en ocasiones no se pueden resolver emplean-do las *herramientas físicas o mentales* de las que se dispone. En ese caso, para conseguirlo, parece necesaria una innovación disruptiva. De eso se encargarían los cambios drásticos: las invasiones, las guerras, los cataclismos, las revoluciones. Los que piensan así creen que la invasión de los llamados *bárba-ros* fue una «destrucción creativa».[42] Asoló para poder cons-truir. El economista Joseph A. Schumpeter elaboró esta teoría del cambio. Toda innovación destruye algo.[43] Cambiar supone siempre apartarse de algo. Las sociedades que quieren mantener todo lo que tienen y tal como lo tienen, no cambian, no innovan, intentan resolver los nuevos problemas con las herramientas de antaño, y fracasan: pretenden utilizar el hacha para hacer neurocirugía.

Es cierto que las grandes perturbaciones —por ejemplo, las guerras— activan la creatividad ante la urgencia de los problemas, lo que ha hecho decir a muchos autores que la guerra es la gran impulsora de la humanidad. Pero el estudio de las invenciones de nuevas *herramientas físicas* o *mentales* muestra que no hay creaciones *ex nihilo*, sino procesos de mejoras acumulativas que, en un momento feliz, producen un cambio gigantesco, como nos indica la historia de la tecnología y pretendemos esbozar aquí en otros dominios. Una de las tareas que nos marca la *ciencia de la evolución de las culturas* es descubrir si se pueden movilizar las energías suficientes para enfrentarse con los problemas sociales sin necesidad de acudir a perturbaciones violentas, que estimulan la inventiva, pero dejan innumerables víctimas en el camino. Es decir, si el número de perdedores debe tenerse en cuenta al evaluar a los ganadores. Resulta, por ejemplo, sorprendente la gigantesca expansión industrial de Estados Unidos durante la Segunda Guerra Mundial. La producción de bienes para destruir y ser destruidos —el armamento— generó millones de puestos de trabajo y reactivó la economía. El proyecto Manhattan, para fabricar la bomba atómica, supuso la mayor concentración de talento científico que se había visto en el mundo. ¿Seríamos capaces de una movilización semejante para conseguir fines no destructivos, relacionados con la implantación de la *felicidad objetiva*? Hasta el momento no lo hemos sido. La guerra parece entusiasmar más que la paz.

La caída del Imperio romano ofrece un ejemplo para analizar. Las instituciones se paralizaron, pero los invasores disponían de la *caja de herramientas* de la cultura romana. Invadir un territorio no es solo ocupar un espacio, sino un nicho culturalmente modificado. Alarico II promulgó en 506 la *Lex romana visigothorum*, también llamada *Brevarium Alarici*, que recopilaba el derecho romano y que probablemente estuvo vigente al mismo tiempo que el derecho germánico. Como señala McNeill, «la historia de la civilización es la historia de la expansión de modelos socioculturales particularmente atractivos en virtud de la conversión de los bárbaros a modos de vida que consideraban superiores a los suyos».[44]

En los nuevos reinos que se fueron formando, la Iglesia supuso el principal elemento de continuidad con el mundo romano, pues calcó su organización sobre la del propio Imperio. Entre los siglos V y VIII se fue reforzando la doctrina de la primacía del obispo de Roma, rechazada desde Oriente. El papa Gregorio I Magno (590-604) afirmó dicha independencia con respecto al poder imperial de Constantinopla, agrupó los territorios próximos a Roma y fomentó la labor pastoral del episcopado en unos reinos teóricamente cristianos, aunque todavía con muchos elementos paganos.

Los monjes cumplieron durante el final de la Antigüedad y los siglos medievales una importante función de transmisión cultural del legado del mundo clásico. En sus orígenes, con san Antonio Abad (siglo III), que se retiró del mundo civilizado para habitar solo en el desierto, podía parecer que las tradiciones eremíticas del monacato egipcio cristiano nada iban a aportar a la transmisión del legado cultural, más bien al contrario, porque ese retiro del mundo, de la civilización, ese aislamiento (*monje* procede de *monakos*, «único, solo») suponía un abandono de los principios cívicos de la cultura antigua y la opción por la «anticultura», por el mundo «inculto» del desierto y la montaña. Pero pronto se instituyeron cenobios o comunidades de monjes, donde ya resultaba fundamental la vida en común, la formación de una sociedad de monjes, presididos por un padre (*abba* en siriaco o *apa* en copto, de donde viene «abad»). El monacato se extendió por el mundo cristiano oriental sin una organización en órdenes religiosas como sería habitual en Occidente. En el mundo latino se asumieron esas formas orientales, pero también se desarrollaron tradiciones propias en Irlanda, y desde el siglo VI se establecieron reglas, normas de convivencia y vida espiritual en el monasterio. La que estaría llamada a tener más influencia fue la de Benito de Nursia, que hacia 520 fundó la abadía de Monte Cassino y la dotó de una regla que iba a ser la guía básica del monacato occidental durante siglos. En las mismas fechas, el escritor y político Casiodoro fundó un cenobio en sus latifundios de Calabria, donde se copiaron y compendiaron las obras de los Padres de la Iglesia, latinos y griegos.[45]

Los conquistadores continuaron las tradiciones administrativas romanas. Como le gustaba señalar a Teodorico, el conquistador ostrogodo de Italia, «el romano miserable imita al godo y el godo útil imita al romano». El mismo Teodorico tuvo como funcionario a un personaje, Boecio, que transmitió la cultura griega a la Edad Media y que escribió un *best seller* medieval —*La consolación de la filosofía*— después de que Teodorico le condenase a muerte. Los intelectuales cristianos de los siglos IV al VI se consagraron a la reinterpretación de la cultura latina. Intentaron de recuperar la *caja de herramientas culturales* griega y romana, una tarea en la que colaboraron después los árabes y que alcanzó su plenitud en el Renacimiento. Casiodoro es un caso ejemplar: también fue funcionario de la corte de Teodorico y escribió una *Historia de los godos*, que los mostraba como un pueblo cuya historia formaba parte de la de Roma. Escribió una obra muy influyente —*Institutiones*— en la que sostenía que una comprensión de la literatura clásica era esencial para entender la Biblia y a los Padres de la Iglesia. Definió el canon literario clásico que influiría en la práctica educativa cristiana hasta el fin de la Edad Media. Por eso tiene parte importante en esta historia.

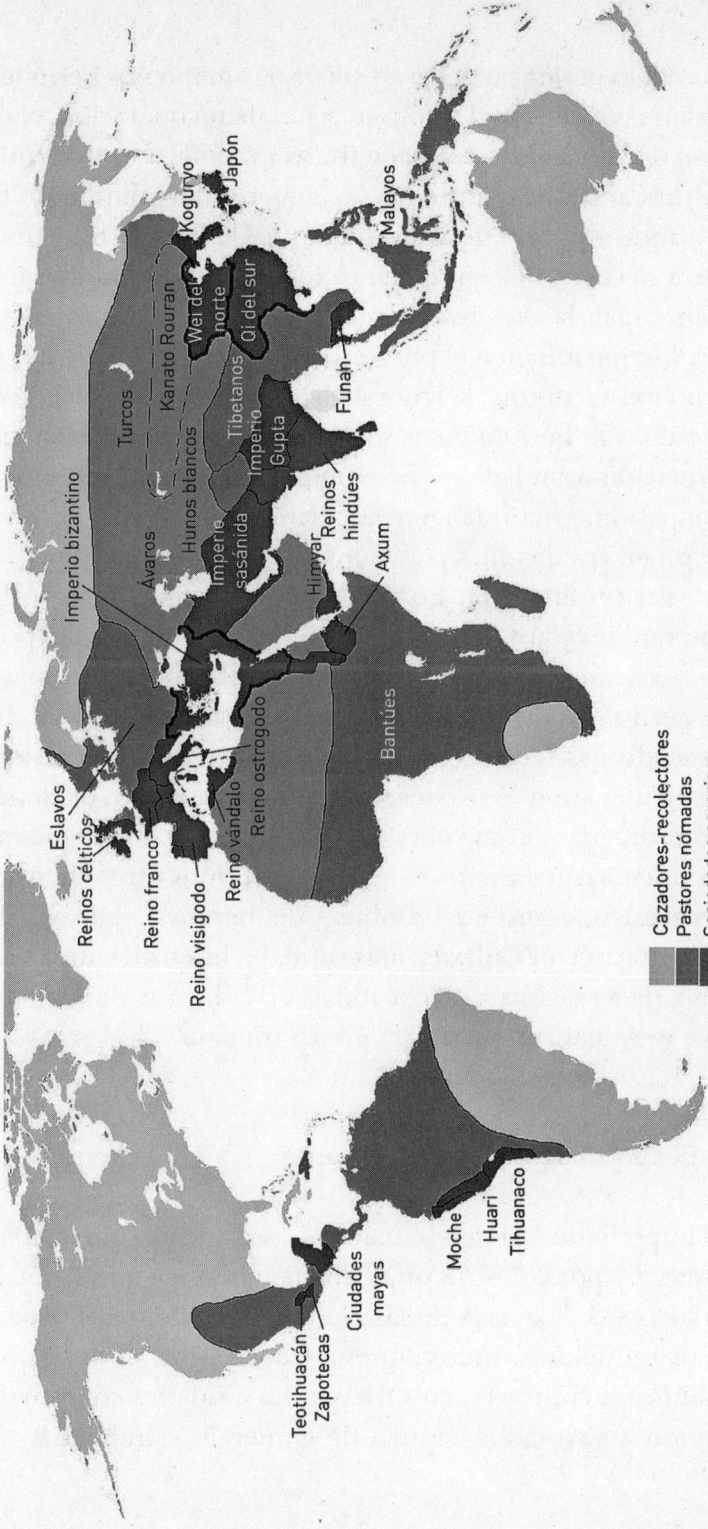

El mundo en el año 500

Cazadores-recolectores
Pastores nómadas
Sociedades agrarias
Sociedades complejas, reinos e imperios

Eslavos
Reinos célticos
Reino franco
Reino visigodo
Reino vándalo
Reino ostrogodo
Imperio bizantino
Ávaros
Hunos blancos
Turcos
Kanato Rouran
Wer del norte
Koguryo
Qi del sur
Japón
Tibetanos
Imperio sasánida
Imperio Gupta
Funah
Himyar
Reinos hindúes
Axum
Bantúes
Malayos

Teotihuacán
Zapotecas
Ciudades mayas
Moche
Huari
Tihuanaco

La experiencia del gran colapso romano nos permite sacar una conclusión. La conservación, la recuperación, el traspaso de la *caja de herramientas* físicas y mentales creadas por la cultura anterior mantiene —o al menos ha mantenido hasta ahora— el hilo de la evolución de la familia humana. Si fuera necesario elegir, creemos que lo importante es que se mantengan las *herramientas* encargadas de eliminar los obstáculos que impiden el progreso humano. Los obstáculos son la pobreza extrema, la ignorancia, el dogmatismo, el miedo y el odio. Las herramientas son el progreso económico, la información asimilada, el pensamiento crítico, el respeto y la compasión. Una inteligencia pertrechada de esas potencias estará en condiciones para construir la *felicidad objetiva*.

En resumen, en Europa occidental, en los tres siglos que van del V al VIII, se fue perdiendo la complejidad política y económica del mundo romano previo. Las formas de gobierno son mucho más simples, la fiscalidad casi ha desaparecido, las redes comerciales se han reducido considerablemente, aunque se conservan algunos aspectos de la tradición romana —como el registro de leyes y actos de gobierno en documentos escritos— y se incorporan otros de origen germánico, como las asambleas deliberativas. La sociedad, con un carácter cada vez más rural, ha intensificado un proceso de creación de relaciones privadas de dependencia que ya se había iniciado en época romana.

9. El centro se desplaza a Oriente

El Imperio de Oriente se mantuvo, sobre todo por su mayor riqueza y por su estructura urbana y política más firme. En el siglo V, la mayoría de las ciudades occidentales ya se habían reducido a una pequeña fracción de su antiguo tamaño. En contraste, en Oriente, las ciudades continuaban siendo abarrotados centros de comercio e industria, y Bizancio se convirtió en la capital del imperio. El Imperio bizantino era una entidad híbrida: de estructura estatal romana, de cultura griega y de religión cristiana.

El año 527 fue nombrado emperador un personaje singular, Justiniano, que intentó reavivar la magnificencia del Imperio, e incluso reunificarlo. Venció a los ostrogodos en Italia, reconquistó el norte de África y parte del sur de Hispania, y mantuvo una situación de equilibrio con el Imperio sasánida. Dos de sus obras permanecen: la inmensa iglesia de Santa Sofía, en Constantinopla, y la recopilación de las leyes romanas que ya hemos mencionado: el *Corpus Iuris civilis Iustiniani*. Su influencia ha sido duradera. Coffin y Stacey consideran que el Código napoleónico no fue más que el *Corpus* de Justiniano con un ropaje moderno.

Los comienzos del derecho suelen ser consuetudinarios: la costumbre es ley. El soberano impartía justicia. Pero la aparición de Estados más amplios y organizados exigía ordenar la proliferación de leyes, a veces contradictorias o en desuso. Para ordenarlas, Justiniano nombró una comisión que al cabo de dos años publicó su primer resultado, el *Código,* una recopilación sistemática de todas las leyes imperiales promulgadas desde Adriano. En 532 había completado también el *Digesto,* un resumen de los textos de los grandes juristas, que ha sido llamado «el más importante libro de derecho que el mundo haya visto nunca». Tuvo una importancia crucial en el pensamiento político porque su máxima —«lo que place al príncipe tiene fuerza de ley»— fue adoptada como fundamento para el absolutismo.

Constantinopla tenía medio millón de habitantes. La población del Imperio de Oriente era sumamente diversa. Se decía que en la capital se hablaban setenta y dos lenguas, pero el griego era la lengua litúrgica, y el latín, la administrativa. Como ocurriera en Occidente, a lo largo de los años habían surgido en Oriente muchas concepciones divergentes acerca de lo que significaba exactamente seguir a Jesús.

En lugares como Rev-Ardashîr, en Fars, en lo que hoy es el sur de Irán, había dos iglesias, una que hacía los servicios en griego y otra que los hacía en siriaco. En ocasiones la rivalidad incitaba a la violencia física, como en la ciudad de Susiana (actual suroeste de Irán), donde los obispos enfrentados intentaron resolver sus disputas con los puños.[46]

Desde Siria y Palestina, el cristianismo se difundió hacia el resto de Asia. A mediados del siglo VI, un viajero de lengua griega encontró en Sri Lanka una comunidad cristiana robusta, a la que prestaba servicio un clero nombrado desde Persia. Las reuniones en la iglesia oriental comenzaban con oraciones por el soberano persa. Desde los siglos VII y VIII hay pruebas de comunidades cristianas nestorianas en China: una estela bilingüe en siriaco y chino fechada en 781 atestigua la existencia de una iglesia en Chang'an, la capital de los Tang, lo que asombrará a los misioneros jesuitas que la descubren nueve siglos después. El Espíritu Santo, escribe un misionero que había llegado de China, era desde todo punto compatible con lo que la población local creía: «Todos los budas fluyen y cambian gracias al mismo soplo (esto es, el Espíritu Santo) y no hay en ese mundo un lugar donde este soplo no llegue». En cuanto tal, «el hombre siempre honrará el nombre de Buda». El cristianismo no solo era compatible con el budismo, decía el misionero, sino que en términos amplios era budismo.[47]

10. Entre África y los mares del sur

No solo Eurasia cambiaba. En África proseguía la expansión bantú. Las sociedades bantúes se organizaban alrededor de los «grandes hombres», dotados de valor y sabiduría. En 1945, el franciscano Placide Tempels publicó *La philosophie bantoue* para explicar su concepción del mundo. Todo ser está dotado de una fuerza vital, el universo es una vasta red de fuerzas interactivas, y la tarea de cada persona es aumentar esa fuerza vital. Los intelectuales africanos modernos describen la concepción africana del mundo de una manera bantú. Por ejemplo, Senghor, al elaborar lo que llama *l'ontologie négro-africaine*, la describe como basada en la fuerza vital, que deriva de Dios, que es el fundamento del ser y más radical que él. John S. Mbiti señala como rasgos característicos la globalidad, el vitalismo, la posición central del hombre en el universo y la influencia soberana del grupo. El africano concibe una relación mística con el mundo circundante. No es dueño del universo, solo es su centro, el amigo, el beneficiario, el usuario. Por lo tanto, debe vivir en armonía con el universo, obedecer sus leyes de orden natural, moral y místico. Si estas leyes son violadas, es el hombre el que sufre las consecuencias. «Los africanos —dice Mbiti— han llegado a estas conclusiones a través de una larga experiencia, observación y reflexión.»[48]

Y en los océanos también se producían grandes cambios. La propagación de los pueblos austronesios constituye una de las historias de expansión humana más extraordinarias por su formidable alcance con medios muy limitados. Estos pueblos abarcaron un amplio espacio geográfico centrado en las islas del sudeste asiático (Filipinas, Indonesia), y se extendieron, entre el 1500 a.C. y el 1200 d.C., hacia el este por todo el océano Pacífico hasta el archipiélago de Hawái y la isla de Pascua (a más de 12.000 km del núcleo central), por el sur hasta Nueva Zelanda, y por el oeste hasta la isla africana de Madagascar, en el extremo opuesto del océano Índico. En Micronesia, Polinesia (incluida Nueva Zelanda) y Madagascar, los pobladores austronesios se encontraron con islas vírgenes donde fundaron nuevas sociedades.

Estas migraciones marinas, con medios relativamente rudimentarios (canoas elaboradas mediante tablones cosidos), cubrían distancias fabulosas, en ocasiones superiores a los 2.500 km. Es muy probable que se realizasen sin la esperanza de retorno, así que a menudo eran viajes de descubrimiento en un solo sentido. Aunque entre los grupos de islas más cercanos sí se mantenían contactos. Las motivaciones para tales empresas tenían que ver con la búsqueda de nuevos recursos y de islas que proporcionasen tierras cultivables, pero también se pretendía la fundación de nuevas comunidades, que facilitaban el ascenso social, algo fuertemente motivado por una épica y una mitología que se enriquecían con los relatos de los viajes anteriores. Se combinaban así necesidades económicas, aspiraciones políticas, ambiciones sociales y potentes estímulos simbólicos.[49]

CAPÍTULO DÉCIMO

UN NUEVO PROTAGONISTA

1. Mahoma

Cambiaremos de centro narrativo. El año 610 ocurrió un hecho que alteró la historia. Una gran innovación que permanece. El séptimo día del Ramadán, un mercader árabe de La Meca tuvo una visión en una cueva de la montaña. Más tarde, lo explicaría diciendo que un ángel lo estrechó en un abrazo aterrador que le obligó a exhalar todo el aliento, y le dio una orden tajante: *¡Iqra!* [¡Recita!]. El mercader protestó en vano diciendo que no sabía recitar, pero el ángel lo abrazó de nuevo hasta que, cuando había llegado al fin de su resistencia, descubrió que las palabras de inspiración divina de una nueva escritura brotaban de sus labios. El mercader se llamaba Muhammad, Mahoma. Comenzó a predicar una fe que pensaba que era la misma que la de Abrahán. Tuvo enfrentamientos con sus vecinos y emigró desde La Meca a la ciudad de Medina: es lo que los musulmanes conocen como la Hégira. Doce años después, cuando los mahometanos crearon su propio calendario, fijaron su comienzo en aquel suceso, que dividía la historia en dos partes: antes y después de la Hégira. Marcó el comienzo de la *umma,* la comunidad musulmana.[1]

235

Los árabes eran semitas, como los judíos, y consideraban que descendían de Ismael, hijo de Abrahán y de Agar. Por eso, se les ha llamado *ismaelitas* y *agarenos*, y también *sarracenos* (habitantes del desierto). Cuando Mahoma comenzó a predicar, toda Arabia se encontraba en un estado de desunión: cada tribu seguía sus normas y estaba en guerra con las demás. Veintitrés años después, cuando murió, casi todas las tribus se habían unido. «Las enseñanzas de Mahoma —escribe Armstrong— abrieron la puerta a tales reservas de poder que, en cien años, el imperio de los árabes se extendió desde Gibraltar al Himalaya.»[2] La capacidad movilizadora de las grandes personalidades ha troquelado las culturas.

Mahoma había nacido hacia el año 570 en La Meca, dentro de la tribu de los Quraish. La Meca era un centro comercial del que cada año partían dos gigantescas caravanas, una en verano y otra en invierno. En el Antiguo Testamento, la palabra *ereb* [árabe] significa precisamente «nómada», un modo de vida que no permitía atesorar ni construir y que limitaba el tamaño de las tribus. No destacaban por su religiosidad; sus primeras deidades eran manantiales y rocas: había una piedra roja divina en Ghaiman, una piedra blanca en al-Abalat, una piedra negra en Najran, y la más famosa de todas, venerada hasta este momento, el meteorito de La Meca, la Kaaba. Las rocas han sido objetos religiosos en muchas culturas. En Grecia se adoró el *omphalós*. Cicerón habla de las *mirifica moles*. Todavía durante la dominación visigoda, en los Concilios de Toledo (681 y 682) se anatematizó a los *veneratores lapidum*, o «adoradores de las piedras», posiblemente sin demasiado éxito.

En La Meca había templos dedicados al menos a cien deidades; sin embargo, el principal dios era *Allah*. Los musulmanes se refieren a la época anterior al islam como la *Jahiliyyah* [la época de la ignorancia], la época en la que no hubo ningún intento de unificar los diferentes mitos y leyendas. El monoteísmo se había implantado en la región. Había comunidades judías en algunos lugares de Arabia y en Yemen, mientras que Abisinia se había convertido al cristianismo.

La obra de Mahoma es de una enorme originalidad. Religión y política han estado unidas a lo largo de la historia, y normalmente procedían de fuentes diferentes. Una casta sacerdotal utilizaba el poder político, y el poder político utilizaba la religión. Un caso peculiar fue Akenatón, un faraón que inventó una religión monoteísta en una cultura politeísta. El caso de Mahoma es distinto; desde su origen fue un proyecto religioso en una estructura política: quería organizar una comunidad político-religiosa. Esto provocó problemas al morir Mahoma. Él era enviado de Dios y guía de la comunidad, pero quien debía sucederle solo podría ser dirigente. Eligieron a Abu Bakr, su primer seguidor, que se denominó *califa*, el «vicario o suplente». A él le sucedió un personaje de extraordinario talento, Omar, que consiguió vencer al Imperio sasánida y a los bizantinos y atraerse a los pueblos por su modo de gobernar. La conquista era la fuerza impulsora, pero no implicaba la conversión de los pueblos conquistados; no se obligaba a ella porque esa era la enseñanza del Corán. El califa debía demostrar con su conducta que era digno del cargo. Pero después de los cuatro primeros califas —los califas rectamente guiados—, surgió un cisma entre dos herederos que significaban dos modos diferentes de entender la religión y la comunidad. Aparecieron así los chiíes y los suníes, una división que permanece. De los 1.500 millones de musulmanes que hay en el mundo, entre el 85 y el 90 por ciento son suníes. En países como Arabia Saudí, Egipto o Jordania, más del 90 por ciento de la población es suní. Los chiíes, en cambio, son minoría en el islam, con algo más del 10 por ciento de la población global musulmana, son unos 200 millones de personas. Son mayoría en Irak, Irán, Bahréin y Azerbaiyán, y constituyen un porcentaje importante en Yemen y Líbano. También hay grandes poblaciones chiíes en Afganistán, Kuwait, Pakistán o Turquía.

Para los chiíes, el imán, el sucesor de Mahoma, debía ser elegido y guiado por Alá. Eso se encarnaba en Alí, primo y yerno del profeta. Se consideran los únicos verdaderos conservadores de la fe. Para los suníes, el imán tan solo debía comportarse de acuerdo con las enseñanzas, sin necesidad de otros vínculos. Los gobernantes suníes pertenecían a la familia Omeya y se lanzaron a la conquista del mundo. Tamim Ansary comenta: «Es posible que el ascenso de los Omeyas terminara con el islam como acontecimiento religioso, pero con él comenzó la evolución del islam como civilización e imperio político».[3]

La guerra de expansión ayudaba a mantener la paz interior, dividiendo el mundo entre el islam pacífico y el resto de los pueblos: *Dar al-Islam* y *Dar al-Harb*. La guerra ofensiva estaba santificada. Pero en las primeras campañas no había ejércitos regulares, sino contingentes tribales que iban a la batalla más o menos cuando se les antojaba, como voluntarios de la fe.

Era fácil unirse a la umma. Había que proclamar: *La ilaha ill-Allah Muhammadun rasulu llah* [No hay más dios que Alá, y Mahoma es su mensajero]. Y cumplir los cuatro deberes restantes: dar limosna, observar el ayuno en Ramadán, rezar cinco veces al día y peregrinar a La Meca. La oración es una *herramienta espiritual* de extraordinaria potencia, común a todas las religiones, que dirige la mente del orante hacia la transcendencia de variadas maneras, unas más conceptuales, otras más emocionales; unas más espontáneas y otras más repetitivas, como la de los mantras budistas o la oración continua de los monjes ortodoxos griegos; unas mentales y otras puramente físicas, como los actos de prosternarse una y otra vez, la de dar vueltas al molinillo de oraciones del budismo tibetano, o llevar las filacterias con pequeños pergaminos que contienen fragmentos de las Escrituras en el ritual judío. La oración distribuida a lo largo del día, que no es una exclusiva del islam, sirve para introducir la vivencia religiosa en la vida cotidiana. Algo semejante a lo que suponía la festividad del sábado en el judaísmo, o el domingo en la religión cristiana. Los musulmanes actuales continúan cumpliendo asiduamente con la ceremonia de la oración, y en sus ciudades se sigue escuchando la voz del muecín dirigiendo la oración.

El medio cultural y religioso en el que nacen la fe islámica y los textos coránicos cuenta con una presencia destacada de los elementos judíos y cristianos. Se encuentran concepciones próximas a las del judaísmo, como el monoteísmo estricto, la idea de revelación escrita, la creencia en un profeta enviado a los hombres, además de ciertas prácticas, como la oración diaria. La particular vinculación con el judaísmo se refleja en algunas figuras bíblicas que aparecen en el Corán. Abrahán, como fundador de la fe monoteísta, se convierte en el antepasado común de las tres religiones del Libro, y en antepasado biológico del propio Mahoma, que se considera descendiente de Ismael. Es además modelo de sumisión incondicional (islam) al aceptar la voluntad divina y disponerse a sacrificar a su hijo, por lo que es proclamado fundador del islam y musulmán ejemplar por excelencia. De este modo, el islam se considera la religión más antigua y verdadera, y los musulmanes son los únicos que adoran a Dios del modo correcto y sin las tergiversaciones de judíos y cristianos. Se marcan así también las diferencias que los separan de las otras religiones abrahámicas. Aunque lógicamente cabe encontrar un núcleo común, pues las tres son religiones de fe, es decir religiones en las que el ser humano se sitúa ante Dios y cree en Él, y en este aspecto sustancial se diferencian de las tradiciones religiosas sapienciales chinas o de las formas místicas indias.[4] También aparecen creencias, conceptos y usos de origen cristiano, como la visión del juicio final. En los siglos VI y VII, la influencia cristiana etiópica era considerable en La Meca, y así, por ejemplo, las palabras *Jesús* y *Evangelio* aparecen en el Corán en su forma etíope (*Isa* e *Injil*). Asimismo se detectan ciertos elementos maniqueos. En general, el islam se declara continuación y renovación de las anteriores tradiciones monoteístas, con vínculos tan estrechos con las mismas que algunos autores han llegado a considerar el islam primigenio como un híbrido o un movimiento panreligioso. Pero el Corán también contiene elementos propios de la tradición árabe y de sus valores, muchas veces transformados para servir a la nueva fe o investidos de nuevos contenidos islámicos.[5]

Ante un fenómeno de tal profundidad es necesario preguntarse, como hemos hecho anteriormente con otras religiones, por las causas de su éxito. El islam es la única religión que en la actualidad configura un sistema que abarca toda la vida pública y privada. Por ello, muchos musulmanes consideran que son la única barrera contra un laicismo rampante. Y desde el punto de vista occidental, algunos autores consideran que conducirá a un inevitable choque de civilizaciones.[6]

La relación entre *felicidad subjetiva* y *felicidad objetiva* establecida en el islam es análoga a la establecida en el cristianismo. La pertenencia a la umma, la sumisión a Alá, tendrá como recompensa la entrada en el paraíso. La diferencia es que el paraíso descrito en el Apocalipsis cristiano es ritual y frío, mientras que los textos clásicos islámicos describen una vida inmortal para sus habitantes, feliz, sin daño, dolor, miedo o vergüenza, donde se satisface cada deseo. Las tradiciones afirman que en este paraíso o jardín (*Yanna*) todos tendrán la misma edad y estatura; su vida estará llena de lujos y manjares, disfrutarán de la compañía de sus padres, esposos e hijos (si han sido admitidos en el paraíso). También se habla de las huríes, con las que se compartirán alegrías carnales. Se trata de un paraíso fundamentalmente masculino.

La religión musulmana plantea un problema a nuestro modelo de *evolución cultural.* Sostenemos que, cuando se remueven los obstáculos que traban el trabajo de la inteligencia —pobreza extrema, ignorancia, dogmatismo, miedo y odio—, todas las sociedades evolucionan hacia un mismo modelo de *felicidad objetiva,* es decir, de Reino de Dios en la tierra o de umma universal. Algunos testimonios parecen apuntar en esa dirección. Fatima Mernissi hizo un fascinante recorrido por la historia del islam para demostrar que no es la religión sino el despotismo de sus clases dirigentes lo que ha llevado a la situación actual de los países musulmanes. Lo llama «amputación de la modernidad». El gran miedo es la democracia. La *Carta árabe de derechos humanos,* aprobada por la Liga Árabe en 1994, no establece el derecho a la organización y participación política.[7] Gilles Kepel, un gran especialista en el islam, se pregunta: «¿Va el mundo islámico hacia una "democracia musulmana"?».[8] Cuando escribió su libro parecía optimista, pero el recrudecimiento de las opciones integristas en algunos países resulta poco esperanzador.

2. Las grandes conquistas

La fulminante y definitiva expansión de la civilización islámica resulta aún más llamativa si se tiene en cuenta que su origen se encuentra en una región secundaria con respecto a las grandes civilizaciones hasta entonces conocidas. Como dice Michael Cook, la formación de la civilización islámica fue un acontecimiento que nadie que viviese antes del siglo VII podía prever.[9]

El proceso de expansión se puede resumir en tres fases. Una primera corresponde a la vida de Mahoma y supone la unificación de las tribus árabes de gran parte de la península Arábiga (hasta el año 632). En una segunda fase, con los tres primeros califas ortodoxos (632-656), se produce con suma rapidez la conquista de Siria y Palestina (provincias bizantinas), Irak e Irán (Imperio sasánida) y por último Egipto (también bizantino). Tiene lugar entonces la primera guerra civil o *fitna* (656-661), cuyo desenlace supone el ascenso de los Omeyas. En una tercera fase, con el califato omeya (661-750), la expansión prosigue hacia Oriente (Transoxiana, Jorasán y Sistán en Asia central y en el actual Afganistán; Sindh en el actual Pakistán) y hacia Occidente (África bizantina, Magreb, Hispania visigoda).

En el año 750 accede al poder califal una nueva familia, la de los abasíes, que trasladó la capital a Bagdad. Se rodearon de elaboradas ceremonias cortesanas, adoptaron el absolutismo y la cultura persas, y patrocinaron generosamente una literatura muy elaborada. Es el mundo de *Las mil y una noches*, cuyo protagonista es Harún-al-Rashid, que reinó como califa entre los años 786 y 809.

En poco más de un siglo, el nuevo imperio islámico ha abarcado un enorme espacio, desde las costas atlánticas hasta la India. El éxito y la rapidez de las conquistas se deben a varios factores: los árabes contaban con una considerable experiencia en los conflictos militares con los imperios vecinos; además, ambos imperios (bizantino y sasánida) se encontraban agotados tras décadas de guerras. Por otra parte, las poblaciones cristianas de muchas de las provincias que pasaron al dominio árabe llevaban siglos de relaciones conflictivas, por sus diferencias religiosas, con el poder imperial del que dependían, como los monofisitas de las Iglesias copta en Egipto y siríaca en Siria. Esta animadversión era extrema en las tribus árabes cristianas del desierto sirio e iraquí, que solían actuar como cuerpos militares auxiliares de los imperios bizantino y sasánida, y que se unieron con facilidad a los conquistadores.[10]

Las regiones con una tradición institucional asentada —las provincias de los imperios bizantino y persa— fueron más

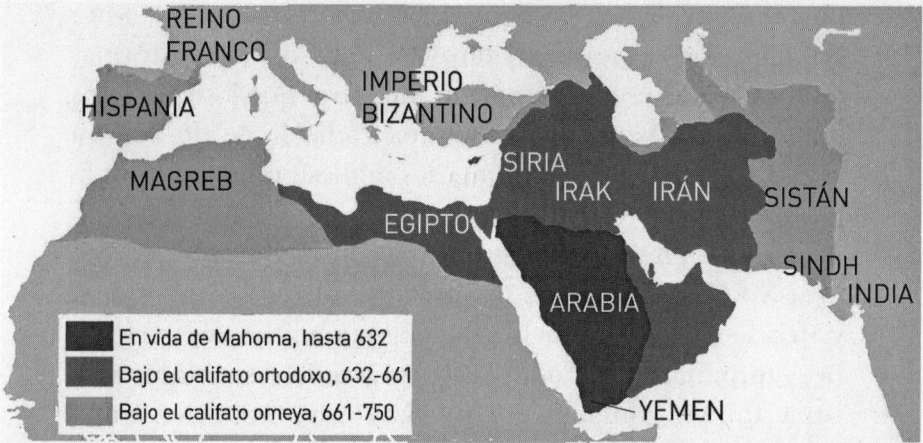

La expansión del islam hasta el año 750

REINO FRANCO
HISPANIA
IMPERIO BIZANTINO
MAGREB
SIRIA
IRAK
IRÁN
SISTÁN
EGIPTO
SINDH
INDIA
ARABIA
YEMEN

En vida de Mahoma, hasta 632
Bajo el califato ortodoxo, 632-661
Bajo el califato omeya, 661-750

fácilmente asimiladas al nuevo imperio islámico, pues se optó por mantener su elite burocrática y así la maquinaria administrativa bizantina y sasánida se incorporó al nuevo régimen: los funcionarios persas, arameos, coptos o griegos continuaron trabajando, del mismo modo que los propietarios de tierras y caciques locales fueron respetados y siguieron recaudando impuestos, normalmente inferiores a los que se pagaban a bizantinos y persas. En general se trató de un simple cambio en el poder imperial que no afectó especialmente a los poderes locales y mucho menos a los grupos sociales inferiores.[11]

La conquista fue bastante dispersa, en el sentido de que los árabes siguieron las principales rutas y dominaron los grandes centros urbanos, pero lejos de estos apenas tuvieron presencia en una primera época. Décadas e incluso siglos después, los hombres de religión y los comerciantes musulmanes llegarían a estos territorios marginales, dando a conocer la nueva fe. En muchas de estas regiones, con una débil, remota o inexistente historia institucional, el proceso de conquista fue más lento y conflictivo, como fue el caso de los bereberes norteafricanos y de otros pueblos de las montañas, en el Cáucaso, por ejemplo.

Se produjo cierta complementariedad entre conquistados y conquistadores, lo que daría lugar a la nueva cultura islámica: los árabes contribuyeron con su lengua, formas poéticas y una escritura sagrada, mientras que los conversos de Oriente Próximo aportaron una tradición de alta cultura que transformó dichos elementos árabes en una cultura literaria en su sentido más completo. Los pueblos conquistados en el llamado Creciente Fértil constituyeron el núcleo decisivo en la formación de la civilización islámica: en Irak y Siria se hablaba arameo, una lengua semítica como el árabe, y terminaron por adoptar la lengua de sus conquistadores, y aunque contaban con una larguísima tradición cultural, un milenio de dominio extranjero —desde Alejandro Magno, seguido por el de seléucidas, romanos, partos y sasánidas— había erosionado considerablemente su identidad. Por otra parte, los conquistadores árabes, aunque menos ricos en alta cultura que sirios e iraquíes, contaban con una formidable combinación de identidad étnica, religiosa y política: el componente étnico procedía de la antigua cultura árabe preislámica, el religioso era el resultado de la particular y potente versión islámica del monoteísmo, y el político, de la participación en la ventajosa empresa de extender dicha fe. El islam era algo más que una nueva religión, era un modo de vida y un completo proyecto de sociedad, con su código moral, leyes civiles y normas de autodisciplina.[12]

3. Europa entra en escena

La veloz cabalgada árabe hacia Occidente conquistó todo el norte de África, saltó el estrecho de Gibraltar en 711, invadió el reino visigodo de Hispania y continuó hacia el norte. En el 732, Abd al-Rahman ibn Abd Allah al-Gafiqi fue derrotado cerca de Poitiers por un ejército franco mandado por Carlos Martel. Los francos ocupaban lo que hoy es Francia,

Bélgica y parte de Alemania. Gobernaban esta vasta región los reyes merovingios, sucesores de Clodoveo, pero los mayordomos de palacio eran cada vez más poderosos. Los merovingios finales son conocidos como *rois fainéants* pues dejaron el poder en manos de sus mayordomos. Ese era el puesto que ocupaba Carlos Martel, cuyo hijo Pipino desplazó al último monarca merovingio y se coronó rey por la gracia de Dios, mediante la unción del legado papal. Como agradecimiento, Pipino regaló al Papa una franja de Italia central, con lo que este pasó a tener un territorio propio. Comenzaba así una peculiar relación entre Francia y el Papado. Coronar a Pipino fortalecía la autoridad del Papa.

El hijo y sucesor de Pipino, Carlos, que pronto iba a ser conocido como *el Magno* (y que reinó entre 768 y 814), extendió considerablemente el territorio bajo su poder hacia el norte (Sajonia), el este (Baviera y Carintia) y el sur (Italia y la Marca Hispánica) abarcando una gran parte de Europa occidental. Aplicó la fuerza sin contemplaciones. Ordenó decapitar en 782 a 4.500 prisioneros sajones que se habían rebelado. En el año 800 fue coronado emperador por el Papa en Roma: pretendía así renovar el Imperio de Occidente, aprovechando la situación de que el trono de Oriente había sido «usurpado» por una mujer, Irene, que había depuesto y cegado a su hijo, el emperador Constantino VI. La denominación de «Imperio carolingio» es una convención historiográfica moderna, pues en la época se lo denominaba simplemente como «Imperio romano» o «Imperio de los romanos y los francos». Avanza así la recuperación de las *herramientas políticas* de la tradición romana.

Con escasas interrupciones esporádicas —escriben Coffin y Stacey—, los europeos occidentales continuarían coronándose como emperadores romanos hasta el siglo XIX, cuando Napoleón recibió el título. Prescindiendo de los motivos específicos que pudiera tener, la restauración que hizo Carlomagno del Imperio romano occidental resultó un paso esencial en el desarrollo de la conciencia identitaria de la civilización europea occidental.[13]

El término *Europa* aparece por primera vez para señalar la oposición de su gobierno imperial al gobierno de Bizancio. Una de las referencias aparece en un poema de 799, atribuido a Angilberto, abad de Centula, que alaba a Carlomagno como «el rey Carlos, cabeza del mundo y cumbre de Europa».[14]

Los carolingios pretendían crear un marco moral para la salvación de todo el pueblo franco y no dudaban que Dios supervisaba sus acciones. Este propósito religioso era del todo inseparable de la tarea de gobierno de los monarcas y la imagen que proyectaban de sí mismos era sumamente elevada, afirmando que habían sacado a los francos de una era de oscuridad. El elevado autoconcepto del poder imperial puede ilustrarse mediante una curiosa anécdota. En el año 801, Harún al-Rashid, el poderoso califa de Bagdad, envió a Carlomagno un elefante llamado *Abul-Abbas* por intermediación de un comerciante judío, que lo llevó en barco desde el norte de África a un puerto italiano, y desde allí se lo trasladó por tierra hasta Aquisgrán. El elefante causó sensación entre los francos, que consideraron el regalo como un reconocimiento del poder de su monarca por parte del califa, aunque en realidad Harún al-Rashid solía enviar animales exóticos a lejanos reyes también con la intención de demostrar su extraordinario poder. Cada soberano interpretaba así el gesto según el concepto que tenía de su poder, pues cada uno era el centro de su sistema político, aunque el califa aventajaba objetivamente al carolingio en poder real.[15]

Algunos autores hablan del «renacimiento carolingio» que recuperó la tradición cultural antigua según había sido conservada y transmitida por los monjes (en Italia e Irlanda) y algunos obispos visigodos. Se trató de un programa educativo dirigido desde el poder, que pretendía difundir la cultura latino-cristiana y bíblica que se había conservado en círculos minoritarios de la Iglesia. Se establecieron normas para recuperar el estudio creando escuelas en las catedrales, y se fijó un plan de estudios en dos niveles: uno elemental (lectura, escritura y canto) y otro superior (las siete artes liberales, *trivium* y *quadrivium*). Todo ello con la intención de formar clérigos que ocupasen los cuadros administrativos del Imperio, aunque también se incluyó a seglares, como Eginardo, el biógrafo de Carlomagno. El texto de la *Admonitio generalis* (año 789) de Carlomagno expresa con claridad la idea del proyecto:

> Que haya escuelas para la instrucción de los jóvenes. Que en cada sede episcopal y cada monasterio se enseñen los salmos, las notas, el canto, el cálculo, la gramática, y que haya libros cuidadosamente corregidos. A menudo, los hombres que quieren rezar a Dios no pueden hacerlo bien por la propia incorrección de los libros que usan.

Según Peter Brown, la palabra *renacimiento* —una denominación moderna— no refleja realmente la intención del proyecto, ya que más bien se trató de una *correctio*: una puesta en orden de la cultura cristiana, pues tal era la concepción del poder imperial: un poder que debía corregir los errores del mundo cristiano para no incurrir en la ira de Dios, manifestada en las incursiones de bárbaros, el verdadero temor en la época.[16]

4. Una inteligente solución de emergencia: el feudalismo

A la muerte de Carlomagno, el Imperio se fragmentó a causa de razones internas y externas, como las invasiones de los vikingos o las correrías de los árabes hispánicos. Se puso en marcha un *guion evolutivo* recurrente. Cuando la autoridad central de un imperio se debilita, los representantes locales adquieren un poder autónomo y acaban convirtiendo en patrimonial y hereditario lo que originariamente era un empleo. Esto ocurrió con los monarcas egipcios, los gobernadores sasánidas, los gobernadores provinciales islámicos después de la decadencia de los abasidas y también en Europa con la desintegración del Imperio carolingio.[17] Sucedió también en la China del siglo IV[18] y en el feudalismo japonés, tal vez el más parecido al europeo.[19] En Europa tomó la forma del feudo, una concesión dada a cambio de tener que prestar un servicio. La arquitectura nos proporciona un símbolo de este movimiento: el castillo, tal como aparece a finales del siglo X.

La palabra *feudal* tiene hoy connotaciones peyorativas, pero en varios aspectos fue una buena solución para una época de inestabilidad. Se fundamentaba en una cadena de obligaciones recíprocas basadas en juegos de suma positiva. Señor y vasallo se beneficiaban, y esa relación establecía un nivel de estabilidad básico, aunque los niveles políticos superiores fracasaran. Es una prueba de que la capacidad autoorganizativa de la inteligencia humana ha sido hasta ahora muy eficiente. Cuando un sistema quiebra, no suele aparecer la anarquía, sino una espontánea reorganización, mediante la cual los protagonistas pugnan por un juego de suma positiva. Saben encontrar zonas de interés común y pactan obligaciones recíprocas. Cuando en el siglo IV las invasiones bárbaras disolvieron el gobierno del norte de China, las familias se reunieron en grandes campamentos, construyeron fortalezas y prestaron lealtad a un dirigente común. Los chinos santificaron esos vínculos de ayuda mutua recurriendo a su herencia espiritual, el confucianismo, mientras que los europeos sellaban los compromisos con ceremonias cristianas.[20]

El feudalismo forma parte de una caudalosa línea de la *evolución cultural*, que adquiere cada vez más importancia a lo largo de la historia, y proporciona una *herramienta intelectual* poderosa para resolver conflictos y fomentar la igualdad y la libertad. Vimos el gran paso que significó la transición de una cultura del «estatus» a una cultura del «contrato», por ejemplo, en las relaciones familiares. La mujer no intervenía en su propio contrato matrimonial. La capacidad de contratar suponía admitir la capacidad jurídica de una persona. A partir del siglo xv se insistió en el aspecto de «voluntariedad» que tenía el contrato, que adquiría fuerza de ley privada. El contrato se basaba en la igualdad de las partes para contratar, lo que fue criticado en el siglo xx, por ejemplo, en el contrato laboral, porque aunque en teoría las partes eran libres de hacerlo, se admitió que una de ellas (el trabajador) estaba en inferioridad de condiciones y debía ser protegida. Esta *herramienta* forma parte importante de la búsqueda de la *felicidad objetiva*.[21] Las sociedades desarrolladas se caracterizan por garantizar el cumplimiento de los contratos y por vigilar su contenido. Nadie puede, por ejemplo, vender su propia vida, condenándose a la esclavitud.

5. El esplendor de China

Tras los siglos de desunión que siguieron al final del imperio Han, a finales del siglo vi se establece la breve pero eficaz dinastía Sui (581-618), que completa el Gran Canal que une el río Amarillo y el Yangtsé y extiende el dominio chino hasta los actuales Vietnam y Corea. Será sucedida por la gran dinastía Tang (618-907), que recupera la antigua capital de Chang'an y prosigue la expansión imperial hasta Asia central, dominando a los pueblos turcos nómadas de la región.

En el siglo vi, China posiblemente contaba con el mayor nivel de desarrollo social del mundo. Con los Tang, el mérito se convirtió en el criterio básico para la administración, y los exámenes crearon una movilidad social sin precedentes.

Con la dinastía Tang se alcanza el momento crucial en la formación de una identidad étnica y cultural china. Se trata de una época de gran centralización, como muestra, por ejemplo, la extensa red de estaciones postales (más de 1.600 en las principales vías). La cultura refuerza sus bases confucianas, y así se establecen templos dedicados a Confucio en el Colegio o Academia Imperial *(Guozijian)* y se preparan ediciones estándar de los clásicos confucianos al mismo tiempo que se trata de elaborar una narrativa histórica del pasado chino. La narración histórica adquiere un gran peso, centralizada en la propia corte imperial y considerada un importante asunto de Estado. La educación también se convierte en un potente medio para la promoción de una identidad cultural común: en el siglo VII se ordena que en cada provincia y condado se establezcan escuelas, y un siglo después, al menos en teoría, existían en China unas 19.000 escuelas oficiales. Además, la nueva tecnología de impresión xilográfica jugaría un papel clave en la difusión de la cultura común.

Desde el siglo VIII había un movimiento de desconfianza hacia lo extranjero. En el año 819, el escritor Han Yu envió un *Memorial sobre las reliquias de Buda* al emperador para criticar el fanatismo que había provocado revueltas cuando un monasterio había cambiado de lugar unos supuestos huesos de Buda. «El budismo —insistía— no es más que un culto de gentes bárbaras.» Se habían olvidado las virtudes chinas tradicionales. Confucio era el verdadero maestro que no se preocupa del renacimiento ni de la inmortalidad, sino del aquí y ahora. «El auténtico sabio —concluía— debería ser el primero en preocuparse de los problemas del mundo y el último en disfrutar de sus placeres.»[22]

Tras los Tang (907) hubo varias décadas de división que acabaron en 960 con el ascenso de la dinastía Song, que dominó gran parte de China (960-1127) primero, y luego solo su mitad meridional (Song del Sur, 1127-1279) hasta la invasión mongola. El orden sociopolítico que se estableció entonces iba a permanecer relativamente estable durante casi mil años, hasta el siglo XX. En época Song, aunque China se convierte sin lugar a dudas en líder mundial en tecnología, prosperidad comercial, sofisticación cultural y población (supone un tercio de la población del planeta), en términos de potencia militar resulta más débil que bajo las grandes dinastías imperiales (Han o Tang), pues tras los años de luchas civiles, los Song optan por subordinar sus ejércitos al poder civil, acabando así con rebeliones y conflictos.

La llamada «revolución económica medieval china» alcanza su cenit: los objetos de producción china se encuentran por toda Asia oriental, el Índico y el mundo islámico. El viajero marroquí Ibn Battúta, un siglo después del final de los Song, al ver en la costa india los grandes barcos chinos de hasta cuatro cubiertas, no pudo dejar de decir admirado: «No hay pueblo en el mundo más rico que los chinos». Era posiblemente la sociedad más urbanizada del mundo: la mitad de la población urbana del planeta se encontraba entonces en China.

Se concibieron sistemas de inversiones conjuntas de varios comerciantes para disminuir el riesgo y se crearon innovadores sistemas de crédito e incluso contratos de futuros. Al aumentar la producción agrícola para el mercado, se desarrollaron extraordinariamente los medios de pago: los comerciantes comenzaron a usar letras de cambio y certificados de depósito. También los monopolios estatales de la sal y el té emitían certificados, que pronto se consideraron moneda. De aquí al papel moneda había un paso. Primero se emitió con limitaciones regionales y luego como moneda de curso legal en todo el país, aunque pronto dio lugar a una inflación del papel.

Un monje budista describió así un típico mercado campesino:

> El sol de la mañana no se ha alzado todavía en el lago,
> las zarzas parecen por un instante puertas de pino.
> Ancianos árboles asoman sombríos a los barrancos
> y descienden desoladas las llamadas de los monos.
> El camino vira y se abre un valle
> con un pueblo apenas visible en la distancia.
> Por la vía, gritando y riendo,
> caminan campesinos que se adelantan entre ellos,
> corriendo a competir unas horas en el mercado.
> Las paradas y las tiendas son tantas como las nubes.
> Muestran lino y papel de morera
> o traen pollos o cochinillos.
> Aquí y allá se apilan cepillos y recogedores,
> y demasiados caprichos domésticos como para mencionarlos
>   todos.
> Un anciano controla el bullicioso comercio,
> y todo el mundo respeta su más leve gesto.
> Con meticuloso cuidado compara
> una a una las varas de medir
> y las gira lentamente en sus manos.[23]

Lo que resulta más interesante es que el cambio fundamental se produjo en los textiles y el carbón, los productos que hicieron posible la Revolución industrial en Gran Bretaña en el siglo XVIII. En la China Song se inventó una gran máquina de hilar, accionada por energía hidráulica o animal. En 1078, la producción de hierro se acercaba a las 125.000 toneladas, una cifra similar a la producción de toda Europa en 1700. China era entonces, sin duda, la gran potencia mundial.

6. Transformaciones en la India medieval

En la India, el periodo medieval inicial se caracteriza por el surgimiento de reinos regionales, por la transformación del brahmanismo en un nuevo tipo de hinduismo popular y por la formación de culturas regionales. A todo ello se sumará la creciente influencia islámica, que será rotunda desde el siglo XIII con el Sultanato de Delhi.[24]

La renovación del hinduismo pasa por el desarrollo de tradiciones orientadas hacia divinidades o grupos de estas: Shiva, Vishnú y sus encarnaciones, y la diosa madre Devi. Aunque estas tradiciones cuentan con sus propios textos y ritos, se mantienen dentro del hinduismo, pues comparten la teología védica. También surgen los movimientos de cultos populares *(bhakti)* que rechazan la ortodoxia brahmánica e introducen un monismo orientado a la salvación mediante la devoción a un dios personal. Su fervor místico y devocional será definitorio en el carácter del hinduismo.

Otro gran cambio en el mundo religioso del subcontinente viene dado por la desaparición del budismo indio, que declina a lo largo de los siglos medievales. Entre los motivos de su ocaso se han señalado diversos factores: las incursiones de los hunos (siglos V-VI), que destruyen las comunidades del Indo; la tolerancia del budismo con respecto a otras religiones; su carácter esencialmente monástico, que prestaba poca atención al mundo laico y dependía en exceso del patrocinio regio; la invasión musulmana, que saqueó muchos de los monasterios y, sobre todo, la revitalización de la tradición hinduista y la ola de movimientos devocionales, que adoptaron algunas de las necesidades que venía a cubrir el budismo, como la preocupación por la salvación personal. El budismo, una de las grandes creaciones indias, dejará de tener una presencia apreciable en su tierra de origen.

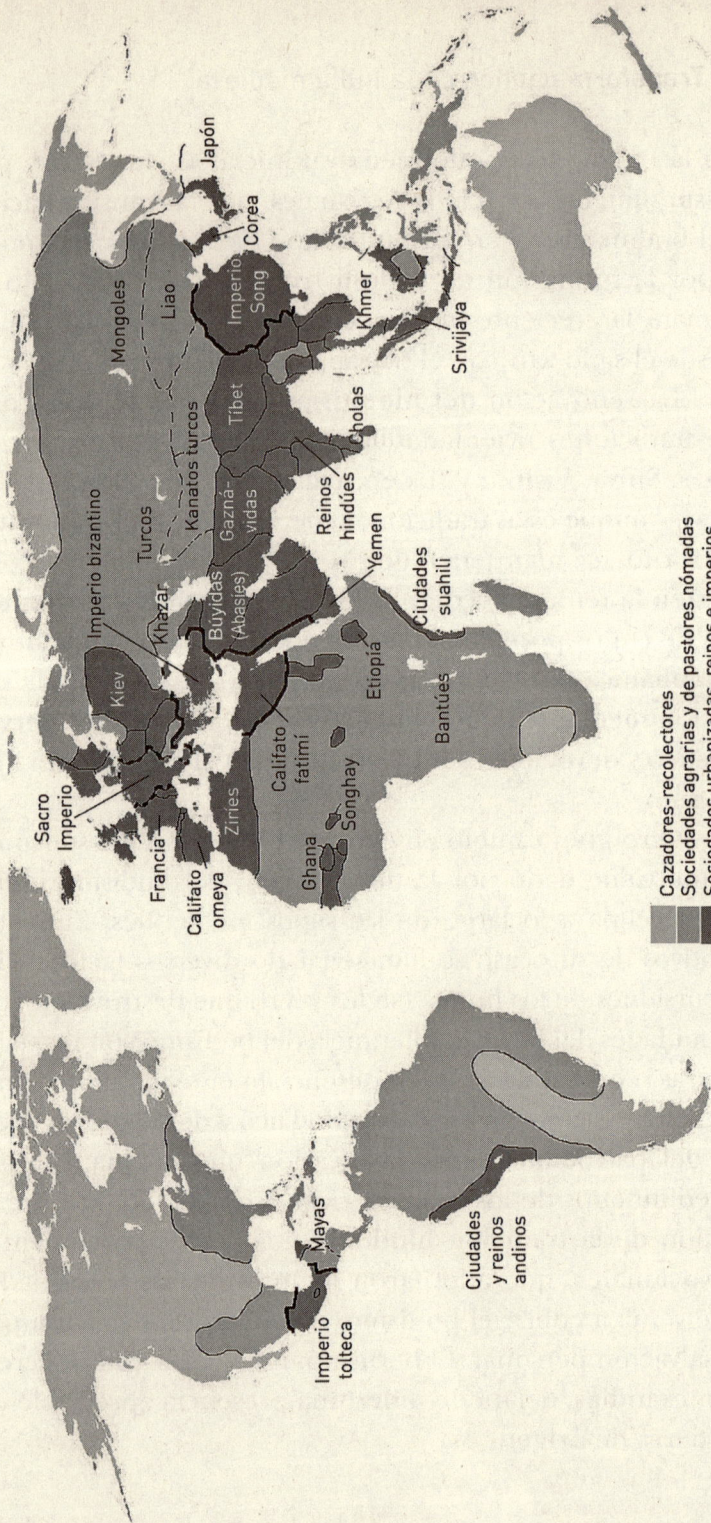

El mundo en el año 1000

Japón
Corea
Imperio
Song
Khmer
Srivijaya
Mongoles
Liao
Tibet
Cholas
Kanatos turcos
Reinos
hindúes
Yemen
Turcos
Gazná
vidas
Imperio bizantino
Khazar
Buyidas
(Abasíes)
Ciudades
suahili
Kiev
Etiopía
Bantúes
Sacro
Imperio
Zíries
Califato
fatimí
Songhay
Francia
Califato
omeya
Ghana

Mayas

Imperio
tolteca

Ciudades
y reinos
andinos

Cazadores-recolectores
Sociedades agrarias y de pastores nómadas
Sociedades urbanizadas, reinos e imperios

7. Lucha de poderes

En Europa, mientras tanto, Imperio y Papado mantenían siempre una relación conflictiva. Se apoyaban mutuamente. Los papas investían a los emperadores, pero los emperadores también nombraban y destituían papas: de los veinticinco papas que ocuparon el cargo antes de 1059, veintiuno fueron nombrados por emperadores y cinco fueron destituidos por ellos.[25] La caída del Imperio carolingio dejó al papa más vulnerable, dominado por la curia y las familias aristocráticas romanas. La idea de un nuevo Imperio romano sobrevivió en Alemania; el Papa confirió la corona imperial a Otón (962), pero luego se rebeló contra él. Otón le destituyó, eligió a León VIII en su lugar y obligó a que los papas hicieran un voto de obediencia al emperador antes de su consagración.

Un siglo después, dentro de un amplio movimiento de reforma de la Iglesia, Gregorio VII (1073-1085) decretó la supremacía del papa sobre el emperador y la potestad de destituir a los emperadores indignos de su posición. Eso era inaceptable para el emperador, cuyo poder dependía en parte de su capacidad de nombrar a los obispos, y dio origen a llamada «querella de las investiduras». Gregorio centró la reforma en la *libertas Ecclesiae*: en la lucha contra la simonía (la compra de cargos eclesiásticos) y en un impulso en defensa de la autoridad y autonomía espiritual del clero. Se pretendía así separar lo sagrado de lo profano, con evidente superioridad de lo sacro desde el punto de vista del papado.[26]

Esto suponía una nueva reflexión sobre el poder que habría de tener importancia decisiva en el modo como nuestra familia europea resolvió el problema de las relaciones entre el poder político y el religioso. Buscó la independencia entre los dos; el ámbito espiritual y el temporal se separaron, preparando así el advenimiento del Estado laico, que tardaría, sin embargo, mucho tiempo en llegar.[27] Esta reflexión coincidió con la recuperación de una importante *herramienta intelectual*: el derecho romano. Se empezó a estudiar sistemáticamente en Bolonia a partir del siglo XI, y dio lugar a la elaboración del *derecho canónico*. La Iglesia comenzó a elaborar un sistema jurídico propio, que culminó en 1140 con la publicación de un gigantesco tratado legal elaborado por el monje jurista Graciano y titulado *Concordancia de las discordancias de los cánones*. Supuso, entre otras cosas, la intervención de la Iglesia en la legislación familiar y en la normativa sexual. Desde el punto de vista de la *evolución de las culturas* tiene importancia porque determinó una parte importante de la moral sexual occidental hasta el siglo XX.

El enfrentamiento entre el poder político y el religioso, la recuperación del derecho romano y la reflexión sobre la ley fueron configurando una de las características del sistema europeo que veremos expandirse a lo largo de la historia: lo que Fukuyama denomina *principio de legalidad*, la idea de que las leyes deben ser justas y preexistentes. El gobernante no es soberano, la ley es soberana, y el gobernante adquiere legitimidad únicamente en la medida en que obtiene sus poderes justos de la ley.[28] Hemos visto ya aparecer este problema a lo largo de la historia, pero advertiremos que se va afinando en su planeamiento y en su resolución. Se confirma así que la *evolución de las culturas* es un argumento práctico, una experimentación de soluciones que va desechando unas y aceptando otras.

8. El islam vuelve a encontrarse con Europa

Un día del verano de 1096, el sultán Kilij Arslan recibió la información de que una multitud de extraños guerreros habían entrado en su territorio, «extraños —comenta Ansary—, porque iban muy pobremente pertrechados; unos pocos sí parecían guerreros, pero el resto se asemejaban más a seguidores de algún rey que quisieran acompañarle en el campo de batalla».[29] Casi todos llevaban una cruz roja cosida en el vestido. Averiguó que aquellas personas se hacían llamar *francos*. Los turcos y árabes del lugar los llamaron *al-Ifrany*, «los *frany*». Proclamaban abiertamente que iban de Occidente a matar musulmanes y a conquistar Jerusalén. Arslan mató o dispersó a aquellas tropas y no se preocupó más del asunto. No sabía que aquel grupo no era más que la pintoresca vanguardia de un movimiento que asediaría a los musulmanes de Palestina durante dos siglos, y que dio origen a un guión destructivo: las cruzadas. Duprond lo incluye dentro de las «guerras santas», de las guerras por motivos religiosos.

Numerosos testimonios dan fe de las brutalidades de los cruzados. Rudolfo de Caen, testigo presencial de los hechos, habla de casos de canibalismo. Los musulmanes rindieron Jerusalén bajo la promesa de que nadie sufriría daño, pero allí hubo una carnicería más terrible. Un cruzado, al relatar sus triunfos, hablaba de una «visión magnífica», cabalgando sobre la sangre de los infieles por calles en las que se apilaban cabezas, manos y pies.[30]

¿De dónde procedían esos guerreros? De toda la cristiandad. El papa Urbano había proclamado una cruzada para ir a liberar los sagrados lugares donde Jesús vivió y murió. El historiador británico Christopher Tyerman, experto en las cruzadas, empieza su obra sobre el tema diciendo:

> La violencia, aprobada por la sociedad y sostenida por la religión, ha demostrado ser un lugar común de las comunidades civilizadas. Lo que ahora se conoce con el nombre de cruzadas representa una manifestación de este fenómeno y constituye, desde finales del siglo XI, una característica de la cultura de Europa occidental que persistió más de qui-

nientos años. La cruzada reflejaba una concepción social fundamentada en la guerra como la fuerza principal de protección, arbitraje, disciplina social, expresión política y ganancias materiales. Las «guerras de la cruz», comprendidas por sus participantes como la manifestación de la caridad cristiana, la devoción religiosa y la ferocidad divina, ayudaron a modelar en sus adeptos el sentimiento compartido de pertenencia a una sociedad cristiana, *societas christiana*, la Cristiandad, y contribuyeron a configurar sus fronteras humanas y geográficas. De este modo, las cruzadas influyeron en la definición de la naturaleza de Europa.[31]

El problema de la violencia iba a estar presente en toda la Edad Media pues, aunque existía una concepción del derecho como ordenamiento supremo, heredado tanto de Roma como de los pueblos germánicos, también se mantenía un importante componente de autodefensa, es decir, de venganza privada a la ofensa (*Fehde, faide, feud*). Los reyes medievales lucharon primero por restringir esta autodefensa y luego por eliminarla. En general, la limitación se consiguió circunscribiendo la práctica de la violencia privada a la casta guerrera, pues parecía imposible que esta renunciase al fundamento moral de su ser, de modo que el recurso a las armas se convirtió en una especie de privilegio de la clase noble.[32]

Thomas N. Bisson, que ha estudiado cómo se ejercía el poder en esos siglos, escribe:

> Armados, pretenciosos y pobres, los caballeros se aferraban a sus herméticos recintos pétreos y a sus charlas sobre armas, gestas, monturas, ataques y súplica, prefiriendo centrar más sus conversaciones en estratagemas e incautaciones que en ingresos o formas de administración.[33]

La violencia se hizo abrumadora:

Había hombres armados a caballo por todas partes; hombres capaces de coaccionar a los campesinos o de apoderarse de sus tierras, y entre ellos había también algunos que ejercían el poder propio del señorío o que aspiraban a hacerlo. Rodeados de gran alboroto en las cercanías de las torres y fosos, como ocurrió con aquel «grande y terrible estrépito» con el que el obispo Gerardo II fortificó sus iglesias en Cambrai en torno al año 1080, no era ya posible confundir a aquellos hombres con caballeros pobres o con criados domésticos; enfundados en su cota de mallas y erguidos sobre sus monturas, debía resultar muchas veces difícil distinguirlos de los señores de noble cuna. Y eso era justamente lo que pretendían.[34]

Urbano II sin duda pensó que era mejor derivar esa violencia contra los infieles que ejercerla contra los cristianos europeos. Y convocó la primera cruzada.

Nadie en el mundo musulmán entendió esa agresión como una lucha épica entre el islam y la cristiandad: esto era lo que veían los cruzados. Para los musulmanes no era un choque de civilizaciones, sino simplemente una calamidad que se abatía sobre la civilización. Y es que no veían en los *frany* señal alguna de civilización. Un príncipe árabe llamado Usama ibn Munqidh dice de los francos que eran «como bestias, superiores en coraje y ardor guerrero, pero en nada más, igual que los animales son superiores en fuerza y agresividad». Tanto desagradaban los cruzados a los musulmanes que estos llegaron a apreciar a los bizantinos. Cuando comprendieron los motivos políticos y religiosos de los cruzados, establecieron una distinción entre *al Rum* (Roma, es decir, los bizantinos) y *al-Frany*. Los musulmanes llamaron a este periodo de violencia las «guerras de los *frany*», no «las cruzadas».

Las guerras de religión empezaron a ser una constante en Europa. En 1209, el papa Inocencio III convocó una cruzada contra los cátaros. Cualquiera podía hacerse con sus propiedades, y con cuarenta días de combate perdonaba todos los pecados. En 1145 se proclamó la Segunda Cruzada, predicada por san Bernardo —el último Padre de la Iglesia católica—, un personaje complejo que muestra hasta qué punto el dogmatismo puede conducir al odio al diferente y a la falta de compasión. Reconocido como un gran místico, escribió la regla de la orden militar de los templarios, y afirmó que matar en nombre de Dios era un acto meritorio.[35] La furia religiosa asoló Europa durante siglos. El horror no había hecho más que empezar.

CAPÍTULO UNDÉCIMO

CRISIS Y RENACIMIENTO
(1200-1400)

1. De nuevo la tormenta

Los gráficos meteorológicos muestran cómo se forman las nubes, avanzan, cambian, se desvanecen. La narración histórica tiene esa misma movilidad, difícil de describir en un libro. Tiene un fatal parecido con el lienzo de Penélope y la inacabable tarea de Sísifo. Hacer y deshacer. Las fronteras cambian, se establecen alianzas, se lucha, se hace la paz, se destruye, se reconstruye, los antiguos enemigos se alían en contra de los antiguos amigos. En tan agitado paisaje, las grandes líneas evolutivas permanecen, porque los problemas persisten. Las herramientas se perfeccionan y, a veces, se olvidan. Aprovechando cualquier ocasión apropiada, la inteligencia de la humanidad busca un modelo mejor de organizar su vida. El estudio de la actividad creadora nos enseña que los creadores se guían siempre por un «esquema de búsqueda» muy poco preciso. No pueden saber lo que quieren porque aún no existe. Y conocen con más certeza lo que no desean que lo que desean. Lo mismo sucede con la creación de la *felicidad objetiva*. Gran parte de los descubrimientos se hacen por huir de algo.

261

En la época que historiamos, las redes comerciales siguen creciendo. Los tres grandes espacios culturales-religiosos que se habían establecido en Eurasia en los siglos anteriores —el cristiano en Europa, el musulmán en el norte de África y Asia occidental y el budista en Asia meridional y oriental— mantenían crecientes contactos por tierra (rutas caravaneras de la seda, pasos a través del altiplano asiático) y por mar (a través del mar del sur de China, los archipiélagos del sudeste asiático, el océano Índico y el mar Mediterráneo). China experimentaba un gran progreso económico. Las ciudades-estado italianas, Pisa, Génova y Venecia, peleaban por adueñarse del comercio. Las cruzadas continuaban. Hasta nueve se lanzaron contra Tierra Santa. En 1218 una expedición se dirigió a Egipto con la idea de abrirse paso hasta Jerusalén. Francisco de Asís se unió a los ejércitos que zarparon hacia el sur, con la esperanza de convertir al sultán al-Kamil. Los cruzados sufrieron una gran derrota. Mientras sus jefes consideraban si aceptar una rendición, les llegó la noticia de que un gran ejército marchaba desde las entrañas de Asia para ayudarles. Tenían que ser las huestes del preste Juan, un personaje legendario, del que habían circulado cartas. «Yo, el Preste Juan, soy el señor de los señores, supero a todos los reyes del mundo entero en riqueza, virtud y poder.» Su fantástico reino estaba muy cerca del cielo.[1] Las noticias eran falsas. «Lo que se encaminaba hacia los cruzados no avanzaba por la ruta del cielo, sino por un sendero que parecía conducir directamente al infierno. Galopando por él, llegaban los mongoles.»[2]

De nuevo, aparecían los nómadas. A finales del siglo XI los mongoles eran una de las muchas tribus que vivían en los márgenes septentrionales de la frontera entre China y el mundo de la estepa. Un contemporáneo los describía así: «Viven como bestias, sin guiarse ni por la fe ni por la ley, vagan sencillamente de un lugar a otro, como animales salvajes en busca de pastos».[3]

Había aparecido un gran caudillo, Gengis Kan (1162-1227). Sus conquistas llegaron desde el norte de China hasta el Cáucaso y la actual Ucrania. Sus sucesores culminaron la expansión mongola con la destrucción de Bagdad (1258), que puso fin al califato, y la derrota del último emperador Song (1276), que supuso la ocupación de la totalidad de China. Aprendieron técnicas navales y tecnologías chinas como la fabricación de la pólvora. Durante su conquista, Kublai Kan, un nieto de Gengis Kan, fue proclamado Gran Kan y fundó la dinastía Yuan (que significa «comienzo»), cuya capital se estableció en Dadu, la «gran capital», también llamada Cambalic (la actual Beijing), que hacia 1300 era la segunda ciudad del mundo, después de Hangzhou, la antigua capital Song. La dinastía gobernó de 1271 a 1368. Kublai Kan vivió casi toda su vida en China, gobernó según el estilo político chino y solía vestir a la moda china, aunque parece que nunca aprendió a leer en esa lengua. Reservó los puestos de responsabilidad política para los mongoles y dividió a la población en cuatro categorías jerárquicas, cuyo nivel inferior correspondió a los chinos del sur. En el siglo XIII la extraordinariamente rápida expansión de los mongoles cambió el continente asiático y afectó profundamente a todas las culturas de Eurasia.

Las invasiones mongolas supusieron una ola de destrucción innegable: los contemporáneos relataban los horrores de unas cruentas conquistas, pero, a su vez, cuando se alcanzó la paz, facilitaron el comercio y la transmisión de información y el intercambio cultural, así como el intercambio biológico. Las rutas comerciales vivieron una fase de esplendor con la llamada *Pax Mongolica* (desde el siglo XIII hasta comienzos del XIV), época en la que se produjeron los viajes de Rabban Bar Sauma, Marco Polo, Guillermo de Rubruck o Ibn Battuta, que anunciaban el interés por conocer y contactar con otros mundos y que inspirarían la etapa posterior de exploración europea del mundo. Los mongoles dieron estabilidad a la ruta comercial. El sucesor de Gengis Kan, Ogodei, construyó Karakorum decidido a atraer a comerciantes. De nuevo aparece un enfrentamiento entre dos soluciones para conseguir lo que se necesita o lo que se desea: la fuerza o el comercio. Tucídides, al comienzo de la *Historia de la guerra del Peloponeso*, considera un síntoma de barbarie el no comerciar.[4] Hirschman en su libro *Las pasiones y los intereses* muestra la conveniencia, según los pensadores de los siglos XVII y XVIII, de sustituir las pasiones por los intereses. Aquellas son desmesuradas, estos calculadores. Aquellas son ardientes, estos son pacíficos.[5] Nuestra historia muestra la virtud aplacadora del comercio, un juego de suma positiva.

También acudieron religiosos de todas las creencias atraídos por la tolerancia mongola. «Igual que Dios dio a la mano dedos distintos —dijo un sucesor de Ogodei a un cristiano—, ha dado diferentes costumbres a los hombres.» En 1254 decidió hacer un debate público entre cristianos, musulmanes y judíos. Una gran multitud se reunió para presenciar el acto, que comenzó bien, pero la costumbre mongola de dar leche de yegua fermentada a cada ronda del debate hizo que al final todos los participantes estuvieran borrachos. Entonces los cristianos empezaron a cantar himnos, los musulmanes a recitar versículos del Corán y los budistas se retiraron a meditar.

Los mongoles produjeron cambios fronterizos considerables, pero cuando se estabilizó la situación tras sus conquistas, las grandes regiones previas volvieron a resurgir como entidades políticas: China, India, Persia, Anatolia...[6] Produjeron un mayor impacto en los territorios con una menor tradición de poder centralizado y estructuras estatales, como Asia central y Rusia. De algún modo facilitaron la integración euroasiática ampliando los horizontes de sus súbditos y vecinos, y dejaron una gran huella en las vías de intercambio. En cierto modo también, al integrar espacios tan diversos y distantes, anticiparon ciertas formas de dominio imperial que iban a desarrollar los europeos en los siglos siguientes.[7]

El mundo en 1300

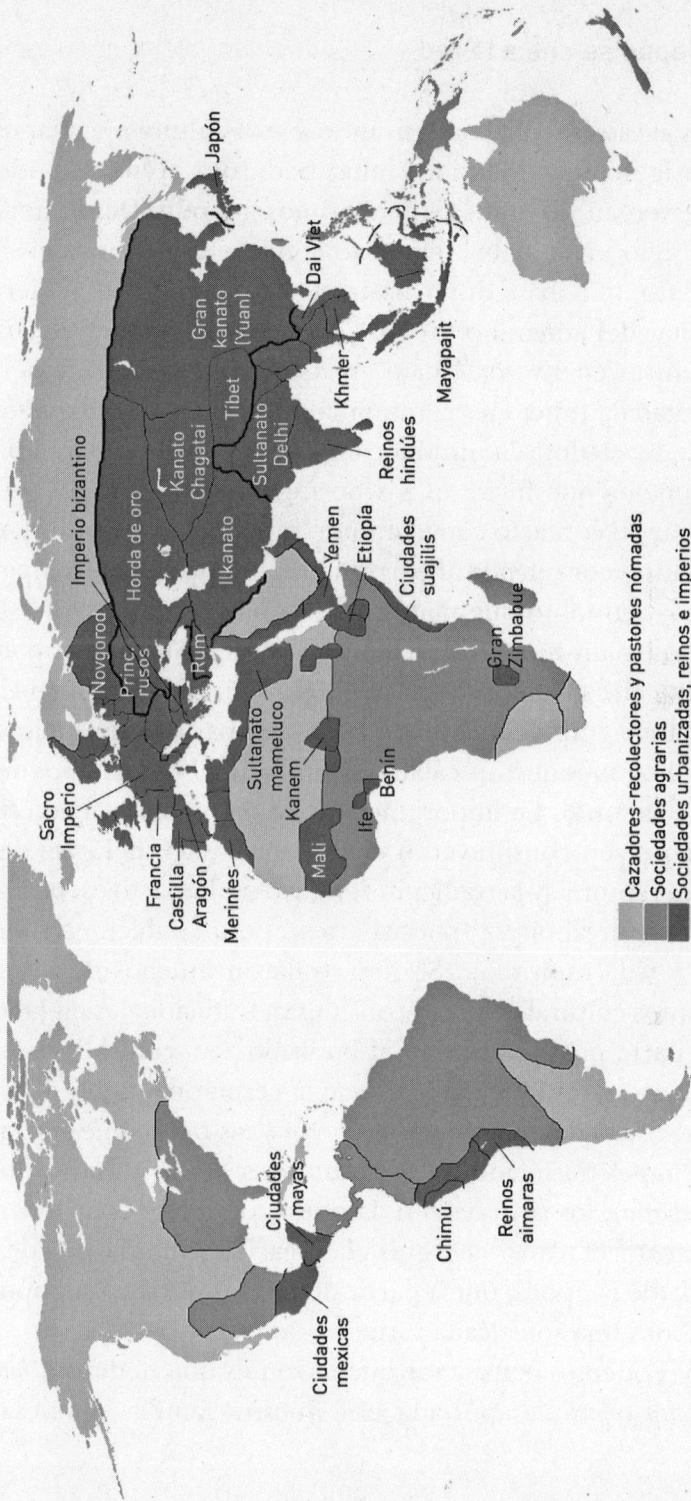

Sacro Imperio

Francia
Castilla
Aragón
Meriníes

Novgorod

Princ. rusos

Imperio bizantino

Rum

Horda de oro

Ilkanato

Kanato
Chagatai

Tibet

Gran
kanato
(Yuan)

Sultanato
Delhi

Japón

Dai Viet

Khmer

Mayapajit

Reinos
hindúes

Yemen

Etiopía

Ciudades
suajilís

Sultanato
mameluco

Kanem

Mali

Ife

Benín

Gran
Zimbabue

Ciudades
mayas

Ciudades
mexicas

Chimú

Reinos
aimaras

- Cazadores-recolectores y pastores nómadas
- Sociedades agrarias
- Sociedades urbanizadas, reinos e imperios
- Máxima extensión de los dominios mongoles

2. Japón se une a la red

Más al este, estaba configurándose una cultura peculiar que consiguió una identidad muy poderosa al aceptar ideas que venían de fuera. Nos referimos a Japón. Desde finales del siglo XII se había impuesto como forma política el shogunato, que iba a durar hasta el siglo XIX. Era el gobierno militar del general o shogun, que ejercía el poder efectivo, mientras en Kyoto (Heian) se mantenía la corte imperial relegada a funciones ceremoniales. En este sentido, resulta muy reveladora la «traducción» de las categorías políticas japonesas que hicieron los portugueses en el siglo XVI al entrar en contacto con el mundo nipón: equipararon al emperador con el pontífice romano —y no con el emperador—, en tanto que máxima autoridad espiritual, y al shogun con un monarca secular, como depositario del poder político real.[8] En esta época el budismo zen (chan, en China) tuvo gran desarrollo en Japón, en parte por impulso de los shogunes que buscaban así amansar a los guerreros de la elite samurái. La importancia de la disciplina y el adiestramiento zen constituyeron elementos básicos del *ethos* de la casta samurái, y la tradición zen tuvo un impacto esencial en la estética japonesa (poesía, artes), pero también en su moral y vida espiritual.[9] Se desarrollaron muchos de los elementos culturales que se consideran tradicionales en Japón, en parte por influencia del budismo zen, como la estética de buscada simplicidad rústica, la ceremonia del té (*chanoyu*), el uso del tatami en los suelos y las particiones móviles de papel traslúcido en los interiores (*shōji*), el arte floral (*ikebana*), los jardines zen, la poesía de versos encadenados (*renga*) y el teatro *noh*, quizá la creación literaria más destacada de la época, que a partir de formas del drama popular elabora una sofisticada variedad de teatro.[10] Podemos considerar que el zen es una poderosa *herramienta espiritual* aportada por nuestra familia japonesa al acervo común, que Suzuki y otros maestros intentaron explicar a Occidente.[11] Como ocurre con las grandes ideologías orientales, es una experiencia —un camino— más que una teoría conceptual.

3. La India y el sudeste de Asia

La primera expansión musulmana se detuvo al oeste de la India. En el siglo XI, una dinastía turco-musulmana conquistó el valle del Indo (actual Pakistán) y, en la época que ahora historiamos, el islam se extendió por el valle del Ganges, con la creación de un sultanato en Delhi, en 1206. Se mantuvo hasta 1398, cuando cayó bajo una nueva invasión, encabezada por el turco-mongol Tamerlán, el último gran caudillo nómada, cuyos ejércitos llegaron hasta Moscú.

La situación religiosa durante el dominio musulmán de India resulta interesante para comprender circunstancias actuales. La época del sultanato no debe considerarse la de una imposición de una religión ajena (el islam) sobre una mayoría hindú. En realidad, los conquistadores eran tanto turcos islamizados (la minoría militar gobernante) como persas (la alta burocracia, muchos de ellos huidos de las invasiones mongolas). Estos últimos aportaron un ingrediente fundamental de alta cultura persa (literatura, música, arquitectura) y ocuparon los puestos superiores de la administración, la justicia, etc. El persa se convirtió en la lengua del gobierno y la diplomacia, y siguió siéndolo hasta fechas tan avanzadas como comienzos del siglo XIX, de modo que se llegaron a escribir muchos más textos en persa en la India que en Irán. El hinduismo siguió siendo la religión predominante en las zonas rurales, mientras que el islam comenzó a tener poco a poco presencia en las ciudades del norte. En general, las conversiones al islam no se debieron a las acciones del poder (que no quería perder los impuestos que pagaban los no musulmanes), sino al propio interés de muchos de los conversos de castas inferiores, aunque no solo de estas, pues la conversión era también un medio para el ascenso social en la burocracia. Por otra parte, las formas místicas del sufismo musulmán atrajeron especialmente a muchos indios, ya que sus prácticas no diferían demasiado de las formas devocionales del hinduismo *bhakti*: muchos sabios sufíes eran considerados hombres santos no muy distintos de los yoguis y santones hindúes. Hubo épocas y gobernantes tolerantes —se llegó a considerar a los hindúes como *dhimmies* o «gentes del libro», por lo que se toleraban sus prácticas religiosas si se sometían al sultán y pagaban impuestos—, pero también hubo acciones despiadadas, sobre todo durante las guerras de conquista, en las que se profanaron y destruyeron numerosos e importantes templos hindúes.[12]

En tiempos del sultanato de Delhi se utilizaron diversos expedientes para incrementar los ingresos de la Corona, muy necesitada de recursos para su política de control político mediante donaciones. Entre dichos expedientes destacó la acuñación de moneda de cobre y latón de valor nominal muy superior al de su contenido metálico, lo que condujo a la falsificación generalizada de la misma, que terminaría por forzar la retirada de dichas acuñaciones.[13]

En el sudeste asiático se introduce el islam desde India, pues el comercio de especias de los musulmanes indios que viajan a Sumatra y Malasia sirve de vehículo para dicha difusión. En el siglo xvi el islam constituye ya la fe dominante en Java y Sumatra, que alcanza luego a gran parte del resto del archipiélago indonesio y Malasia.[14] La presencia de mercaderes musulmanes en los puertos del sudeste asiático, sobre todo en las islas de la actual Indonesia, fue la vía fundamental de entrada de la nueva religión. Pero también contribuyó la política de rechazo al poder dominante en la época, el reino hindú de Mayapajit, que en el siglo xiv había conquistado gran parte de Java y otras islas, e impuso tributo a las ciudades y los señores locales, los cuales adoptaron el islam como acto de resistencia frente al poder de los conquistadores. Enriquecidas por el comercio con China, las ciudades-estado musulmanas de Java terminaron derrotando a dichos monarcas, que se refugiaron en Bali, el único dominio hinduista que ha permanecido hasta el presente en el sudeste asiático.[15]

La islamización progresiva del subcontinente indio y del sudeste asiático que se inició en estos siglos ha tenido consecuencias que llegan hasta el presente: el peso demográfico del islam se inclina claramente hacia estas regiones, pues en la actualidad los países del mundo con mayor población musulmana son Indonesia (225 millones), Pakistán (200 millones), India (190 millones) y Bangladesh (150 millones), muy por delante de los países de Oriente Próximo donde había surgido el islam. Estos cuatro países suman en la actualidad casi un 44 por ciento de la población musulmana mundial.

4. Sultanatos mamelucos en el mundo islámico

Mientras tanto, en otras regiones del mundo musulmán se había ideado un modo de resolver el problema de la patrimonialización del poder político: la institución de los mamelucos, un sistema de reclutamiento impersonal que aseguraba el suministro de candidatos fieles al poder y carentes de vínculos familiares o tribales que pudiesen generar intereses privados. El término *mamluk*, mameluco, suele traducirse como «soldado esclavo» —lo que refleja el sentido de obediencia y lealtad personal—, pero carece de la connotación de inferioridad social ligada a la esclavitud. La esclavitud militar constituye un fenómeno particular del mundo musulmán, mediante el cual se reclutan elites político-militares fuera de la propia sociedad, pues el islam prohíbe esclavizar a un musulmán. El sistema existía desde tiempos abasíes.[16]

Las dinastías mamelucas fueron en su mayoría de origen turco[17] y dominaron las regiones de Asia central, como la dinastía de los Gaznávidas (siglos X-XII). Los sultanes de Delhi también eran generales turcos de origen esclavo. Posiblemente la dinastía mameluca más famosa es la que se hizo con el poder en Egipto en 1250 y alcanzó pronto la gloria al rechazar la invasión de los mongoles en Siria y expulsar poco después a los últimos cruzados. Durante la época del sultanato mameluco de Egipto, su capital, El Cairo, fue una de las mayores ciudades del mundo, gracias a los vínculos comerciales con el Mediterráneo y con el Índico, de donde importaban especias asiáticas para venderlas en los mercados europeos, especialmente en Venecia, que era el socio comercial preferente del sultanato.[18]

5. Europa se despierta

Uno de los enigmas que intriga a los historiadores es por qué Europa, situada en el extremo occidental de Eurasia, pobre y convulsa, acabó por convertirse siglos más tarde en la zona dominante desde el punto de vista político, económico y cultural. Es el tema de la «gran divergencia» entre Europa y el resto de las civilizaciones euroasiáticas, tratado por autores como Fernand Braudel, Carlo M. Cipolla, David Landes, François Crouzet o Kenneth Pomeranz.[19]

En el siglo X, el famoso geógrafo árabe al-Mas'udi describía a los europeos de la siguiente manera: «Carecen de sentido del humor; sus cuerpos son grandes; su carácter, grosero; su entendimiento, escaso; y sus lenguas, toscas. Cuanto más al norte se encuentran, más estúpidos, groseros y brutos son».[20] Algún tiempo después, en 1068, Said al-Andalusi, cadí de la Toledo musulmana, escribió un libro sobre las diferentes clases de naciones, en el que señalaba que los pueblos del norte de Europa «no han cultivado las ciencias y parecen más bestias que hombres». Todavía en el siglo XIII, el profesor de Oxford Roger Bacon pedía al Papa que emprendiera el estudio de las ciencias naturales, para lo que había que traducir del árabe. En los siglos XII y XIII esa tarea se estaba llevando a cabo en algunas ciudades españolas, en especial en Toledo, así como en Sicilia.

Debemos volver a la «historia inversa». China fue durante siglos el país más rico y poderoso. Pero en 1913, once imperios continentales europeos controlaban casi las tres quintas partes de todo el territorio y la población del planeta, y un 79 por ciento de la producción económica global.[21] Inevitablemente, la *ciencia de la evolución de las culturas* tiene que hacerse una pregunta comprometida: ¿esa hegemonía fue resultado de un proceso darwiniano duro en el que sobrevivió el más fuerte, o junto a la fuerza intervinieron factores que suponían un progreso en la búsqueda de la *felicidad objetiva*? La respuesta es agridulce. Europa inventó soluciones que han sido aceptadas universalmente como las más adecuadas para conseguir la *felicidad objetiva*, pero utilizando frecuentemente una gran violencia, como si el fin justificase los medios. No en vano, la cuna de los derechos humanos ha sido también la cuna de la razón de Estado, del maquiavelismo político y del colonialismo.

Como veremos detalladamente, Europa fue desarrollando *herramientas físicas e intelectuales* cada vez más poderosas, y aprendió a utilizarlas eficientemente. Entre ellas se incluye la ciencia, la tecnología bélica, el aumento de la información, instituciones políticas más justas, el reconocimiento de los derechos, etc. Una inquietante mezcla de violencia y de protección contra la violencia. Los capítulos siguientes de esta historia lo contarán en orden cronológico. Si, prosiguiendo nuestro ensayo de «historia inversa», buscáramos la genealogía del predominio occidental de los siglos XIX y XX, tendríamos que remontarnos al periodo que estamos historiando. Al hacerlo conseguiremos un interesante efecto de iluminación recíproca. El pasado nos permite entender el presente, pero el conocimiento del presente nos permite dirigir la investigación del pasado. Esta fue la tesis de Marc Bloch, quien sostenía que «la incomprensión del pasado nace realmente de la ignorancia del presente»[22] y de Lucien Febvre, para quien «el análisis del presente puede aportar el mapa y el compás para la investigación histórica».[23] Necesitamos saber qué buscar en la historia. Lo mismo sucede con la historia comparada o con la lingüística comparada. Lo que sabemos de un país o de una lengua nos permite comprender otros, lo que a su vez nos ayuda a conocer mejor el punto de partida.

La hegemonía europea, que es un proceso de ciclo largo (de *longue durée*), se inició según Janet Abu-Lughod en el siglo que va desde 1250 hasta 1350, «que constituye el fulcro decisivo en la historia mundial».[24] Huyendo de una posición eurocéntrica, afirma que en el comienzo del siglo XIII el Imperio mongol era el centro del mundo, fundamentalmente por su capacidad de movilizar el comercio, y que fue su decadencia la que hizo posible el ascenso de Europa. Esta discutida afirmación proporciona una nueva perspectiva a nuestro estudio. Para comprender la marcha de la historia no solo debemos conocer lo que hicieron los triunfadores, sino también lo que hicieron o dejaron de hacer los «perdedores». Por ejemplo, si no conocemos el modo como las culturas africanas se enfrentaron a los problemas estructurales, no podremos entender del todo episodios tan dramáticos como la trata de esclavos, la acción de los imperios coloniales modernos o la inestabilidad institucional que padecen algunos de ellos.

Es cierto que I. Wallerstein, en una famosa e influyente obra, estableció el gran cambio en el siglo XVI,[25] situando allí el comienzo del capitalismo, que para él es el fenómeno más representativo de la modernidad. Ferguson también sitúa en ese siglo lo que considera un fenómeno asombroso: «¿Por qué, más o menos, a partir de 1500, unos pequeños regímenes del extremo occidental de la masa continental euroasiática pasaron a dominar el resto del mundo, incluidas las sociedades más populosas y en muchos aspectos más sofisticadas de Eurasia oriental?».[26] Sea como fuere, tiene razón Watson al decir que la transformación experimentada en Europa antes de 1500 «es probablemente una de las cuestiones más fascinantes en el ámbito de historia de las ideas».[27]

6. Convergencias

Siguiendo nuestro método podemos decir que en estos siglos los intentos con frecuencia desconectados de resolver problemas fueron esbozando un modelo de *felicidad objetiva*, coincidente con el que se está imponiendo en la actualidad. En el siglo XIII convergen la afirmación de la individualidad, el elogio de la razón, el emprendimiento económico, la libertad de las ciudades, la limitación del poder y restos del espíritu caballeresco. La obediencia, como actitud fundamental en el plano político y religioso, se va resquebrajando al mismo tiempo que los argumentos de autoridad, aunque el horizonte de mayor libertad y autonomía solo sea vislumbrado por individuos adelantados. Y, aun en esos casos, con un sentimiento de incertidumbre. Se fomenta la introspección, entre otras cosas porque el IV Concilio de Letrán (1215) dictaminó la obligación de confesarse al menos una vez al año, lo que era un ejercicio de análisis interior que tenía no solo una función moral, sino que imponía una disciplina reflexiva extraordinaria. El examen de conciencia había sido practicado por los estoicos y epicúreos.

Ahora se fomentaba en todo el mundo católico. Pero no pretendía encontrar la peculiaridad personal, sino la fidelidad, la imitación de Cristo. También se practicará en la China Ming por influencia del budismo chan, siguiendo unas normas de autocontrol y haciendo recapitulación diaria de las buenas obras.[28]

La entronización del individuo en el centro del mundo, que será reforzada por el Renacimiento y en parte por la Reforma protestante, por la nueva idea de los derechos, por la aparición de sistemas incoativamente parlamentarios, va unida con la entronización de la razón, que culminó en la ciencia, con la defensa frente al poder, y también con la aparición de un incipiente sistema productivo dirigido al comercio, a organizaciones más eficientes, que proporcionaban independencia a muchas familias de artesanos. «El descubrimiento del individuo —sostiene Coli Morris— fue uno de los desarrollos culturales más importantes ocurridos entre 1050 y 1200.»[29] El cristianismo comenzó a admitir que la conciencia personal era más importante que la jerarquía. «Si cualquiera de los ministros ordenaba a sus hermanos algo contrario a las reglas o a la conciencia, estos no estaban obligados a obedecerle.»[30]

La revolución ideológica comenzó en el estamento más culto: la Iglesia y las universidades. La llegada de la obra de Aristóteles y de Averroes proporcionó unas nuevas y potentes *herramientas intelectuales*, para afrontar problemas filosóficos. Fomentó el reconocimiento de la autonomía de la razón, lo que hizo que algunos autores llegaran a defender la teoría de la doble verdad —una científica y otra religiosa—, doctrina que fue condenada por la Iglesia en 1270. Aparece una fractura entre la enseñanza monástica, centrada más en el misticismo y la emoción, y la enseñanza universitaria, atraída por la lógica.[31] En un caso se comentaba el *Cantar de los cantares*, y en el otro las obras de Aristóteles o el *Libro de las sentencias*, de Pedro Lombardo. Tomás de

Aquino, desde una postura más moderada, también separa los ámbitos de la teología y de la filosofía. En ambos casos, la razón se encarga de argumentar, pero en la teología lo hace a partir de datos aceptados por fe, y en la filosofía a partir de datos de la experiencia. «Al ampliar su propio conocimiento, el hombre se parece más a Dios.» Una muestra de la autonomía de la razón es que, en una argumentación teológica interesantísima para nuestro estudio, Tomás de Aquino distingue en Cristo dos voluntades, una divina y otra racional, en cuanto hombre: «*Praeter voluntatem divinam, oportet in Christo ponere voluntatem humanam, non solum prout est potentia naturalis aut prout est motus naturalis, sed etiam prout est motus rationalis*».[32]

Armonizar las ideas que procedían del mundo pagano con las que procedían de la teología cristiana fue una colosal aventura intelectual. Citaremos solo un caso que es relevante para la continuación de nuestra historia: los problemas que planteó a la teología escolástica el concepto aristotélico de «magnanimidad». Los griegos admiraban la «grandeza», la *megalopsijia*, la exaltación del alma que no encuentra otra razón para vivir que la realización de grandes tareas, ante las que está dispuesta a sacrificarlo todo y a falta de las cuales la vida no tiene ningún sentido. Esa idea de la propia excelencia enlazaba bien con el ideal caballeresco de realizar hazañas para conseguir fama y gloria, pero chocaba con la tradicional defensa cristiana de la humildad. Bernardo de Claraval, el predicador de la Segunda Cruzada, escribe: «Soberbia es el deseo de la propia excelencia». En cambio, Pedro Abelardo, un racionalista crítico, consideraba la magnanimidad como la virtud de la iniciativa, que se oponía a la pusilanimidad, a la pequeñez de alma. Es la virtud de la acción, sin la cual seríamos incapaces de alcanzar las demás virtudes. Es difícil no relacionar esta afirmación con el *Sapere aude* (atrévete a pensar), que, según Kant, era la esencia de la Ilustración. Abelardo (1079-1142), popularmente conocido por sus aventuras y desventuras con Eloísa, fue un genio de la lógica, que en su libro *Sic et non* se propuso enfrentar las opiniones contradictorias de las autoridades filosóficas y teológicas, siendo un precedente del método de la *questio*, adoptado por la filosofía medieval. Para algún erudito, fue el «primer hombre moderno».[33] Tomás de Aquino encontró la manera de coordinar el deseo de excelencia con la humildad: la razón. «Si el deseo de excelencia sigue la regla de la razón divinamente esclarecida será un deseo recto y pertenece a la magnanimidad.»[34] Sigerio de Brabante, un averroísta latino, da un paso más: «Ciertamente la humildad es una virtud y la magnanimidad también lo es. Pero la magnanimidad es una virtud más perfecta que la humildad. La humildad no es una virtud propia de hombres tan perfectos como aquellos que poseen la magnanimidad». La historia de esta polémica está espléndidamente contada en el libro de R. A. Gauthier, *Magnanimité*, cuyo subtítulo es elocuente: «El ideal de la grandeza en la filosofía pagana y en la teología cristiana».[35] El camino para los exaltadores renacentistas del yo estaba abierto. Huizinga, al hablar del ideal caballeresco, pensaba que esa búsqueda de la gloria propia era una demostración de soberbia, y recordaba que Burckhardt consideró que esa arrogancia fue un rasgo fundamental del hombre renacentista.[36] La tradición germánica impulsaba el individualismo heroico. El protagonista de la *Bósa saga* se niega a aprender las artes de la magia porque «no desea que en su saga se escriba que él obtuvo algo gracias a la magia en lugar de confiar en su propio valor». Lo que más le preocupa es la opinión de la sociedad.[37]

Ya mencionamos en el capítulo octavo la necesidad de escribir, junto a la historia del poder, la historia de la sumisión y la obediencia. La subjetivación de los modos de dependencia. El mundo feudal había sido un mundo de servidumbre. Los vientos estaban cambiando. Si comparamos distintas culturas apreciaremos mejor la novedad de lo que estamos historiando. Según Takeo Doi la cultura japonesa transmitió siempre un espíritu generalizado de dependencia, lo que hacía que la emoción que «constituye la esencia de la psicología japonesa y la clave para comprender la estructura de su personalidad» es *amae*, que el diccionario *Daigenkai* define como «apoyarse en el mor de otra persona o depender del afecto de otro». Takeo Murae comenta: «Al contrario que en Occidente, no se anima a los niños japoneses a enfatizar la independencia y autonomía individuales. Son educados en una cultura de la interdependencia: la cultura del *amae*: el ego occidental es individualista y fomenta una personalidad autónoma, dominante, dura, competitiva y agresiva. Por el contrario, la cultura japonesa está orientada a las relaciones sociales, y la personalidad tipo es la dependiente, humilde, flexible, pasiva, obediente y no agresiva. Las relaciones favorecidas por el ego occidental son contractuales, las favorecidas por la cultura *amae* son incondicionales».

7. La razón y la política

La condena de la soberbia por los teólogos medievales tenía una motivación política. En una época muy jerarquizada, en la que se daba una interpretación sagrada del poder, era fácil y útil para el gobernante convertir la rebelión contra el poderoso en una rebelión contra Dios. La exaltación de la individualidad se percibe como una amenaza para el buen orden de la sociedad y de todo el universo. Bernardo de Claraval ataca a Pedro Abelardo, por estar «dispuesto a dar razón de todo». Pero lentamente se va abriendo paso el deseo de libertad, que fundamentalmente era deseo de limitar el poder, una aspiración que ahora nos parece clara, pero que durante siglos fue ocultada por poderosos intereses. Cada vez que la pobreza, la ignorancia, el dogmatismo, el miedo y el odio se fortalecen, el poder se expande. El ideal político al que hemos llegado en la actualidad es el Estado de derecho, es decir, un Estado sometido a la ley, una sociedad regida por el «principio de legalidad» que se ha ido elaborando trabajosamente durante siglos. Se trata fundamentalmente de que el soberano esté sujeto a la ley. «Esto —escribe Fukuyama— no significa que quienes ostenten el poder civil no puedan crear nuevas leyes. Se trata de que deben legislar de acuerdo con las normas establecidas por la ley preexistente, no de acuerdo con su voluntad.»[38]

Este es un bello ejemplo para volver a ensayar nuestro método. ¿Cuál es el *problema estructural* que debe resolverse? El conflicto entre el poder, que intenta expandirse al máximo, para lo que necesita legitimaciones convincentes, y los súbditos o competidores, que quieren limitarlo. La solución consistió en admitir una instancia previa a los poderes fácticos, que podía utilizarse para ambas funciones, legitimar y limitar. Esta solución se plasmó en tres versiones: la autoridad actual estaba legitimada y limitada por Dios, supremo legislador; lo estaba por leyes anteriores o lo estaba por leyes impresas en la naturaleza. Son tres *guiones evolutivos* diferentes.

El primero ha tenido una larga vida. Ya en los primeros documentos babilónicos o egipcios, la divinidad era el legislador supremo que daba las órdenes que el soberano se limitaba a repetir. Pero a ese poder por delegación estaban sometidos todos los súbditos, incluso los sacerdotes. Este fue el sistema vigente en China, en el mundo islámico y en el Imperio bizantino, para el que se acuñó el término *cesaropapismo*. El césar estaba por encima del poder religioso. El gobernante hace y deshace. El apoyo divino empodera al monarca, no lo limita. Los representantes religiosos —el segundo poder siempre en liza durante siglos— intentaron limitar ese poder absoluto. Pensaron que estaban legitimados para juzgar al soberano en nombre de Dios. Fue el caso de los profetas de Israel. Muchos siglos después, en la Europa cristiana, el Papa se rebeló contra la pretensión de los emperadores europeos de nombrar a los obispos, lo que dio origen a la «querella de las investiduras», de la que ya hemos hablado. La Iglesia se independizó del poder político y se organizó como poder político, con sus propias leyes —en 1140 Graciano publicó su gran tratado de derecho canónico e intentó que los emperadores tuvieran que obedecer sus normas porque el Papa era el representante de Dios en la Tierra—. El islam siguió un *guion evolutivo* análogo. La ley también dependía de Dios. Para los musulmanes medievales, el gobierno formaba una unidad inseparable de la religión.[39] Aunque con el tiempo llegaron a convivir dos concepciones: el califato, como autoridad político-religiosa máxima, y los sultanatos, como poderes políticos, que nunca llegaron a proclamar su independencia absoluta a pesar de que pronto surgieron diversos califatos. Además, siempre había un conjunto de ulemas que interpretaban y administraban la sharia. El sultán podía dictar leyes, aunque teóricamente supeditadas a la aprobación de la autoridad religiosa.

La legitimación religiosa del poder político empezó a ponerse en tela de juicio. No se discutía que procediera de Dios, pero la obra de Marsilio de Padua (c. 1275-1342) es un ejemplo de que las cosas estaban cambiando. Expuso la idea de democracia más completa y sorprendente que se haya formulado nunca en el Medievo.[40] Afirma que el príncipe «gobierna por la autoridad» del pueblo.[41] Distingue entre «legislador en sentido absoluto» (que es el pueblo) y el legislador que lo es «en nombre del legislador primero». El legislador posee el control último sobre el gobernante y puede revocar la concesión. Con razón le han elogiado los historiadores modernos. Battaglia afirma que «la singular y admirable obra de Marsilio trasciende el medievo para enlazar con el humanismo, Rousseau, Kant y Hegel» y que «sus frutos solo los realizará completamente la Revolución francesa».[42] Nuestra «historia inversa» parece hacer pie. Las posibilidades se iban ampliando, porque Dios podía conferir el poder directamente al soberano, al soberano a través de la Iglesia o al soberano a través del pueblo. El pueblo acabó pensando que esta última opción era la que permitía jugar juegos de suma positiva.

El segundo *guion evolutivo* apelaba a «leyes anteriores», a las costumbres consolidadas. Friedrich Hayek dedicó su sabiduría a intentar demostrar que esta era la única fuente sensata de legalidad. El orden social se producía espontáneamente mediante la interacción de cientos o miles de individuos dispersos que experimentaban con reglas, que se quedaban con las que funcionaban y rechazaban las que no servían. No hay duda, afirmaba, de que la ley existía mucho antes de que al hombre se le ocurriera que podía crearla o alterarla, pero no porque no dependiera de los humanos, sino porque había sido creada en un trabajo colectivo, largo y anónimo. Algo semejante a lo que sucedió con el lenguaje. No hubo nadie concreto que lo inventara. La *common law* británica le servía como ejemplo. «La libertad de los británicos, que tanta admiración llegó a causar en el resto de Europa en el siglo XVIII, fue el resultado del hecho de que la ley que regía las decisiones de los tribunales era la *common law*, una ley existente independientemente de la voluntad de nadie.»[43] La idea de que en cada Estado tuviera que haber una persona o un conjunto de personas por encima de la ley, algún «soberano» sin deberes ni derechos, habría sido rechazada tajantemente.[44] El 15 de junio de 1215, Juan sin Tierra firmó la Carta Magna, que se considera un precoz ejemplo del *principio de legalidad*. Las reclamaciones de los nobles estaban basadas en sus derechos, libertades y privilegios previos.

En el tercer *guion evolutivo*, todos —soberano y súbditos— tenían que regirse por la *ley natural*, respetar los *dere-*

chos naturales. Varios documentos fundamentales de la democracia moderna —la Declaración de Independencia de Estados Unidos (1776) y la Declaración de los Derechos del Hombre y del Ciudadano (1789)— adoptan este guion y afirman que todos los hombres están dotados de derechos inalienables. Era una potentísima *herramienta conceptual* inventada para resolver el problema de la relación con el poder y la justicia. Por eso se ha seguido utilizando, como veremos, con distintas formulaciones, con diferentes fundamentos, en una de las más notables aventuras del espíritu humano fundándose a sí mismo, de la cual tendremos que seguir hablando.

En el momento que nos ocupa, Tomás de Aquino da una versión, como siempre, avanzada para su tiempo. El poder del soberano no es absoluto, porque debe estar sometido, por una parte, a la ley de Dios, manifestada en la revelación; por otra, a la ley eterna impresa en la naturaleza. La gran novedad es que, según Aquino, esa ley natural y eterna se descubre por la razón. Es *opus rationis.* El soberano que no se somete a esa ley puede ser depuesto. Aunque advirtiendo que es preciso utilizarlo con cautela, defiende el derecho a la rebelión en su obra *De regimine principum.*

No estamos hablando de meros debates académicos, sino de ideas prácticas que dirigieron la marcha de la humanidad, influyendo en la organización del poder, de los sistemas políticos y de la vida de todos, soberanos y súbditos.

8. Más presiones contra el poder

El feudalismo, que fomentó la limitación de las monarquías y aumentó las libertades de ciudades e individuos, también alentó como respuesta el fortalecimiento de las monarquías. Para mantener su poder, los monarcas tuvieron que empeñarse en una doble pugna: hacia arriba con el Papado y el imperio y hacia abajo con la aristocracia y las oligarquías urbanas. Así, el rey se definía como *imperator in regno suo*, una fórmula que expresaba la plenitud de su soberanía, a pesar de que en la propia fórmula reconocía el poder del emperador. Para reforzar la posición del monarca se recurrió al engrandecimiento de su linaje —así se canonizaron algunos reyes precedentes— y se instauró un régimen sucesorio más estricto y regulado, que restringiese la posibilidad de disputas sucesorias: en algunos reinos se eliminaron los derechos sucesorios de las mujeres, como en Francia, donde se recurrió a la llamada ley sálica, que se rescató en el siglo XIV tras siglos sin aplicación. Además, se confirmó el carácter sacral de la realeza mediante la unción de tipo sacerdotal que recibía el monarca al ser coronado. El ceremonial regio se hizo mucho más complejo y los reyes se mostraban en público con los distintivos de su majestad —corona, cetro, espada— o mediante símbolos de su legitimidad cuando no estaban en persona —sello real, heráldica—.[45]

La aristocracia se definió con creciente precisión en los siglos bajomedievales mediante el recurso a la idea de nobleza, como estamento. En los primeros siglos medievales, las aristocracias eran grupos poco estructurados, cuyo poder y riqueza dependían de sus posesiones territoriales. Pero desde los siglos XII y XIII estas aristocracias se consolidaron como noblezas, en el sentido de familias que formaban linajes, con líneas sucesorias estables que transmitían derechos, posesiones, poderes y apellido. Estas normas forjaron a su vez la conciencia de pertenencia a un grupo privilegiado que en ocasiones podía llegar a desafiar el poder regio, pero que jugaba con las normas que la monarquía establecía, mientras esta última utilizaba la concesión de títulos y cargos o el propio código caballeresco para comprar fidelidades y pagar favores (como con la creación de órdenes caballerescas: Jarretera en Inglaterra, Toisón de Oro en Borgoña), que reflejaban el poder del rey como fuente de la distinción y jerarquía dentro de las filas de la nobleza. La corte del rey era por tanto el centro creador de la reputación de las elites del reino; algo que era una realidad compartida con muchas cortes monárquicas de muy diversas culturas.[46]

La realidad sociopolítica se fue haciendo cada vez más compleja y la guerra jugó un papel determinante en la evolución de los reinos, pues exigía crecientes sumas de dinero, lo que suponía organizar una fiscalidad más sofisticada. En palabras de Chris Wickham, «los gobernantes que no hubieran logrado poner en marcha un sistema fiscal sólido tenían menos capacidad de maniobra». Hasta los siglos centrales de la Edad Media, muchos reyes dependían en gran medida de sus propios recursos (dominios reales), pero en adelante estos iban a ser claramente insuficientes. El ejército era el mayor consumidor de recursos, sobre todo en una época en la que no faltaban guerras, y la evolución de la recaudación fiscal fue muy distinta según las regiones.

Los asuntos económicos tienden a resolverse por juegos de suma positiva, aunque con frecuencia desequilibrada. Por eso acabaron fracasando las economías esclavistas y triunfaron las que en vez de recabar dinero por vía expropiatoria lo hicieron a través de impuestos a actividades comerciales. Si aumentaban los beneficios de los súbditos, también crecían los ingresos del soberano. Pero el sistema no funcionaba si los beneficios estaban demasiado desequilibrados, porque los sometidos a exacciones excesivas y a veces ilegales acabarían por rebelarse.

Las crecientes exigencias fiscales de la Corona se fueron traduciendo en una mayor participación de ciertos grupos sociales en las deliberaciones políticas, según el principio de derecho romano *quod omnes tangit ab omnibus approbetur* («lo que a todos toca, por todos debe ser aprobado»). Por ello fueron surgiendo las llamadas asambleas representativas, cuyo origen quizá estaba en las antiguas curias feudales, en el deber de consejo de los miembros de la corte del rey, pero que respondían a una realidad social y económica novedosa, que suponía el fin del monopolio de la nobleza en el consejo regio. En los distintos países tomaron nombres distintos («Estados generales» en Francia, «Cortes» en Castilla, Portugal y Aragón, «Parlamento» en Inglaterra y Escocia, «Dieta» en Alemania) y se organizaron con una división interna por estamentos. Solo eran representativas en un sentido muy restringido, pues los nobles asisten en virtud de sus derechos señoriales y «representan» a sus vasallos, mientras que los miembros de las oligarquías urbanas que asistían «representaban» a las ciudades con derecho a voto. Así se fue generalizando la idea de que los debates públicos no eran ya un asunto exclusivo de las elites aristocráticas, lo que supuso la integración, en cierto núcleo decisorio, de otras elites —las urbanas— hasta entonces excluidas. En resumen, todas estas prácticas, junto con la creciente alfabetización de algunos sectores de la población, contribuyeron a hacer más complejos los sistemas políticos, lo que facilitó el compromiso político.[47] La economía fue también una fuerza importante en el proceso de alcanzar libertades.

9. Vaivenes en la lucha por los derechos

Uno de los objetivos señalados por la ley de progreso ético de la humanidad es el reconocimiento de los derechos y las garantías procesales. En la Carta Magna quedaron ya recogidos algunos de ellos: «Ningún hombre libre será tomado o aprisionado, desposeído de sus bienes, proscrito o desterrado, o de alguna manera destruido. Nos no dispondremos sobre él, ni lo pondremos en prisión, sino por el juicio legal de sus pares, o por la ley del país». «Nos no venderemos, ni negaremos, ni retardaremos a ningún hombre la justicia o el derecho.» «Todos los comerciantes podrán salir salvos y seguros de Inglaterra y volver a ella, y permanecer allí, y pasar tanto por agua como por tierra a comprar y vender, según las costumbres antiguas y permitidas, sin ningún perjudicial portazgo.»

Sin embargo, la autoridad religiosa bloqueó el camino hacia un derecho fundamental, el derecho a la libertad de conciencia, que estaban defendiendo ya los mismos teólogos. La Inquisición fue un ejemplo de ese bloqueo. Empezó a existir formalmente durante el pontificado de Gregorio IX, entre 1227 y 1241, cuando publicó su *Excommunicamus,* un texto que establecía con detalle las leyes para perseguir herejes, a los que se les privaba de toda garantía procesal. Más cruel fue la bula *Ad extirpanda,* de Inocencio IV, en 1252, que autorizaba el uso de la tortura para la obtención de confesiones, la quema de los condenados en la hoguera y una fuerza policial al servicio del Santo Oficio. La negación del derecho de libertad de conciencia fue el origen de las terribles guerras de religión que asolaron Europa.

10. De la peste, del hambre y de la guerra, libéranos Señor

El siglo XIV fue un siglo desdichado. En 1315 tuvo lugar una terrible hambruna en casi toda Europa, que no recuperó la producción hasta 1320. En un estudio sobre la Europa preindustrial, Catharina Lis y Hugo Soly señalan que «en Picardía hacia 1300, solo el 16 por ciento de la población tenía una explotación del tamaño suficiente para librarse de dificultades, y el 3 por ciento mandaba sobre los demás».[48] Las hambrunas, y su cohorte de muertos, eran relativamente frecuentes. La mayor parte de la población padecía una escasez crónica de comida.

Hacia 1330 apareció un nuevo enemigo en China, que asolará Eurasia: la peste bubónica. La plaga se extendió por las rutas comerciales. En China se calcula que la peste causó la muerte a un tercio de la población. La catástrofe fomentó ciertas creencias apocalípticas acerca del buda Maitreya (secta del loto blanco), y cuando el poder mongol trató de reprimirlas, en 1351 se inició una rebelión (Turbantes Rojos). En 1368 estos ejércitos rebeldes liderados por Zhu Yuanzhang tomaron Beijing y le proclamaron emperador de la nueva dinastía Ming, que significa «brillante».[49]

Los efectos de la peste en Europa fueron demoledores. De acuerdo con los cálculos de J. C. Russell, como consecuencia de la epidemia la población de Europa diezmó considerablemente y pasó de ser unos 73,5 millones a unos 50 millones en 1450; en todo el mundo supuso un importante descenso: la población mundial, de 450 millones de personas, pasó a ser de unos 350-375 millones a finales del siglo XIV.[50]

11. Los reinos africanos

Para comprender sucesos que ocurrirán en los siglos siguientes, necesitamos conocer la evolución de nuestra familia africana. Desde el siglo XII la influencia islámica está cada vez más presente en el Sahel: los imperios de Mali (siglos XIII-XV) y Songhai (siglos XV-XVI) fueron los sucesores del antiguo reino de Ghana (siglos VIII-XII) en la región, mientras que Kanem y Bornu (siglos XI-XIX), más al este, dominaron la zona del lago Chad y las rutas del Sahara central hacia Libia. En el siglo XIV los monarcas de Mali extendieron su imperio desde el Níger medio hasta la costa atlántica, se convirtieron al islam y ampliaron la madraza de Tombuctú, que fue desde entonces un importante centro de saber islámico: se introducía así cierto grado de alfabetización en árabe para las clases dirigentes. El control sobre la región pasó a Songhai en el siglo XV. Gran parte de la prosperidad de estos reinos dependía del comercio caravanero con el norte de África, de donde se importaba sal, cobre, caballos y bienes manufacturados a cambio de esclavos, oro, marfil y especias procedentes de la región saheliana o de los territorios al sur de esta hasta la costa de Guinea.[51]

En África occidental se desarrollaron reinos alrededor de importantes centros urbanos, como Ife o Edo. Ife formó el estado más antiguo desde los siglos x-xi y fue capital de un importante reino yoruba, con una impresionante producción de esculturas en terracota y bronce, en parte heredera de la antigua cultura nok. Edo fue el centro del reino de Benín (distinto del moderno estado de Benín), cuyos reyes guerreros construyeron palacios y murallas en la ciudad, y favorecieron el comercio con los portugueses desde el siglo xv.[52]

En las regiones bantúes de África central y meridional también se produjo el desarrollo autóctono de sociedades complejas con urbanismo, como sucedió en la costa suajili, desde Somalia hasta Mozambique, donde surgieron ciudades que en origen fueron indígenas, aunque su crecimiento posterior debió mucho a las rutas comerciales del océano Índico y a la importante presencia musulmana. En toda la costa de las actuales Kenia y Tanzania se utilizaba el suajili como lengua franca, que añadía a su base bantú una considerable aportación de elementos ajenos, sobre todo del árabe, incluido el propio nombre de la lengua, que en árabe significa «de la costa».

En el interior meridional, destacó el caso del Gran Zimbabue, del que toma su nombre el estado actual, donde desde el siglo xii se edificaron unas impresionantes estructuras de mampostería en seco, denominadas localmente *zimbabwe* («casas de piedra»). Descubiertas por los arqueólogos europeos a finales del siglo xix, durante décadas se adjudicaron a civilizaciones ajenas a la región (fenicios, egipcios, griegos, árabes, portugueses), pues no se concebía que los pueblos bantúes hubiesen podido construirlas. Pero, en realidad, corresponden a desarrollos locales que terminaron formando un amplio asentamiento urbano con una población que pudo alcanzar los 18.000 habitantes, y que se abandonó en el siglo xv. Otras construcciones similares en la región indican que Gran Zimbabue era la capital de un estado, que se basaba en la prosperidad de su agricultura, en la acumulación de excedentes por parte de unas elites que acaparaban tierras y ganado, y en las importantes redes comerciales que exportaban hierro, sal, oro y marfil, y que pusieron en contacto a la región con el comercio del Índico, pues en Gran Zimbabue se han encontrado restos de cerámica persa y china, y de vidrio de Oriente Próximo.[53]

Por otra parte, en el siglo xii, se había recuperado en África oriental la unidad política de las mesetas etíopes que ya había existido en tiempos del reino cristiano de Aksum o Axum (siglos ii-x). En el siglo xiii una nueva dinastía se proclamó heredera de Salomón y la reina de Saba, y definió Etiopía como el nuevo Israel, con un claro estilo teocrático bajo la soberanía del negus o emperador. Esta casa reinará hasta 1974, cuando su último monarca, Haile Selassie, es destronado.[54]

12. Del universo descendemos a Florencia

Después de sobrevolar las venturas y desventuras de un siglo a escala global, parece arbitrario focalizar un país, Italia, y cerrando aún más el foco, una ciudad, Florencia. Sin embargo, está justificado porque allí surgió un movimiento —llamado posteriormente Renacimiento— cuya importancia rebasa esas fronteras, porque ilumina el peculiar destino de Europa que queremos comprender. Los expertos han discutido apasionadamente sobre si fue un ejemplo de evolución o de ruptura. En el siglo xiv aparecieron hombres de letras que recurrieron a la cultura antigua como solución para un mundo en crisis. Serían llamados humanistas. Los más conocidos, Dante Alighieri, Petrarca y Boccaccio. Muchos medievalistas han afirmado que este interés por la Antigüedad clásica tuvo sus raíces en la Edad Media. Etienne Gilson habló del «humanismo medieval»[55] y el gran historiador de la ciencia Pierre Duhem defendió que las investigaciones de Copérnico, Descartes o Galileo habían comenzado allí donde los físicos parisinos y los lógicos oxonienses del siglo xiv las habían dejado.[56]

Pero lo cierto es que en el aire estaba el presentimiento de una nueva era, lo que, como siempre, incluye una esperanza de plenitud y felicidad. Petrarca anunció que una edad nueva alboreaba, a medida que el hombre «abría una brecha en las tinieblas para volver al resplandor puro y prístino» de la Antigüedad.[57] Flavio Biondo (1392-1463) fue el primero en emplear el término *Medium aevum* para describir el periodo que va desde la caída del Imperio romano hasta sus días. Para él y sus contemporáneos, la Edad Media significó un milenio de decadencia. Los humanistas intentaron conectar con una tradición que consideraban maravillosa, volver a utilizar sus *herramientas intelectuales*, institucionales, espirituales. Lo sorprendente es que esa vuelta al pasado no supuso un retroceso sino una apertura.

En el siglo xi hubo en China un movimiento de recuperación de la sabiduría antigua. Pero en ese caso no condujo a la ampliación del conocimiento, ni al deseo de explorar, de conquistar, de innovar, sino a la perfección individual. Zhu Xi (1130-1200), compilador de los textos confucianos, recomendaba la meditación: «Busquemos en nosotros mismos si hemos sido negligentes en algún punto de nuestros estudios o si hemos sido negligentes en algún momento en nuestras naturalezas virtuosas. Si nos esforzamos de esta manera durante un año, ¿cómo no vamos a mejorar?».[58] El pensamiento de Zhu Xi se convirtió en ortodoxia. Alrededor de 1400 un erudito chino escribió: «Desde tiempos de

Zhu Xi se conoce claramente el camino. Ya no hay necesidad de escribir nada; lo que queda es practicarlo».[59]

La diferencia de mentalidad queda clara si comparamos estos textos con la carta que escribe Erasmo de Rotterdam a un amigo: «En el momento presente casi desearía ser joven de nuevo, no por otra razón que la siguiente: anticipo que está a punto de iniciarse una edad de oro».[60] La espiritualidad india también se había centrado en la búsqueda de la perfección a través de la meditación. En cambio, Europa apuesta por la acción. Está movida por el espíritu fáustico, tal como lo describió Goethe:

> FAUSTO: Escrito está: «Al principio era el Verbo» [*Wort*]. ¡Aquí me paro ya! ¿Quién me ayudará a seguir adelante? No puedo hacer tan imposiblemente alto aprecio del Verbo; tendré que traducirlo de otro modo, si el espíritu me ilumina bien. Escrito está: «En el principio era la mente» [*Sinn*]. Medita bien el primer renglón, de suerte que tu pluma no se precipite. ¿Es, en verdad, la mente la que todo lo hace y crea? Debiera decir: «En el principio era la fuerza» [*Kraft*]. Pero, no obstante, al escribirlo así algo me advierte que no me quede en ello. ¡Viene en mi ayuda el Espíritu! De repente veo claro y osadamente escribo: «En el principio era la acción» [*Tat*].[61]

Siglo y medio después, cuando otro autor alemán, Thomas Mann, quiere describir lo que está sucediendo en Europa, resucita el mito de Fausto. Alemania había vendido su alma al diablo por un momento de gloria.

Lo que resulta nuevo —señala Eugenio Garin— es el modo como se observan el universo y el hombre, la forma de considerar el papel que desempeña la religión y la distinción entre lo sagrado y lo profano. Lo que caracteriza al hombre del Renacimiento es su arrogancia.[62] Como ejemplo podemos fijarnos en el cambio que experimenta el concepto «virtud», que durante la Edad Media había sido el centro de la formación moral. Para Maquiavelo, típico personaje renacentista, la *virtù* es un conjunto de cualidades que permiten al caudillo vencer los obstáculos del presente y hacer frente a cuantos tropiezos pueda depararle el futuro. La *virtù* está directamente asociada con la voluntad y la inteligencia, la acción y la destreza. Posiblemente, por sí sola no basta para acometer grandes acciones, pero sin ella no somos nada.

Capítulo duodécimo

EL INICIO DE UNA SEGUNDA Y LARGA ERA AXIAL

1. El segundo gran giro

Hay tres fechas que marcan cambios transcendentales en la historia de la humanidad: 1440, 1453 y 1492. En 1440, Gutenberg inventa la imprenta. En 1453, Constantinopla, símbolo del mundo antiguo, cae en poder de los otomanos. 1492, fecha de la llegada al Nuevo Mundo, puede elegirse como comienzo de la Edad Moderna en Europa y de una carrera por el poder que la convirtió en la cultura más influyente del planeta. Empieza un periodo de convergencia en el que las redes comerciales se van haciendo más tupidas.[1] En la red del mundo antiguo miles de caravanas y derroteros marítimos mantenían la red unida, aunque había dos itinerarios más relevantes. El primero recorría Asia, desde el norte de China hasta las costas del Mediterráneo y el mar Negro. La antigua ruta de la seda era, en realidad, una serie de rutas de caravanas. Los mongoles habían hecho una ruta segura. La segunda ruta era la marítima. Se extendía desde los puertos de Corea, Japón y China hacia el sur, por el océano Índico, hasta el mar Rojo. Por estas rutas principales llegarían la porcelana Ming a África oriental, la plata española a los cofres chinos, las sedas chinas a los grandes de Venecia y el oro de África occidental a los príncipes indios.

Había dos redes más pequeñas, una en el Pacífico (Polinesia) y otra en América, que incluía a cuarenta o sesenta millones de habitantes. Entre 1440 y 1529 los incas construyeron un imperio que se extendía desde la zona más meridional de Colombia hasta las más septentrionales de Argentina y Chile.

En Eurasia cualquier conocimiento o técnica se difundía con rapidez, ya se tratase de la mejor forma de aparejar un barco o de alcanzar una vida satisfactoria después de la muerte. Hay dos innovaciones precursoras. En 1420 comienzan a construirse barcos de aparejo completo, más resistentes, con tres mástiles, con velas cuadradas y velas latinas. En 1450 ya se construían barcos de quinientas toneladas. Además, aumentaron los conocimientos náuticos. En España, los matemáticos árabes y judíos mejoraron la ciencia de la navegación. Barcos más pequeños, como las carabelas, podían navegar ciñendo, contra los vientos alisios. El príncipe Enrique el Navegante (1394-1460) reunió a científicos y marineros para impulsar su capacidad exploradora. Ciencia, técnica y economía comenzaron a colaborar sistemáticamente.

2. La aparición de los otomanos

El demoledor de los restos del Imperio romano fue un pequeño pueblo que ocupaba un extremo del Imperio bizantino en Anatolia. Un líder guerrero los llevó a una guerra de conquista. Se llamaba Othman y dará nombre a la dinastía otomana, que construirá un imperio que durará hasta 1922. Su sucesor, en la lucha por el dominio de las zonas de pasto, tomó algunas ciudades del oeste de Anatolia. Pronto cruzaron los estrechos y penetraron en la península Balcánica, donde ocuparon el norte de Grecia y Bulgaria, para luego anexionar otros principados turcos de Anatolia. Tras los reveses temporales que sufrieron por la invasión de Tamerlán en 1402, volvieron a su senda de expansión, que los llevó a alcanzar el Danubio en 1449 y a tomar Constantinopla en 1453.[2]

Las instituciones otomanas se basaron en parte en las de los principados turcos selyúcidas que les precedieron en Anatolia, pero también en las propias del Imperio bizantino que conquistaron. Se apoyaron en jefes de clanes turcos, líderes religiosos, señores feudales griegos y antiguos burócratas bizantinos. Las elites otomanas y la nobleza cristiana se casaron entre sí. La corte otomana contaría tanto con eruditos musulmanes y maestros sufíes como con teólogos cristianos y judíos. Asimismo, se integraron prácticas administrativas bizantinas, y se mantuvieron el patronazgo de las iglesias cristianas, los gremios y el sistema de control económico de las provincias de su predecesor bizantino. El Imperio otomano, que iba a ser un actor clave en la historia de la Edad Moderna, en muchos aspectos fue el heredero del bizantino, aunque bajo la fe islámica.[3]

Tras la toma de Constantinopla (1453), el sultán adoptó el título de *Kayser-i Rum* (emperador romano) y Constantinopla, renombrada Estambul, fue repoblada con turcos, pero también con griegos y judíos. Un siglo después era la ciudad más poblada de Europa y en 1600 era la segunda del mundo, tras Pekín, a la que superó a mediados del siglo XVII, manteniéndose en cabeza hasta mediados del XVIII, cuando fue superada por Pekín, Londres y Tokio.[4]

A pesar del minucioso cuidado que dedicaron los otomanos al comercio, su imperio descansaba en las incursiones y las conquistas; por tanto, hasta finales del siglo XVI estuvieron en constante pie de guerra. Fueron la amenaza permanente de la cristiandad. El *guion evolutivo* de los imperios funcionó de nuevo. Para continuar sus conquistas aumentaron de modo exponencial el ejército y la administración, pero dicho crecimiento exigía cada vez mayores recursos. El mejor modo de afrontar la demanda de más soldados e ingresos era aumentar las conquistas, pero estas requerían un ejército aún mayor y una burocracia más extensa y, de este modo, el ciclo continuaba.[5] Los esclavos también resultaban cruciales para mantener la calidad de vida de las clases altas otomanas. Uno de los criterios para establecer la posición dentro de la sociedad era el número de esclavos que había en una casa. A partir de 1453, la nueva riqueza permitió a algunos notables sostener hogares en los que miles de esclavos atendían los caprichos de su señor. En el siglo XVI solo la casa del sultán contaba con más de 20.000 esclavos, sin incluir su guardia personal y sus unidades de infantería de elite, ambas compuestas por soldados esclavos.

La esclavitud militar (la institución de los mamelucos) se prolonga en época otomana con la práctica del *devshirme* («requisición», también llamado «tributo de sangre»), por la que, en ciertas aldeas cristianas del imperio, sobre todo en los Balcanes, se «reclutaban» niños a la fuerza, que eran convertidos al islam y enviados a Anatolia, donde aprendían turco para convertirse en jenízaros, el cuerpo de elite del ejército otomano. Los más inteligentes eran enviados al palacio del sultán, donde seguirían una carrera en la administración imperial. Según G. Casale, desde mediados del siglo XV y durante dos siglos, la gran mayoría de los visires, generales, almirantes, arquitectos e ingenieros otomanos procedían de esta vía de reclutamiento y formación, que les daba prioridad sobre los musulmanes libres. Cuando en el siglo XVII la institución decayó, se implantó otro sistema por el cual se concibió la ficción de que todos los militares —ya entonces en su mayoría musulmanes nativos— eran esclavos (*kul*) en tanto que servidores del poder político. A diferencia del *devshirme*, este procedimiento permitía la formación de un estamento hereditario de musulmanes que iba a monopolizar la alta burocracia y el poder militar, pero a cambio de este privilegio, quedaban sometidos por completo a la voluntad del sultán, que podía confiscarles todos sus bienes y ejecutarlos sumariamente. Ambas prácticas proporcionaban soluciones al problema de reclutar a los mejores y más fieles para el servicio del Estado, pero violaban dos principios coránicos básicos: las prohibiciones de conversiones forzosas y de esclavizar a musulmanes o a súbditos protegidos no musulmanes.

En estos siglos el poder otomano se proyectó mucho más allá de su ámbito geográfico, de modo que también se puede hablar en este caso de una expansión turca similar a la europea. Algunos casos llamativos fueron la intervención en el cuerno de África con unidades militares al servicio de un emir local que luchaba contra el negus etíope o, en el extremo opuesto del océano Índico, en la isla de Sumatra, donde el sultán de Aceh dispuso también de fuerzas turcas contra los portugueses de Malaca en el siglo XVI. Asimismo, los otomanos practicaron una política de presencia militar y comercial en todo el Índico para contrarrestar la actividad europea y asegurarse el suministro de especias, aunque las políticas comerciales de los imperios musulmanes, a diferencia del mercantilismo europeo, solían ser mucho más abiertas, pues la ley islámica prohibía discriminar en favor de sus comerciantes y mercados.[6]

3. El enigma chino

Es posible que en este siglo encontremos algunas pistas para resolver el enigma chino. Su superioridad era evidente en cuanto a población, progreso técnico y producción. Su población debía de rondar los cien millones de habitantes. Disponía de una tecnología agrícola muy eficiente, contaba con altos hornos para fabricar acero, pólvora y cañones, utilizaba el sistema decimal, y la red comercial estaba muy desarrollada. En 1368, a punto de cumplir cuarenta años, después de una vida azarosa y violenta, Hongwu proclamó la instauración de la dinastía Ming. «Promovió —dice Morris— una imagen de China como un paraíso bucólico de aldeas tranquilas y pacíficas en las que los ancianos virtuosos supervisaban a granjeros autosuficientes, los mercaderes solo comerciaban con bienes que no podían conseguirse localmente, y nadie necesitaba alejarse más de trece kilómetros de casa. De hecho, alejarse más de cincuenta y cinco kilómetros sin permiso debía castigarse con azotes.»[7]

En 1402 accedió al trono el emperador Yongle. Luchó contra los mongoles del norte. Invadió las estepas en 1422, llevando 340.000 asnos, 117.000 carros y 235.000 personas para tirar de ellos y transportar las 20.000 toneladas de grano que necesitaba su ejército.[8] Por el canal que reconstruyó navegaban anualmente 12.000 barcazas de grano. En su mantenimiento se empleaba a casi 50.000 trabajadores.[9] El Gran Canal no solo era la principal arteria del comercio interior, también permitía al gobierno imperial nivelar el precio del grano por medio de los cinco graneros estatales que compraban cuando el grano estaba barato y vendían cuando estaba caro.[10] Puso en marcha un ambicioso plan de construcción naval. China dejó su postura aislacionista. Pero se propuso hacerlo de una manera novedosa. Pretendió extender su influencia por medios comerciales pacíficos. Entre 1403 y 1407 se construyeron más de 1.600 barcos de alta mar. Algunos de ellos enormes, con nueve mástiles. El almirante Zheng He viajó con la mayor flota que se había visto por el océano Índico, el golfo Pérsico y las costas de África hasta Mozambique.

Pero Yongle murió y su sucesor desmanteló la flota. El aislacionismo venció de nuevo. Es posible que se temiera que el comercio ultramarino sirviera para importar ideas y costumbres que pudieran socavar los valores imperiales. Es inevitable pensar cómo habría sido la evolución del mundo si esta política de apertura hubiese continuado. El hecho es que, a partir de 1433, un decreto imperial prohibió las expediciones de larga distancia y la construcción de barcos para la navegación oceánica. Jared Diamond cree que la causa fue una pugna entre facciones por el poder. La primera facción, los eunucos, había sido identificada por su defensa de las expediciones. Cuando la facción opuesta triunfó, desmanteló las iniciativas de sus adversarios.[11] Al estar unificada toda la región, una sola decisión detuvo la construcción de barcos en todo el imperio. En cambio, en Europa, la fragmentación proporcionaba mayor número de oportunidades. Colón estuvo al servicio del duque de Anjou, del rey de Portugal, del duque de Medina-Sidonia, del duque de Medinaceli y finalmente de los Reyes Católicos. La falta de unidad europea hizo posible el viaje a América.

Las cosas han cambiado. Hoy, el almirante Zheng He, personificación del expansionismo chino y olvidado durante largo tiempo, es un héroe en China. En palabras del mayor reformador económico de la era posterior a Mao, Deng Xiaoping: «Ningún país que aspire a ser desarrollado hoy puede aplicar una política de puertas cerradas, nosotros hemos probado esa amarga experiencia, y también nuestros antepasados la han probado. A comienzos de la dinastía Ming, en el reinado de Yongle, cuando Zheng He surcó el océano occidental, nuestro país estaba abierto. Tras la muerte de Yongle, la dinastía entró en decadencia. Contando desde mediados de la dinastía Ming hasta las Guerras del Opio, durante trescientos años de aislamiento, China se empobreció, se volvió atrasada y quedó envuelta en la oscuridad y la ignorancia. No dejar ninguna puerta abierta no es una opción».[12]

En Occidente, los reyes se comportaron de manera distinta. Navegantes portugueses alcanzaron Senegal en 1444, en 1473 cruzaron por primera vez el ecuador y en 1482 alcanzaron el río Congo. En 1487, Bartolomé Díaz llegó al cabo de las Tormentas (hoy conocido como cabo de Buena Esperanza), pero la tripulación le obligó a volver a casa. En 1498, Vasco de Gama llegó a la India. España eligió otra ruta y llegó al continente americano en 1492.

La China del siglo XV es un experimento de gran importancia para la *ciencia de la evolución de las culturas*. El océano Índico fue el centro de mayor producción y comercio durante mucho tiempo. Como dice Robert Marks las relaciones comerciales eran pacíficas hasta que los europeos irrumpieron violentamente.[13] En 1488, un náufrago coreano observó que en el puerto de Hangzhou «los barcos extranjeros son tantos y están tan juntos como las púas de un peine».[14] Los señores locales repararon carreteras, puentes y canales destruidos por la violencia de los siglos anteriores. Los mercaderes transportaron comidas por esas vías de comunicación y la gente de todos los lugares se apresuró a ir al mercado a vender lo que podía producir y comprar todo lo demás. Hacia 1487 un funcionario simplemente daba por hecho que la gente «convierte el grano en dinero y luego convierte el dinero en ropa, comida y demás necesidades cotidianas. No hay en el reino quien no lo haga».[15] Para esto, señala Morris, no hizo falta la implacable violencia que ejerció Occidente. David Graeber añade: «Nunca se les ocurrió despoblar continentes enteros para poder acumular cantidades masivas de oro y plata, eso les parecería propio de psicópatas, como a la mayor parte de la gente. No todos quieren dominar el mundo, por lo que la pregunta es, por qué Europa acabó haciéndolo».[16] ¿Cómo se produjo esa especie de inquietud fáustica, de ambición insaciable, de afán de poder?

4. La belicosidad europea

Europa fue siempre un continente belicoso. En su expansión tuvo un papel decisivo su capacidad militar. Charles

Tilly defendió la tesis de que «la guerra hace a los estados y los estados hacen la guerra». Según él, la triste noticia es que la fuerza (coerción) funciona y permite el acceso a múltiples bienes, al dinero, al respeto o a los placeres que le son negados a quien no tiene poder. Los estados surgen de una combinación peculiar de capital y de coerción.[17] La tecnología de la pólvora influyó mucho, pero ¿por qué fueron los europeos y no otros países quienes la desarrollaron? Paul Kennedy lo atribuye a la competitividad de los mercados europeos y a los persistentes antagonismos militares. Tampoco la guerra por sí misma lo explica, ya que esta ha sido una constante en todos los países y en todos los tiempos. La solución es una peculiar forma de competición militar en la que los estados europeos estaban implicados. Era un torneo, un campeonato para ganar un premio. El premio eran las ganancias financieras, la expansión territorial, la defensa de la fe o la gloria de la victoria. Hoffman propone una fórmula propia de la psicología conductista para saber si un gobernante irá a la guerra: el importe del beneficio que se espera obtener, dividido por el coste político que le va a suponer. Si el premio es grande, y el coste es pequeño, por ejemplo, porque ha conseguido movilizar emocionalmente a sus súbditos, iniciará una conflagración.[18] Este planteamiento, que nos parece acertado, exige una aclaración. ¿Quién resulta premiado en una guerra victoriosa? No parece que sea el pueblo. Solo queda como beneficiario un personaje concreto —el soberano— o un personaje abstracto —el estado, la nación, la religión, etc.—. Es una de las paradojas de la evolución cultural que el interés de los soberanos esté con frecuencia tan separado del interés de la gente, y que se haya conseguido muy poco para evitarlo.

Los príncipes estaban educados para la guerra, que se convirtió, en palabras de Galileo, en un «deporte real».[19] La gloria era un premio importante. Hobbes la menciona en *Leviatán* como una de las tres causas de la guerra, y lo mismo hicieron los humanistas del siglo xv. Los otros dos motivos eran la competencia y la seguridad. Las cosas no han cambiado. Para Clausewitz nada hay tan propio de un guerrero como la *sed de honores y de fama*: «Debemos admitir —dice— que, de todos los excelsos sentimientos que colman el pecho humano en el esfuerzo cruel de la lucha, no hay ninguno tan poderoso y constante como el de la sed de honores y de fama».[20] «En Europa —escribe Hale en *La Europa del Renacimiento, 1480-1520*— casi todo el mundo consideraba que la guerra era algo natural. La doctrina eclesiástica de la guerra justa —que era legítimo combatir bajo la autoridad de un cuerpo superior legalmente constituido, por una causa justa y con un recto propósito— no era innoble en sí misma; pero, como Erasmo señalaba, "entre tan grandes y cambiantes vicisitudes de los acontecimientos humanos, entre tantos tratados y acuerdos, que ora se establecen, ora se rescinden, ¿a quién le puede faltar un pretexto para ir a la guerra?" [...]. Los hombres de negocios eran tan ajenos a la idea de que Cristo hubiera traído la paz al mundo, que Philippe de Commines, perspicaz servidor de la Corona francesa, podía escribir que Dios lo había planeado todo de tal manera que cada potencia europea tuviera un enemigo situado a su lado.»[21] Esto avala nuestra idea de que uno de los grandes obstáculos del desarrollo humano es el odio o la competencia violenta con el vecino.

La guerra, temida siempre por las víctimas, ha sido frecuentemente exaltada desde el punto de vista del guerrero. Durante siglos, la vida del guerrero pareció más atractiva que la vida de un agricultor. Los héroes homéricos viven para la guerra, aunque sea peligrosa y terrible. Homero celebra la emoción del combate, la alegría de la camaradería y la gloria de la *aristeia*, cuando un guerrero se pierde a sí mismo en un «asalto victorioso» y se convierte en una fuerza irresistible que lo arrasa todo ante él. En la guerra, según parece indicar Homero, los hombres vivían de una forma mucho más intensa. Si sus gloriosas hazañas eran recordadas en canciones épicas, el héroe conseguiría superar el olvido de la muerte y alcanzaba la única inmortalidad posible para los seres humanos que morían: la fama.[22] Las cosas no han cambiado mucho. Chris Hedges ha descrito la vivencia del combatiente: «La guerra hace que el mundo sea comprensible, un cuadro en blanco y negro que divide a buenos y malos. La mayoría de nosotros acepta la guerra con gusto, siempre y cuando pueda ser enmarcada en un sistema de creencias que postule el sufrimiento como algo necesario para un bien superior, pues los seres humanos no solo buscan la felicidad, sino también el sentido. Y por desgracia, a veces la guerra es la herramienta más poderosa de que dispone la sociedad humana para alcanzar el sentido».[23] Un veterano de Vietnam hablando de sí mismo decía: «Mientras estaba allí me sentía increíblemente vivo. Tal vez lo peor es vivir en tiempos de paz, sin la posibilidad de rozar esas alturas. Odio lo que esas alturas representan, pero las amo».[24] El poema de Gil Vicente nos resulta ahora comprensible: «Digas tú, el caballero que las armas vestías, si el caballo o las armas o la guerra es tan bella». Y lo mismo sucede con las canciones de batalla de los trovadores. Si nos hemos detenido en el aspecto emocional de la batalla es porque si queremos progresar socialmente tendremos que saber que los humanos son seres competitivos y que hemos de buscar tipos de competencia que produzcan un sentimiento de intensidad sin ser violentos.

La guerra había sido siempre endémica; constituía el tema de lectura más interesante de las historias, y de guerra se había nutrido sobre todo el orgullo patriótico y la conciencia nacional. El campo de batalla era además un tribunal natural de apelación para los litigios entre monarcas. La escasez de fronteras naturales y la idea de que el poder lo daba la posesión de tierras incitaba a conseguir. La mayor parte del tiempo que los diplomáticos dedicaban a su actividad giraba alrededor de la política de dotes y de un tráfico internacional de herederas o posibles herederas, casi al margen de sus edades.

Durante siglos, los monarcas europeos se dedicaban a la guerra. Eso lo reconoce Maquiavelo. En cambio, los soberanos del otro lado del mundo parecían menos belicosos. Es la conclusión del jesuita italiano Matteo Ricci (1552-1610), que estuvo tres décadas de misionero en China. Aunque en su opinión China hubiera podido conquistar fácilmente algunos estados vecinos, ni los emperadores ni los oficiales tenían ningún interés en ello: «Ciertamente, esto difiere mucho de lo que sucede en Europa, puesto que a los reyes europeos les motiva el impulso insaciable de extender sus dominios».[25] Siglos después, Feng Guifen (1809-1874) comentaba: «¿Por qué ellos son pequeños y sin embargo fuertes? ¿Por qué nosotros somos grandes y sin embargo débiles? Lo que tenemos que aprender de los bárbaros es solo barcos sólidos y armas eficaces».[26] No era suficiente: tendrían también que aprender la ferocidad competitiva y el afán de expansión.

La guerra la decidían los gobernantes, porque incluso allí donde el Parlamento intervenía, la política exterior seguía siendo la prerrogativa del rey. Hoffman señala agudamente que los monarcas debían calcular el coste directo de una guerra y el coste indirecto, que era la aceptación popular que podían perder al pedir más sacrificios, personales o económicos.[27] Había una separación radical entre los intereses del soberano y los del pueblo que tenía que pagar los costes. «La gente común no va a la guerra por su propia voluntad —escribía Moro—, sino que la locura de los reyes la arrastra a ella.» De modo similar, Erasmo criticaba a los príncipes europeos «por esa locura de la guerra que ha durado tanto tiempo tan desgraciadamente para los cristianos». La iniciativa personal del gobernante como dirigente natural del ejército se daba por supuesta. La sociedad feudal estaba organizada para la guerra y a los reyes todavía se les consideraba como la cumbre armada de la pirámide social. Todos dirigían los ejércitos en persona: Carlos VIII, Luis XII, Maximiliano.

Ese estado permanente de guerra estimuló la innovación de la tecnología, forzó a los estados a hacerse más eficientes en recaudar impuestos, inventaron los empréstitos públicos o concedieron derechos comerciales en régimen de monopolio a sociedades anónimas a cambio de parte de sus beneficios. Es decir, estimularon la racionalidad dentro de un marco irracional. La Compañía Holandesa de las Indias Orientales, fundada en 1602, y su homóloga, la Compañía Británica, fueron empresas propiamente capitalistas, con su capital social dividido en acciones negociables. El sistema comercial proporcionó más ingresos a los gobiernos, pero también les hizo tener que depender de otros agentes: los banqueros, los empresarios, los comerciantes.

Este efecto civilizador que han tenido las guerras, que Ian Morris ha expuesto en *Guerra. ¿Para qué sirve?*,[28] vuelve a plantearnos el problema que ya ha surgido varias veces a lo largo de ese libro. ¿Son inevitables las situaciones dramáticas para forzar a los *sapiens* a encontrar soluciones? ¿Son el miedo, la ambición, el ansia de gloria las únicas emociones capaces de despertar las más profundas energías de la humanidad? ¿Es necesario acudir a juegos de suma cero, para conseguir que al final resulte un juego de suma positiva?

5. Una cultura de la competencia y la dominación

Es indudable que el poder militar basado en la tecnología permitió a Europa imponerse a las demás naciones, pero es posible que por debajo hubiera una cultura previa de la dominación. El jesuita Guido Aldeni recoge un diálogo con un amigo chino que le pregunta: «Si tenéis tantos reyes, ¿cómo evitáis las guerras?». Aldeni contestó que los matrimonios, las alianzas y el poder de los papas bastaban. Pero la respuesta era falsa, porque la conversación tuvo lugar durante la guerra de los Treinta Años.[29] Max Weber en *La religión de China: confucianismo y taoísmo*, oponía el racionalismo confuciano, que es una «adaptación racional al mundo», al occidental, que es un «dominio racional del mundo».[30] Esta misma visión la comparten el filósofo chino Feng Youlan en su *Historia de la filosofía china* (1934) y Joseph Needham en su monumental *Ciencia y civilización en China*. Donde Ferguson ve la diferencia es en una noción relacionada con la belicosidad: la competición. No basta con tener mucho. Hace falta tener más que los demás.

Las ciudades también competían por el poder, y dentro de las ciudades competían también los gremios. Había una competencia entre ciudades. Las italianas no solo competían por el comercio, sino también por los artistas. Frente a eso, la China monolítica era, como señaló siglos después Adam Smith, una «sociedad estacionaria».

En Europa, el crecimiento de redes mercantiles cambió la sociedad feudal. Unos cuantos comerciantes se enriquecieron con el comercio internacional de lujo que traía a Europa productos de la India, el sudeste asiático y China.[31] Su riqueza podía ser suficiente para actuar como banqueros de reyes y emperadores. Los reyes, a su vez, comenzaron a ver el futuro no simplemente en la ganancia de territorios a través de la lucha de unos contra otros o de los matrimonios, sino también en la obtención de parte de los beneficios del comercio. Se empezó a valorar la transformación industrial de los productos naturales, por ejemplo, el textil. «A mediados del siglo XIV, el 96 % de la exportación más importante de Inglaterra, la lana, se convertía en ropa en el extranjero, principalmente en las ciudades de Flandes. Un siglo más tarde, el 50 % se exportaba ya tejido.»[32]

Ya hablamos de Florencia en el capítulo anterior. La ciudad de Florencia es un caso paradigmático de la nueva sociedad. Su economía había crecido extraordinariamente gracias fundamentalmente al comercio internacional, a la producción de textiles y a la banca. Por ejemplo, a mediados del siglo XIV, la familia Bardi realizaba transacciones con doscientas ciudades, desde Edimburgo hasta Beirut.[33] Eso suponía grandes innovaciones en la moneda, en el cálculo de los fletes y en los seguros de los barcos. Los archivos de la familia Dantini incluyen más de quinientos libros de contabilidad y unas ciento veinte mil cartas escritas entre 1382 y 1410. La banca se expandió extraordinariamente. Las grandes familias de banqueros, los Acciaiuoli, Amieri, Bardi, Peruzzi y Scali, tenían representaciones en las más importantes ciudades de Europa. Robert Lopez piensa que fue el mayor cambio económico en la historia mundial, a excepción de la Revolución industrial en el XVIII.[34] Para muchos autores, estamos asistiendo al despegue del capitalismo, un *guion evolutivo* vigente en la actualidad.

6. Capitalismo, individualismo, secularización, emprendimiento

Lo que se está gestando es la aparición de una «segunda era axial». La primera sucedió más o menos simultáneamente en gran parte de Eurasia. La que estamos viendo nacer está más localizada en la explosión cultural que denominamos Renacimiento y se prolonga hasta los profundos cambios que vivirá Occidente en los siglos XVIII y XIX. Pero sus efectos fueron globales. También supuso un cambio de «conciencia de uno mismo», de autoconcepto.[35] «En la Edad Media las ciudades estaban orgullosas de sus santos y de sus reliquias, que conservaban en sus templos. Con una referencia a ellos empieza todavía su enumeración, en torno al año 1450, el panegirista de Padua Michele Savonarola (*De laudibus Patavii*), pero pasa luego a tratar de los "hombres célebres que no han sido santos", aunque por su admirable espíritu y por su fuerza insigne (*virtus*) merecen ser colocados junto a los santos, lo mismo que en la Antigüedad la figura del hombre célebre lindaba con la del héroe: desde el mítico fundador de la ciudad (el troyano Antenor, hermano de Príamo, en este caso), pasando por reyes, emperadores, teólogos, filósofos, juristas y poetas, guerreros, mecánicos, pintores, militares e, incluso, algún espadachín afamado; todas las glorias locales, en definitiva.»[36]

Giovanni Pico della Mirandola resume muy bien el clima de esta época en su *Discurso sobre la dignidad del hombre*: «Ni celeste ni terrestre, tampoco mortal ni inmortal; así te hemos hecho para que puedas ser libre según tu voluntad y tu honor, para que puedas ser tu propio creador y constructor. A ti solo hemos dado la libertad de crecer y desarrollarse según tu propia voluntad».[37] A finales del siglo XVI se publica en Londres *Expulsión de la bestia triunfante*, el primero de los diálogos morales de Giordano Bruno, en el que se dice que los dioses han dado al hombre un poder sobre los demás animales «que consiste en poder actuar no solo según la naturaleza y lo ordinario, sino además fuera de las leyes de ella a fin de que (formando o pudiendo formar otras naturalezas, otros cursos, otros órdenes con el ingenio, con esa libertad sin la cual no poseería dicha semejanza) viniera a conservarse Dios en la tierra».[38] El siguiente texto valdría como resumen de este libro: «Nacidas entre los hombres las dificultades, surgidas las necesidades, mediante la emulación de actos divinos y la adaptación de afecciones espirituales, se han agudizado los ingenios, inventado las industrias, descubierto las artes y día tras día, por mediación de la penuria, se suscitan sin cesar de las profundidades del intelecto humano nuevas y maravillosas invenciones. Por eso, alejándose cada día más de la animalidad mediante solícitas y urgentes ocupaciones, se aproxima cada vez más a las alturas de la divinidad».[39]

Nunca se había valorado tanto la creatividad. La figura del artista adquiere un prestigio que antes no tenía. Las cualidades del artista son análogas a las divinas. «Dios ha creado todo de manera que puedas verlo —escribe Marsilio Ficino—. De la misma manera que Dios crea, el hombre piensa. El entendimiento humano refleja en una escala limitada el acto de la creación. El hombre está unido a la divinidad por su intelecto.»[40] La brillantez artística y filosófica del Renacimiento para muchos autores oculta el hecho de que fue ante todo una revolución económica, como ya hemos señalado.[41] Esta unión de arte y economía produjo un tipo humano cuya importancia irá creciendo hasta nuestros días: el emprendedor. Según Peter Burke, mezclaba el arrojo militar de los nobles y el cálculo económico de los burgueses, dando paso a un espíritu calculador y aventurero, necesario sobre todo para el comercio marítimo.[42] Una parte de los economistas actuales considera que la «función emprendedora» es lo que caracteriza al capitalismo moderno.[43] La palabra inglesa *entrepreneurship* procede del francés *entrepreneur*, que ya en la Alta Edad Media se utilizaba para designar a las personas encargadas de efectuar importantes acciones relacionadas con la guerra, o con la construcción de grandes obras. Estaba relacionada con la «magnanimidad» de la que ya hemos hablado.

La historia del arte pone de manifiesto otra peculiaridad de la cultura europea: el gusto por la novedad, que ya vimos en los antiguos griegos. Hay culturas que aman la repetición, como por ejemplo la egipcia o la china. Este último caso es paradigmático. Un pintor chino no aprendía a pintar paisajes mirando la naturaleza, sino copiando otras pinturas. La educación artística no buscaba la novedad, sino la perfecta ejecución de lo ya dado. Gombrich comenta: «Hay algo maravilloso en esta limitación del arte chino, en esa deliberada sujeción a unos cuantos temas sencillos de la naturaleza. Pero casi no hace falta decir que tal concepto de la pintura también tiene sus peligros. Con el paso del tiempo, casi cada tipo de pincelada con el que se podía pintar una caña de bambú o una áspera roca fue conservado y clasificado tradicionalmente, y fue tan grande la admiración por las obras del pasado que los artistas cada vez se aventuraron menos a confiar en su propia inspiración».[44]

7. El conocimiento, palanca del cambio

Las posibilidades de acción de una persona o de una sociedad dependen de la información de la que se disponga. La imprenta fue una *herramienta intelectual* poderosísima, cuya importancia podemos calibrar si nos fijamos en la relevancia que ha tenido en nuestro siglo la revolución de las tecnologías de la comunicación. En ambos casos, han hecho posible un gigantesco aumento de la información y también de la posibilidad de organizar movilizaciones sociales. Durante milenios, el canal de información fue fundamentalmente oral y estaba dominado por el poder político o eclesiástico. La Iglesia siempre había ganado la lucha contra las herejías en Europa porque siempre tenía mejores comunicaciones internas que sus enemigos.[45] La imprenta —y las nuevas tecnologías de la comunicación— permiten descentralizar el conocimiento y la educación. La Reforma protestante, por ejemplo, no hubiera sido posible sin ella. No es pues de extrañar que Johannes Sleidanus (1506-1556), tal vez el primer historiador del protestantismo, escribiese: «Como si faltaran pruebas de que Dios nos ha elegido para cumplir una misión especial, se inventó en nuestro país un arte extraordinario e ingenioso, el arte de imprimir».[46]

La ignorancia y el dogmatismo —dos de los obstáculos que impiden el progreso social— fueron atacados por la difusión de la imprenta, que supuso, por supuesto, un aumento de la lectura. Los economistas J. Bradford DeLong y Andrei Schleifer han mostrado que la censura de la letra impresa por gobiernos despóticos disminuye la calidad de la política.[47] La comparación con la historia china refuerza el argumento. Allí se inventó la imprenta. Los escritos impresos se remontan por lo menos al siglo IX.[48] Los libros inundaron China durante la época Song (siglos X-XIII), lo que aumentó la productividad y las innovaciones tecnológicas, razón por la que se ha comparado esa época con el Renacimiento.[49] ¿Por qué este hecho no produjo los mismos efectos que en Europa?, se pregunta Wright. La respuesta que propone es que el sistema chino era demasiado flexible para que la imprenta provocara rupturas. La religión china no era muy rígida y estaban permitidos cultos muy diversos; las personas con formación tenían su puesto en la administración y estos funcionarios tuvieron mayor poder en la corte, lo que introdujo cierta racionalización en el Estado. Además, la dinastía Ming redujo el pluralismo y, como hemos señalado ya, se ensimismó.[50]

La educación tuvo un papel primordial en el cambio. Hacia mediados del siglo XIV surgieron en Italia tres tipos de escuelas: las escuelas de latín comunales, dirigidas por la municipalidad, las escuelas independientes (privadas) y las escuelas del ábaco, donde se enseñaban las habilidades necesarias para los negocios. Este nombre lo recibía de la obra *Liber abbaco* de Leonardo Fibonacci. Maquiavelo entró en una de estas escuelas a los diez años y estudió durante veintitrés meses. Leon Battista Alberti recomendaba que los niños estudiaran ábaco. Después, los estudiantes retornaban a los poetas, oradores y filósofos. Fue la primera vez que una sociedad formó a sus hijos para la práctica del comercio de forma sistemática. La mayoría de los maestros eran humanistas y hacia 1450, señala Grendler, la mayoría de las escuelas del norte y centro de Italia enseñaban *studia humanitatis*.[51]

El mundo en 1492

Cazadores-recolectores y pastores nómadas

Sociedades agrarias

Sociedades urbanizadas, reinos e imperios

Inglaterra
Francia
Sacro Imperio
Castilla y Aragón
Portugal
Imperio otomano
Mali
Songhai
Sultanato mameluco
Benín
Kongo
Etiopía
Moscú
Polonia
Lituania
Hungría
Kanatos tártaros
Emiratos turcos y timúridas
Yemen
Ciudades suajilis
Kanatos mongoles
Tíbet
Delhi
Reinos hindúes
Vijayanagara
Imperio Ming
Corea
Japón
Dai Viet
Camboya
Estados malayos
Malaca
Aceh
Siam

Imperio azteca
Ciudades mayas
Imperio inca

En 1473 nació Nicolás Copérnico y podemos utilizar su figura como gran metáfora de lo que estamos narrando. Alteró radicalmente la cosmovisión vigente al mostrar que la Tierra giraba alrededor del Sol, y no al revés. La expresión «giro copernicano» se ha popularizado en relación también con la filosofía de Kant que, según reconoce en el prólogo a la segunda edición de *Crítica de la razón pura*, pretendió hacer un cambio semejante en la manera de explicar el conocimiento, colocando al sujeto en el centro. Copérnico nos invita a asistir al gigantesco cambio que va a seguir produciéndose en la historia.

El primer suceso perturbador será el descubrimiento de que había otro mundo que los *sapiens* de Eurasia desconocían. Supongamos que ahora descubrimos que hay vida en otros planetas. ¡Cuántas cosas tendríamos que replantearnos al saber que no estamos solos! Pues algo así sucedió en el año del Señor de 1492.

MUNDOS EN CONTACTO
EL SIGLO XVI

1. La llegada de los extranjeros

¿Cómo podríamos contar la llegada de los españoles desde el punto de vista de los habitantes del Nuevo Mundo? ¿Qué sentirían al ver llegar a aquellos hombres barbudos, vestidos de hierro? Los tainos, los habitantes de La Española, los miraron sin temor, según contó Colón en sus diarios: «Esta gente es muy mansa y muy temerosa, desnudos como dicho tengo, sin armas y sin ley» (4-11-1492) «Son buenos para les mandar» (16-12-1492). Bernardino de Sahagún cuenta que la llegada de los españoles fue anunciada a los aztecas por una serie de presagios. Por ejemplo, por la aparición de una lengua de fuego en el cielo que se vio todos los días durante un año.[1]

El término *Nuevo Mundo* fue acuñado por Américo Vespucio en el relato de su primer viaje, en 1503. No duró mucho tiempo. En 1507, Martin Waldseemüller, monje cartógrafo de la abadía de Saint-Dié en los Vosgos, al elaborar un mapa con los datos proporcionados por Vespucio, sustituye *Mundus Novus* por *America*.

Aunque se extendió la idea de que los españoles fueron recibidos como dioses, la mayor parte de los expertos piensan que fue una exageración de los cronistas. Los *Anales de los Cakchiqueles* cuentan la historia de este pueblo y de cómo vivieron la invasión. Es un documento muy equilibrado, donde se narran las matanzas españolas y también alaban a los españoles que intentaron ayudar a los indios. Los mayas escribieron documentos similares, conocidos como los *Libros del Chilam Balam*, deliberadamente oscuros, que interpretan la invasión como una batalla de calendarios. Los españoles habían traído su propia versión del tiempo, muy burda a los ojos indígenas, por lo que a ojos de los mayas la conquista fue una batalla ideológica entre dos sistemas religiosos rivales, una lucha sobre el tiempo.[2] En la mitología maya había una conexión entre los dioses, el calendario y la astronomía.

Según se fueron internando en el continente, los invasores fueron encontrándose no solo con vegetaciones más tupidas, sino también con mitologías más complejas y arborescentes. La historia había hecho posible un experimento natural. Ya sabemos que la rama americana de nuestra familia se separó del resto hace 15.000 años, cuando el estrecho de Bering se podía atravesar a pie, y quedó aislada cuando dejó de serlo. La evolución cultural fue autóctona. Permite, por ello, distinguir parcialmente lo universal y lo peculiar. Decimos «parcialmente» porque cuando se separaron del resto de la familia ya llevaban con ellos la huella de cientos de miles de años compartidos. Una parte del genoma cultural común viajó con ellos. No cabe duda de que inventaron formas plásticas originales, diferentes lenguajes, grandes relatos mitológicos, pero por debajo de esas grandes diferencias, podemos descubrir en acción el mismo algoritmo evolutivo que hemos estudiado ya. La evolución de las formas artísticas es un bello ejemplo del nervio argumental de este libro. El afán de representar la realidad, de expresar las propias emociones, es común a todos los *sapiens*, pero la manera de satisfacerlo es diferente. El cuerpo humano se reconoce en formas plásticas muy variadas. Las esculturas africanas, indias, griegas, chinas o aztecas muestran un mismo referente expresado en estilos distintos. Los mismos deseos y expectativas dieron lugar a diferentes soluciones, pero ninguna de sus creaciones culturales nos resulta absolutamente nueva e incomprensible. Encontramos esa función inventiva proliferante, creadora de mitos, de seres divinos, de rituales, que ya conocemos. En 1492 se hablaban en el continente unos dos mil idiomas mutuamente incomprensibles. Unos doscientos cincuenta en Norteamérica, trescientos cincuenta en México y Guatemala, y no menos de mil cuatrocientos en Sudamérica.[3] Hubo cuatro civilizaciones que desarrollaron alguna forma de escritura; los zapotecas, los mixtecas, los mayas y los aztecas. Eran jeroglíficos. Joyce Marcus piensa que la propaganda y el prestigio es el uso principal de la escritura. Afirma que había ocho temas frecuentes: la identificación de los rivales vencidos, la identificación de los límites del territorio político de un soberano, la identificación de los lugares conquistados que pagaban tributo, el derecho genealógico del soberano a gobernar, la fecha de su ascenso al poder, de sus matrimonios con cónyuges importantes, el nacimiento de sus herederos y los diversos títulos honoríficos que les correspondían. Era una escritura clasista; la escritura era el lenguaje del noble.

Que un animal sea objeto de veneración es universal, que lo sea el jaguar o la serpiente emplumada, como en América, o el toro, como en Eurasia, es autóctono.[4] Es posible que la abundancia de plantas alucinógenas influyera en la atormentada imaginería del Nuevo Mundo.[5] Weston La Barre ha mostrado que los indígenas americanos conocían más de cien variedades de alucinógenos, mientras que en el Viejo Mundo no se conocían más de diez. Piensa que el interés por estas plantas va unido a la pervivencia de un chamanismo que procede del Viejo Mundo, pero que en América se convirtió en religión básica de los indios. Los aztecas llamaban a la experiencia alucinatoria *temixoch*, «sueño florido», y a la seta alucinógena, *teonanácatl* (*teotl* significa «dios» y *nanacatl*, «alimento, hongo»). Para los incas, la coca era «una planta divina, el mejor regalo de la naturaleza para el hombre». Es indudable que las diferencias naturales, las plantas de que disponían, el tipo de animales que habitaban aquellas tierras, determinaron las creaciones culturales, pero no alteraron los problemas con que la rama americana de nuestra familia se enfrentaba, ni por lo tanto los marcos de comprensión compartidos. Las semejanzas son constantes, como ha señalado Watson.

Si repasamos el relato de la creación en el *Popol Vuh*, escrito por el pueblo quiché tras la conquista española, encontramos creaciones imaginativas que podemos entender:

> No había aún ni una persona, ni un animal, ave, pez, cangrejo, árbol, roca, cueva, cañón, pradera, ni bosque. Lo único que estaba allí era el cielo, no aparecía la faz de la tierra. Solo estaba reunida la mar bajo todo el cielo; no había cosa alguna congregada. Todo estaba en calma, nada se movía. Todo estaba en suspenso y dormido bajo el cielo. Sencillamente, nada de lo que podía ser estaba allí, solo el agua reunida, solo la mar en calma, solo ella reunida. Lo que podía ser sencillamente, no estaba allí: solo murmullos, ondas, en la oscuridad, en la noche. Solo el Creador, el Formador solo, la Serpiente emplumada soberana, los portadores, los progenitores estaban en el agua, luz resplandeciente.

Una peculiaridad de los relatos de la creación en los mitos del Nuevo Mundo era que en lugar de imaginar un dios que había creado un mundo perfecto y que el papel de los humanos era contemplarlo y comprenderlo, los indígenas pensaban que el mundo era imperfecto y que el trabajo del artista era mejorarlo. «Los incas creían que los primeros hombres habían sido gigantes que Viracocha, el Señor, había hecho a partir de la piedra y a los que luego, insatisfecho con su obra, había vuelto a convertir en piedra. Estas eran las gigantescas estatuas que los incas veneraban. Después de esto, Viracocha había creado una segunda raza de hombres, del mismo tamaño que él.»[6] A los escultores mayas no se les permitía tener relaciones sexuales mientras trabajaban en sus tallas, pero además las rociaban con su propia sangre porque se creía que ello las hacía santas.

El intercambio entre los dos mundos separados produjo cambios no solo a nivel político o económico, sino también biológico. Alfred W. Crosby, en sus libros *The Columbian Exchange* y *Ecological Imperialism,* habla de una especie de globalización ecológica. Europa trajo de América las patatas, los tomates y los pimientos, y los europeos llevamos vacas, ovejas, caballos, insectos, bacterias y manzanas.[7]

La obra de Nathan Wachtel sobre la actitud de los indios de Perú frente a los invasores entre 1530 y 1570 arroja intensa luz sobre el choque de culturas. En 1590 la población ha descendido un 80 por ciento. El mundo cultural queda trastocado. Muchas de esas estructuras míticas permanecieron en el imaginario. Los misioneros lo entendieron al llamar al «sueño», el «dios de los salvajes».[8]

2. Las grandes culturas de Mesoamérica

Las islas caribeñas inducían a creer que los habitantes del Nuevo Mundo eran gente primitiva y sencilla. Pero en el continente encontraron algo muy distinto. En 1517 una expedición llegó a Yucatán y estableció contacto con los mayas, una sociedad que, aunque ya había decaído, podía impresionar a los expedicionarios. Grijalva, el jefe de la expedición, también oyó decir que los pueblos de esas tierras estaban sometidos a un gran imperio llamado México. La época de esplendor de la cultura maya se desarrolla del 200 a.C. al 900 d.C. Tikal, Copán, Calakmul y Palenque fueron algunas de sus ciudades más fastuosas. La mitología maya, que explica su concepción del mundo, es muy compleja. Como en el resto del planeta, había un mundo visible y otro invisible. Un supramundo, un mundo intermedio y un inframundo. Sus creencias, posiblemente de origen olmeca, presentaban tres elementos principales: el culto al jaguar, el chamanismo y lo que se conoce como nahualismo, es decir, la creencia de que cada dios está representado por un animal a través del cual podía ponerse en contacto con los humanos por medio de rituales alucinógenos.[9] El cosmos maya insiste en la creación, en la aparición del árbol de la vida o en la colocación de las tres piedras, tal vez simbolismo del hogar. David Freidel, Linda Schele y Joy Parker han comprobado que esa lejana interpretación de la realidad continúa viva en algunos chamanes actuales.[10]

El trance no solo se producía mediante drogas, sino también mediante el derramamiento de sangre. Se pinchaban con espinas de pescado. El gobernante se laceraba el pene y su esposa, la lengua. El arte maya está plagado de imágenes de derramamiento de sangre. Creían que era el ingrediente principal del mundo intermedio, y que sus dioses necesitaban sangre. Iban también acompañadas de músicas. Las guerras se hacían para cautivar prisioneros que ofrecer a los dioses. El juego de pelota podía acabar con el sacrificio del vencido. Cortés se quedó tan sorprendido que en 1528 se llevó un grupo de jugadores a Europa. En tiempos de la conquista había en Mesoamérica más de 1.500 campos de juego.

La cultura maya podía llegar a ser muy cruel. El sacrificio infantil estaba generalizado, al igual que los sacrificios en masa. A los cautivos vivos se les arrancaba el corazón, se los destripaba, decapitaba, estrangulaba, desollaba, etc. Practicaban también un boxeo con piedras en las manos que podía terminar en muerte. Resulta difícil comprender el significado del dolor. «Sabemos a ciencia cierta —escribe Watson— que las familias que habían sacrificado a sus hijos lograban un estatus más alto.» Jane Stevenson Day llega a la conclusión de que «la violencia no destruía a la comunidad, sino que unía a sus miembros como actores secundarios de un sangriento ritual: el derramamiento de sangre, el dolor y la muerte eran una cara de la moneda, y la otra eran el sustento, la regeneración y la vida».[11]

Pero hay otras interpretaciones sobre el sentido del sacrificio maya. Según estas, los dioses dependían de los humanos para su alimentación y cuidado; así, el sacrificio consistía en restregar la boca de la imagen divina con la sangre de la víctima, que no necesariamente había de sufrir la muerte. Se trataba del pago de una deuda, pues existía una suerte de obligación entre humanos y dioses, por la cual los primeros alimentaban a los dioses y estos proveían a los hombres de la fuerza vital o energía cósmica que les hacía fértiles y les permitía producir cosechas.[12]

Los aztecas llegaron a la zona del valle de México en el siglo XIII, como bandas de cazadores-recolectores, procedentes de una tierra al norte (llamada Aztlán). Se llamaban a sí mismos «mexicas» y fueron despreciados como bárbaros por los pueblos sedentarios que ya habitaban la región. Sin embargo, a comienzos del XIV se hicieron sedentarios y, según el mito, en 1325 se establecieron en un islote en el sur del lago Texcoco, según las indicaciones de un águila que se posó sobre un cactus, donde fundaron Tenochtitlán. La ciudad fue creciendo y enriqueciéndose, al principio gracias al comercio y a los servicios mercenarios que prestaban los aztecas, y desde comienzos del siglo XV como resultado de la expansión imperial azteca sobre los pueblos vecinos, que se acentuó a finales del XV y comienzos del XVI, justo antes de la llegada de los españoles. Hacia 1500 Tenochtitlán había superado los 200.000 habitantes y era una de las ciudades más pobladas del mundo.

La expansión imperial se inició mediante alianzas con otras ciudades del valle, y en poco tiempo se había establecido un imperio regional que abarcaba todo el valle de México, donde se cobraban tributos a varios millones de personas. A lo largo de extensas rutas comerciales se importaba cacao, turquesas o plumas de quetzal desde lugares lejanos, bienes que eran transportados en cestos cargados por personas, pues no se usaba la rueda, aunque sí se conocía, pues se documentan juguetes con ruedas, pero nunca se aplicó a vehículos de transporte. Esto se debe en parte a que se carecía de animales de tiro, pues tras la última glaciación se habían extinguido los grandes mamíferos domesticables. Tampoco se conocía el torno de alfarero, lo que no impedía que se produjesen cerámicas de gran calidad. En general, el desarrollo técnico era muy desigual comparado con el de otras civilizaciones, lo que demuestra una vez más que los procesos de evolución cultural siguen caminos muy diversos.

La cosmología de los aztecas coincidía en ciertos aspectos con la de los mayas, y es posible que ambas derivasen de fuentes comunes que quizá se remontaban al pasado olmeca. La tierra se encontraba en un mar salado, cargado de poder sobrenatural. Dicha agua emergía en el lago Texcoco, en cuyo centro estaba Tenochtitlán, que constituía en sí mismo un microcosmos. Al igual que los mayas, concebían trece cielos sobre la tierra y compartían también con ellos un calendario adivinatorio de 260 días (13 × 20), pues el trece parece ser un número místico, que también estaba presente en la división del día en trece horas —el número de cielos—, mientras que la noche se dividía en nueve —el número de inframundos—. Además, usaban un calendario solar de 365 días. Su cosmología refleja un universo complejo e inestable, en el cual los principales dioses pugnaban de un modo implacable por la supremacía, lo que indica una conducta similar a la de las fuerzas de la naturaleza, lejos del comportamiento ético humano.[13] Geoffrey Conrad y Arthur

Demarest reconocen que no eran divinidades en el sentido occidental: «Más bien eran complejos divinos que podían revelarse bajo una multitud de aspectos diferentes dependiendo de asociaciones específicas temporales y espaciales». Siempre eran amenazadores.[14] Fusionaba un símbolo del mundo superior (el ave), del mundo intermedio (el jaguar) y del mundo subterráneo (la serpiente acuática).

El soberano azteca era elegido entre los hermanos o hijos del monarca difunto, con notables tensiones por la rivalidad entre los mismos. El rey no era considerado un dios en sí mismo, aunque sí tenía cierto carácter divino: sus labios y lengua eran los de los dioses, pues estos hablaban a través de él. Una vez en el trono, debía iniciar una campaña militar que demostrase sus poderes y en la que se capturasen cuantiosos prisioneros para sacrificarlos ante los dioses. Se celebraban sacrificios humanos en los funerales regios o de grandes cortesanos, en muchos casos con la intención de reforzar el alma del difunto con la fuerza vital contenida en la sangre de las víctimas. En general, se trataba de una forma extrema de ostentación del poder y símbolo del elevado rango del difunto; un fenómeno que se documenta también en los primeros estadios de otras civilizaciones. Una discutida interpretación de los sacrificios humanos aztecas supone que se practicaba el canibalismo con estos cautivos sacrificados para obtener una fuente de proteínas, que eran escasas en la dieta, pues solo se disponía de pavos, perros y patos, insuficientes para la densidad de población alcanzada. Algunos autores ponen en duda esta interpretación y señalan que tales nutrientes podían obtenerse de otros alimentos (insectos, gusanos, algas, maíz, legumbres) disponibles en la región.[15] Dos conquistadores dijeron haber visto una hilera con 130.000 calaveras.[16] En 1487, para celebrar la victoria contra los huastecos, se sacrificaron al menos 20.000 cautivos, arrancándoles el corazón. La ceremonia duró cuatro días.

3. El imperio inca

En la región andina, el reino de Chimú en la costa peruana constituyó un imperio entre los siglos XIII y XV, al mismo tiempo que en Cuzco nacía el reino inca que, a lo largo del siglo XV con Pachacútec y Túpac Yupanqui, conquistó el territorio chimú y se expandió mucho más allá para formar el vasto Imperio inca. La expansión fue tan rápida que alcanzó su máxima extensión en poco menos de cuatro generaciones y abarcó casi 5.000 kilómetros de norte a sur, desde el actual Ecuador hasta Chile central y el noroeste de Argentina, a ambos lados de los Andes. Mantenían unidas sus conquistas con una red de carreteras que medía entre 25.000 y 40.000 kilómetros. Constituye uno de los grandes logros de las obras públicas mundiales. Donde llegaban, implantaban su religión solar, sus construcciones y la lengua quechua.

En la región andina existían indudables precedentes de una monarquía unificada con instituciones y estrategias políticas que se heredarían en el mundo inca, lo que demuestra la continuidad cultural de las estructuras de poder andinas durante un milenio y medio. Se consideraba que el rey era manifestación del dios sol (Inti), fuente del poder regio y antepasado divino de su dinastía. Tanto los reyes difuntos como el vivo jugaban un papel fundamental en la fertilidad de la tierra y en los logros militares, aspectos que aparecen muy relacionados en los ritos. Los monarcas muertos seguían recibiendo culto, pues constituían importantes oráculos y fuente de poder sobrenatural.[17]

En el mundo inca todos los impuestos o medios de obtención del excedente de la producción agraria se realizaban en forma de trabajo: los campesinos tenían que dedicar ciertas jornadas a cultivar las propiedades del gobierno y de los templos. De este modo, al acumular recursos tan solo mediante la apropiación del trabajo, el monarca inca evitaba que sus súbditos le entregasen algo, pues ser receptor de bienes indicaría inferioridad al donante. Se estableció también un servicio rotatorio de trabajos o prestaciones denominado *mit'a*, para diversas actividades: cuidar rebaños de los templos o el gobierno, construir y reparar caminos, explotar minas, servir en guarniciones militares, etc.[18]

A pesar de carecer de un sistema de escritura, la civilización incaica logró formar un extenso y poderoso imperio, y quizá parte de su éxito se debiese al sofisticado procedimiento de almacenamiento de información contable en los quipus, con los que se anotaban informaciones cuantitativas acerca de almacenes o grupos de personas o animales. Este método de registro de datos consistía en un conjunto de cuerdas de diversos colores con nudos (*quipu* significa «nudo» en quechua), que servían para representar los resultados de enumeraciones. Los cálculos contables no se realizaban con el quipu, que era un simple registro, sino con conjuntos de piedras en casilleros o tableros a modo de ábaco. En realidad, el quipu parece que existía en formas primitivas y dispersas desde época Huari (siglos VII-XIII), siempre con esta función de registro contable.[19]

4. Un fenómeno universal: el sacrificio

Las culturas del Nuevo Mundo nos sirven para identificar un *guion evolutivo* universal: el sacrificio religioso. Los rituales americanos fueron especialmente sangrientos. ¿Qué hace pensar a nuestros antepasados que el sacrificio a los dioses era necesario? ¿Qué problema se intenta resolver? Ya hemos dicho que la experiencia religiosa más original tiene que ver con el miedo a los poderes invisibles, superiores. El miedo y la liberación del miedo abren el *campo creativo* de las religiones. En el *Poema de Gilgamesh*, el héroe tiene un sueño del que despierta sobresaltado. Pregunta a su compañero

Enkidu, que aún no se ha dormido: «¿No ha pasado un dios cerca de mí?». A esa confusa mezcla de temor, reverencia y fascinación la llama Rudolf Otto «lo numinoso». Los sumerios llamaban a las misteriosas presencias en que se delata lo sagrado *melammu*, una luz poderosa que atrae y espanta. *Pánico*, la palabra que en castellano designa un terror violento, deriva del dios Pan. Era el miedo provocado por su aparición. Los antropólogos han dado la razón a Hume cuando escribió: «Las primeras ideas de la religión no surgen a raíz de la contemplación de las obras de la naturaleza, sino de una actitud de preocupación ante la vida y de esperanzas y miedos incesantes que estimulan la mente humana».[20] Lactancio relaciona la religión y el poder: *religio et majestas et honor metu consistent*. La religión, el poder y el honor descansan sobre el miedo.

Parece que la creencia en seres todopoderosos, que pueden encolerizarse y que necesitan ser aplacados, es universal. Una teoría afirma que esa idea posiblemente apareció después de catástrofes naturales. Según Gunnar Heinsohn, «en Caldea, Ziusudra es un héroe que se sacrifica después de una inundación. En papeles similares, los asirios tienen a Utnapishtim, y los hebreos, a Noé. En la India, Manu inventa el sacrificio después de una inundación. En las tradiciones helenas, Perseo, Deucalión, Megaro, Éaco y otros comenzaron a practicar el sacrificio después de una inundación. Algo parecido ocurre en los mitos egipcios, chinos y en los de los algonquinos de Norteamérica».[21] Muchos monasterios sintoístas japoneses aluden a una leyenda fundacional que incluye un sacrificio humano, ofrecido generalmente a un ser poderoso, un demonio que habitaba en una montaña, con frecuencia dotado de colas de serpiente: está claro que se trata de un volcán.[22] Con el sacrificio surge la idea de la redención, según la cual los seres humanos pueden de alguna manera «expiar» las acciones que han conducido a la catástrofe.

Es llamativa la insistente presencia en rituales religiosos del sacrificio humano. «Tácito nos legó relatos de testigos presenciales sobre esa práctica entre ciertas tribus germánicas. Plutarco contó que tenían lugar en Cartago. Se han documentado entre los hawaianos, escandinavos, incas y celtas. Era común en los aztecas de México, los gond del sudeste de la India, y los reinos de Asante, Benín y Dahomey de África occidental, donde se sacrificaba a las víctimas por millares.»[23]

Este veloz recorrido por las culturas del Nuevo Mundo, que se han desarrollado con total independencia del Viejo, proporciona una contundente enseñanza: la *evolución de las culturas* no produce novedades irreconocibles. Cambian las formas, pero no las estructuras básicas, que derivan de las necesidades y expectativas básicas del ser humano, que, ampliadas, transformadas, hibridadas por la potencia del pensamiento simbólico, creador de irrealidades, plantea los mismos problemas básicos a toda la humanidad. Las soluciones son diferentes, entre otras cosas, porque el entorno lo es.

5. El gran cambio

Es difícil saber el impacto popular que tuvo el descubrimiento de América. Tal vez fuera semejante al que experimentaríamos ahora si se descubriera que hay vida inteligente en otro planeta. El humanista italiano Pedro Mártir de Anglería, en una carta al arzobispo de Granada (13-9-1493), escribía: «¡Levantad el espíritu! ¡Escuchad el nuevo descubrimiento!». Francisco López de Gómara, en su *Historia general de las Indias* (1552), afirma que «la mayor cosa después de la creación del mundo, sacando la encarnación y muerte del que lo creó, es el descubrimiento de las Indias».[24] «Con estos prodigiosos descubrimientos abrióse al linaje humano todo su mundo», escribió Juan Luis Vives.[25] Siglos después, Adam Smith escribió que los acontecimientos más importantes del mundo hasta 1770 eran el viaje de Colón y el de Vasco de Gama alrededor de África en 1497. Sin embargo, como señala John Elliott, Colón murió en Valladolid sin haber alcanzado la fama y solo en 1614 aparece como héroe en un drama español, *El Nuevo Mundo descubierto por Cristóbal Colón*, de Lope de Vega.[26] Conviene recordar que parte importante de los descubrimientos estaban realizados por particulares que armaban sus propias empresas. Ese fue el caso de la conquista de Chile por Valdivia, o el caso de la conquista de México por Cortés a partir de 1519, sin haber recibido encargo de esa misión ni autorización. Su compañero Bernal Díez del Castillo lo recuerda en su crónica: «México se descubrió a nuestro cargo, sin que Su Majestad tuviera conocimiento de ello». Pizarro sí recibió autorización, pero era a un particular sobre el cual recaía el deber de financiar, armar y conducir la expedición. La forma jurídica utilizada eran las «capitulaciones» entre el soberano y un particular. La relación con el Nuevo Mundo implicaba a poca gente. Cortés partió para conquistar México con 119 marinos y 400 soldados; Pizarro, con 460 hombres. ¿Qué es esto comparado con los 200.000 hombres que movilizó Carlos V en Pavía? Según Fukuyama, esta privatización dificultó la constitución de unas instituciones fuertes en Iberoamérica, que ha decidido su futuro.

Hasta el final de su vida, la preocupación de Carlos V fue el miedo al turco y la política europea. El título de señor o emperador de las Indias figuró siempre en el último lugar de sus títulos. Todavía en 1548, cuando escribe a su hijo Felipe haciéndole un exhaustivo repaso de los asuntos pendientes, las Indias solo ocupan una pequeñísima parte. Solo después de la vuelta de La Gasca del Perú, en 1550, con un cargamento de dos millones de escudos en metales preciosos, las Indias se ven como la solución a los problemas financieros del imperio. Carlos se encuentra agotado. En diciembre de 1550 escribe a su hermana María de Hungría, en francés según su costumbre: «Puedo aseguraros que no puedo más, que estoy a punto de reventar».[27] Los tesoros ultramarinos se convierten en una obsesión para Carlos V. Pero la Corona nunca explotó directamente las minas. De ahí que Humboldt escribiera: «Toda la riqueza en metales de las colonias españolas se encuentra en manos de individuos particulares». El monarca solo cobraba una regalía por la autorización.

El descubrimiento del Nuevo Mundo también produjo grandes cambios sociales, políticos y económicos en Europa, que empezaba a sentirse superior, a pesar de que con sus cincuenta millones de habitantes estaba muy lejos de la China de los Ming y de la India, ambas sociedades muy sofisticadas, con poblaciones de 200 y 110 millones respectivamente. El mundo se estrechaba, se comunicaba casi por completo. En el año 1450, a pesar de cuatro milenios de civilización, el género humano no constituía una comunidad en ningún sentido. Había entre sesenta y ciento veinte millones de personas en Oceanía, América y el centro y sur de África absolutamente aisladas de la red del mundo antiguo. En los tres siglos y medio que siguieron los pueblos se fueron convirtiendo en una sola comunidad. La mundialización fue un proceso duro, porque un puñado de sociedades imperiales logró imponerse. Desaparecieron pueblos, lenguas y religiones. La especialización dio lugar a mayor riqueza y a mayor desigualdad.[28] Europa iba a expandirse, mientras que Oriente se cerraba sobre sí mismo. En 1490 los portugueses ya poseían el conocimiento para ir donde quisieran por mar. Y acababan de desarrollar los cañones para sus barcos.[29] En 1510 ante el puerto indio de Diu los portugueses ganaron la primera batalla naval sin abordaje.

6. Las verdaderas Indias

Mientras Colón continuaba creyendo que había arribado a las Indias, los portugueses lo habían hecho realmente. En 1498, una expedición portuguesa de solo cuatro barcos, mandada por Vasco de Gama, dobló el cabo de las Tormentas, llamado después de Buena Esperanza, y llegó a la India. Murió la mitad de la tripulación, pero consiguió un cargamento de especias y se enriqueció. Docenas de barcos portugueses siguieron su ejemplo, explotando la única ventaja que tenían: la potencia de fuego. En 1510 el sultán de Malaca los expulsó, pero los portugueses se apoderaron de la ciudad. El portugués Tomé Pires escribió en su *Suma Oriental que trata do Mar Roxo até aos Chins* (1515) que «China es un país importante, bueno y rico, y el gobernador de Malaca no necesitaría tantos hombres como dicen para someterlo a nuestro dominio, porque sus gentes son muy débiles y es fácil vencerlas. Y los que han estado allí a menudo afirman que con diez barcos el gobernador de la India que tomase Malaca podría luego tomar toda la China siguiendo la costa».[30] El rey de Portugal envió a Pires para que se entrevistara con el emperador chino, en 1517. Durante tres años tuvo que esperar. Consiguió ser recibido en 1521, el mismo año en que Cortés entraba en Tenochtitlán.

Mientras negociaba llegó una carta del sultán de Malaca denunciando al enviado portugués por haberle robado el trono. Siguieron más acusaciones, el emperador chino murió, y entre un revuelo de ataques mutuos los enviados portugueses fueron encarcelados. No se sabe qué le ocurrió a Pires, pero sus acompañantes fueron ejecutados y desmembrados. Pires aprendió por la vía más dramática que allí, en el auténtico centro del mundo, los europeos seguían contando muy poco. Podían haber conquistado a los aztecas, abrirse paso a cañonazos en los mercados del Índico, pero hacía falta mucho más para impresionar a los que guardaban las puertas de «Todo bajo el cielo». Ian Morris comenta: «El desarrollo social de Oriente seguía muy por delante del occidental y, a pesar del Renacimiento europeo, de sus marineros y cañones, en 1521 todavía había pocos indicios de que Occidente fuera a reducir significativamente la distancia que le separaba de Oriente. Tendrían que pasar tres siglos más para entender lo importante que había sido que fuera Cortés, y no Zheng, quien incendiara Tenochtitlán».[31]

Llevó tiempo olvidar a Tomé Pires. Hasta 1557 los funcionarios chinos fueron benévolos con los mercaderes portugueses de Macao. El historiador agrícola Junling Song ha escrito que la llegada del maíz y los boniatos fue «uno de los acontecimientos más revolucionarios de la historia de la China imperial». Amplió una cultura basada en el arroz, permitiendo cultivar en regiones más secas.[32]

El aumento demográfico planteaba problemas. «La población ha crecido tanto que no hay ningún precedente en la historia», escribió un erudito chino en 1608.[33] En 1550, Heinrich Müller, un viajero alemán, comentaba: «En el pasado comían de otra manera en las casas de los campesinos. Entonces tenían carne y comida en abundancia. Las cosas ahora han cambiado mucho. La comida de los campesinos que mejor viven es casi peor que la que tenían los jornaleros y criados en los viejos tiempos».[34]

La plata americana produjo una nueva globalización comercial. Los cambios en la política fiscal del Imperio chino introducidos por el emperador Wanli (r. 1572-1620) requirieron al campesinado pagar tributos en plata y no en especie —arroz, por ejemplo, como había sido costumbre—. Esto produjo una gran demanda del metal, primero provista por las minas japonesas y, más tarde, complementada con la plata americana. El valor de la plata en China durante la dinastía Ming aumentó notablemente en comparación con los periodos precedentes, siendo posible comprar el doble de arroz, o casi tres veces más seda por la misma cantidad de plata que durante las dinastías Yuan y Song.[35] En 1564 Miguel López de Legazpi y el fraile agustino Andrés de Urbaneta partieron de México y llegaron a Filipinas. Allí establecieron relaciones con comerciantes chinos. Debido a esta demanda de plata, surgió una potente comunidad china en Manila, que acababa (1571) de ser incorporada al Imperio hispano como un municipio de Nueva España (México). Urdaneta, en un alarde de pericia marinera, descubrió cómo regresar a México, cosa que parecía imposible porque los vientos alisios que los habían llevado a Filipinas les impedían volver. Urdaneta lo consiguió navegando gran distancia hacia el norte, antes de enfilar al este. Con eso, abrió una de las rutas comerciales más largas de la historia: Acapulco-Manila-Acapulco, el llamado Galeón de Manila o Nao de la China. Funcionó hasta 1815, cuando la guerra de independencia de México interrumpió el servicio. A China le interesaba la plata, que cambiaba por seda, porcelana, laca y otros productos de lujo. Se estima que un 75 por ciento de la plata extraída por los españoles en América acabó en China a cambio de la compra de productos manufacturados allí. La reja del coro de la catedral de México se forjó en Macao «por orden de un chino llamado Quilao» y fue trasladada a un alto coste a través del Galeón.[36] El intercambio comercial era sumamente beneficioso para ambas partes: los españoles compraban productos chinos a un precio muy inferior al pagado en Europa y los chinos vendían su seda al doble del precio que se pagaba en China. La afluencia de plata fue tal, que circuló el rumor de que los españoles disponían de una montaña de plata en las Filipinas, por lo que en 1603 un eunuco de la corte imperial china envió una misión para investigar el asunto. La montaña de plata existía, pero estaba al otro lado del océano Pacífico, en el Cerro Rico de Potosí. La plata de Potosí era transportada por barco hasta Panamá, y de allí una parte atravesaba el istmo e iba para España y otra parte iba para China. El boom del comercio chino no solo afectaba las Filipinas, sino que se extendía por todo el sudeste asiático y el océano Índico. En los siglos anteriores se había creado una tupida red comercial que abarcaba desde los mares de China hasta el océano Índico, por enlace entre los mercaderes árabes e indios desde el oeste y los chinos desde el este. Así, en las costas chinas crecieron importantes puertos comerciales como Nanking y Cantón (Guangzhou). El crecimiento económico chino no debe atribuirse a la llegada de la plata americana, sino que fue a la inversa, la riqueza de China atrajo a los comerciantes europeos. Según el sinólogo canadiense Timothy Brook, el volumen de plata que llegaba a través de Manila, pero también del Macao portugués o de las minas de Japón, era tal que los Ming en la era Wanli nadaban en dinero. Y esta riqueza supuso la inversión del orden social, pues la baja nobleza resultó económicamente superada por los comerciantes, que siempre habían tenido una consideración muy inferior. Y así las certezas sobre el orden tradicional se fueron erosionando y pudieron surgir nuevas ideas acerca de cómo debía vivirse la vida. La subversión de dicho orden, el ascenso de los nuevos ricos, pero también las llamativas desigualdades sociales inquietaron a los pensadores tradicionales, que recelaban de cómo la economía de mercado solía retribuir acciones no productivas e incluso poco honestas.

Además, en un proceso similar al que se vivían en parte de Europa en esas fechas (denominado «revolución industriosa» por los historiadores), las economías domésticas comenzaron a buscar nuevas fuentes de ingresos: muchas mujeres empezaron a trabajar en la producción de hilados y tejidos de seda ante la creciente demanda exterior, lo que les permitió acceder a la economía de mercado.[37] En el siglo xv el poder imperial se había desentendido del mundo marítimo tras los grandes viajes de Zheng He, pero los marinos chinos, que sumaban cientos de miles, prosiguieron sus afanes comerciales en los mares orientales y occidentales, negociaron con extranjeros y algunos hicieron fabulosas fortunas. Los cambios sociales y la alteración de las normas y prácticas tradicionales tuvieron lugar en China al igual que en Europa.[38]

En realidad, en China se había avanzado más en algunos aspectos. El acceso a la propiedad privada de la tierra fue anterior y más seguro que en Occidente. Y hasta tal punto que entre los siglos XVI y XIX la economía china se vio «atrapada» en un equilibrio estructural que dificultó las transformaciones tecnológicas. Según Richard von Glahn los derechos de propiedad absolutos sobre la tierra de las familias campesinas promovieron la estabilidad de un sistema agrario que inhibió la innovación tecnológica e impidió el cambio transformativo. Durante estos siglos, la ideología neoconfuciana predominante abominaba de la intervención del Estado en la economía privada, y aunque se produjo cierta expansión económica gracias a la política de bajos impuestos y mínima intromisión estatal —algo muy alejado de la imagen de «despotismo oriental» que han creado muchos historiadores occidentales—, la débil capacidad infraestructural del Estado limitó el potencial para el desarrollo tecnológico.[39]

7. Examen de conciencia

La *evolución de las culturas* que hemos estudiado ha mostrado que las invasiones y las colonizaciones han sido permanentes a lo largo de la historia. Los imperios se basaban en la conquista y en la colonización posterior. Las colonias han supuesto siempre una diferencia de nivel con la metrópoli. Con el descubrimiento de América aparece el colonialismo moderno, cuya acción fue implacable, pero que fue al mis-

334

mo tiempo acompañado de una reflexión moral paralela. Anteriormente se había dado un intento de justificar el poder por una misión pacificadora o civilizadora. Y también se había reflexionado sobre la necesidad de humanizar el trato con los sojuzgados. Pero en este momento de la evolución cultural aparece una preocupación nueva: si la colonización violaba los derechos de los conquistados. Ya dijimos que la *segunda era axial* que estamos narrando supuso, como la primera, una reflexión cada vez más crítica sobre las creencias recibidas. Lo que se está esbozando en este momento es la *revolución de los derechos*, que va a constituir una aportación europea al *genoma cultural de la humanidad*. Ya hemos visto cómo los problemas han forzado a inventar guiones evolutivos y herramienta intelectuales, en un avance que no es lineal pero que es continuo en la *longue durée*, en el largo plazo. Tendremos que contar retrocesos espantosos, pero hasta ahora se ha vuelto a retomar el rumbo hacia formas más estables y universales de *felicidad objetiva*. Los descubrimientos plantearon la cuestión de los «justos títulos». En la Europa católica se consideraba que el Papa podía donar territorios a reyes cristianos, en virtud de su posición de *Dominus orbi*. En 1155 Adriano IV concedió Irlanda al rey inglés Enrique II a condición de que predicase el Evangelio y pagase un feudo a la Iglesia. En 1344 Clemente VI concede Las Canarias a Luis de la Cerda, hijo de Alfonso de Castilla. Alejandro VI confirió a los Reyes Católicos el derecho sobre las nuevas tierras descubiertas. Se planteó una polémica con Portugal, que terminó en 1494 con el Tratado de Tordesillas, que trazaba una línea de norte a sur a 370 leguas al oeste de las islas de Cabo Verde. Las tierras al oeste serían castellanas y las orientales portuguesas.[40]

Este protagonismo del Papado refleja bien el protagonismo político del cristianismo. Sin embargo, la cuestión de los justos títulos no se cerró. El descubrimiento y la conquista del Nuevo Mundo suceden en un momento de excitación religiosa en Europa. En 1517, el año en que Cortés inicia su expedición a México, un oscuro fraile agustino, Martín Lutero, clava un pliego con 95 tesis contra la Iglesia romana en la capilla del castillo de Wittenberg. España financió los viajes de Colón pensando en la evangelización. La Reforma protestante, la Contrarreforma católica y las guerras de religión agitan el continente. Hay una mayor conciencia de los derechos y pronto apareció la preocupación sobre si aquellos seres primitivos y desnudos eran humanos, y si se les podía quitar las tierras y someterlos.

8. Aparece una idea revolucionaria

En este momento comienza a precisarse una idea que influirá decisivamente en la historia de la humanidad. García de Enterría escribe: «El gran instrumento técnico de la renovación general del sistema jurídico fue un concepto aparentemente no significativo, que podría pensarse que fuese una simple *technicality* instrumental propia del oficio de los juristas y, por ello, supuestamente sin transcendencia general, el concepto de *derecho subjetivo*. Pero este concepto, contra todas las apariencias, lleva en su vientre una revolución completa del derecho».[41] Es una gigantesca *herramienta intelectual* para cambiar la manera de comprendernos como especie. No somos un animal más inteligente que los demás. Somos, sobre todo, un animal que tiene derechos. ¿Qué quiere decir esto? ¿Por qué es tan importante?

Las sociedades humanas han inventado normas para regirse. Normas que permitían unas cosas y prohibían otras. Ya hemos contado que durante milenios la estructura jurídica estuvo clara: el legislador (Dios o el soberano) promulgaba una ley, que imponía obligaciones y concedía derechos. Utilizando una expresión moderna, los legisladores establecen leyes positivas que establecen los derechos objetivos reconocidos al súbdito. El positivismo jurídico afirma tajantemente que estos son los únicos derechos que hay.

El derecho objetivo está encarnado en la ley. Lo que en este momento empieza a reivindicarse es que los *sapiens* tienen derechos previos a la ley. La estructura jurídica clásica que era Legislador-Ley-derechos y deberes va a alterarse. La secuencia será: Ser humano-derechos-Ley. Si retomamos el método de la «historia inversa» reconoceremos que la Declaración Universal de los Derechos Humanos de 1948 nos remite a la obra de los juristas españoles del siglo XVI.[42] Para darse cuenta de la potencia revolucionaria de este concepto, que se irá descubriendo a lo largo de los dos siglos siguientes, baste pensar que si el legislador (sea Dios o el soberano) es la fuente de los derechos, él no está sujeto a ellos. Es monarca *absoluto*, liberado de la ley. En el nuevo modelo, el legislador tiene que someterse a unos derechos previos. El enfrentamiento entre estas dos posiciones va a dar lugar a dos *guiones evolutivos* que contaremos en los siguientes capítulos. Uno lleva a las monarquías absolutas; el otro, a la democracia. La fuerza de las ideas para configurar la realidad se manifiesta de nuevo. El pensamiento no solo aspira a conocerla, sino a transformarla. Hablando de este periodo de cambio, Hegel escribió: «Que el hombre se apoyara en la cabeza, es decir, sobre el pensamiento, y construyera la realidad a partir de sí mismo fue un magnífico amanecer».[43]

El 16 de abril de 1550 Carlos V ordenó la suspensión de todas las conquistas en el Nuevo Mundo. El año anterior, el Consejo de Indias había solicitado del emperador que ordenara un debate o que los convocados «tratasen y platicaren sobre la manera como se hicieren estas conquistas, para que justamente y con seguridad de conciencia se hicieren». Así se hizo, convocando la reunión en Valladolid ese mismo año. La junta la compusieron quince eminentes personajes: los siete miembros del Consejo de Indias, dos miembros del

Consejo Real, un miembro del Consejo de Órdenes Militares, tres teólogos dominicos, un teólogo franciscano y un obispo. Había dos ponentes que debatirían: el doctor Ginés de Sepúlveda y Bartolomé de las Casas.

Creemos que es la primera vez que una nación triunfante reflexiona sobre la moralidad de invadir a otra. Nada parecido se dio en la expulsión de los indios de sus territorios en América del Norte, ni en el reparto de África entre las potencias coloniales en el xix ni en la invasión japonesa de China en el xx. Es por ello un acontecimiento sorprendente que nos parece importante destacar. Ángel Losada, en su introducción al volumen 9 de las obras de Bartolomé de las Casas se queja de que «una página como esa, fundamental en la historia de la humanidad, brille por su ausencia o se nos presente deformada en los manuales de historia».[44] Lo que se discutía era si los indígenas americanos eran seres humanos y, en caso afirmativo, cuáles serían sus derechos y los derechos de los conquistadores. Después de la muerte de la reina Isabel el trato dado a los indios se había endurecido. En 1511 el dominico Montesinos, en la iglesia de Santo Domingo, en presencia del gobernador, se hacía las siguientes preguntas: «Estos indios ¿no son hombres? ¿No tienen ánimas racionales? ¿No sois obligados a amarlos como a vosotros mismos?». Y, en otro sermón, lanzó otra pregunta que anunciaba la controversia de Valladolid: «Los reyes de España ¿han recibido sobre las Indias el poder de un gobernante despótico?». Si el indio no era un ser humano, entonces carecía de capacidad para la fe. El papa Pablo III tenía esto presente cuando en 1537 declaró en su bula *Sublimis Deus* que «los indios eran hombres verdaderos». «Todas las gentes que en el futuro llegasen al conocimiento de los cristianos, aunque vivan fuera de la fe cristiana, pueden usar, poseer y gozar libre y lícitamente de su libertad y del dominio de sus propiedades, que no deben ser reducidos a servidumbre y que todo lo que se hubiese hecho de otro modo es nulo y sin valor, [asimismo declaramos] que dichos indios y demás gentes deben ser invitados a abrazar la fe de Cristo a través de la predicación de la Palabra de Dios y con el ejemplo de una vida buena, no obstando nada en contrario.»

En este sentido John Elliott afirma: «Tanto la convocatoria de la discusión de Valladolid como la legislación que siguió a continuación constituyen un testimonio del compromiso de la Corona por garantizar la "justicia" para sus poblaciones de súbditos indígenas, un empeño para el que no es fácil encontrar paralelos por su constancia y vigor en la historia de otros imperios coloniales».[45]

Para entender la situación, debemos recordar el contexto. La esclavitud ha acompañado siempre a la humanidad, por eso el cambio en su consideración supone un cambio importante en el modo de pensar los humanos sobre sí mismos. En España, como en todas partes, había esclavos. En el siglo xv, Palma de Mallorca competía con Barcelona como puerto de venta de esclavos que procedían de muchos lugares. El 24 de abril de 1409 Johannes Vilahut, notario de la cancillería y burgués de Barcelona, vendió a Narciso Jutglat, burgués de Palma, una neófita rusa de veintisiete años, llamada Helen. En 1450 Jacobus d'Alois, pescador de coral de Barcelona, vendió a la viuda de un mercader de la misma ciudad un albanés, llamado Erma, de veinticinco años. En 1453 un mercader de Valencia se trajo de Canarias a 87 guanches esclavizados. Portugal se había interesado por la trata de esclavos negros desde que en 1425 un buque portugués se había apoderado cerca de Larache de un barco que transportaba esclavos negros, 53 hombres y tres mujeres, de Guinea, que fueron vendidos con gran beneficio en Portugal.[46] Jean Dumont cuenta un ejemplo escandaloso. Tras la conquista de Capua en 1501 por las tropas conjuntas de Luis XII, rey de Francia, y de César Borgia, hijo el papa Alejandro VI, se habían tomado como esclavas a un gran número de mujeres de esta ciudad. El historiador italiano Francesco Guicciardini lo comenta en estos términos: «Las mujeres de toda calidad fueron víctimas miserables de los vencedores; muchas de ellas fueron vendidas por un precio vil en los mercados de Roma».[47]

9. Las dificultades económicas contra los derechos

Colón, en vista de que no encontraba riquezas en las islas, sugirió a los Reyes Católicos el negocio de los esclavos. En las islas de Cabo Verde vio «que por el más roin demandavan ocho mil maravedís». La reina Isabel ordena que se les trate con «mucho amor» y que se los procure reunir en pueblos en los que sean gobernados por «personas buenas». Su trabajo deben realizarlo «como personas libres que son y no como siervos», recibiendo «el jornal y mantenimiento que debiere haber». Pero cada vez que las finanzas españolas iban mal, aparecía el tema de los esclavos. Y las finanzas de Carlos V iban de mal en peor. Ramón Carande, autor de *Carlos V y sus banqueros*, achaca las desventuras económicas de este siglo a que los Reyes Católicos y Carlos V buscaron sus consejeros en gente ducha en moral y teología, pero ignorantes en economía. «Lejos de atenerse a las normas previsoras de un buen programa de política económica, de signo mercantilista o de cualquier otro, volvieron la espalda al momento de los intereses materiales.»[48]

En 1555 se produjo la primera quiebra fiscal de la Corona y en 1557 la primera bancarrota. En 1559 el rey escribía angustiado a Granvela: «Debo deciros que me es absolutamente imposible sostener la guerra, he gastado ya un millón doscientos mil ducados que he sacado de España hace dos o tres meses por medio de los banqueros y necesito otro millón de aquí al mes de marzo próximo».[49] En fecha tan temprana como 1543 un 63 por ciento del producto de las rentas ordinarias estaba destinado al pago de intereses de la deuda consolidada. De 1556 a 1559 la explotación de las minas americanas supuso un 17 por ciento de los ingresos, unos 130 millones de maravedíes al año, o sea 350.000 ducados. En el *Memorial* (1558) de Luis de Ortiz, contador de Burgos, Felipe II pide al rey que «no salgan del reino mercaderías por labrar, ni entren en él mercadería labrada».[50] Las quiebras se sucedieron: 1557, 1576, 1596, 1607 y 1627.

En 1554 Carlos V consulta a su hijo «si sería bien vender a los indios, los que estaban en encomienda, a perpetuidad o no». Después de arduos debates, Felipe da la orden de que se vendan a perpetuidad. Lo justifica así: «Las necesidades son tan grandes y forzosas y mis reinos y estados están tan trabajados y consumidos, y me quedan tantas obligaciones de sostenerlos, y sobre todo no me pudiendo socorrer ni ayudar de otra parte con cantidad suficiente para pagar lo mucho que se debe y desempeñar alguna parte de lo vendido en esos reinos, y quedar con qué poderlos sostener». La razón de Estado se impone.

Lo que se discute en la controversia de Valladolid es si estas posturas son lícitas. Si la conquista en general lo es. El P. Vitoria en 1537 escribe *De temperantia*, donde admite que se puede guerrear para evitar la antropofagia y otros crímenes, pero una vez extirpados «no tienen derecho a ir más allá y aprovecharse de la ocasión para apoderarse de los bienes de los indios y de su país». Pues «cualquiera que sea el motivo por el cual se hace la guerra a los indios, no es lícito hacer más que aquello a lo que tiene derecho un príncipe cristiano en guerra justa contra otro príncipe cristiano, que no está autorizado por esta guerra a quitarle su propio reino». Vitoria afirma que hay que restituir los bienes. Termina con una frase lapidaria: «La república de los indios no es parte de España, sino ordenada a sí misma».[51] Es posible que Carlos V pensara en hacerlo, sobre todo porque aún no se habían descubierto las riquísimas minas de plata de Zacatecas y de Potosí. Al menos, parece que en 1542 el emperador tuvo la intención de abandonar Perú.[52]

Sin embargo, Carlos dio orden al prior de San Esteban de Salamanca para que se incautase de las lecciones «en las que algunos maestros religiosos de ese convento han tratado sobre el derecho que Nos poseemos sobre las Indias». En la *Relectio de Indis*, Vitoria considera que no justifica la dominación ni la donación pontifica, ni la conversión de los indios ni la idolatría de los indios. Pero lo más interesante son los títulos que considera justos. Para la historia que estamos contando, el más importante es la afirmación de la «sociedad y comunicación natural», que une a todos los hombres, abriéndoles a todo el universo. Admite el principio de libertad de los mares del que su discípulo Hugo Grocio hará en el siglo XVII uno de los principios del derecho internacional. Admite también un derecho controvertido en la actualidad: el derecho de injerencia para evitar crímenes horrendos. Asimismo, sería un título justificado si los indios lo eligieran voluntariamente. Pero esa elección no debía de ser fruto «ni el miedo ni de la ignorancia».

Los teólogos que intervinieron en la controversia de Valladolid demoraron su dictamen tanto que, al final, nunca llegó.

LA LUCHA POR LA TOLERANCIA

1. La ruptura de la unidad religiosa

Mientras el mundo se encontraba cada vez más unido, una combinación de factores teológicos, ideológicos, políticos y materiales iba a romper definitivamente la unidad religiosa de la Europa de tradición latina. La Reforma protestante aspiraba a recuperar el verdadero cristianismo. No pretendía instaurar una nueva religión, sino sumarse a los intentos de purificación que ya había experimentado la Iglesia en otras ocasiones. Francisco de Asís había reclamado una vuelta a la pobreza primitiva. Lutero insistió en la responsabilidad individual del cristiano, y en el rechazo de mediadores entre él y Dios. No necesitaba ni la intercesión de los santos, ni de la Iglesia, ni de sus mecanismos teológico-mercantiles, como la venta de indulgencias para comprar el perdón de los pecados. En principio, el libre examen suponía un avance en la liberación del dogmatismo, uno de los obstáculos para el progreso ético. Es interesante comparar la posición cristiana con la musulmana. En el cristianismo el dogmatismo se instauró muy pronto, y el libre examen, la obligación de analizar personalmente los textos sagrados, muy tarde.

En el islam sucedió al revés. Los expertos debían practicar el *ijtihad,* el estudio e interpretación de los textos canónicos, y solo en el siglo XI «se cerró la puerta del *ijtihad*», prohibiendo el libre examen en algunas escuelas jurídicas. En todo caso, la capacidad de interpretación estaba restringida a los expertos en la doctrina y en la ley.[1]

Una vez más, vamos a presenciar una lucha por el poder. Tenerlo significa disponer de la capacidad de castigar, de premiar y de influir sobre las creencias y emociones de la gente. La Iglesia disponía de todas ellas. Era una institución con enorme poder religioso, político y económico. En 1540 la Dieta de Núremberg, en Alemania, calculó que la Iglesia católica disponía del 50 por ciento de la riqueza del país. Con la venta de indulgencias, la Iglesia se había convertido en una máquina de hacer dinero. Mediante ellas se podía conseguir el perdón de los pecados. En 1476 el papa Sixto IV declaró que también se podían comprar para las almas del purgatorio. La idea del purgatorio había aparecido en el Concilio de Lyon (1274), en el que se afirmó que los que murieron en la caridad de Dios «con verdadero arrepentimiento de sus pecados, antes de haber satisfecho por ellos con verdaderos frutos de penitencia», son purificados después de la muerte con «penas purgatorias». El Concilio de Trento (1536) confirmará la doctrina sobre el purgatorio contra los reformadores, sobre todo Lutero, que excluía toda posibilidad de purificación personal, basándose en que con ello se negaba la eficacia universal expiatoria de la muerte de Cristo.

Lutero se enfrentó a Juan Tetzel, un fraile dominico, predicador popular, vendedor de bulas, que utilizaba un eslogan eficaz: «Tan pronto la moneda caiga en el cofre, el alma volará del purgatorio e irá directamente al cielo». La crítica de Lutero no estaba solo dirigida a Tetzel o a Roma, sino a la teología que sustentaba esas indulgencias. Pensaba que lo importante era el arrepentimiento, que no necesitaba de intermediaros. Criticó la doctrina tradicional que basaba la salvación humana en las buenas obras y la oración, para afirmar en cambio que la salvación solo depende de la fe, que es un inmerecido don de Dios, cuya palabra solo se revela en las Escrituras y no en la tradición (*sola fide, sola gratia, sola Scriptura*). Una segunda fase de la Reforma fue protagonizada por la figura de Calvino, que desde Ginebra desarrolló un sistema teológico más abstracto y sistemático, y una estructura eclesial más efectiva a la hora de controlar y dirigir la conducta moral de los fieles.[2]

2. La religión y el lenguaje

La imprenta tuvo especial importancia en el éxito de Lutero. En pocos años sus escritos se difundieron por toda Alemania, a pesar de que en 1521 el edicto de Worms había ordenado su quema. De los treinta sermones y otros escritos que Lutero publicó entre marzo de 1517 y el verano de 1520 se imprimieron unas 370 ediciones. Si la tirada media era de mil ejemplares, había en circulación un tercio de millón de ejemplares en la última fecha.[3] También colaboró al éxito otra gran innovación de Lutero: su utilización del alemán. Tradujo la Biblia al alemán, buscando un lenguaje que pudiese ser entendido por todos, con un vocabulario a menudo decididamente sencillo y una sintaxis y orden de palabras concebido para dar la máxima claridad al texto. Al extenderse sus ideas, también se extendió su particular forma del alemán, hasta el punto de que, en el fragor de los conflictos confesionales del siglo XVI, incluso sus opositores católicos tuvieron que usar su estilo para los debates. Así, el alemán de Lutero se convertiría en la lengua de toda Alemania, tanto en sus niveles más populares como en los más cultos, y lo seguiría siendo en los siglos posteriores.[4]

En general, la resistencia a la traducción de los textos sagrados, que es evidente en muchas tradiciones religiosas,

345

tiene una doble motivación: por un lado, la conservación del misterio y la desconfianza hacia el pueblo, que queda así apartado de los arcanos de la religión, un asunto solo accesible por completo a los sacerdotes (por ejemplo, los brahmanes transmiten los textos védicos de memoria durante generaciones), y, por otro lado, la consideración de la lengua como algo sagrado, como ocurre claramente en el islam (el árabe es la lengua de la revelación) y también en el zoroastrismo, el judaísmo y el hinduismo, lo que en ocasiones dificulta la traducción de sus textos. Sin embargo, no debería haber sido así en el cristianismo, pues el texto bíblico común desde la Edad Media ya es una traducción, la Vulgata, que san Jerónimo tradujo al latín hacia el año 400 en Palestina a partir de sus originales en hebreo y griego.

Además, la traducción de los textos y el uso de las lenguas comunes en los ritos tuvieron una importancia fundamental en muchos procesos de conversión religiosa. En el cristianismo medieval, por ejemplo, incluso se inventó el alfabeto cirílico para transmitir el mensaje cristiano a unas lenguas, las eslavas, que aún carecían de forma escrita. También se hizo uso de la traducción en la expansión del cristianismo en América, lo que en ocasiones propició incluso la conservación o la difusión más allá de sus áreas tradicionales de algunas lenguas amerindias. Con la idea de propagar mejor el mensaje, en 1551 desde Guatemala escribía fray Juan de Mansilla una carta al emperador, que había pedido difundir el castellano: «Somos muy pocos para enseñar la lengua de Castilla a los indios. Ellos no quieren hablalla. Mejor sería hacer general la mexicana [náhuatl], que es harto general y le tienen afición, y en ella hay escrito doctrina y sermones, y arte y vocabulario». De forma que la Iglesia optó por la solución de las llamadas «lenguas generales» (las lenguas dominantes en cada región, como el náhuatl, el quechua o el guaraní) para difundir el mensaje cristiano, lo que tuvo el efecto de expandir en especial estas lenguas.[5]

El interés religioso por las lenguas vernáculas se dio también en la India, donde a comienzos del siglo XVI surgió una nueva religión, el sijismo, que fusionaba elementos islámicos e hinduistas a partir de las enseñanzas de Guru Nanak (1469-1539), el cual, aunque se había formado en un medio hinduista, se inspiró también en ideales islámicos, para proponer una superación del sistema de castas a partir del principio de que todos los creyentes son iguales ante Dios, y avanzar más allá de ambas tradiciones religiosas. Sus creencias se basaron en la absoluta unidad y majestad de Dios, que, aunque invisible, infinito, inefable, informe y eterno, permite alcanzar la salvación cuando se reconoce la total dependencia de Él. Nanak insistió en que la devoción a Dios podía practicarse en familia y en la vida corriente en el mundo: de hecho, el servicio a los demás era parte destacada de la vida espiritual, superando las propuestas de renuncia y apartamiento del mundo de otras tradiciones religiosas. Se constituyó así una comunidad religiosa y sus seguidores difundieron el mensaje sij a hindúes y musulmanes, aunque la mayoría de los conversos fueron hindúes. Nanak escribió en punjabi, la lengua común de su región, en lugar de hacerlo en sánscrito, la lengua sagrada de los textos védicos, pues consideraba que era fundamental que sus textos llegasen a todas las personas, y no solo a las elites que conocían el sánscrito. En el siglo anterior ya había habido precedentes, como Kabir, que insistió en la importancia de usar lenguas vivas y que fue una influencia importante para el sijismo.[6]

Otro importante tema es el modo de interpretación de los textos considerados sagrados. La creencia de que se trata de textos dictados por la divinidad hizo pensar a muchos que había que entenderlos literalmente. Si la Biblia decía que Dios había creado el mundo en siete días, eso es lo que había que creer. Solo una laboriosa tarea crítica permitió a algunas religiones separarse de esa interpretación.

3. El protestantismo y el poder

Era difícil separar la religión de la política. Los monarcas pensaban que la unidad religiosa era necesaria para mantener la unidad de los reinos. Lutero, que pretendía renovar la Iglesia universal, acabó pidiendo que los clérigos alemanes rompieran con Roma y crearan una Iglesia nacional encabezada por el arzobispo de Maguncia.[7] Había una larga historia de antipatía entre Alemania y el Papado desde la querella de las investiduras. En 1508, antes de que Lutero viajara a Roma y volviera escandalizado, la Dieta alemana había votado para que los beneficios de ventas de indulgencias no salieran de Alemania. La contaminación política supuso una contaminación espiritual, como había sucedido cuando el cristianismo se había convertido en la religión oficial del Imperio romano. Originalmente el luteranismo afirmaba que para ser libre el hombre no debía nunca ser obligado a actuar en contra de su propia conciencia. Esta idea de honestidad total la compartía con el humanismo. Pero Lutero cambió. Pasó a aceptar, e incluso a justificar, el uso de la espada para apoyar la fe. Los reformadores contaron con el apoyo del poder político en muchas regiones, pues los príncipes vieron la oportunidad de romper con Roma y confiscar las propiedades eclesiásticas en sus territorios. También se produjeron movimientos populares de protesta y revueltas que pretendían subvertir el orden social tradicional, lo que animó a Lutero a defender la obediencia a la autoridad política. En 1525, cuando los campesinos de Alemania se rebelaron contra sus terratenientes —en algunos lugares inspirados por el radical religioso Thomas Müntzer—, Lutero respondió con una hostilidad que ahora nos espeluzna. En su panfleto *Contra las hordas de campesinos que roban y asesinan*, apremió a todo el que pudiera a dar caza a los rebeldes como perros rabiosos, «a golpear, estrangular, apuñalar en secreto o en público, y recordar que nada puede ser más ponzoñoso que un hombre en rebelión». Tras la eliminación despiadada de la revuelta de los campesinos —que tal vez costara más de cien mil vidas—, la firme alianza del luteranismo con el poder político ayudó a mantener y sancionar el orden social existente.[8] Para Karl Manheim es un periodo crucial de la era moderna, ya que inicia la era de las revoluciones sociales. Es en este momento, escribe, cuando empieza la política en el sentido moderno del término, en la medida en que hoy entendemos la política como la participación más o menos consciente de todos los estratos de la sociedad en la consecución de un propósito humano, a diferencia de una aceptación fatalista de los acontecimientos tal y como son, o del control desde «arriba».

El protestantismo introdujo grandes variaciones no solo en la vida religiosa, sino en los comportamientos cotidianos. Dejó de valorar la vida monástica e introdujo un nuevo modelo religioso para las mujeres. La monja célibe dejó de ser un ideal de santidad y en su lugar surgió el «ama de casa» protestante, casada y obediente. Un príncipe luterano escribió en 1527: «Aquellos que tienen hijos complacen a Dios más que los monjes y las monjas cantando y rezando». Los gobiernos municipales aceptaron con gusto la idea de cerrar conventos porque les permitía quedarse con sus propiedades.

4. Europa y el gen de la violencia religiosa

Europa experimenta en el siglo XVI la furia religiosa. Los ciento treinta años que van desde el inicio de la Reforma luterana hasta 1648 suponen, según el historiador norteamericano R. Po-Chia Hsia, el periodo más violento de la historia de la cristiandad. Esta violencia adopta diversas formas: violencia estatal contra los disidentes religiosos, violencia entre distintos sectores de la sociedad, guerras religiosas y violencia social contra los grupos religiosos marginales o chivos expiatorios, como por ejemplo la caza de brujas, que tuvo una mayor incidencia en los periodos de máximo conflicto religioso y en las regiones que vivían conflictos confesionales más agudos, mientras que fue menor o apenas tuvo presencia en zonas con una identidad confesional más definida, como España.[9] Las guerras religiosas se suceden, por lo que podemos establecer un calendario del disparate bélico. Guerras alemanas desde 1540 hasta 1555; guerras francesas de religión desde 1562 hasta 1598; guerras holandesas contra España entre 1566 y 1669; y la guerra de los Treinta Años en Alemania entre 1618 y 1648.[10]

Hay un trágico *guion evolutivo* que se repite una y otra vez: la imposición por la fuerza de las creencias que se consideran verdaderas. Cuando se está en desventaja, se suele reclamar el derecho a sus creencias. «Todo partido religioso, si está en contradicción con un sistema generalmente aceptado o protegido por la ley, debe, necesariamente y desde el primer momento de su aparición defender la idea de que la conciencia es libre» (Lord Acton). Pero si llega a ser poderoso se olvida de lo que antes pedía. Un caso claro lo tenemos en el cristianismo. Durante los primeros siglos los Padres de la Iglesia pidieron tolerancia. A principios del siglo III, Tertuliano escribe: «Tanto por la ley humana como por la ley natural, cada uno es libre de adorar a quien quiera. La religión de un individuo no beneficia ni perjudica a nadie más que a él. Es contrario a la naturaleza de la religión imponerla por la fuerza». Pero en el año 313 el emperador Constantino reconoce legalmente a los cristianos. Y un siglo después, la Iglesia había llegado a aceptar el uso de la coacción punitiva contra los heterodoxos. Los emperadores romanos prohibieron el paganismo. Entonces cambiaron las tornas y a finales del siglo IV eran los paganos ilustres los que defendían la libertad de culto: *Uno itinere non potest perveniri ad tam grande secretum.* «No hay un solo camino —exclamó Símaco en el Senado romano en el año 384— por el que los hombres puedan llegar al fondo de un misterio tan grande.»

El protestantismo ofrece un caso patéticamente claro. «El verdadero principio de Lutero —escribe Janet—[11] es: la voluntad es esclava por naturaleza. El libre examen ha sido para Lutero un medio no un principio, se ha servido de él para establecer su verdadero principio, la omnipotencia de la fe y de la gracia.» Cuando Lutero se rebela contra la Iglesia de Roma, blande la libertad de la conciencia, el libre examen, como arma devastadora. En peligro, a punto de recibir la bula de excomunión y la proscripción del Imperio, defiende con contundencia la libertad religiosa: «No se debe obedecer a los príncipes cuando exigen sumisión a errores supersticiosos, del mismo modo que tampoco se debe pedir su ayuda para defender la palabra de Dios». Pero pocos años después, cuando se siente más fuerte, se olvida de lo dicho, se olvida del pueblo y pide ayuda a los príncipes. Tenía que defender su Iglesia de los mismos principios que él había utilizado para romper con Roma. Exhortó a los nobles a vengarse sin piedad de los insurrectos. Proclamó que el poder civil tenía la obligación de evitar todo error. Negó que la naturaleza dañada pudiera ser libre. Acabó defendiendo la obediencia pasiva, anatemizando cualquier rebelión. «Es deber del cristiano sufrir la injusticia», decía. Cuando en 1525 Felipe de Hesse reprime a los campesinos en Frankenhausen, Lutero comentó: «Para Dios es una pequeñez suprimir a un puñado de campesinos, cuando él ahogó al mundo entero con una inundación».

La intolerancia se convirtió en teoría definitiva gracias al genio más frío de Melanchton. Enseñó que había que terminar con las sectas utilizando la espada y castigar a cualquier individuo que introdujese nuevas ideas. En 1530 manifiesta por escrito su opinión de que debía mantenerse la pena de muerte para castigar todas las ofensas contra el orden civil y eclesiástico. Lutero lo ratificó añadiendo al margen: «Me agrada. Martín Lutero». En esa misma época, enfebrecida de certezas, los anabaptistas lucharon por traer el reino de Dios a la tierra. Los luteranos los persiguieron implacablemente. Pero cuando los anabaptistas consiguieron el poder en Münster, salieron a la calle gritando: «¡Muerte a los impíos!». Fue el día 27 de febrero de 1534 a las siete de la mañana. Calvino también consideró que la defensa de la verdad religiosa era el fin y el deber del estado.

¿De dónde venía ese odio a los otros cristianos? Por desgracia veremos aparecer una y otra vez el desenfreno del odio que comienza por deshumanizar al otro, eliminar todo sentimiento de compasión y acabar pensando que al matar se está haciendo una ofrenda a Dios, como ya advirtió Jesús en el Evangelio. Hemos insistido en que el odio al diferente es un enorme obstáculo para la búsqueda de la *felicidad objetiva*. Movimientos sociales como los que estamos estudiando nos dan la razón. Barrington Moore ha estudiado «cuándo y por qué unos seres humanos asesinan y torturan a otros seres humanos, a los que se presentan como una amenazadora fuente de "contaminación", porque muestran ideas religiosas, políticas y económicas diferentes».[12] Es cierto que con frecuencia el enfrentamiento religioso se mezcla con otros resentimientos. La matanza de hugonotes en la noche de san Bartolomé el 24 de agosto de 1572 fue perpetrada por los parisinos pobres, con la autorización del rey y de su madre Catalina de Medici. Una señal dada por las campanadas de maitines de la iglesia de Saint-Germain-l'Auxerrois, junto al Louvre, dio comienzo a la masacre. Murieron entre 7.000 y 12.000 personas. Las víctimas fueron los hugonotes ricos, pero iniciada la orgía sangrienta las masas populares mataron asimismo a católicos. Había niños entre las víctimas, pero también entre los asesinos. No hubo remordimiento sino alivio. Catalina fue proclamada por el pueblo de París como «madre del reino y conservadora del nombre cristiano». El Papa acuñó una medalla por el gran día. Cuando el embajador francés acudió al Alcázar de Madrid a contar las novedades, Felipe II empezó a reírse, dando muestras de placer y satisfacción, y aseguró que tuvo aquel día uno de los mayores «contentamientos de mi vida». En cambio, Isabel de Inglaterra escribió una ácida carta a Catalina, diciendo «quedo asombrada ante el hecho de que el rey de Francia quiera cambiar el decálogo hasta el punto de que el homicidio deje de ser pecado».

La violencia era ubicua. En 1553 ocupó el trono inglés María Tudor, católica, que restauró la misa latina, exigió a los sacerdotes casados que abandonaran a sus esposas y restauró la lealtad al Papa. Cientos de dirigentes protestantes huyeron al extranjero, muchos a Ginebra. Otros, incluido el arzobispo Thomas Cranmer, fueron quemados en la hoguera por negarse a abjurar de su protestantismo. Cuando murió sin hijos, el trono pasó a su hermana protestante Isabel. «Si se contempla en términos de sus efectos sobre el sufrimiento humano —escribe Moore—, lo más significativo de todo este asunto fue el proceso global de creación de una aprobación moral de la crueldad. Para ello, es necesario definir al enemigo contaminado como elemento no humano o inhumano, es decir, situado al margen del grupo de seres humanos a quienes no se tiene la más mínima obligación en tanto que criaturas iguales a uno mismo. A partir de ahí, el enemigo contaminado se debe definir como una amenaza demoníaca al orden social existente. La deshumanización y la demonización sirven para disminuir o, en numerosos casos, para eliminar por completo, los remordimientos o el sentimiento de culpa ante la compasión ante las crueldades más bárbaras y enfermizas. [...] Colocado todo ello en una balanza, es posible que esta regular y rutinaria crueldad haya sido su contribución más importante a la historia del sufrimiento humano.»[13] Este patrón, que hemos visto desde culturas antiguas, se repetirá en los siglos posteriores. Cuando la compasión desaparece, el ser humano se convierte en el más refinado de los asesinos: «Los alborotadores franceses de 1572 arrojaban criaturas por las ventanas en medio de explosiones de rabia. En 1942 los soldados alemanes disparaban contra niños a sangre fría».[14] Los ingleses cazaban a los tasmanos como deporte. La táctica de limpieza étnica es una de las herramientas infernales de la política. Robespierre aprobó el Terror para conservar la pureza revolucionaria. Saint-Just se preguntaba retóricamente si una sociedad no debe realizar los máximos esfuerzos para purificarse a sí misma cuando el interés y la avaricia son los recursos secretos de quienes tratan de corromperlo todo. Añade en tono amenazador: «Y aquellos que quieren evitar purificarse a sí mismos, ¿no desearán corromperla? Y quienes quieren corromperla, ¿no desearán destruirla?».

El rigor de la ortodoxia inhibe toda compasión. El fin justifica los medios, incluida la inhumanidad de los medios. En 1560 los calvinistas condenan a Miguel Servet a ser quemado vivo juntamente con sus libros. Servet, desesperado, grita: «¡El hacha, el hacha y no el fuego!». Cuando le piden que se retracte, él contesta: «No he hecho nada que merezca la muerte». En la colina de Champel se ejecuta la sentencia. Menéndez Pelayo lo contó con dramatismo: «Pero la leña, húmeda por el rocío de esa mañana ardía mal, y se había levantado además un impetuoso viento que apartaba de aquella dirección las llamas. El suplicio fue horrible: duró dos horas y por largo espacio oyeron los circunstantes estos desgarradores gritos de Servet: "¡Infeliz de mí! ¿Por qué no acabo de morir?"».[15] Hale, en *La Europa del Renacimiento*, piensa que el trato continuo con la violencia producía insensibilidad. Se mutilaba y descuartizaba a los criminales en público, ante los espectadores excitados. En 1488 los ciudadanos de Brujas aullaban para que el espectáculo se prolongara tanto tiempo como fuera posible. Huizinga cita el caso de los habitantes de Mons, que «compraron un bandido a un precio muy elevado por el placer de verlo descuartizado, ante lo cual el pueblo disfrutó más que si un nuevo cuerpo sano hubiera surgido del muerto».[16]

Las guerras religiosas pueden seguir siendo una constante de la humanidad. Conviene recordar estos hechos porque a partir de los años sesenta del siglo pasado hay un resurgir de los fundamentalismos religiosos. Martin E. Marty y R. Scott Appleby señalan que todos los fundamentalistas siguen cierta norma. Son formas defensivas de espiritualidad y han surgido como respuesta a una crisis amenazadora. Están comprometidos con un conflicto con enemigos cuyas políticas y creencias laicistas parecen opuestas a la religión.[17] «Los fundamentalistas —escribe Armstrong— no consideran esta batalla como una lucha política convencional, sino que la viven como una guerra cósmica entre las fuerzas del bien y del mal».[18]

5. La lucha por la tolerancia

La proclividad a la intolerancia no afecta solo a los fanáticos, sino a los bien intencionados; no ciega solo a los religiosos, sino a los ilustrados. Diderot esperaba que Catalina la Grande promulgara por decreto los dogmas enciclopedistas. A Voltaire le parece perfecto que Catalina pueda enviar a Polonia a cincuenta mil hombres para imponer la tolerancia y la libertad de conciencia. «Es algo único en la historia de este mundo y yo os digo que irá lejos. Me jacto ante vosotros de estar un poco en su favor. Soy su caballero hacia y contra todo.»[19]

Una de las hipótesis de ese libro es que cuando los humanos se liberan de la ignorancia, del miedo, del dogmatismo y del odio al diferente, es decir, consiguen los bienes necesarios, buscan la información adecuada, cultivan el pensamiento crítico y fomentan la compasión, convergen hacia situaciones que podemos considerar éticamente preferibles. En el siglo XVII, tras los violentos conflictos religiosos, comienza a imponerse la necesidad de cierta tolerancia religiosa. La política de mayor tolerancia hacia la disidencia religiosa se va gestando gracias a las aportaciones de humanistas y neoestoicos, pero no es tanto el triunfo de un principio moral en sí mismo como la prioridad de la prudencia política sobre un principio religioso.[20] Los primeros pronunciamientos a favor de cierta medida de tolerancia en el conflicto confesional proceden de Erasmo de Rotterdam, al que se van sumando otros autores a lo largo del siglo. Erasmo aspira a la universalidad: «Yo quiero ser ciudadano del mundo, compatriota de todos, o mejor, extraño para todos». «Nunca me he inclinado por un país, sino que siempre he tenido al mundo entero por patria.» En la realidad política, constituye un momento clave la Paz de Augsburgo (1555), que, con la fórmula *cuius regio, eius religio* («de quien sea el reino, [impone] su religión»), privilegia la conciencia del príncipe sobre la de los súbditos, pero a estos se les concede el derecho a emigrar (*ius emigrandi*), en una primera mitigación de la persecución religiosa, y así se reconoce en el imperio la inevitable convivencia entre dos confesiones.

La primera declaración de libertad religiosa para los nobles y hombres libres tiene lugar en Polonia (Confederación de Varsovia, 1573), a la que seguirán concesiones temporales o con ciertas limitaciones en Transilvania, Hungría, Bohemia o Austria, en muchos casos por presiones de los estamentos. Sin embargo, en el siglo XVII muchos de estos avances en la tolerancia se verán limitados o revocados por la creciente presión a favor de la homogeneidad religiosa, en parte por el interés del poder político y en parte por las medidas propuestas por la Contrarreforma o Reforma católica. En Francia, por necesidad política, el Edicto de tolerancia de Nantes (1598) concede a los hugonotes libertad para practicar su culto, aunque con limitaciones, que van aumentando a lo largo del siglo XVII, hasta su revocación en 1685. En Inglaterra, el Acta de Tolerancia (1689) admite ciertas confesiones protestantes, aunque no abarca a católicos, no-trinitarios, ateos y creencias no cristianas. El pensamiento también parece seguir una senda de creciente tolerancia, que culmina en John Locke, cuya *Carta sobre la tolerancia* (1689) exige al gobierno el deber de tolerancia, pues las convicciones religiosas de los ciudadanos no le atañen y no pueden ser forzadas.[21]

6. Monarquía y poderes

El poder del estado tiende a aumentar. En los siglos XVI y XVII la evolución política en Occidente parece conducir a una mayor centralización, al desarrollo de un sistema fiscal más sofisticado, a la organización de secretarías, consejos, ejército y policía, y en general al crecimiento burocrático. Para ello se cuenta con la burguesía letrada, pero también con la nobleza, a pesar de que la administración del monarca trata de marginar o eliminar las estructuras administrativas estamentales. Dicho proceso también supone el desarrollo de la diplomacia moderna (embajadas estables, derecho internacional), que evoluciona desde el juego de relaciones entre los reinos de la *res publica Christiana* bajomedieval, basadas en principios feudales y dinásticos, hasta el sistema de potencias propio de la Edad Moderna, en el que predominan las cuestiones de hegemonía, equilibrio de poderes y juegos de alianzas, aunque no pierden su peso las relaciones dinásticas y las filiaciones confesionales.[22]

Aparece un *guion evolutivo* que se instaurará y desarrollará en los siglos siguientes. El poder de los estados impone un aumento de los ejércitos, lo que hace las guerras cada vez más mortíferas. Montesquieu señaló esta deriva en su obra *El espíritu de las leyes*, libro XIII, cap. XVII: «Una enfer-

357

medad nueva se ha propagado por Europa, se ha apoderado de nuestros príncipes y les obliga a sostener un número desordenado de tropas. A veces se agrava y se hace necesariamente contagiosa, puesto que en cuanto un estado aumenta lo que llama sus tropas, los otros aumentan inmediatamente las suyas, de manera que lo único que se gana es la ruina común. Cada monarca mantiene en pie todos los ejércitos que podría tener si sus pueblos estuvieran en peligro de ser exterminados».

La segunda era axial en la que estamos entrando supone un nuevo esfuerzo reflexivo, una toma de conciencia, un afán de *metacognición*. El tema del poder no podía sustraerse a este escrutinio, que va dando cada vez más robustez a una actitud crítica sobre los asuntos humanos. Hemos comprobado que la historia real (política, económica, social) está siempre trenzada con una historia de las ideas y de las creencias. Era de esperar porque la cultura es un híbrido de realidad e irrealidad, de hechos y de ficciones sobre los hechos. Los problemas reales se resuelven aplicando *herramientas ideales*, conceptos, guiones, modelos, instituciones. Por ejemplo, el problema de cohesionar a un grupo social se hizo inventando «comunidades imaginarias». A eso responden los mitos totémicos. En la antigua China, decenas de millones de personas se veían a sí mismas como miembros de una única familia, cuyo padre era el emperador. La necesidad de legitimar el poder fomentó la invención de mitos de legitimación, que justificaban la excelsitud del soberano. Edmund S. Morgan, en su libro *La invención del pueblo*, defiende que la ficción es imprescindible para la vida política: «El éxito de un gobierno requiere la aceptación de ficciones, requiere la suspensión voluntaria de la incredulidad, requiere que nosotros creamos que el emperador está vestido, aunque podamos ver que no lo está. Y la magia se extiende a los más libres y populares gobiernos, así como a los más despóticos y más militares. Los gobiernos populares de Gran Bretaña y Estados Unidos descansan en ficciones, tanto como los gobiernos de Rusia y China».[23] Todo gobierno necesita hacer creer en algo. «Hacer creer que el rey es divino, que es justo y que la voz del pueblo es la voz de Dios. Hacer creer que el pueblo "tiene" una voz o hacer creer que los representantes del pueblo "son" el pueblo. Hacer creer que los gobernantes están al servicio del pueblo. Hacer creer que los hombres son iguales o hacer creer que no lo son.» Esto, que ha sido siempre así, alcanza su culminación en la época que estamos historiando. Yves-Charles Zarka, en su libro *Filosofía y política en la época moderna*, pregunta: «¿Se ha advertido suficientemente que la filosofía política de la época moderna, desde Hobbes hasta Rousseau, fue elaborada en el registro discursivo de la ficción? ¿Se ha advertido suficientemente que este registro discursivo contribuyó poderosamente a definir la Modernidad política misma?».[24] Tanto Hobbes como Rousseau parten en sus explicaciones de un «estado de naturaleza» que es absolutamente ficticio, porque nunca existió. Lo mismo sucede con la idea de «contrato social» como origen del estado, que tampoco existió. En el *De Homine*, Hobbes acabará dando al estado el nombre de «hombre ficticio».

La creación de esas *herramientas políticas* nuevas, reflexivas, que intentan ser críticas, comienza en el siglo XVI. Hemos visto cómo se va elaborando la noción de derechos subjetivos, que será central en los debates políticos revolucionarios. Aparecen otros dos conceptos, estrechamente relacionados: el concepto de «Estado» y el concepto de «soberanía».

7. El Estado como *herramienta política*

Suele aceptarse que Maquiavelo es el primero en utilizar la palabra *stato* en el sentido político actual. La política está separándose de la religión, y el Estado de la Iglesia. La idea de que el Estado es una herramienta para el bien común está cambiando, y este cambio va a traer consecuencias decisivas en los siglos siguientes. El Estado es un fin en sí mismo. «Antes de Maquiavelo —escribe Ebenstein—, todos los escritos políticos desde Platón hasta Aristóteles, pasando por toda la Edad Media hasta el Renacimiento, tenían un problema central: el fin del Estado. El poder político se consideraba solo como un medio al servicio de altos fines, tales como la justicia, la buena vida, la libertad o Dios. Maquiavelo ignora el problema del fin del Estado en términos extra-políticos (éticos, religiosos y culturales). Cree que el poder es un fin en sí mismo y limita sus investigaciones a los medios, los que mejor se adaptan a adquirir, retener y extender el poder. Maquiavelo, pues, separa el poder de la moral, de la ética, de la religión y de la metafísica, y presenta al Estado como un sistema autónomo de valores independientes de cualquier otra fuente.»[25]

Maquiavelo no lo duda. «Cuando se trata de la salvación de la patria, hay que olvidarse de la justicia o de la injusticia, de la piedad o de la crueldad, de la alabanza o del oprobio y, dejando de lado toda consideración ulterior, es necesario salvar a la patria, con gloria o con imaginación.»[26] Ciertamente, sería deseable que los humanos supieran resolver sus conflictos con la ley, pero no siempre es posible. «Hay dos maneras de combatir: una con las leyes y otra con la fuerza; la primera es propia del hombre, la segunda lo es de los animales; pero como muchas veces la primera no basta, conviene recurrir a la segunda.»[27] Esta separación entre la «política real» y la «política deseable y justa» se mantiene hasta el día de hoy.

Sófocles ya se planteó este problema en *Antígona* y concluyó que había problemas insolubles. Consideraba que la única actitud honesta era reconocer la tragedia, mientras que la gran impostura era trivializar la cuestión. En 1740, el príncipe Federico de Prusia publicó su *Antimaquiavelo*, un libro que había escrito con la ayuda de Voltaire para criticar a Maquiavelo, «el peor y más perverso de los hombres», capaz de defender que todos los medios son lícitos para conseguir su fin. En cambio, Federico pensaba que la justicia, la virtud, la razón y el bien común podían armonizarse. Pero el príncipe llega al trono y tras experimentar el poder político tuvo que retractarse: «Es muy difícil mantener la honestidad y limpieza cuando se halla uno dentro del torbellino político de Europa. Lamento tener que admitirlo, pero Maquiavelo tenía razón».[28] El problema continúa abierto, como *problema estructural* que es. En las próximas páginas veremos a la Revolución francesa despeñarse en el Terror, por una implacable lógica interna. En pleno siglo xx, Jean Paul Sartre planteó el problema de si es posible gobernar sin ensuciarse las manos. Con motivo de la guerra de Irak, Robert Kagan, uno de los asesores del presidente Bush, mantuvo la tesis de que existía un enfrentamiento entre América y Europa acerca de este tema. América vivía en un mundo real y Europa en un mundo irreal. El humanitarismo europeo, explica, es solo posible por la irrelevancia de sus decisiones. Las protestas de Europa contra la guerra son un irresponsable parloteo de quien sabe que nadie va a tomar en serio lo que dice.[29]

8. Una idea perturbadora: la soberanía

Estamos adelantando acontecimientos, para mostrar cómo al adoptar un concepto, aceptamos contenidos implícitos que desconocíamos, por eso es tan importante descifrar los sistemas ocultos que rigen nuestras creencias y comportamientos. Junto a la idea de Estado, apareció el concepto de «soberanía», introducido en sociedad por Jean Bodin en sus *Seis libros sobre la República* (1576). Traducía al francés la palabra latina *majestas*. Allí lo define como el «poder absoluto y supremo de una república», al que atribuye el carácter de «perpetuo», «ilimitado» y «total», y cuya manifestación más relevante es la capacidad para legislar. Se trata de una idea elaborada para legitimar el poder del soberano, y mantiene el esquema del origen divino. Fue un concepto inventado para reconocer a los monarcas el poder suficiente para terminar con las guerras de religión. Como todas las herramientas, puede usarse de maneras muy diferentes. Un martillo sirve para clavar o para matar. El concepto de «soberanía», dice Jellinek, es confuso porque nació de la lucha política y se utilizó como norma política.[30]

Ante un concepto político conviene preguntarse ¿qué problema intenta resolver? «Soberanía» pretendía resolver el problema de la fundamentación del poder. Indica que hay una autoridad final y absoluta en la comunidad política.[31] Cuando fue enunciada se refirió al poder del soberano, de ahí su nombre. El soberano era fuente de legalidad y estaba por ello desligado (ab-suelto, no sometido) a la ley. La famosa máxima de Ulpiano —*quod principi placuit legis habet vigorem* («la voluntad del príncipe tiene fuerza de ley»)— se convirtió en el lema de las monarquías renacentistas en todo el Occidente. Otro principio complementario —*princeps legibus solutus est*— al afirmar que los reyes y príncipes estaban por encima de la ley, libres de obligaciones legales anteriores, proporcionó las bases jurídicas para anular los privilegios medievales, ignorar los derechos tradicionales y someter las libertades privadas. Al legitimar el poder establecido, esta soberanía obliga de paso a la obediencia incondicional. Se convierte en fundamento de la moral ciudadana. «La obediencia es un deber, porque existe en la sociedad un derecho último a mandar que se llama soberanía; derecho a dirigir las acciones de los miembros de la sociedad con poder de coacción, derecho al que todos los particulares deben someterse sin que nadie pueda resistirse.»

Resulta chocante que esta ficción, de origen absolutista, de fundamento teológico, que fue el núcleo del Antiguo Régimen, haya sido aceptada por la filosofía política moderna. Demuestra hasta qué punto está necesitada de ficciones. La soberanía fortalecía el poder del soberano confiriéndole el aval divino. Todo atentado contra el rey era un sacrilegio. Pero no todo eran mieles para el soberano en esta teoría legitimadora. También tenía su parte de acíbar, porque imponía al poder soberano dos limitaciones importantes. En primer lugar, la Iglesia se constituía como mediadora entre Dios y el monarca, de manera que el Papa era el encargado de legitimar el poder regio. Podía confirmarlo o también retirárselo, entregar el reino a otros monarcas, o llamar a la desobediencia a sus súbditos. La segunda limitación la establecía la obligación del monarca de cumplir los mandamientos divinos. El origen divino del derecho que justificaba y divinizaba al rey absoluto acabó volviéndose contra él y limitando su poder. Así, Ivo de Chartres (1040-1116), al escribir a Enrique I de Inglaterra tras su acceso al poder le recuerda: «Príncipe, no olvidéis que sois servidor de los servidores de Dios y no su dueño; sois protector y no propietario de vuestro pueblo».[32]

Anticipemos resumidamente el futuro. Someter a Dios el poder absoluto del soberano era demasiado pedir. El soberano estaba encantado con el regalo de la soberanía y decidió afirmar que la había recibido directamente de Dios, y que, por lo tanto, estaba por encima de la Iglesia. Además, después de la Reforma, los príncipes protestantes negaron el poder papal de legitimar la autoridad secular. Jacobo I de Inglaterra se consideró investido directamente por Dios y embriagado por tan gran honor pensaba que ante una orden injusta, «el pueblo no puede hacer otra cosa que huir sin resistencia del furor de su rey; no debe responder más que con lágrimas y con suspiros, siendo Dios el único a quien puede llamar en su ayuda».

En Inglaterra, el Parlamento se dio cuenta de que tenía que cambiar de ficción legitimadora. Mantener la idea de soberanía, apoyarla en la divinidad, pero cambiar su titular. Dios daba el poder soberano al pueblo. Morgan lo cuenta así: «Se necesitaba una nueva ideología, una nueva razón fundamental, un nuevo conjunto de ficciones para justificar un gobierno en el que la autoridad de los reyes estaba por debajo de la del pueblo o sus representantes. La soberanía del pueblo no era un rechazo de la soberanía de Dios. Dios seguía siendo la fuente última de toda autoridad gubernamental, pero la atención se centraba en ese momento en la fuente inmediata, el pueblo».[33] La Revolución francesa utilizó la soberanía de otra manera, con resultados que revisaremos en su momento.

DESASTRES Y LOGROS
EL SIGLO XVII

1. Un siglo desdichado

La última década del siglo XVI fue convulsa y dramática. El clima colaboró en el desastre. Todo el hemisferio norte padeció hambrunas y trastornos generalizados. En 1594 Yang Dongming, un funcionario de la provincia china de Henan, presentó el relato más gráfico de la hambruna. Se publicó más tarde con el título de *Álbum de los hambrientos,* ilustrado con trece dibujos que mostraban a familias destrozadas por el hambre, niños abandonados o vendidos a cambio de comida, o familias enteras que se suicidaban. En Alemania varios pastores luteranos compusieron himnos en que reprochaban a Dios haber «ocultado la luz del sol y enviado fuertes lluvias» y en *El sueño de una noche de verano,* representado en 1595, Shakespeare se lamenta:

> Y aún tierno se ha podrido el trigo verde.
> En el campo anegado el redil está vacío...
> Con esta alteración estamos viendo
> cambiar las estaciones.[1]

En el Imperio otomano y en Italia también se perdieron las cosechas. En Escandinavia en 1596 y 1597 «el hambre fue tan espantosa que la mayor parte de la gente tuvo que comer pan hecho con corteza de árbol». Esta situación sirve de pórtico a lo que Geoffrey Parker ha llamado «el siglo maldito», que presenció la primera «crisis global» en Asia, América y Europa, de la que tenemos suficiente documentación.

Una breve antología de testimonios procedentes de muchas ciudades muestra el universal sentimiento de tragedia que vivió el siglo XVII. «Fue un invierno tan duro que nadie recuerda otro parecido» (Ulm, Alemania, 1627). «Aquí corren tiempos terribles. Nadie es capaz de recordar una hambruna y una mortalidad como estas» (Surat, India, 1631). «Ha habido más muertes que nunca en la historia de la humanidad» (Alemania, 1634). «Jiangnan jamás ha experimentado un desastre de este tipo» (sur de China, 1641). «Hubo una gran hambruna en todo el mundo cristiano» (Ucrania, 1648).[2] «Si hubiera que creer en el juicio final, diría que está teniendo lugar ahora» (París, 1652). «El mundo estuvo en llamas desde que yo tenía 15 años (1638) hasta que cumplí 18» (Japón, 1679). «La zona estaba tan desolada y yerma que mucha gente no tenía en valor la vida. No había día que uno no se enterara de que alguien se había colgado de una viga, se cortara el cuello o se arrojara al río» (Shandong, China, 1670). Todo queda resumido en una frase de John Locke: «Apenas tuve conciencia de mí mismo en este mundo, me sentí en medio de una tormenta que ha durado hasta ahora».[3]

Solo tres años estuvo Europa sin guerra: 1610, 1670 y 1682. Con razón, en 1641 el guerrero y hombre de letras italiano Fulvio Testi pudo decir que «este es el siglo de los soldados». Durante seis décadas los partidarios de las dinastías Ming y Qing lucharon por el dominio de China. La guerra se hizo tan común que apareció una palabra para describir las atrocidades militares: *binghun*, horror producido por los soldados. Según la sinóloga Lyn Struve, toda China sufrió *binghun*. El saqueo de Magdeburgo, en 1631, dio origen a un nuevo verbo alemán, *magdeburgisieren*, «dejar un sitio tan asolado como Magdeburgo». Tres siglos después, se inventó la palabra «conventrizar». La historia de la violencia es tercamente repetitiva.

2. El secreto europeo

En tiempos tan calamitosos prosigue el avance de la cultura europea, que ya hemos visto despegar. Constatamos de nuevo lo sorprendente de este hecho.

El diplomático Ogier Ghiselin de Busbecq, enviado a la corte otomana, encontró muy alarmante la diferencia entre los imperios de los Austrias y de los Otomanos: «Me estremezco al pensar en cuál ha de ser el resultado de una lucha entre sistemas tan distintos; uno de nosotros ha de prevalecer y el otro será destruido, en cualquier caso, no podemos existir ambos de forma segura. De su parte está la inmensa riqueza de su imperio, recursos intactos, experiencia y práctica en las armas, un ejército veterano, una serie ininterrumpida de victorias, disposición a resistir a las dificultades, unión, orden, disciplina, frugalidad y vigilancia. De la nuestra se encuentra una hacienda vacía, hábitos lujosos, recursos agotados, espíritus quebrantados, una soldadesca tosca e insubordinada, y codiciosas reyertas; no hay respeto por la disciplina, el libertinaje se extiende por todas partes, los hombres se complacen en la embriaguez y la depravación, y, lo peor de todo, el enemigo está acostumbrado a la victoria y nosotros a la derrota. ¿Podemos dudar de cuál ha de ser el resultado?».[4]

Sin embargo, Europa toma la delantera porque mejora su ciencia y racionaliza su gobierno.[5] Progresan la razón científica y la razón política. Hay razones para afirmar que la simultaneidad entre ambas no es casual. Son formas del pensamiento crítico. Se considera que Descartes es el padre de la filosofía occidental moderna por su rechazo a las verdades recibidas por autoridad, su exigencia de someter a verificación todas las afirmaciones a partir de la experiencia subjetiva y mediante la aplicación de un método apropiado. La razón debía encargarse de resolver los problemas de la matemática, de la ciencia de la naturaleza y del comportamiento humano. En 1687, Newton publica sus *Principia.* Dos años más tarde, su amigo John Locke publica sus *Dos tratados sobre el gobierno civil.* Los gobernantes de toda Europa fomentaban la creación de sociedades científicas. En 1662 se crea la Royal Society of London for Improving Natural Knowledge, de la que fue presidente Newton. Sus fundadores «admitían libremente a hombres de diferentes religiones, países y profesiones. Estaban obligados a ello, pues de lo contrario no estarían a la altura de la grandeza de sus propias declaraciones, ya que manifiestan abiertamente no dar fundamento a una filosofía inglesa, escocesa, irlandesa, papista o protestante, sino a una filosofía de la humanidad. Al naturalizarse ciudadanos de todos los países han sentado las bases de muchas grandes ventajas para el futuro. Ya que, por este medio, podrán establecer una inteligencia constante que se extienda a todas las naciones civiles, y hacer de la Royal Society el banco general y el puerto franco del mundo».[6] Cuatro años después se creó en París la Académie Royale des Sciences.

Se piensa que el conocimiento de la moral y del derecho tiene la misma objetividad que el conocimiento de la naturaleza. Étienne Chauvin, hugonote, sustituto de Pierre Bayle en la cátedra de Rotterdam, define el *ius naturale* en su *Lexicon* (1692) como «el que deriva de la sola razón, es decir, que no difiere de la razón misma. Al igual que las conclusiones no difieren de los principios de los que se deducen, así el derecho natural es, aun cuando Dios desde ahora decidiese que dejara de ser».[7] Grocio ya había mantenido esta opinión: el Derecho natural «valdría de algún modo aun cuando se admitiera —lo que no podría hacerse sin incurrir en un crimen horrendo— que no hay Dios o que, si lo hay, no se interesa por las cosas humanas».[8] La verdad se hace independiente. El bien, también. Ahora nos resulta difícil comprender la gigantesca torsión del pensamiento que esto supone. La ciencia fue posible cuando Dios se separó de la naturaleza, y esta se rigió por sus propias leyes. El conocimiento del derecho y la moral eran posibles cuando no dependían de la voluntad del legislador, fuera hombre o Dios. Lo más novedoso no es esta afirmación, sino el método para realizarla. El método racional que debe permitir reducir el derecho y la moral (además de la política) por primera vez en la historia de la reflexión sobre la conducta humana, a ciencia demostrativa. Cassirer añade: «Grocio rebasa la escolástica no tanto en el contenido como en el método. Con él se logrará, en el dominio del derecho, lo que Galileo en el conocimiento de la naturaleza. Así como Galileo afirma y defiende la autonomía del conocimiento físico matemático, así Grocio lucha por la autonomía del conocimiento jurídico».[9] Passerin d'Entrèves se sorprende del paso del derecho natural abstracto a los derechos naturales concretos. Una doctrina revolucionaria que cambió el aspecto del mundo.[10]

La evolución histórica no depende solo de lo que una persona o un país hagan, sino de lo que dejen de hacer. ¿Por qué las demás ramas de nuestra familia no siguieron el mismo camino, aunque acabarán por tomarlo siglos más tarde? Toby Huff señala que en el siglo XIII había tantos estudiosos en Europa como en el mundo musulmán o en China. Sin embargo, según Huff, el que en estas dos últimas civilizaciones el saber tuviera que ser validado de forma centralizada, ya fuera por el Estado o por los maestros, dificultó el desarrollo de un escepticismo organizado.[11] Ferguson supone que la mejor explicación es la ilimitada soberanía de la religión en el mundo musulmán. Hacia el final del siglo XI los influyentes clérigos islámicos empezaron a argumentar que el estudio de la filosofía griega era incompatible con las enseñanzas del Corán. De hecho, era blasfemia sugerir que el hombre pudiera ser capaz de discernir la manera de actuar divina, que Dios siempre puede variar a voluntad. En palabras de Abu Hamid al-Ghazali, conocido en Occidente como Algazel y autor de *La incoherencia de los filósofos*, «es raro que alguien se consagre a esta ciencia (extraña) sin renunciar a la religión y soltar las riendas de la piedad dentro de él».[12] Se cerró, como hemos mencionado, la «puerta del *ijtihad*», del pensamiento crítico. El mundo musulmán también se resistió a la imprenta. Para los otomanos la escritura era sagrada. Sentían una reverencia religiosa por la pluma. «La tinta del erudito —se decía— es más sagrada que la sangre del mártir.» En 1515 un decreto del sultán Selim I había amenazado con la muerte a cualquiera a quien se descubriera usando una imprenta.[13] En cambio, la teología cristiana fue apartándose de la lectura literal de la Biblia. Desde Juan Casiano (365-435) se admitía que las Escrituras podían leerse de cuatro maneras: en sentido literal, alegórico, moral (tropológico) y anagógico.

En China, la ciencia tradicional apenas concibe la idea de unas leyes de la naturaleza. Frente a Occidente, con su concepción teológica de un Dios que legisla sobre un universo que ha creado, el pensamiento chino se rige en cambio por una concepción organicista basada en una armonía de voluntades, sin un legislador supremo, lo que quizá dificulta el desarrollo de dicha noción de leyes de la naturaleza. A ello se suma la inclinación china por los hechos específicos, los detalles y la aplicación práctica, así como su aparente desinterés por la teoría —según Joseph Needham, la ciencia china es fundamentalmente empírica y basada en la observa-

El mundo en 1650

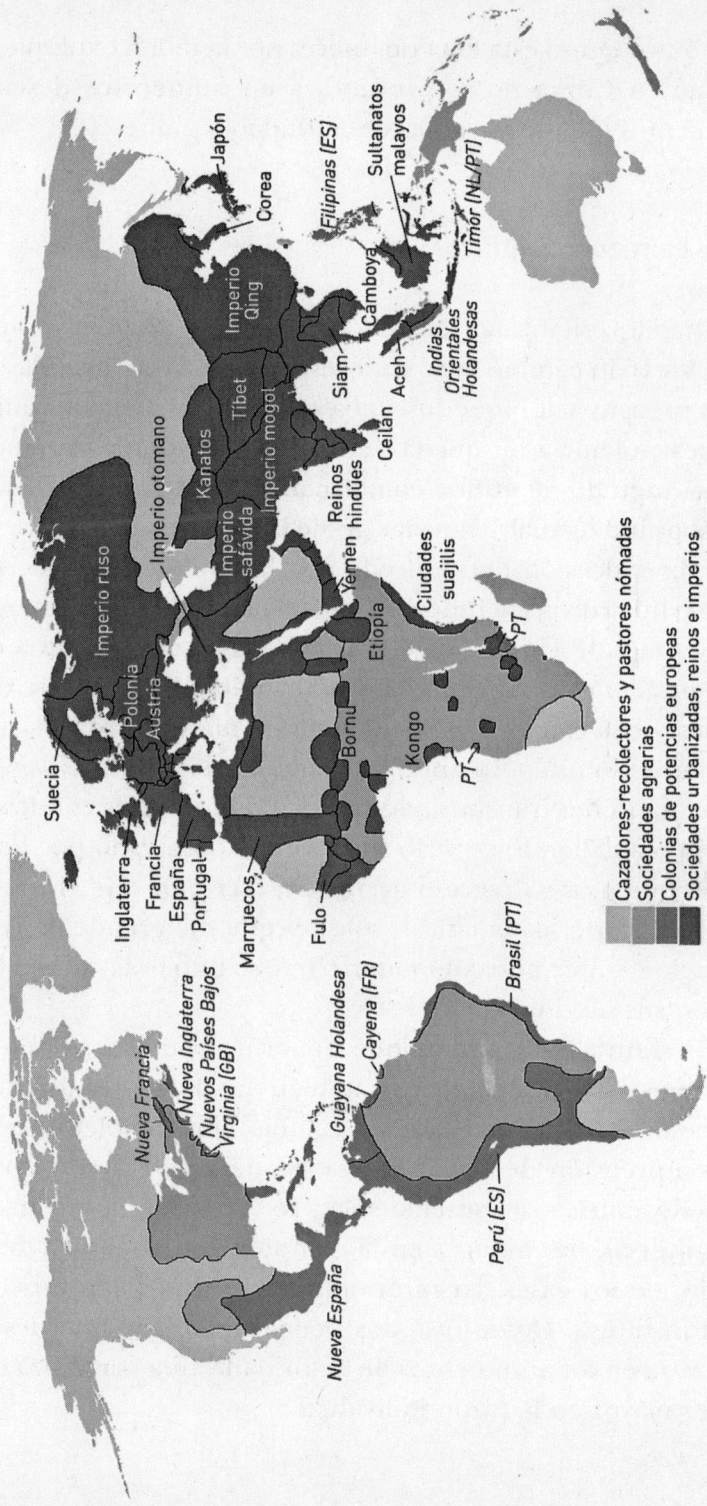

Nueva Francia
Nueva Inglaterra
Nuevos Países Bajos
Virginia (GB)
Nueva España
Perú (ES)
Guayana Holandesa
Cayena (FR)
Brasil (PT)

Suecia
Inglaterra
Francia
España
Portugal
Polonia
Austria
Marruecos
Fulo
Imperio ruso
Imperio otomano
Imperio safávida
Kanatos
Tíbet
Imperio mogol
Reinos hindúes
Yemen
Etiopía
Kongo
Bornú
Ciudades suajilis
PT
PT

Imperio Qing
Corea
Japón
Tíbet
Siam
Camboya
Aceh
Ceilán
Filipinas [ES]
Sultanatos malayos
Indias Orientales Holandesas
Timor [NL/PT]

Cazadores-recolectores y pastores nómadas
Sociedades agrarias
Colonias de potencias europeas
Sociedades urbanizadas, reinos e imperios

ción—. Quizá esta falta de interés por la teoría explique por qué en China no se profundiza en numerosos descubrimientos en los que el país es indudable pionero.[14]

3. La razón científica

Theodore Rabb ha señalado que «en las décadas posteriores a 1640 cambió la actitud respecto de la ciencia. Pasó de la preocupación que suscitaba su desconcertante, impugnada y polémica búsqueda del conocimiento a la aceptación del método científico como manifestación magistral de la labor intelectual. Transitar desde la condena de Galileo hasta la concesión del título de caballero a Newton es cruzar una línea divisoria fundamental del pensamiento europeo».[15] Después de 1650, la elite, tratando de recuperar cierta confianza, encontró consuelo y una tangible certidumbre en la búsqueda cada vez más unánime de nuevas verdades sobre el mundo físico. Cuando en marzo de 1727 murió Newton, su ataúd fue transportado por dos duques, tres condes y el lord canciller. El servicio fúnebre fue observado por Voltaire, quien, a su regreso a Francia, escribió: «He visto a un profesor de matemáticas, solo porque fue grande en su vocación, enterrado como un rey que se hubiera portado bien con sus súbditos».[16]

Entre 1543, año en que Copérnico publica su libro sobre el sistema solar, y 1687, año en que Isaac Newton publica sus *Principia mathematica*, cambia por completo nuestra comprensión de la naturaleza. Se descubre la concepción heliocéntrica del sistema solar, se identifica la gravitación universal, hay avances en la comprensión de la luz, del vacío, de los gases. La razón austera sustituyó a la especulación difusa. Desde distintas perspectivas, hay una desconfianza en los argumentos de autoridad y una confianza cada vez mayor en la razón individual.

No conviene simplificar las cosas. Los cambios de mentalidad son fruto de procesos largos y con frecuencia contradictorios, que presentan numerosas paradojas y actitudes ambivalentes. Su rigor científico es compatible con las actividades astrológicas (Tycho Brahe o Johannes Kepler) o con los trabajos alquímicos de Isaac Newton.[17] Además, una cosa es lo que se dice en las cátedras y otra lo que se dice en las plazuelas. Una de las características de los *sapiens*, que tanto la historia como la ciencia corroboran, es su mezcla de racionalidad e irracionalidad. A veces parece como si un interruptor cambiara de una frecuencia a otra. Entre 1580 y 1660 el entusiasmo por cazar y matar brujas se convirtió en una obsesión europea. Se calcula que esta epidemia mató entre 12.000 y 45.000 personas, la mayoría mujeres.[18] Nunca se conocerá el número total de muertes, pero en la década de 1620 hubo una media de cien hogueras al año en las ciudades alemanas de Würzburg y Bamberg; por las mismas fechas se decía que la plaza mayor de Wolfenbüttel «parecía un bosquecillo por lo apiñados que estaban los postes de las hogueras». A partir de 1660 las acusaciones de brujería disminuyeron, pero continuaron dándose incidentes aislados como el de Salem (Massachusetts).[19]

El prestigio de la razón como facultad intelectual se había iniciado ya en la antigua Grecia, pero la aplicación sistemática del método científico al conocimiento de la naturaleza no se había desarrollado completamente, entorpecido unas veces por la dialéctica puramente conceptual, y otras por la sumisión a los contenidos religiosos. Desde que Tomás de Aquino defendiese la independencia de la razón, muchos teólogos habían separado el ámbito de la teología y el de la ciencia. Aquella se funda en la fe, que es un don divino. Esta se basa en la experiencia. Es cierto que para Tomás de Aquino la razón deriva su valor del hecho de ser la facultad principal que Dios ha concedido al ser humano, pero eso no limita a los ojos su capacidad, sino que la refuerza en su origen.

La experiencia, y no la autoridad, es la fuente del conocimiento. El enfrentamiento de Galileo no fue con la Iglesia, ni con Aristóteles, sino con aquellos que no querían observar. El cambio suponía que el científico no tenía que buscar causas metafísicas, sino descubrir las leyes que subyacen al comportamiento de la naturaleza. Francis Bacon insistió en la necesidad de acumular conocimientos a través de la observación: «Lo que hay que considerar es la materia, sus estados y sus cambios de estado, sus operaciones fundamentales y las leyes de la operación o del movimiento».[20]

La Reforma, que no estaba interesada por la ciencia, posiblemente ayudó a su triunfo. Una persona reflexiva tenía que pensar que, si había tantas personas que pensaban de forma diferente y creían haber recibido inspiración divina, no todos podían tener razón. La desconfianza lleva a la duda. Descartes y Montaigne se hacen la misma pregunta: ¿qué es lo que sé? En uno de sus ensayos más famosos, «De los caníbales», Montaigne afirma que lo que puede parecer verdadero y adecuado para una nación puede resultar absolutamente falso para otra, porque «cada cual llama bárbaro a lo que es ajeno a sus costumbres». Critica así el adoctrinamiento de la población del Nuevo Mundo. Establece un paralelismo entre los ritos de canibalismo practicados por los indígenas con sus prisioneros, y los tormentos sin nombre a los que los portugueses someten vivos a los indios, quemándolos o entregándolos a los perros. «Bien podemos llamarles bárbaros en atención a las reglas de la razón, pero no en relación con nosotros, que los superamos en toda suerte de barbarie» (Montaigne).

4. La razón política

La intensa reflexión sobre la política es una de las características de la cultura europea en este siglo. En los siglos anteriores se habían planteado problemas que ya hemos mencionado: la justificación del poder, su limitación, la relación de la política con la religión, el valor de la vida humana, la libertad de conciencia, etc. Hemos mantenido que cuando las sociedades se liberan de la pobreza, de la ignorancia, del dogmatismo, del miedo al poder y del odio al prójimo, evoluciona un marco común de lo que hemos llamado *felicidad objetiva*. También hemos aprovechado la experiencia histórica que nos enseña la eficacia de una *herramienta conceptual* para tratar estos problemas: la noción de «derecho subjetivo», una nueva manera de considerar el derecho que fue iniciada por los juristas españoles del siglo XVI y que culminará en las revoluciones políticas del XVIII.[21]

El Estado continuará su expansión. «Con Maquiavelo —escribe Cassirer— nos situamos en el umbral del mundo moderno. Se ha logrado el fin que se deseaba, el Estado ha alcanzado plena autonomía. Pero este resultado cuesta caro. El Estado es completamente independiente.»[22] Este Estado sin ataduras tenderá a crecer absolutamente. No podemos reducir el foco a este momento histórico, sino que hemos de trasladarlo al totalitarismo de Estado del siglo XX. Monarquías absolutas ha habido a lo largo de toda la historia, la diferencia es que durante este siglo se justifican con una teoría. «El absolutismo es el trabajo teórico de la monarquía sobre sí misma.»[23] Es un intento de justificación racional. El absolutismo francés, por ejemplo, se apropia de algunos principios del derecho romano. Entre los más importantes: *Rex solutus legibus est* («el rey no está sujeto a las leyes») y *Quod principi placuit legis habet vigorem* («lo que complace al príncipe tiene valor de ley»).[24] Tal vez la más completa sea *Princeps solus conditor legis*, el príncipe es el único fundador de la ley; la fórmula aceptada de la *lettre de cachet*, que permitía encarcelar a una persona por una orden directa del rey, sin acusación ni juicio, ponían de manifiesto la superioridad del rey sobre la ley.

El absolutismo ha sido la permanente tentación del poder. En China, el emperador afirmaba contar con el «mandato del cielo» para todas sus acciones y sus súbditos lo reverenciaban como *tianzi*, «hijo del cielo». «Él juzgaba si un determinado infractor debía ser castigado severamente o no serlo en absoluto. El mundo exterior no podía funcionar sin las decisiones imperiales. Nadie más en el reino estaba autorizado para emitir ningún fallo.» Los reyes coreanos también afirman actuar con el beneplácito divino. En 1660 un erudito y ministro escribía: «El gobernante regula las cosas en lugar del cielo, hace que encuentren el sitio que tienen asignado».[25] La asunción por parte del monarca de la administración de la justicia, aunque fuera en nombre de la divinidad, es una constante desde que tenemos conocimiento de la historia humana. Por eso, la independencia de la justicia va a ser un punto venturoso de inflexión en la historia de la humanidad. Ser quien define lo que es justo o injusto eliminaba las barreras del poder político. Los exitosos monarcas budistas afirmaban ser *cakravartin*, «señor universal-cósmico». Los emperadores mogoles de la India se presentaban como *sahibkiran*, «la sombra de Dios en la Tierra». También los zares de Rusia decían poseer un estatus divino y animaban a los artistas a representarlos como Cristo transfigurado.[26]

Se fortalece el argumento que hemos visto iniciado. Frente a este derecho objetivo —positivo, diríamos ahora—, laico o divino, que recibe toda su fuerza del legislador, emerge un derecho previo, innato, individual, que protege y empodera a todas las personas. Limita el derecho positivo, que se concreta en las leyes. Es una revolución copernicana. No es el hombre quien gira alrededor de la ley, sino que es la ley la que gira alrededor del hombre. «La noción de derecho subjetivo se erige en condición y límite del derecho objetivo. De esa forma —escribe Solari—, es el hombre y su naturaleza lo que dota de contenido a todo derecho, obrándose así en el seno de la filosofía jurídica una revolución análoga a la que había llevado a cabo Bacon en el ámbito de las ciencias naturales y Descartes en el dominio de la filosofía racional.»[27]

Pero ¿existen realmente esos derechos subjetivos? Es una pregunta parecida a si existe el cálculo infinitesimal o las ecuaciones del campo electromagnético de Maxwell. No existen de la misma manera que existe un monte o un árbol. Son soluciones inventadas por la inteligencia humana para resolver problemas. Conviene no olvidar lo desvalidos que estamos los seres humanos. San Basilio el Grande (330-379), hablando de religión, se quejaba amargamente: «Nos obligan a hablar de cosas que no sabemos». Este dramatismo debería ampliarse a toda la cultura humana: fingimos certezas que no tenemos y eso puede llevar al crimen. No sabemos cómo cumplir expectativas que no sabemos si son posibles. Hasta este momento, admitir los «derechos subjetivos» es una buena idea. Bodino y Hobbes habían apelado, como solución para el problema del desorden y de la violencia, al poder absoluto de un monarca, de un Leviatán. Pero el ejercicio de ese poder absoluto caía inevitablemente en la arbitrariedad. Hasta la llegada de la Revolución, las órdenes del rey llevaban antes de la firma la frase *Car tel est notre plaisir*. Lo justo depende de la voluntad del soberano. Da igual que sea Dios o que sea el monarca. Este asunto, al parecer tan abstracto, determina la historia. Si la definición del bien depende de la voluntad —sea de Dios, del soberano o del pueblo—, abrimos la puerta a la irracionalidad, en último término, a la fuerza.

Los derechos individuales innatos aparecen como la gran solución por su capacidad de resolver los problemas que el ciudadano tenía planteados. El primero de ellos, la necesidad de limitar el poder. De defender esta postura se encargará John Locke, en sus *Dos tratados sobre el gobierno*, en los que sistematiza el ideario liberal, el del partido *whig* liderado por Shaftesbury, cuyo objetivo era que los poderes de la monarquía estuviesen limitados. El reconocimiento de unos derechos individuales innatos se convertirá en argumento fundamental. «Va a ser Locke —escribe García de Enterría— el pensador esencial que de esa concepción formal de unos derechos innatos va a construir todo un sistema político concreto con pretensión ya de plasmarse en la realidad histórica.»[28] Sus ideas tuvieron gran influencia en los padres fundadores de los Estados Unidos y también en los revolucionarios de los siglos XVIII y XIX.

Tras un siglo de guerras religiosas (1540-1660), los europeos se vieron forzados a admitir de forma gradual y a regañadientes una noción que en 1540 hubiera sido imposible de concebir: que tal vez la tolerancia religiosa, si bien de alcance limitado, fuera el único modo de conservar el orden político, social y económico de su mundo. Continúan los movimientos a favor de la tolerancia. Pierre Bayle, protestante, fugazmente católico y protestante de nuevo, es un defensor del tribunal último de la razón y de la propia conciencia. «La voluntad de desobedecer a Dios —escribe— constituye un pecado; la voluntad de desobedecer el juicio firme y determinado de la propia conciencia es lo mismo que querer transgredir la ley divina; consiguientemente, todo lo que se hace contra los dictámenes de conciencia es un pecado.»[29] Hace afirmaciones que debieron sonar escandalosas, por ejemplo respecto de los ateos. «Una sociedad de ateos practicaría las acciones civiles y morales tan bien como lo harían otras sociedades con tal de que sancionase los delitos y que otorgase horror e infamia a ciertas acciones.» El ateísmo «no sofocaría todas las luces de la razón y se vería entre ellos a hombres con buena fe en el comercio, fieles a sus amigos, que despreciarían las injurias, que renunciarían a las pasiones del cuerpo, que no causarían daño a nadie».[30] En su *Tratado teológico-político* (1670) Spinoza defiende también el derecho a la libertad de conciencia:

«Cada cual tiene el pleno derecho de pensar con libertad incluso en materias de religión y no es concebible que se haga renuncia de ese derecho».

5. Tres condiciones políticas para la *felicidad objetiva*

La evolución cultural, tal como la vemos desde la actualidad, se ha dirigido hacia un modelo político eficiente porque soluciona muchos problemas. Sucede con estos modelos lo mismo que ocurre con las teorías científicas. Las aceptadas en la actualidad no son las definitivas. Son las mejor verificadas hasta el momento. Se puede decir lo mismo de las soluciones políticas, jurídicas o morales. El modelo político mejor corroborado incluye un Estado eficiente, el imperio de la ley y la democracia.[31] Un Estado eficiente es el que es capaz de organizar la convivencia y de proteger los derechos de los ciudadanos. El imperio de la ley supone que el Estado está también sometido a la ley, el respeto a los derechos individuales, y las seguridades jurídicas necesarias para protegerlos. La democracia supone que el poder está controlado por la ciudadanía. Todo esto puede darse de distintas maneras, con formas diferentes, pero creemos que es el modelo que resuelve más problemas. El reconocimiento de los «derechos subjetivos» es un elemento fundamental.

6. La educación, ariete de la razón

La extensión de la educación produjo cambios en todo el mundo. La tradición china de producir funcionarios muy bien formados y considerar el estudio como una forma de ascenso social produjo una situación propicia a la crítica. Es probable que en la década de 1620 la población de estudiantes alcanzara los cinco millones de alumnos. Como mu-

379

chos de ellos no conseguían plaza, se dedicaron a criticar al gobierno. Zhang Tao publicó en 1600 un ensayo en el que decía: «Uno de cada cien hombres es rico, mientras nueve de cada diez están empobrecidos. Los pobres no pueden plantar cara a los ricos que, aunque son pocos, pueden controlar a la mayoría. La avaricia no tiene límites, la carne hiere al hueso y todo se somete al placer personal».[32]

«En la década de 1630, quizá asistieron a la universidad uno de cada cuarenta jóvenes ingleses y uno de cada veinte castellanos, proporciones que no se superarían hasta finales del siglo xx.» En esa década tal vez salieran de Oxford y Cambridge trescientos licenciados al año para dedicarse a la Iglesia y doscientos para dedicarse a la práctica médica o jurídica, más otros setecientos sin empleo asegurado. Como dijo un juez inglés: «El conocimiento sin ocupación solo puede engendrar traidores». Quevedo, licenciado por la Universidad Complutense, afirmaba: «Las monarquías con las costumbres que se fabrican se mantienen. Siempre las han adquirido capitanes, siempre las han corrompido bachilleres». «Las batallas dan reyes y coronas; las letras, grados y borlas.» Thomas Hobbes, en *Behemoth*, reconoce que «Oxford y Cambridge han sido para esta nación como el caballo de madera fue para los troyanos» porque de las universidades salieron todos esos predicadores que enseñaron la resistencia, y nuestros rebeldes aprendieron públicamente la rebelión en los púlpitos.

Se producía una extraordinaria cantidad de textos. La Junta de Reformación pidió a Felipe IV que «en pueblos y lugares pequeños donde en fechas recientes se han instalado estudios de gramática, que se supriman porque con la facilidad que su proximidad permite, muchos labradores envían a ellos a sus hijos y los sacan de sus ocupaciones, en las cuales nacieron y se criaron, y a las cuales deben destinarse». Richelieu quiso hacer lo mismo. Lo mismo pensaba el erudito francés Gabriel Naudé, que pronosticaba en 1639 que «el gran número de colegios, seminarios y escuelas

aumentaría la frecuencia de las revoluciones de Estado».
William Berkeley, gobernador monárquico de Virginia, se
mostraba de acuerdo: «La instrucción, lamentaba en 1676,
ha traído al mundo desobediencia, herejías y sectas, y la imprenta las ha divulgado y también libelos contra el mejor
gobierno. ¡Dios nos libre de ambas cosas!».[33]

Lo que se ha ido construyendo a lo largo de los años es
lo que ahora denominamos «espacio público», el ámbito en
que se configura la opinión pública. También en China hubo
una «esfera pública». Nunca tanta gente había participado en
agitaciones políticas. Había más libros disponibles y más lectores que nunca. A finales del periodo Ming abundaban las
escuelas. En el siglo XVII un estudio de quinientos distritos
chinos puso de manifiesto que había cuatro mil escuelas, un
cuarto en las ciudades y el resto en el campo. Un jesuita que
viajó por las zonas rurales de Fujian en la década de 1620
escribe: «Las escuelas son muchísimas, no habrá aldehuela
de veinte o cuarenta casas que no tenga su escuela». La revolución educativa china respondió a dos estímulos diferentes.
Alguno de los eruditos confucianos insistía en la necesidad
de la introspección y la intuición, y que en la vida de hombres
y mujeres ignorantes no podía encontrarse principio moral.
En consecuencia, eran partidarios de la educación para todos. Otros lo consideraban necesario para progresar en la
administración. Quizá el 20 por ciento de la población al final del periodo Ming tenía una formación avanzada.[34]

Los libros en China eran muy baratos. Un bibliófilo podía tener diez mil ejemplares. El volumen de documentos
relativos a la agitación política de mediados del siglo XVII en
China, según Lynn Struve, no fue superado hasta finales del
siglo XX.

Durante el siglo XVII pocas zonas del islam vieron aparecer una esfera pública. La alfabetización se reducía al clero. La India, por el contrario, contaba con una alta población alfabetizada: bajo los mogoles un ejército de escribanos

«copiaba y producía cientos de miles de manuscritos» tanto en persa como en las diversas lenguas del subcontinente, y algunos de ellos hablaban del arte de gobernar.

En el Imperio otomano, el funcionario e historiador Kâtib Çelebi (1609-1657) realizó una lista con los miles y miles de libros de las bibliotecas que había visitado personalmente. Su bibliografía contenía casi 15.000 títulos. Sin embargo, estaba prohibida la impresión en árabe. Solo podían utilizarla los cristianos y los judíos.

7. La Revolución inglesa

El absolutismo tenía forzosamente que enfrentarse con las nuevas teorías de los derechos. Ya lo hemos mencionado antes. Todo el siglo XVII en Inglaterra está definido por la dinastía Estuardo. Jacobo I y Carlos I reclaman derechos absolutos. El rey debía su autoridad a Dios y no podía estar sometido a ninguna ley. Él era el intérprete de la ley divina. Los Estuardo —también los Borbones— hicieron que el verdugo quemara los tratados políticos de los doctores jesuitas —entre ellos Mariana y Suárez— que ponían límites al poder del soberano. El orgulloso Jacobo I escribe irritado su apología del derecho de los reyes. Suárez le contesta por orden del papa Pablo V, pero el rey manda quemar su escrito delante de la iglesia de San Pablo en Londres. Este es el mismo rey que decía a su heredero en el trono: «Dios te ha convertido en un pequeño dios para sentarte en su trono y gobernar a los hombres». En 1610 son quemados en París *De rege et regis institutione*, de Juan de Mariana, y el *Tractatus de potestate Summi Pontificis in rebus temporalibus*, de Roberto Belarmino; y en 1614 la *Defensio Fidei* de Francisco Suárez. Y lo mismo ocurre en Londres.[35] En 1649 Carlos I es ajusticiado por ser «tirano, traidor, asesino y enemigo público del buen pueblo de esta nación». En Inglaterra se considera que los textos fundamentales que constituyen el modelo inglés de los derechos son la Carta Magna de 1215, la Petición de derechos de 1628 y la Declaración de derechos de 1689. La primera es en realidad un reconocimiento de libertades y de privilegios, una expresión de la mentalidad medieval. El XVII inglés es el siglo de la revolución, como el XVIII lo será de las revoluciones americana y francesa. Por un lado, la revolución puritana y por otro la Gloriosa. Una revolución es un *guion evolutivo* que se repetirá con frecuencia. Un esquema básico es: dos o más bloques de poder con un apoyo importante y aspiraciones incompatibles con respecto al Estado consiguen un cambio de poder.

En 1647, en la iglesia de Putney, el consejo general del ejército del Parlamento discute, mientras el rey Carlos está en prisión, quién iba a gobernar el país y quién tenía que decidirlo. Se articularon diferentes posiciones políticas. Ireton defendía que solo los propietarios debían tener derecho a voto. Rainsborough defendía lo contrario: «Todos los ciudadanos que han de vivir bajo un gobierno deberían dar su consentimiento para situarse bajo ese gobierno». Por uno de esos juegos de ilusionismo que se dan en estos temas, Rainsborough fundaba su posición progresista en los derechos consuetudinarios, mientras que Ireton basaba su conservadurismo en la racionalidad. Esta salió vencedora. Inglaterra tendría que esperar hasta 1918 para asistir al sufragio universal masculino defendido por Rainsborough.[36] A pesar de sus limitaciones, la Revolución inglesa fue considerada una anticipación del control popular del poder.

8. India unida bajo los mogoles

A partir de comienzos del siglo XVI, una dinastía musulmana heredera de Tamerlán y de los mongoles —de ahí que se conozcan como «mogoles»— retomó las pretensiones de unificación del subcontinente, partiendo del noroeste afgano. Con Akbar (1556-1605) afirmó su fuerza en el norte de la India y con Aurangzeb (1658-1707) dominó casi todo el subcontinente, en una de las escasas fases de unión casi completa de la India. Los emperadores mogoles participaron en las ceremonias y ritos hindúes, a pesar de ser musulmanes. Además sostuvieron los estudios religiosos y literarios hinduistas, y dejaron un legado arquitectónico notable. Las influencias persas e islámicas se combinaron con las tradiciones locales para dar lugar a una original arquitectura, cuyo máximo exponente quizá se encuentre en el Taj Mahal, el cual, a pesar de la imagen tópica, constituye una extraordinaria síntesis de simbolismo islámico y concepción artística hindú.

En el siglo XVI Akbar defendió una política cosmopolita, abolió el impuesto a los no musulmanes (*yizia*) para disminuir las diferencias entre sus súbditos, mayoritariamente hinduistas, permitió el acceso de los no musulmanes a cargos políticos y organizó encuentros entre eruditos islámicos, hinduistas, jainistas, zoroástricos e incluso misioneros cristianos procedentes de las ciudades portuguesas de la costa.[37] La capacidad de integración comunitaria propia del islam había creado una intensa conexión entre los pueblos árabes, iranios y turcos que formaban la comunidad islámica, la *umma*, pero en el caso de la India, donde la mayoría de la población no era musulmana, la conexión con el mundo islámico se produjo a través de su especial relación con el mundo iranio. Irán es el primo cultural de la India desde los tiempos védicos y proporcionó al mundo islámico algunos elementos característicos de su milenaria tradición, como la condición sagrada del poder regio, que se articulaba mal con el derecho islámico, pero que permitió considerar a los monarcas por encima de las diferencias religiosas de sus súbditos, con una perspectiva más universalista. De hecho, según Trautmann, parece erróneo considerar que la relación entre la India y el islam era de confrontación y mutua exclusión, en realidad fue más bien al revés. El islam desarrolló su particular cultura persa-islámica desde tiempos medievales con importantes influjos de la civilización india, y parte del éxito del islam en el subcontinente se debió a que algunos de los elementos culturales islámicos les resultaron familiares a los indios, por su común origen indo-iranio, como el citado carácter sacro del poder regio o algunas formas del devocionalismo y misticismo de los sufíes.[38]

9. Los safávidas en Irán

El Imperio safávida en Irán, a diferencia del otomano y del mogol, demostró una actitud de mucha menor tolerancia con las diferencias religiosas internas, persiguiendo a los que no profesaban el islam chií. Ismail I (r. 1501-24) había hecho del chiismo la religión oficial del imperio y forzó la conversión de la población iraní, que hasta entonces era mayoritariamente sunita, un cambio religioso que ha llegado hasta la actualidad. Con este fin, se adoptaron medidas análogas a las que entonces se aplicaban en el mundo europeo, como la expropiación de bienes a las minorías religiosas, las conversiones forzosas, los juicios por herejía y, en general, todo tipo de prácticas con el fin de crear una población homogénea en términos confesionales.[39]

10. El lado más oscuro de la expansión europea: la trata de esclavos

Desde el siglo XVI, pero sobre todo desde mediados del siguiente, y hasta aproximadamente 1870 se produce uno de los mayores movimientos forzados de población de la historia: entre ambas fechas se estima que se deportan desde África subsahariana unos doce millones de esclavos en dirección hacia América, a los que hay que sumar entre tres y cuatro millones más que, a través del Sahara o del mar Rojo y el Índico, son trasladados a la cuenca mediterránea y a Asia. En total, más de quince millones de personas, que prácticamente se concentran en dos siglos (1650-1860), sin olvidar que además se pierden otras muchas vidas en el proceso de captura y traslado de esclavos hasta las costas africanas. Por eso ha sido caracterizado como el «holocausto africano». No resulta fácil evaluar en qué grado se ven afectadas las regiones exportadoras, aunque es evidente que la captura y el tráfico de esclavos suponen una restricción fundamental para el crecimiento demográfico de dichas zonas. Asimismo, para las sociedades subsaharianas este dramático y prolongado episodio de su historia significa el primer contacto significativo con los cambios que introduce en sus culturas el moderno mundo occidental, lo que no dejará de tener sus consecuencias en la percepción de Occidente y la modernidad.[40]

En África occidental parece que menos de la mitad de los esclavos proceden de las propias sociedades que los venden a los tratantes europeos —en estos casos, se trata de marginados sociales, personas excluidas del sistema de parentesco, esclavos por deudas o delincuentes condenados a tal condición—, y en la mayoría de los casos, se trata de esclavos capturados por la fuerza en otras sociedades, ya sea mediante incursiones organizadas con ese fin o a causa de la guerra. Desde el siglo XVIII esta situación genera cierto debate en Europa acerca de si el tráfico atlántico de esclavos engendra guerras para procurarse esclavos y si todo ello fomenta la esclavitud y la violencia en las sociedades africanas. Cuando en el último tercio del siglo XIX prácticamente cesa la exportación de esclavos, el hecho de que en dichas sociedades no desaparezcan las guerras e incursiones de captura de esclavos ni la esclavitud sirve de justificación a las potencias europeas para imponer su dominio colonial.

En realidad, la esclavitud existía como institución social asentada en África occidental desde antes de esta época. Sin embargo, su sentido y alcance cambia radicalmente con la presencia europea. El comercio atlántico cataliza la expansión e intensificación de la esclavitud en las sociedades africanas. Como la densidad de población africana es relativamente baja, la importancia de la mano de obra resulta fundamental, y el poder político de cada territorio procura ampliar su riqueza mediante el aumento de los recursos humanos a su servicio y la disminución de los ajenos. Por ello, la exportación de esclavos no constituye en principio una opción interesante para los mismos. Solo cuando los bienes ofertados por los comerciantes europeos (armas de fuego, caballos, herramientas, tejidos) parecen resultar más valiosos que la mano de obra, los soberanos africanos estarán dispuestos a su exportación. En esta situación se produce un profundo cambio de mentalidad, que también modifica sustancialmente la percepción de los hombres y las mujeres mercantilizados, pues hasta entonces, a pesar de ser esclavos, estos forman parte de una unidad social extensa —el estatus de las familias dominantes depende del número de esclavos que posee, pero estos terminan formando parte integral del grupo familiar y se benefician del reconocimiento social debido al mismo—, mientras que al ser intercambiados por bienes importados, dichos esclavos adquieren un valor simplemente económico, algo que antes resultaba inconcebible, y se convierten en medida del valor de los demás bienes. La injerencia de los traficantes europeos constituye así un primer factor de alteración de las sociedades africanas tradicionales. Pero el elemento de cambio definitivo llegará con la colonización europea de la segunda mitad del siglo XIX.[41]

11. Breve visita a nuestra familia japonesa

En el siglo XX Japón protagonizará una interesante aventura: convertirse en una «sociedad del aprendizaje». Aún es prematuro hablar de ello, pero queremos dar algunas noticias de su situación en el siglo XVII para que nos resulten comprensibles sus andanzas posteriores, conducidas por el shogunato Tokugawa, que gobernó Japón desde el siglo XVII hasta el XIX. En esta época, la alta cultura japonesa miraba más que nunca hacia China y los clásicos confucianos, al tiempo que emergía una nueva cultura popular dirigida a las masas urbanas, como el teatro kabuki, que en origen resultaba poco ortodoxo, excéntrico e incluso escandaloso, por su alto nivel de tensión emocional y su carácter melodramático y, en ocasiones, violento. En la lírica destacó la difusión del haiku como forma poética, que reflejaba el ingenio y refinamiento de la cultura urbana con indudables aportes del espíritu zen, en gran medida gracias al célebre poeta Matsuo Basho (1644-1694).[42]

Los contactos con Occidente se iniciaron a mediados del siglo XVI, en primer lugar, con la llegada de los portugueses, que introdujeron las armas de fuego y activaron notablemente el comercio, y con los jesuitas, que lograron numerosas conversiones en la segunda mitad de ese siglo. A ellos les siguen los españoles, holandeses e ingleses. Pero el contacto fue cercenado tajantemente en la primera mitad del siglo XVII, pues el shogunato Tokugawa consideró que el cristianismo, y en general el contacto con el mundo externo, constituía una fuerza desestabilizadora. Solo se permitió el comercio con los holandeses (que, a diferencia de los católicos, no demostraban interés en la conversión de los locales), limitado a una isla en el puerto de Nagasaki, y se prohibió y persiguió el cristianismo.[43]

A pesar del supuesto aislamiento de la época Tokugawa, desde el siglo XVIII existe en Japón un indudable interés por las ciencias médicas y militares occidentales. Los denominados «estudios holandeses» (*Rangaku*) constituyen la vía de acceso a los avances científicos europeos, pues el contacto se establece a través del neerlandés y el enclave comercial holandés en la bahía de Nagasaki. Se alcanza así una considerable apertura al pensamiento foráneo. Según Bellah ninguna otra sociedad no occidental tiene un conocimiento tan completo de Occidente en el siglo XVIII como Japón, ni siquiera el Imperio otomano, más cercano y con un contacto más directo con Europa. Sin embargo, este interés intelectual por lo extranjero coexiste con un creciente particularismo, pues mediante el estudio de otras culturas Japón es cada vez más consciente de sus diferencias con respecto al resto del mundo.[44]

Capítulo decimosexto

EL SIGLO DE LAS REVOLUCIONES

1. El epicentro del terremoto

El siglo XVIII es el gozne sobre el que gira la segunda era axial. Ocurren cambios en el modo de pensar, en la organización política, en la ciencia. Muchas de las *herramientas mentales* inventadas en ese periodo siguen utilizándose, por eso podemos hablar de la llegada de la «modernidad». En Europa es una época satisfecha de sí misma, es el *Siècle des Lumières*, la era de la *Aufklärum*, del *Illuminismo*, del *Enlightenment*, de las Luces. Kant define la Ilustración como el momento en que la razón alcanza su mayoría de edad. «La ilustración es la liberación del hombre de su culpable incapacidad. Incapacidad significa imposibilidad de servirse de su inteligencia sin la guía de otro. Es culpable porque no está causada por falta de inteligencia, sino de decisión y valor para liberarse. *Sapere aude!* ¡Ten el valor de servirte de tu *propia* razón!: he aquí el lema de la ilustración.»[1] Años antes el padre Feijoo había hablado de «la osadía de pensar».

La razón no solo nos defiende de la ignorancia, sino también del fanatismo, que nos hace ser intolerantes y crueles. Voltaire se encrespa contra él. Piensa que es una enfermedad que gangrena el cerebro, produciendo toda suerte de desvaríos y crímenes. En 1792, el tribunal de justicia de Toulouse declara culpable a Jean Calas de la muerte de su hijo. Calas era protestante y algunos testigos le acusan de haber asesinado a su hijo para evitar que se convirtiera al catolicismo. El tribunal estipula el castigo: dos torturas. La primera para que confesase. La segunda dentro de la misma ejecución de la pena de muerte. Le descoyuntaron las extremidades, le arrojaron litros de agua en la garganta, le aplastaron los miembros con una barra de hierro, mientras la víctima persistía en defender su inocencia, cosa que se reconoció dos años después del ajusticiamiento. Voltaire se rebeló contra esa injusticia. «Alzad la voz por doquier, os lo suplico, por Calas y contra el fanatismo, porque este es el *l'infâme* que causó su sufrimiento», escribió a su amigo d'Alembert, otro ilustrado. El lema de Kant fue «liberaos de la servidumbre»; el de Voltaire fue *Écrasez l'infâme!* ¡Aplastad el fanatismo! Es decir, eliminad la crueldad. La Ilustración tiene una vertiente humanitaria que se manifiesta en la repercusión de la obra de Cesare Beccaria, *Sobre los delitos y las penas* (1764), en contra de los horrores judiciales y en la insistencia de Rousseau en la compasión, que debe pasar de ser un sentimiento a ser una virtud cívica, cuidada y fomentada que es, por cierto, la virtud básica del budismo.

Puede parecer que hemos renunciado a nuestro punto de vista cosmopolita, pero lo cierto es que gran parte de las soluciones propuestas por la cultura europea de estos siglos han permeado, por caminos distintos, por acción o reacción, la cultura mundial. Tomemos el caso de las grandes potencias asiáticas —China, India, Japón—, de las naciones postcoloniales o de las que nacieron tras la desmembración de la Unión Soviética. Tienen su propia identidad cultural, sin duda, pero dentro de ella están incluidos genes ilustrados. El poder político europeo, basado en la industria, en la ciencia y en la tecnología, incluida la militar, acabó dominando el mundo en el siglo xix y parte del siglo xx. Se pensó que habíamos encontrado el modelo perfecto de *felicidad objetiva*: racionalidad científica, sistema de mercado, democracia. El progreso estaba en marcha. La Ilustración fue un movimiento optimista que pronto desencadenó movimientos contrailustrados. Unos aspiraban a volver a las certezas tradicionales y promovieron la restauración de las monarquías del Antiguo Régimen. Otros desconfiaron de la razón. En este caso, la Ilustración dio paso al Romanticismo, la razón universal a historias particulares, el racionalismo al irracionalismo, la Revolución francesa a los movimientos nacionalistas, el éxito de la tecnología a la preocupación por su sostenibilidad. La modernidad confiaba en la inteligencia para resolver todos los problemas. La postmodernidad duda de que tengamos la capacidad de generar el talento suficiente para hacerlo. El posthumanismo recupera el optimismo ilustrado, pero confía solo en la tecnociencia. En esta situación adquiere justificación nuestro proyecto. ¿Qué podemos aprender de nuestra evolución?

En el siglo xviii llegan a su plenitud movimientos ya iniciados en siglos anteriores. La reflexión sobre el conocimiento y sobre la política, la defensa de los derechos subjetivos, el deseo de limitar el poder, la búsqueda de la *felicidad objetiva*. Lo implícito se hizo explícito. El deseo de felicidad, que ha movido siempre al ser humano, entró en el campo político. Simplificando mucho, podríamos decir que la primera era axial se ocupó de la felicidad íntima, de la perfección individual; y la segunda, de la felicidad social, de la perfección social, como requisito para aquella. La «Declaración de los derechos del buen pueblo de Virginia» (1776) afirmaba que los hombres tienen por naturaleza el derecho a buscar y obtener la felicidad, y la «Declaración de Independencia» de Estados Unidos (1776) proclama que el fin del gobierno es alcanzar la seguridad y la felicidad. John Adams definía la política como la ciencia de la felicidad, y a su juicio se alcanzaba con una buena Constitución. También según la ilustrada Constitución española de 1812, «el objeto del gobierno es la felicidad de la nación».

La independencia de las colonias inglesas de Norteamérica tiene una especial relevancia en nuestra historia, porque antecedió y sirvió de precedente a la Revolución francesa. Sirve además de ejemplo oportuno para mostrar cómo las *herramientas conceptuales* se transmiten. Su constitución se inspiró en Locke y Rousseau, pero hacían continua referencia al mundo clásico. Para los grandes revolucionarios el paralelo de su gesta estaba en la de Atenas contra Filipo. Tito Livio y Cicerón eran citados constantemente por hombres que también conocían a Homero y Virgilio. Había conciencia, una vez más, del hilo que unía, a lo largo de la historia, a los regímenes democráticos. Thomas Paine proclama que «lo que Atenas fue en pequeño, América lo será en grande».[2]

2. La «pública felicidad»

La Revolución francesa fue un dramático esfuerzo para buscar la «política felicidad». El artículo 1 de la «Declaración de los derechos del hombre» de 1793, elaborada bajo la influencia jacobina, en los albores del gran Terror, declara: «El fin de la sociedad es la felicidad común». El desmedido Saint-Just lo dice con una frase tajante: «*Le bonheur est une idée neuve en Europe*». La idea ya había estado presente en todas las discusiones de la Asamblea Nacional, previa a la Declaración de 1789. El proyecto de Target, en su artículo 1, decía: «Los gobiernos solo están instituidos para la felicidad de los hombres»; el de Mounier: «Todos los hombres tienen una tendencia invencible hacia la búsqueda de la felicidad. Todo gobierno debe, pues, tener como fin la felicidad general». El de Thouret: «La naturaleza ha puesto en el corazón de los hombres la necesidad y el deseo imperioso de la felicidad. El estado de la sociedad política le conduce hacia esa meta, reuniendo las fuerzas individuales para asegurar la felicidad común». Los diputados que hicieron la Constitución de 1795 eran ya más escépticos. Durante la discusión, Lanjuinais argumenta: «Hace dos mil años se contaban 288 especies de felicidad; no esperemos definirla mejor ahora». Igual de escéptico fue Napoleón, quien en 1800 afirmó: «Hemos terminado la novela de la revolución. Es preciso comenzar la historia, en lo que hay de real y de posible en la aplicación de los principios y no lo que hay de especulativo y de hipotético. Hoy día, seguir otro camino no sería gobernar, sino filosofar».[3] Creemos que la noción de *felicidad objetiva* que utilizamos no cae bajo esas críticas.[4]

Los ilustrados españoles también tratan el tema de la «felicidad pública», que se manifestaría en profundas mejoras económicas, científicas y humanas, y no un país marcado por el signo de la conquista y el heroísmo, como señalaba Jovellanos en el *Elogio de Carlos III* (1788). La felicidad pública será el objetivo de los pensadores, desde Feijoo hasta Jovellanos pasando por Juan Sempere y Guarinos, Francesc Romà i Rosell,[5] Juan Pablo Forner, Meléndez Valdés, Cienfuegos, etc.[6] Fue Muratori quien, desde Italia, a principios del siglo, dio a la luz pública su libro sobre ese asunto en el que planteaba cuál era la finalidad del príncipe moderno con respecto a sus súbditos, y de nuevo encontramos esa dimensión sentimental, humana en la racional Ilustración. Una dimensión que vuelve la mirada hacia lo cercano buscando la felicidad pública en y de la sociedad, no en el mundo prometido más allá de la muerte.[7]

Desde el Renacimiento se habían diseñado modelos utópicos de ciudad feliz, como los de Tomás Moro o Campanella. La modernidad oscila entre dos modelos. Uno se basa en la economía, en el progreso industrial y en las propiedades pacificadoras del comercio. Ya hemos comentado que desde el Renacimiento se valora la figura del comerciante y del emprendedor. El segundo modelo, elegido por los revolucionarios franceses de 1789, se funda en la universalidad de los valores morales, en los derechos. Son dos grandes proyectos, dos formas de *felicidad objetiva* que van a perdurar hasta el presente.

3. La república mercantil

En 1713 el abate de Saint-Pierre publica el «Proyecto para instaurar la paz perpetua en Europa». Quiere organizar un «sistema de paz», basado, diríamos ahora, en «juegos de suma positiva» (conciliación, arbitraje y unión) que sustituya al «sistema de guerra». Se trata de crear una sociedad de seguros mutuos, en la que todas las naciones colaboren para asegurarse mutuamente la paz. El comercio es herramienta esencial. Un discípulo de Saint-Pierre, el marqués René Louis d'Argenson, ministro de Asuntos Exteriores de 1744 a 1747, decía: «Dejad haced a la multitud. Esta aprenderá que el paso de las mercancías de un estado a otro debería ser tan libre como el del aire y el del agua. Toda Europa no debería ser sino una feria, grande y común».

El mercado, en virtud de su capacidad de burlar las fronteras nacionales, debería acabar con los siglos de plomo de las sociedades militares. Adam Smith piensa en un solo taller y un solo mercado. El impulso empresarial vendrá del deseo de enriquecerse; el control, del consumidor que decidirá si compra o no. En ambos casos se trata de un egoísmo razonable, la confianza en que «los vicios privados producirán virtudes públicas». Saint-Simon no lo duda: «El régimen industrial será la organización definitiva de la especie humana». La nueva sociedad será positiva e industrial. Y será internacional por naturaleza. «La industria es una, todos sus miembros están unidos por los intereses generales de la producción, por la necesidad que tienen de seguridad y de libertad en los intercambios. Los productores de todas las clases, de todos los países son esencialmente amigos; nada se opone a que se unan, y la coalición de sus esfuerzos nos parece la condición indispensable para que la industria obtenga toda la influencia que puede y debe disfrutar.»[8]

En un delicioso libro, Albert O. Hirschman ha explicado con detenimiento un gran texto de Montesquieu, personaje central de la Ilustración: «Es afortunado para el hombre estar en una situación tal que, aunque sus pasiones le inciten a ser malo, les interese, sin embargo, no serlo».[9] Esta oposición entre las «pasiones» y el «interés» le parece esencial. Max Weber ya se preguntó cómo fue posible que la profesión de comerciante se hiciera honorable en algún momento de la Edad Moderna, después de haber sido condenada o despreciada como avidez, ánimo de lucro y avaricia durante siglos.[10] Hemos visto cómo en el Renacimiento y en el siglo XVII la búsqueda de la gloria personal o nacional es la pasión política predominante. Las tragedias de Corneille llevan ese modelo a la desmesura.[11] Ahora comienza la demolición del héroe y una transformación de las pasiones humanas. A comienzos del XVIII, Giambattista Vico escribe: «De la ferocidad, de la avaricia y de la ambición, que son los tres grandes vicios que afectan a todo el género humano, la sociedad hace la milicia, el comercio y la política, y con ellas la fortaleza, la opulencia y la sabiduría de las repúblicas; y de estos tres grandes vicios, que ciertamente arruinarían la estirpe humana en la tierra surge la felicidad civil».[12] Queremos llamar la atención sobre esta última expresión «felicidad civil», sinónima de *felicidad objetiva*. La solución está en domar unas pasiones con otras. El duque de Rohan, hombre de Estado hugonote, lo dijo en su ensayo *De l'interest des princes et estats de la chrestienté* (1639): «En asuntos de Estado uno no debe permitir que lo guíen apetitos desordenados, que a menudo nos hacen emprender tareas vio-

397

lentas [...], sino por nuestro propio interés guiado por la sola razón, que debe ser la regla de nuestras acciones».[13] La razón se convierte en mero instrumento de los intereses.

El interés económico se convierte en una dulce pasión benefactora. Como escribió el doctor Johnson, «hay pocas empresas en que un hombre pueda emplearse más inocentemente que en la obtención de dinero».[14] En Francia se pone de moda hablar de la *douceur* del comercio. «Este continuo intercambio de las comodidades de la vida constituye el comercio y este comercio contribuye a todas las amabilidades (*douceurs*) de la vida.»[15] Para Montesquieu «el espíritu del comercio lleva consigo el de frugalidad, economía, moderación, trabajo, prudencia, tranquilidad, orden y regla». Es fácil reconocer aquí las virtudes de la burguesía. Así pues, mientras que este espíritu subsista, las riquezas que se produzcan no tendrán efectos perniciosos. Dedica un capítulo entero de *El espíritu de las leyes* a elogiar el comercio, y otro a explicar «cómo el comercio emergió en Europa de la barbarie». Recogeremos como conclusión una afirmación suya: «El efecto natural del comercio es la paz. Dos naciones que negocian entre sí se hacen recíprocamente dependientes: si a una le interesa comprar, a la otra le interesa vender, y ya sabemos que todas las uniones se fundamentan en necesidades mutuas». Como ya hemos comentado a lo largo del libro, el comercio es un «juego de suma positiva».

Pero es justo observar que ya en el XVIII aparecieron críticas. Joseph Barnave, gran orador de la Asamblea constituyente francesa, víctima de la guillotina, publicó en 1790 una *Introducción a la Revolución francesa*, en la que dice que lo que funciona en el campo privado puede no funcionar en el público. El comerciante es ahorrador, los Estados son despilfarradores. En 1767, Adam Ferguson explica que el cuidado por la riqueza individual puede desembocar en un «gobierno despótico», porque el deseo de tranquilidad puede facilitar la sumisión.[16] «La libertad no corre nunca mayor peligro —escribe— que cuando medimos la felicidad nacional en función de la mera tranquilidad que puede conceder una administración equitativa.»[17] Tocqueville dice lo mismo. Si los hombres se concentran en buscar su riqueza será posible «para un hombre listo y ambicioso conseguir el poder» y, años antes del advenimiento de Napoleón, dirige unas cáusticas advertencias a los que solo piden ley y orden: «Una nación que no pide a su gobierno sino el mantenimiento del orden es ya una esclava en lo más hondo de su corazón; es esclava de su bienestar, y el hombre que la encadene puede aparecer en escena». Hobbes lo había dicho mucho antes: «Todos los hombres luchan naturalmente por conseguir honor y preeminencia; pero principalmente quienes tienen menos necesidad de preocuparse por las cosas necesarias».

La «república comercial» va a concretarse en la Revolución industrial.

4. La república de los derechos

El segundo modelo sería una sociedad basada en los valores universales, en los derechos del hombre, en la libertad, la igualdad y la fraternidad, y, según los ilustrados, pasará necesariamente por la iluminación general de las mentes. Kant sería su principal valedor. Admira la Revolución francesa hasta el punto de que, tras su muerte, Schelling le recuerda como un revolucionario que lleva al plano de lo «ideal» lo que el político había hecho antes en el plano de lo «real», y teme que un reflujo de la Revolución pueda reducir también el interés por la obra de este revolucionario.[18]

Junto con la inglesa, las revoluciones americana y francesa pueden considerarse «revoluciones de los derechos». En 1776, después de rebelarse contra el gobierno inglés, las colonias americanas declaran su independencia. Para justificar la secesión de Inglaterra se invocan «las leyes de la naturaleza y del Dios de esta naturaleza». Y añaden: «Sostenemos como evidentes por sí mismas estas verdades: que todos los hombres son creados iguales; que son dotados por su Creador de ciertos derechos inalienables, entre los cuales están la vida, la libertad y la búsqueda de la felicidad». La teoría de los derechos subjetivos, que hemos visto crecer desde la obra de los juristas españoles de los siglos XVI y XVII, y ser reformulada por Locke, deja de ser una teoría para dirigir la acción real. Se acepta que es la gran solución para limitar el poder y para proteger la libertad individual.

En 1789 los «representantes del pueblo francés» dicen lo mismo, aparentemente. Reconocen cuatro derechos «naturales e imprescriptibles»: la libertad, la propiedad, la seguridad y la resistencia a la opresión. La finalidad de cualquier asociación política es la protección de esos derechos. Pero hay una notable diferencia. La declaración americana hace derivar los derechos de Dios. Era la doctrina tradicional de los derechos naturales. La Revolución inglesa, en cambio, había apelado contra el rey a los «derechos consuetudinarios», a las leyes antiguas. Los franceses no quieren hacerlos derivar de Dios, ni de la ley antigua. Quieren hacer todo de nueva planta. Ya veremos cómo se buscó una inteligente solución de compromiso. Por ahora lo que nos interesa subrayar es que las primeras líneas de la «Declaración de los derechos del hombre y del ciudadano» resumen uno de los argumentos del presente libro: «La ignorancia, el olvido o el desprecio de los derechos del hombre son las únicas causas de las desdichas públicas y de la corrupción de los gobiernos». Llamamos la atención sobre la contundencia del calificativo «únicas». La gran herramienta para conseguir eliminar las calamidades públicas y alcanzar la «felicidad nacional», la «pública felicidad» son los derechos.

La Revolución francesa se vivió con entusiasmo. Las discusiones de la Asamblea Nacional son un ejemplo de creación filosófica compartida. Uno de los participantes, Barère lo cuenta así en su diario: «Uno de los espectáculos más interesantes para un filósofo es observar los progresos rápidos de la verdad y la razón en la Asamblea Nacional. El primer día de los debates incluso parecía dudoso que se aceptara la idea de una Declaración de derechos separada de la Constitución; el segundo se habían evaporado las objeciones elevadas; en fin, el tercer día tan solo se ha discutido para saber si la declaración de los deberes se uniría a la declaración de los derechos». Se rechazó esta idea porque los deberes solo podían derivar de los derechos. La declaración fue saludada con entusiasmo. En 1834 Carl von Rotteck escribía: «Ningún acontecimiento mayor, quizá apenas alguno igual a la Revolución francesa en la historia universal. La gran mayoría de los bienintencionados de todos los países, en cuanto alumbró por doquier la idea de derechos civiles y humanos, se declaró en voz alta, incluso con entusiasmo, a favor de los principios y de los primeros éxitos de la revolución». Hölderlin habló de la revolución como «nueva hora de la Creación». Doscientos años después, los estudiantes chinos de la plaza de Tiananmen llevaban insignias con el lema 1789-1989.

La república de los derechos universales no se implantó. El sueño de la razón engendró monstruos.

5. La razón y la eficiencia

Hemos presentado los dos modelos con que la Ilustración imagina la sociedad feliz: la república mercantil y la república de los derechos. El talento de Kant los unifica de alguna manera. Según él, la razón justifica el modelo universal, pero no asegura el modo de ponerlo en práctica. Kant reconoce que el ser humano es sociable e insociable a la vez. Conflictivo, por lo tanto. Sin embargo, la naturaleza inventa argucias para conseguir lo que Kant considera un fin: la perfección humana. «Se trata del espíritu comercial, que no puede coexistir con la guerra y que, antes o después, se apoderará de todos los pueblos. Como el poder del dinero es en realidad el más fiel de todos los poderes subordinados al poder del Estado, los Estados se ven obligados a fomentar la paz.»[19] Jürgen Habermas piensa que el optimismo kantiano no previó que una industrialización capitalista podía producir un enfrentamiento entre clases y un belicoso colonialismo. Pero reconoce que, al menos, en el ámbito de la OCDE ha producido una «economización de la política internacional». Sin embargo, parece que el modelo económico ha avanzado y el modelo de los derechos no sigue su marcha. Se plantea el problema de cómo coordinar la búsqueda de la felicidad privada con la de la pública felicidad, de cómo relacionar la voluntad individual con la colectiva, el interés privado con la universalidad. Aún estamos buscando la solución.

La influencia que en la vida política tiene el concepto «razón» aconseja precisarlo. La razón no es la simple capacidad de hacer razonamientos, porque un demente o un fanático pueden razonar, y ahora sabemos que una máquina también. Cuando un ilustrado habla de «razón» no está hablando de una facultad separada, sino de un uso especial de la inteligencia, que, enlazando pensamientos en orden lógico, llega a conclusiones teóricas y prácticas que aspiran a ser comprobadas en su pretensión de verdad —si se trata de contenidos teóricos—, y en su pretensión de eficiencia —si se trata de contenidos prácticos o técnicos—. El conocimiento, la técnica o las relaciones humanas quedan transformados por esa actividad vivificadora. El pensamiento crítico, que se ocupa de esas comprobaciones, se convierte en la plenitud de la razón. La ciencia, la filosofía, la Reforma protestante, el descubrimiento del Nuevo Mundo, el conocimiento de otras culturas, habían resquebrajado muchas creencias. Margaret Jacob dice que la literatura de viajes de los siglos XVI y XVII tuvo un efecto acumulativo que fue «cuestionar la validez absoluta de las costumbres religiosas que durante mucho tiempo se habían considerado primordiales, sobre todo entre los eclesiásticos».[20] La experiencia aportada por los primeros viajes al Nuevo Mundo apuntaló algunas corrientes tempranas de escepticismo.[21] Toulmin ha recordado una curiosa anécdota del viaje del capitán Cook a Tahití en 1769 para registrar el tránsito del planeta Venus por el disco solar. Las observaciones se llevaron a cabo desde un promontorio llamado Punta de Venus en honor del planeta. Cuando la *Discovery* volvió a Inglaterra en 1771, la mayor impresión no la suscitaron las mediciones astronómicas, sino las noticias sobre la vida en los Mares del Sur y su ignorancia de tabúes que en Europa parecían indispensables para el orden. En especial, la amabilidad de las mujeres tahitianas adquirió rápidamente fama de envidiable y el nombre de «Punta de Venus» comenzó a tener nuevas asociaciones.[22] Con todo lo cual el importante paso que creía haberse dado al poder demostrar la inmutabilidad de las conquistas humanas se acabó trocando en la aguda conciencia de su impensada variabilidad. El choque de culturas siempre ha estimulado el pensamiento crítico. Hace muchos siglos, Jenófanes aprovechó las lecciones aprendidas del choque entre la cultura griega, la etíope y la tracia para criticar las teologías antropomórficas de Homero y Hesíodo: «Los etíopes creen que sus dioses son negros y con nariz aplastada; para los tracios, los suyos son rubios y con los ojos azules. Si los bueyes, los caballos y los leones tuviesen manos y pudiesen pintar y producir obras de arte como los hombres, los caballos reproducirían la forma de sus dioses como su propia figura, los bueyes según la suya y cada uno haría los cuerpos de acuerdo con su especie». De esta lección extrae Jenófanes una importante conclusión crítica: la de que el conocimiento humano es falible: «En verdad los dioses no han revelado a los mortales las cosas desde sus comienzos; pero con el tiempo e investigando descubrieron estos lo mejor». Estos briosos inicios del pensamiento crítico quedaron sepultados bajo siglos de dogmatismo, de servidumbre de la inteligencia. El escepticismo sobre los fundamentos del conocimiento, la búsqueda de conclusiones de universalidad creciente y el uso de procedimientos de verificación más rigurosos pueden considerarse consecuencia de la expansión del marco en el que se ponían a prueba los sistemas de conocimiento en el naciente sistema global de intercambios de información.[23]

Sin duda, los ilustrados amaban el conocimiento, pero desde una actitud muy poco platónica. Su preocupación por la «pública felicidad» hacía que les interesaran las «verdades útiles», por las aplicaciones prácticas del conocimiento. El título completo de la *Encyclopédie*, emblema de la Ilustración, es *Enciclopedia o Diccionario razonado de las ciencias, las artes y los oficios*. En España, Jovellanos insiste en la necesidad de estudiar las ciencias matemáticas, la buena física, la química, porque «han enseñado al hombre muchas verdades útiles, que han desterrado del mundo muchas preocupaciones perniciosas y a quienes la agricultura, las artes y el comercio de Europa deben los rápidos progresos que han hecho en este siglo». Sin ellas no se podría alcanzar «el conocimiento de un número increíble de instrumentos y máquinas, absolutamente necesarias para asegurar la solidez, la hermosura y el cómodo precio de las cosas».[24] Las sociedades de Amigos del País intentan fomentar la industriosidad y el estudio y la práctica económica. Los «amigos de Bergara» critican la tradicional incompatibilidad entre la aristocracia y el comercio, un tema muy debatido en aquel tiempo. «¿Qué profesión más digna de estimación que las que acarrea tan prodigiosas ventajas al Estado? ¿Y qué mayor satisfacción para un ciudadano que ser el instrumento de la felicidad de su patria?»[25]

Varios monarcas europeos tuvieron gran interés por este aspecto de la Ilustración; no, por supuesto, por sus propuestas políticas. Creen que deben racionalizar sus Estados. Se intentan reformas desde arriba, que comienzan con el acceso al poder en 1740 de Federico II de Prusia y acaban al final del reinado del emperador José II. Hay que incluir también a Carlos III de España, José I y María I de Portugal, y Catalina II de Rusia. Pusieron en orden sus finanzas, protegieron la industria y la educación. Creían que el bienestar económico vendría a las naciones por medio del Estado. Se liberalizó el comercio (por ejemplo, Carlos III abrió los puertos al comercio con América). Catalina II publicó una instrucción en la que se recogían como fines de la monarquía la educación y la felicidad pública. Tal vez tuvieran presente el apólogo que años después contó Napoleón III: «Una historia inglesa explica en voz alta a los reyes lo siguiente: Si marchas a la cabeza de las ideas de tu siglo, estas ideas te seguirán y te sostendrán. Si marchas detrás de ellas, te arrastrarán contigo. Si marchas contra ellas, ¡te derrocarán!».[26]

6. Un guion que no va a abandonarnos: la productividad

Inglaterra se adelanta en una aplicación práctica de la razón: la productividad. El sector agrario (el más potente hasta iniciado el siglo XIX) mejoró su productividad. Dejó de ser un medio de supervivencia para ser un negocio. «Carecemos de cifras fiables —dice Hobsbawm—, pero en 1750 ya era perceptible la estructura característica de la propiedad inglesa. Unos miles de terratenientes que arrendaban la tierra a decenas de miles de agricultores que a su vez la trabajaban con la ayuda de cientos de miles de braceros, siervos y pequeños minifundistas que trabajaban a jornal casi todo el tiempo.»[27] No hubo grandes innovaciones, pero se aprovechó mejor lo que se sabía. Las innovaciones no llegaron hasta el XIX con la introducción de maquinaria y fertilizantes artificiales. También aumenta la productividad industrial.

Las tradicionales hilanderas indostánicas que trabajaban a mano tardaban 50.000 horas en hilar cincuenta hilos de algodón. La maquinaria inventada en Gran Bretaña permitió reducirlas a 300 horas en la última década del siglo XVIII, y hacia 1830 bastaban 135 horas. Es lo que Mokyr denomina «economía ilustrada».[28] En este momento, Inglaterra avanza a más velocidad que las otras naciones. La Revolución industrial fue para Inglaterra lo que la política para Francia o la filosófica para Alemania.[29] La producción británica de hierro se multiplicó por diez en el siglo XVIII. En 1742 se utilizó una máquina de vapor en las minas. La industria textil también inventa. Entre 1770 y 1780 aparecieron tres máquinas para transformar la hilatura de algodón. Durante las dos últimas décadas del siglo, estas y otras innovaciones redujeron en un 85 por ciento el precio de importación del algodón, que dejó de ser un producto caro para convertirse en una mercancía de consumo masivo.[30] Los cambios no solo fueron tecnológicos, sino también de organización. Aparece la fábrica. En vez de llevar las máquinas al taller, había que llevar los trabajadores a las máquinas. En 1771 Richard Arkwright y Jedediah Strutt construyeron una fábrica textil en Cromford, movida por energía hidráulica. Aparecía el sistema de factorías. A partir de 1800, y gracias a la asociación de James Watt y Matthew Boulton, el vapor empezó a sustituir al agua como principal fuente de energía. «Si las factorías parecen tener sentido como lugares de producción concentrada lo cierto es que solo lo tienen en el marco del nuevo sistema económico que está naciendo en Gran Bretaña. La inversión a gran escala en construcciones y maquinaria, con la vista puesta en las ganancias a largo plazo, únicamente resultaba posible allá donde se dispusiera de capital y donde existieran inversores dispuestos a establecer nuevos tipos de contratos. Durante siglos se había estado invirtiendo en viajes o expediciones, sin embargo, ahora, la inversión industrial exigía una confianza generalizada en el futuro, más que un deseo de obtener beneficios rápidos.»[31] Las factorías son el símbolo de esta época. Las ciudades brotaron cerca de las minas. La población de Gran Bretaña se incrementó desde los 10 millones en 1800 hasta los 20 en 1851 y 37 en 1901. La fuerza del vapor, el perfeccionamiento de la maquinaria y la organización fabril son las claves del éxito. La primera locomotora de vapor se construye en 1802, y el primer tren se inaugura en 1825. Para sobrevivir en un mundo competitivo hay que innovar continuamente y para hacerlo hay que aprender continuamente también. La aceleración de los acontecimientos pone de manifiesto una ley que funcionaba desde el principio de los tiempos, pero de manera poco visible. La denominamos «Ley universal del aprendizaje»: «Toda persona, toda organización o toda sociedad, para sobrevivir, necesita aprender al menos a la misma velocidad a la que cambia su entorno; y si quiere progresar tendrá que hacerlo a más velocidad». La convicción de que el conocimiento —fruto del aprendizaje— es el motor del progreso sitúa a la educación en el centro del interés público. Y, junto a la educación, otros canales de información, que hoy englobamos en la educación informal. Durante estos años proliferan los debates, las asociaciones, los salones, las sociedades de Amigos del País, la prensa, las publicaciones, en una palabra, el «espacio público» en el que va construyéndose la «opinión».

7. ¿Qué sucedió después?

Tanto el comercio como la idea de derechos permitían juegos de suma positiva. La razón centrada solo en la eficacia produjo efectos no queridos: el poder se impuso a los individuos, y lo particular se impuso a lo universal. Aparecen nuevas *herramientas políticas*, que se unen a las de «derechos subjetivos», «Estado», «soberanía» y «Constitución» ya inventadas. Las más importantes: «voluntad general», «pueblo» y «nación». Tras la proclamación de los derechos del hombre, el artículo 3 de la Declaración introducía una afirmación cuya simplicidad ocultaba peligrosas consecuencias: «Toda soberanía depende de la nación. Ningún cuerpo, ningún individuo puede ejercer una autoridad que no emane de ella». Durante la discusión el diputado Duquesnoy advirtió que una Declaración de los derechos del hombre no debe hablar de la nación y de sus derechos, sino que debe limitarse a hablar de los derechos de los individuos. La Declaración era bicéfala, tenía dos principios supremos: los derechos del hombre y la nación. ¿Cuál de ellos triunfaría? Recordemos que «soberanía» significa poder absoluto.

Cuando comparamos las ideologías que impulsaron las revoluciones americana y francesa, vemos que son diferentes. La americana era más liberal que democrática. La francesa más democrática que liberal. Los americanos querían limitar el poder y establecieron una serie de barreras. *Checks and balances.* Los franceses pensaban que el poder debía ser absoluto, y solo les preocupaba quién era el titular. Se lo atribuyeron al pueblo. Pero los miembros de los Estados generales franceses tenían verdadera pasión filosófica y sacaron las consecuencias lógicas de la idea de soberanía. Si el pueblo era el titular de una propiedad tan transcendental y sagrada era necesario que adquiriera una forma y relevancia metafísica. No podía ser un nombre colectivo que designara a las muchedumbres que andaban por la calle. La desconfianza hacia el populacho fue constante en los primeros demócratas, por eso se retrasó tanto el sufragio universal. El titular del poder absoluto tenía que estar dotado de una personalidad única, no ser un enjambre de voluntades. El pueblo multitudinario se convirtió en el *pueblo*, entidad ficticia dotada de propiedades personales. Para consolidar el aspecto unitario y poner la idea a salvo de la contingencia, de la historia, de los vaivenes de la opinión, el pueblo se transformó en nación, una entidad metafísica. Emmanuel-Joseph Sieyès, el gran ideólogo de la revolución, elaboró un concepto de nación que le confería una cierta sacralidad secularizada. No procedía del pueblo real, sino que ya estaba dado en el «estado natural» de la humanidad, antes de que se estableciera el lazo social. Venía a decir que la nación tiene un origen natural, divino, y en la misma tacada se sacó de la manga un «derecho natural de las naciones». Un concepto absolutamente opuesto al de «derechos del hombre». La nación, que había sido una creación del Estado monárquico, resultaba ser metafísicamente anterior al Estado. Por eso, añade, «no puede dejar de ser una nación». «De "ser ficticio" —comenta el historiador Keith Michael Baker— la nación pasa a ser la noción primordial.»[32] El 15 de junio de 1789, Mirabeau plantea la necesidad de cambiar el nombre de Estados generales, con el que habían sido convocados. Propone que sus colegas se llamen «representantes del pueblo francés». Sieyès quiere que sean «representantes de la nación francesa». Dos días después se aprueba la moción de Sieyès y el nombre elegido es «Asamblea Nacional». La nación había ganado la partida y, como señala Georges Gusdorf, todo el trabajo de las asambleas de la República se vio determinado por esta elección terminológica. Cuando Francia se lanzó a las guerras no lo hizo en nombre de un rey desacreditado, sino de la nación. Antes de la batalla de Valmy, no se arengó a las tropas en nombre del rey, sino en nombre de la nación. Y puesto que el patriotismo había adoptado durante más de mil años la forma de adhesión a una persona, la natural inclinación de los sentimientos hizo que la nación tomara también el carácter y el aspecto de una persona. La ficción política da un paso más.

Quedaba por resolver el problema de la «voluntad general». Si la nación era una unidad, su voluntad tenía también que ser única y, por lo tanto, no podía reducirse a un agregado de voluntades individuales, que, a lo más configuraría unas mayorías más o menos contundentes, pero que siempre desgarrarían la unidad. La mayoría no era suficiente. Se necesitaba la unanimidad, una unión casi mística. Hegel da una vuelta al argumento. Si la «voluntad general» es la voz de lo justo y verdadero, solo pertenecen a esa voluntad los que estén en lo justo y verdadero. Los disidentes están fuera de la nación y como la nación acabará estando por encima de los derechos del hombre, los disidentes dejan de estar protegidos por estos derechos. Se ha instaurado el Terror como defensa de la nación. Después de expulsar al absolutismo por la puerta, se había colado por la ventana. Las minorías eran un estorbo, una anomalía que impedían la perfección democrática. Cuando llegó al poder, Robespierre pensó que había que buscar la unanimidad, aniquilando a los disidentes, que ahora se habían convertido en réprobos, traidores, y si se sigue esa implacable lógica, podían dejar de ser considerados seres humanos. La lógica de la «voluntad general» como soberanía absoluta fue completada en el nazismo o en los horrores comunistas. Había que salvar la nación. En el capítulo siguiente veremos la última derivación de esta idea. La «voluntad general» de la nación acaba siendo interpretada por su Führer, por su Caudillo. Él es la voluntad de la nación; en él radica, pues, la soberanía. En España, esta idea se mantuvo durante el régimen franquista. En el preámbulo de la Ley de Principios del Movimiento Nacional, de 1958, se decía que el jefe del Estado personifica la soberanía nacional, y solo era responsable ante Dios y ante la historia. ¿Cómo se justificaba esa soberanía? Apelando a Dios. Recordemos que en las monedas franquistas todavía se leía: «Franco, Caudillo de España por la gracia de Dios».

En realidad, están recuperando *guiones evolutivos* muy antiguos, usados por todas las inquisiciones, pero añadiéndoles la frialdad y la eficacia. «En julio de 1790, Marat lamentó que no se hubiera matado a quinientos culpables de traición. Un mes después eran ya seiscientos. A fin de año reclamó la muerte de veinte mil. Después de la caída del rey, cuarenta mil. Y en noviembre de 1792 fijó una cifra definitiva: doscientos setenta mil cadáveres.»[33]

Este trágico *guion evolutivo* se volverá a poner en marcha cada vez que una entidad abstracta ocupe el lugar de seres concretos. «Durante el Terror —escribe Osborne— la preocupación abstracta por la humanidad ignoró cualquier preocupación por los seres humanos.»[34] Como señala Ladan Boroumand, «la nación se puso contra la gente».[35] Resulta llamativo que en 1729, el padre Feijoo arremetiese contra el «amor a la patria», que en su opinión constituía un «afecto delincuente» dirigido a una «deidad imaginaria», y movilizado por «conveniencias imaginadas» que acaban produciendo una mezcla explosiva: la «pasión nacional».[36]

La nación sustituyó a la humanidad. El caso de Anacharsis Cloots, diputado de la Convención, que llegó a ser presidente del club jacobino, es paradigmático. Este extravagante personaje soñaba con una República universal, basada en los derechos. Pensaba que el único soberano debía ser el género humano.[37] Cree que hay que conseguirla por la fuerza de las armas. El 1 de enero de 1792 pide declarar la guerra lo antes posible y enviar las tropas francesas contra Bruselas, Lieja y Coblenza. «Puesto que Francia posee la Constitución más bella del mundo, solo queda que los pueblos oprimidos e ignorantes se sacudan bruscamente el yugo, para asegurarse una felicidad duradera, bajo la dirección del legislador francés.» Robespierre se opone sensatamente: «En la naturaleza de las cosas está que la razón progrese lentamente. [...] La idea más extravagante que puede nacer en la cabeza de un político es creer que basta con que un pueblo entre a mano armada en un pueblo extranjero para hacerle adoptar sus leyes y su Constitución. Nadie ama a los misioneros armados y el primer consejo que dan la naturaleza y la prudencia es rechazarlos como enemigos».[38] Ataca furiosamente a Cloots: «Sus extravagantes opiniones, su obs-

tinación en hablar de una república universal y en inspirar
la rabia de las conquistas, podían producir el mismo efecto
que las declamaciones y los escritos sediciosos de Brissot y
Lanjuinais. ¿Y cómo podría interesarse el señor Cloots por
la unidad de la república, por los intereses de Francia? Des-
deñando el título de ciudadano francés, solo quería el de
ciudadano del mundo». Robespierre quiere «nacionalizar
la revolución». Cloots fue guillotinado.

Sieyès y Condorcet quieren reducir el alcance de la «soberanía popular» al momento constituyente. Con eso agota
el pueblo su soberanía activa. Después, no hay soberano. Solo
hay un Estado constitucional democrático. Los jacobinos no
lo aceptaron e impusieron la «teoría francesa de la soberanía», en la que Constitución y leyes ordinarias están en el
mismo nivel. La «voluntad general» no cesa. Pero, siguiendo
el *guion evolutivo* que antes hemos expuesto, los jacobinos se
consideran los únicos representantes del pueblo, es decir, de
la soberanía popular. Solo la minoría virtuosa expresa la verdad del pueblo. Ejerce la soberanía en su nombre. A la vista
de los acontecimientos, Sieyès acaba criticando el concepto
mismo de soberanía como un «monstruo político», y, en
1795, reconoce que el Terror había sido suscitado por una
mala definición de la soberanía. Furet y Ozuf piensan que la
herencia del Terror ha envenenado la política francesa del
siglo XIX. Después de años convulsos, según Marx, Napoleón
culmina el Terror reemplazando la revolución permanente
por la guerra permanente.[39] El «principio de las nacionalidades», como se decía entonces, va a ocupar el siglo XIX.

8. Contra la Ilustración

La Revolución francesa provocó grandes logros y grandes
fracasos. Es un movimiento lleno de contradicciones. Florence Gauthier lo señala bien en el título de su libro: *Triun-*

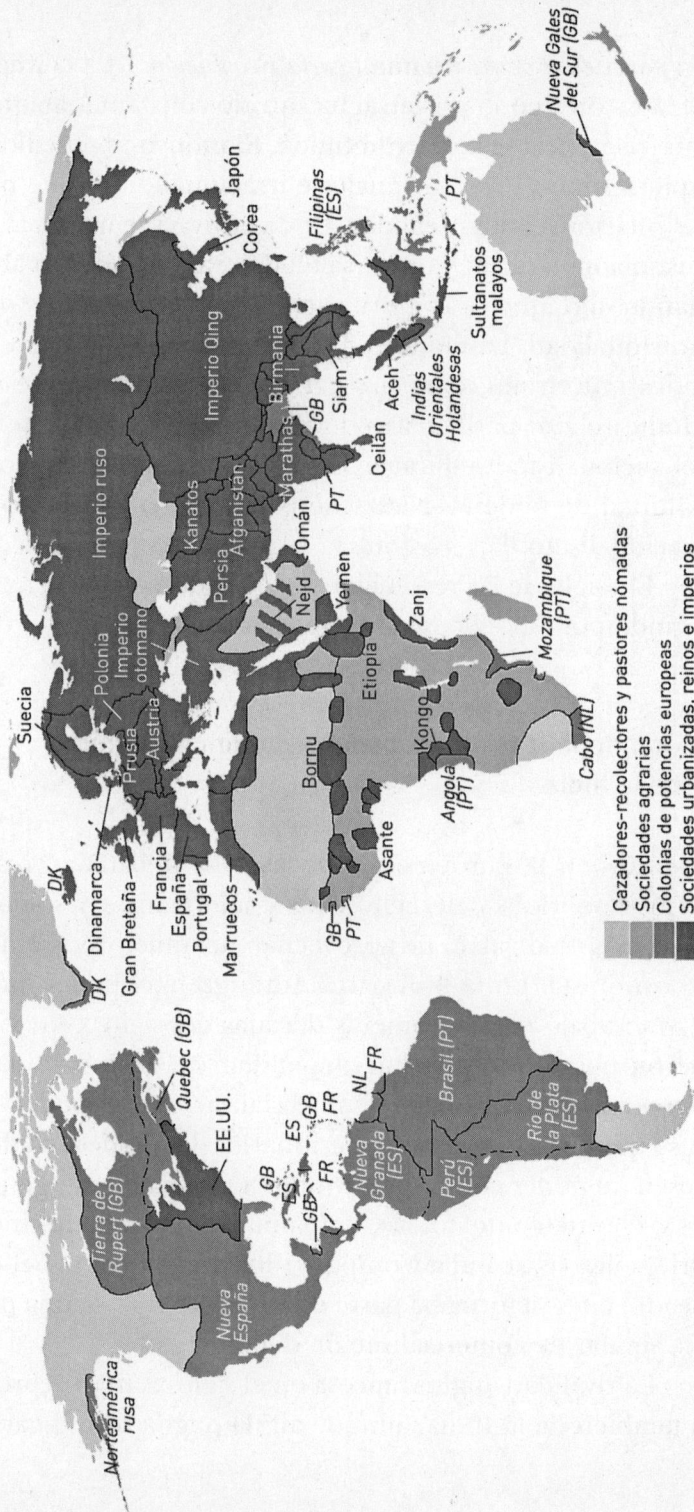

El mundo en 1789

Cazadores-recolectores y pastores nómadas
Sociedades agrarias
Colonias de potencias europeas
Sociedades urbanizadas, reinos e imperios

Nueva Gales del Sur (GB)
Japón
Corea
Filipinas (ES)
Imperio Qing
Birmania
Marathas
GB
Siam
Aceh
Ceilán
Indias Orientales Holandesas
Sultanatos malayos
PT
Imperio ruso
Kanatos
Persia
Afganistán
Omán
Nejd
Yemen
Zanj
Mozambique (PT)
Etiopía
Kongo
Suecia
Polonia
Imperio otomano
Prusia
Austria
Francia
Bornu
Angola (PT)
Cabo (NL)
DK
Dinamarca
Gran Bretaña
España
Portugal
Marruecos
Asante
GB
PT
PT

Norteamérica rusa
Tierra de Rupert (GB)
Quebec (GB)
EE.UU.
GB
ES
GB
FR
FR
NL FR
Nueva España
Nueva Granada (ES)
Perú (ES)
Brasil (PT)
Río de la Plata (ES)

fo y muerte del derecho natural en la Revolución.[40] La confianza en la razón y en lo universal ha sufrido constantes ataques y con frecuencia se bate en retirada. El motivo es sencillo: los sapiens somos seres racionales e irracionales, porque nuestra relación con la realidad es cognitiva y emocional. La Ilustración —razón y universalidad— va a dejar paso al Romanticismo, que es la glorificación del sentimiento y de la individualidad. La modernidad, defensora de valores y verdades universales, dará paso al posmodernismo, que solo admite relatos particulares. La voluntad de verdad, centro del racionalismo —Kant o Husserl—, es sustituida por la voluntad de poder —Nietzsche o Heidegger—, núcleo del irracionalismo.[41]

El «siglo de las revoluciones de los derechos» va a estar seguido por el «siglo de los imperios».

9. Comercialización del poder y dominio británico de la India

Mientras en la Europa del siglo XVIII se debatía acerca de formas políticas y derechos, los comerciantes y soldados europeos no dejaban de aprovechar cualquier oportunidad de conquista. En la India, tras Aurangzeb, el poder mogol se vino abajo en las primeras décadas del siglo XVIII y surgieron poderes locales que dependían en gran medida de mercenarios. La llamada «comercialización del poder» supuso que prestamistas y concesionarios de impuestos adquiriesen un poder considerable junto a los príncipes y generales y, en este contexto, la Compañía Británica de las Indias Orientales (East India Company) iba a jugar un papel destacado, pues ya formaba parte en Gran Bretaña de una práctica similar de comercialización del poder.

La rivalidad anglo-francesa en el siglo XVIII se reprodujo también en la India, aunque allí la pugna tuvo lugar entre las compañías comerciales británica y francesa, y sus aliados indios. Estas compañías disponían de fuerzas armadas compuestas por soldados locales bajo mando europeo. Tras las guerras y los complejos sistemas de alianzas locales, el resultado fue que el ejército de la Compañía Británica derrotó al gobernador mogol de Bengala —pues los emperadores mogoles, aunque venidos muy a menos, seguían ejerciendo cierto poder sobre parte del territorio— y al poco tiempo la East India Company se convirtió en cogobernante de Bengala en 1765. No era el primer caso; en Ceilán la Compañía Holandesa gobernaba parte de las tierras bajas, pero Bengala tenía otras dimensiones y población. En las décadas siguientes se fueron incorporando otros principados indios al dominio de la Compañía Británica, que se convirtió así en un poder casi soberano sobre un gran país, en el que recaudaba impuestos y en el que tenía que mantener la ley y el orden. Y esta situación (*Company rule*) se prolongó durante casi un siglo, hasta 1858, cuando tras la rebelión de los cipayos, el gobierno británico decidió hacerse con el control (*Crown rule*).

A comienzos del siglo XIX el mapa de la India británica había sido ya trazado: las costas y las fértiles llanuras del interior estaban en manos de la Compañía, mientras que los príncipes indios que habían firmado la paz con los británicos mantuvieron cierta autonomía: estos principados o estados nativos (*princely states*), que abarcaban un tercio del territorio indio y que se mantuvieron hasta la independencia en 1947, formalmente no eran parte de la India británica y contaban con su propia fiscalidad, administración y fuerzas armadas, aunque un «residente» británico supervisaba su política y tenían que dejar las relaciones exteriores en manos del gobierno inglés.

Los historiadores se han preguntado a menudo cómo lograron los británicos imponerse sobre un país tan extenso y complejo en solo unas décadas, cómo lograron expandir su dominio, desde algunas ciudades o fuertes en la costa, a gran parte del subcontinente. La explicación tradicional afirma que los británicos se hicieron con la India casi sin darse cuenta, pues no se requirió un gran esfuerzo por su parte: las batallas fueron menores y en ellas lucharon mercenarios indios sin coste alguno para el contribuyente británico, pues era parte del negocio de la Compañía. En realidad, se aprovecharon las disputas entre principados indios, y la Compañía aprendió de los príncipes indios a financiar sus campañas militares mediante el saqueo y los impuestos. Pero, sobre todo, fueron especialmente cuidadosos en asegurarse el pago de las tropas, algo que no era tan común en la época, ni en la India ni en Europa, evitando así motines y deserciones.

La Compañía era responsable ante sus accionistas y como empresa mercantil buscaba el beneficio. A finales del siglo XVIII sus ingresos comerciales menguaron a la par que crecían los procedentes de su «dominio político» (los impuestos recaudados de los territorios bajo su administración directa y los tributos y subvenciones pagados por los principados indios sometidos). Así, para la mayoría de los indios la *Pax Britannica* supuso más bien —en un feliz juego de palabras de John Keay— una *Tax Britannica*.[42]

10. Un siglo de esplendor en China

Los tres emperadores (Kangxi, Yongzheng y Qianlong) que reinaron de 1661 a 1796 gobernaron el país en un periodo culminante de la política y la cultura chinas. En el siglo XVIII China era la primera potencia mundial, por su población, por su riqueza y por el poder que ejercía en el mundo global. La expansión territorial (conquistas de Tíbet, Nepal y Xinkiang) y la colonización de nuevas tierras buscaban, en parte, reasentar a importantes masas de campesinos que habían perdido sus bienes por las catástrofes ambientales (inundaciones, movimientos de tierras) que habían sufrido las muy explotadas tierras del interior de China. En estos siglos, sin duda, China contaba con el paisaje más humanizado del mundo.[43]

El historiador estadounidense Kenneth Pomeranz, en una influyente obra de historia comparativa entre China y Europa,[44] afirmó que el nivel de vida medio en la China Qing durante el siglo XVIII era probablemente superior al de Europa occidental. Pero esta precedencia iba a cambiar con la «gran divergencia» de comienzos del siglo XIX, de modo que China, durante los dos siglos siguientes, quedaría atrasada con respecto a Occidente, hasta que en el presente está recuperando el puesto que le corresponde por su tamaño geográfico y demográfico y su potencial económico. Pomeranz consideró que esta divergencia se debió más al proceso de industrialización y revolución que vivió Occidente que a las acciones de China. Las ventajas con que contó Occidente no procedían de un remoto pasado, de un progreso acumulado durante siglos ni de una mentalidad más innovadora, sino de una serie de contingencias históricas entre las que destaca especialmente la conquista y explotación de América. El sinólogo W. Rowe, aunque acepta el punto de vista de Pomeranz, señala que no debe negarse que en el Imperio Qing se produjeron fallos sistémicos en el siglo XIX que hicieron que la divergencia no fuese solo cuestión de que Europa dejase atrás a China en términos relativos, sino que a su vez en China se produjo una pérdida de capacidad intrínseca, a lo que indudablemente contribuyó el choque provocado por la expansión europea, pero también ciertas disfunciones internas del sistema dinástico chino y la crisis económica interna.[45]

CAPÍTULO DECIMOSÉPTIMO

LA FURIA EXPANSIVA

1. La fascinación por el poder

Sin comprender los mecanismos, la profundidad, la fascinación del poder, no podemos comprender la historia. El poder tiene su propia dinámica expansiva y se ejerce por múltiples vías, individuales, económicas, religiosas y políticas. Uno de los ingredientes de la felicidad personal es sentir la ampliación de las propias «posibilidades», palabra que, como ya advertimos, era esencial en nuestra historia, y que deriva de *posse*, «poder». El sabio Spinoza lo dijo: «Cuando el ser humano siente que aumenta su poder, se alegra». No tiene por qué ser un poder sobre otros, puede ser el mero sentimiento de libertad, de creatividad, de autodominio. Nietzsche afirmó en *Fragmentos de la voluntad de poder*, «el arte es el fenómeno más transparente de la voluntad de poder».[1] Una de las enseñanzas de la *ciencia de la evolución de las culturas* es que el deseo de los *sapiens* de ampliar sus posibilidades, de expandir su acción, es constante.

El afán personal de poder puede ejercerse mediante el fortalecimiento y la utilización de las «instituciones de poder», las organizaciones, las empresas, las finanzas, las igle-

419

sias, y, en la jerarquía más alta, el Estado, que ostenta el monopolio de la fuerza, el monopolio de la legislación y la recaudación de impuestos. La lucha por el poder es la lucha por apropiarse de esos mecanismos, lo que lleva a comportamientos frecuentemente irracionales. Es fácil poner ejemplos. A comienzos del siglo XVIII, España se había visto envuelta en una guerra dinástica, en la que austriacos y borbones se disputaban un reino, como quien se disputa una pieza de caza mayor. Fue un caso que nos sirve para estudiar cómo eran los mecanismos del poder. Carlos II muere sin sucesión, dejando como heredero a Felipe de Anjou, nieto de Luis XIV de Francia. Ponía como condición que la «posesión de mis reinos y señoríos, como su rey y señor natural, debe ir precedido por el juramento de observar las leyes». Nos interesa subrayar que se transmite la posesión de un bien, el reino. Es todavía un concepto patrimonialista del poder que constituye la esencia del Antiguo Régimen. Algunas potencias europeas no aceptaron el testamento y comenzó una guerra entre un pretendiente austriaco y el pretendiente francés. A los españoles no se les preguntó nada, pero se les obligó a tomar partido. El ciudadano se encuentra siempre en una situación de hechos consumados, donde solo puede seguir las imposiciones de las «instituciones de poder» y donde su margen de rebeldía puede ser muy escaso. Una guerra entre naciones extranjeras se convirtió en una guerra civil. Esta irracionalidad de los comportamientos políticos debería haber sido erradicada por el triunfo de la razón, pero no fue así. Napoleón, que surge del régimen que abolió el absolutismo, adquiere un poder absoluto. Sembró la guerra en toda Europa hasta que fue derrocado en 1815. Causó más de cuatro millones de muertos y —ahí está la irracionalidad— fue y es admirado por el pueblo francés. El siglo XIX fue una sucesión de enfrentamientos en que los estados desconfiaron entre sí, buscaron alianzas, guerras tácticas para encontrar el equilibrio y guerras de expansión. Desde que tenemos información histórica la desconfianza entre naciones ha fomentado una escalada armamentista, según el viejo proverbio latino «*Si vis pacem, para bellum*». De ahí la importancia de encontrar sistemas que reestablezcan la confianza mutua.

La figura de Napoleón plantea con toda agudeza un colosal problema de psicología de masas: la gente puede venerar el poder que la domina. El 13 de octubre de 1806, Hegel, vecino de la conquistada ciudad de Jena, escribe a Friedrich Niethammer: «He visto al emperador —esta alma del mundo— saliendo de la ciudad en tareas de reconocimiento. Qué maravillosa sensación ver a ese hombre, que, concentrado en este punto concreto y a caballo, se extiende por el mundo y lo domina». Schopenhauer lo consideró «la más bella manifestación de la voluntad humana», y Goethe escribió: «¡Napoleón, he aquí a un hombre! Siempre luminoso, siempre decidido, poseyendo en todo momento la energía para ejecutar inmediatamente lo que ha visto como ventajoso o necesario. Su vida ha sido la de un semidiós. Puede decirse que para él la luz del espíritu no se ha extinguido ni un instante». La admiración por la razón ha sido sustituida por la admiración ante la voluntad. Hay una reacción contra el paroxismo de la razón expuesto por Hegel. Schelling reinterpreta toda la modernidad, desde Descartes, como un despliegue de una voluntad humana que intenta afirmarse a sí misma y que, como instrumento, usa la razón, pero podría utilizar otro. «No hay en última y suprema instancia más ser que el querer. Querer es el ser originario (*Wollen ist Urseyn*), y solo a este convienen todos los predicados del mismo: sin fundamento, eternidad, independencia del tiempo, autoafirmación.»[2] Schopenhauer encuentra la voluntad como última instancia metafísica. No tardará mucho Nietzsche en desvelar que esa voluntad es «voluntad de poder». Marx, en la famosa tesis 11 sobre Feuerbach, hace una llamada a la acción: «Los filósofos no han hecho más que interpretar de diversos modos el mundo, pero de lo que se trata es de transformarlo».[3] Este cambio, que puede parecer sutileza de filósofo, marcó la historia mundial. La inteligencia humana había trabajado durante siglos para liberarse de un Dios voluntarista, cuyos deseos creaban la justicia sin estar sometido a razón alguna, y ahora volvía a reverenciar la voluntad del hombre. La película de Leni Riefenstahl sobre el Congreso nazi de Núremberg de 1934 se titulaba, muy justamente, *El triunfo de la voluntad*.

No dudamos de que Napoleón fuera sincero cuando dijo a Caulaincourt: «Se engaña la gente: yo no soy ambicioso. [...] Siento los males del pueblo, quiero que todos sean felices, y los franceses lo serán si vivo diez años»,[4] pero nos parece que es víctima de un frecuente autoengaño, porque desconoce su deseo fundamental. A veces, el poderoso cree que solo le mueve el bien de los demás. Es difícil que alguien reconozca: lo que me gusta es mandar. Los grandes asesinos políticos han pensado que eran los únicos que podían conducir a su pueblo a la felicidad. Lenin, Stalin, Hitler, Mao, Pol Pot lo dejaron claro. Solo ellos —o en todo caso el partido— sabían lo que el pueblo necesitaba. Hermann Rauschning recoge una declaración de Hitler en 1939: «La providencia me ha designado para ser el gran libertador de la humanidad. Yo libero al hombre de la opresión de una razón que quería ser un fin en sí misma; lo libero de una envilecedora quimera que se llama consciencia o moral y de las exigencias de una libertad individual que muy pocos hombres son capaces de soportar».[5] Lo sorprendente es que tuvo la capacidad de convencer de ello a un pueblo entero.

La figura de Napoleón nos permite completar la descripción del papel de las grandes personalidades, ya iniciada en varios momentos de nuestra historia. Hegel hizo una profunda descripción del «gran hombre» definido como «aquel que hace girar la historia». Vuelve conscientes las aspiraciones inconscientes de sus conciudadanos, algo necesario, porque el querer del pueblo es confuso y disperso. El gran hombre transforma la multiplicidad de individuos, en lucha unos contra otros, en un pueblo unificado e históricamente activo. Pero de esa manera lo que pretende es conseguir su propio fin, que es dominar. Encuentra su satisfacción en el mismo ejercicio del poder, que es, como dicen los psicólogos, una «motivación intrínseca».

Hegel añade un rasgo que debería sobresaltarnos. La capacidad de innovación de esos «grandes hombres» es tan grande que frecuentemente tienen que apelar a la violencia para ejercerla. Pero, añade, aunque actúe en contra de la moral, su comportamiento es siempre ético porque favorece la marcha del espíritu. Volvemos a repetir que no estamos hablando de ideas de biblioteca, sino de conceptos que han marcado la vida de muchos millones de personas. Esta no es una historia de las ideas, sino de comportamientos humanos dirigidos por ideas, y también por pasiones. Pondremos un dramático ejemplo. El 30 de junio de 1934, la llamada «noche de los cuchillos largos», Hitler dio orden de fusilar, de una manera criminal, sin juicio previo, a la plana mayor de las SA, que se habían granjeado la inquina popular por sus desafueros. Quince días después, en un larguísimo discurso en el Reichstag, Hitler reconoce que él dio la orden, y lo hizo como «juez supremo del pueblo alemán». Sorprendentemente, este hecho criminal aumentó la popularidad de Hitler. Gran parte de la población alemana —menos los comunistas y algunas tibias críticas de las iglesias cristianas— consideraron que el Führer había ejercido una «justicia natural», defendiendo al pueblo de los prepotentes. A partir de ese momento, Hitler se siente legitimado para hacer cualquier cosa. Personifica la nación y la unidad, de quien recibe dignidad, sabiduría y derechos especiales.

Esta glorificación del poder fue aumentando a lo largo del siglo XIX. Ejemplos muy cercanos resultan significativos. En España, muchos intelectuales noventayochistas aguardaban la llegada de un jefe. Maeztu escribe en 1898: «Sí, es preciso que surja un hombre-idea que sea al mismo tiempo el hombre-voluntad: el hombre omnipotente, mago hipnotizador que agrupe en torno suyo a cuantos anhelamos una vida más grande».[6] Ortega recuerda los años de juventud en que «pudo ocurrírsenos acaso, tras de alguna lectura, la sospecha de si habría en nosotros [se refiere a Maeztu] dos de esos grandes hombres que fabrican historia, señeros y adamantinos, más allá del bien y del mal».[7] En *Mirabeau o el político*, defiende que el gran político no puede estar sometido al mismo rasero moral que la masa. Pío Baroja retrata a muchos personajes que añoran un jefe capaz de mover a las gentes: «Para llegar a dar a los hombres una regla común, una disciplina, una organización, se necesita una fe, una ilusión, algo que, aunque sea mentira salida de nosotros mismos, parezca una verdad llegada de fuera». Y en una conferencia precisa: «Los que sean capaces de dirigir a los pueblos vigorosos y activos deben crear cuanto antes el arma de la cultura [...]. Hay que atraer el rayo si el rayo purifica; hay que atraer la guerra, el peligro, la acción, y llevarlos a la cultura». La opinión de Salaverría es que «todo el turbio ondular del río de la muchedumbre se dirige a un solo fin, que es el crear un *hombre cúspide*, como César, como Cristo, o como Borgia, bueno o malo, pero siempre alto. Pero toda idea de mejoramiento, de aristocracia, de dominio y perfección requiere un impulso de combate. El hombre es un animal de guerra».[8] Napoleón lo entendió perfectamente cuando dijo: «La tarea del político es ofrecer a los pueblos una esperanza».

La revolución de los derechos quedaba muy lejos.

2. La racionalización del poder: la organización

La Revolución industrial comenzada en el siglo XVIII se fundaba en una idea de la razón como eficacia y productividad.

424

Se concretó en la aparición de factorías que concentraban capital y mano de obra. Estas organizaciones no podían ser eficaces sin una eficiente organización. La organización, dice Galbraith, es una de las fuentes de poder, junto al carácter y a la propiedad. Hay autores que consideran que la organización —sea política, empresarial, religiosa, científica— es el gran recurso del poder.[9] Adolf Berle, uno de los grandes especialistas en este tema, asegura que «ninguna categoría colectiva, ningún grupo de ninguna especie, ejerce y puede utilizar en sí y por sí misma el poder. Debe hallarse otro factor: la organización».[10] Y Charles Lindblom avanza un poco más y sostiene que la organización es la fuente de todo poder.[11] En nuestro largo recorrido hemos visto cómo los imperios se han mantenido si han sabido crear una administración, una burocracia, un sistema eficaz de recaudación de impuestos, en una palabra, una organización. La culminación de esa organización es lo que llamamos Estado, cuando asume las competencias legislativas y el monopolio de la fuerza. El Estado, la organización y el poder político se expanden simultáneamente.

Napoleón fue un genial organizador del Estado. Mediante la centralización de los departamentos administrativos fundó un sistema tributario más eficaz, que también le ayudó a contener la espiral inflacionaria que había hecho fracasar a los gobiernos revolucionarios. El mismo Napoleón consideraba que su gran obra había sido el Código de Derecho Civil, que ha sido modelo para muchos países durante dos siglos. Reorganizó profundamente el ejército con una eficiente política de reconocimiento de méritos. En 1789, el 90 por ciento de los oficiales procedían de la nobleza; en 1809, solo el 3 por ciento. Ocho de los veintiséis mariscales que servían a sus órdenes procedían de rangos muy inferiores: Augereau, Lefevbre, Ney y Soult habían sido sargentos; Jordan, Oudinot y Bernadotte, soldados rasos; Victor, músico de banda militar.

Según el historiador alemán Jürgen Osterhammel, el siglo XIX fue el momento culminante de experimentación política por la gran variedad de formas políticas que existían. «Antes nunca se habían dado, en una misma época, expresiones tan netamente distintas del poder político [...]. El siglo XX se caracterizó por más homogeneidad. En la segunda mitad del siglo XX el estado constitucional legitimado por sufragio se convirtió en la única norma aceptada mundialmente. El siglo XIX fue el punto de partida de cuatro grandes procesos que no se desplegaron en todo el mundo hasta el siglo XX: la formación de naciones, la burocratización, la democratización y el desarrollo del estado del bienestar.»[12] También se pusieron en práctica nuevas técnicas políticas, como la petición del voto en campañas electorales, que ocurrió de forma habitual en Estados Unidos desde la presidencia de Andrew Jackson (1829-37). Facilitaron la comunicación más directa entre ciudadanos y políticos. Según W. E. Gladstone —que fue cuatro veces primer ministro del Reino Unido entre 1868 y 1894, y uno de los pioneros en la práctica de las campañas—, esos actos formaban parte de la educación política de un electorado cada vez más numeroso. Así, concluye Osterhammel, aunque los discursos demagógicos ante la plebe se conocían desde la Antigüedad y eran habituales en situaciones revolucionarias, «un rasgo nuevo y característico del siglo XIX fue contener la agitación como forma de campaña electoral integrada en el funcionamiento regular de un sistema político».[13]

Otro elemento fundamental de la democracia actual —el sistema de «gobierno de gabinete»— fue también una invención política exitosa del siglo XIX. Se creó como solución a un problema común en la evolución política europea: el dualismo conflictivo entre monarca y Parlamento. El Parlamento elegía a un primer ministro que se podía oponer al monarca gracias a su legitimidad parlamentaria. El primer ministro formaba un gabinete que rendía cuentas ante el Parlamento y tomaba decisiones según un principio de responsabilidad colectiva. El monarca no podía expulsar al jefe de gobierno ni a un ministro sin la aprobación parlamentaria. Según Osterhammel, «esta solución ocurrente permitió superar el dualismo entre Parlamento y monarca. El *cabinet government* fue una de las innovaciones políticas más importantes del siglo XIX, aunque no se difundió fuera del ámbito británico hasta el siglo XX».[14]

La Revolución francesa estimuló el deseo ciudadano de participar en política. La democracia proporcionaba un modo de hacerlo, pero planteaba al mismo tiempo el problema de cómo hacerlo, el problema de la «representación» y del modo de conseguirla. Había que elegir a los gobernantes, pero ¿quién podía hacerlo? Este tema tardó más de un siglo en resolverse y no del todo, porque la democracia representativa sigue sometida a críticas. Los autores de las constituciones, por muy conscientes que fueran de los derechos civiles, temían al pueblo y pensaban que si se admitía el sufragio universal una mayoría que se suponía inculta, envidiosa y violenta impondría su voluntad. Por eso se comenzó por restringir el derecho al voto. En Estados Unidos, Benjamin Franklin defendió que no era correcto conceder el voto a los que no tuvieran propiedades. Y John Adams, en su famosa *Defence of the Constitutions of Government of the United States of America* (1787), daba la clave de su preocupación: «Si la mayoría controlara todas las armas del gobierno, las deudas serían abolidas en primer lugar, los impuestos recaerían gravosamente sobre los ricos, estando los demás exentos, y, al fin, una división igual de todas las cosas sería pedida y votada». En Francia, máxima defensora del sufragio universal en la Revolución, durante el reinado de Luis Felipe solo votaban 200.000 personas de una población de treinta millones. La lucha por los derechos civiles, en especial por el derecho al voto será larga y dura.

3. Las ideologías políticas

El sistema representativo produjo en la época que historiamos la aparición de los partidos políticos. Siempre había habido facciones enfrentadas sobre algún problema, por ejemplo, la sucesión al trono. Los clásicos partidos ingleses —*tory* y *whig*— habían aparecido en 1679 durante el debate que pretendía excluir de la sucesión al católico duque de York, que luego reinó como Jacobo II. Y en la Asamblea francesa los girondinos y los jacobinos se enfrentaron continuamente. Durante el Antiguo Régimen, la representación en los Estados generales o en las Cortes u otras asambleas se hacía a través de los estamentos, pero al instaurarse el ciudadano como sujeto político hubo que construir nuevas formas para organizar esa participación. Los partidos políticos fueron una de las que tuvieron más éxito. Cada uno de ellos se construye sobre una ideología, es decir, sobre una concepción de lo que debe ser la política, la sociedad, y el modo de ejercer el poder. Las ideologías, en las que se mezclan razones y sentimientos, ofrecen al ciudadano un repertorio de soluciones a los *problemas estructurales* de la sociedad y también a los *coyunturales*. Las dictaduras pretenden eliminar esa diversidad, imponiendo un partido único o sustituyendo los existentes por un «movimiento nacional».

Las principales ideologías políticas vigentes todavía hoy comenzaron a esbozarse en el siglo XIX. El aire de los tiempos había planteado problemas importantes. ¿Qué generaría el avance de la industria, progreso o miseria? ¿Cuáles eran los derechos de los hombres y quiénes disfrutarían de ellos? ¿Iría unida la igualdad necesariamente a la libertad? ¿Cómo podían remediarse el aumento de la desigualdad social y las miserias de la gente? ¿Tenían derecho solo los individuos o también las naciones?

Los conservadores aspiraban a legitimar tanto la autoridad monárquica como un orden social jerárquico. La nobleza y la Corona tenían intereses comunes Los conservadores creían que el cambio debía ser lento, progresivo y dirigido con la finalidad de reforzar las estructuras de autoridad. Pensaban que el poder soberano solo podía limitarlo la nobleza, no el pueblo, y que la Revolución francesa, al haber eliminado la aristocracia, había abierto la puerta a la tiranía. Edmund Burke se convirtió en punto de referencia. En sus *Reflexiones sobre la revolución francesa* (1790) rechazó la idea de derechos naturales, consideraba erróneo el entusiasmo por las constituciones y peligroso lo que denominaba «el poder triunfador de la razón». Un resurgimiento de la religión también favoreció una reacción popular contra la revolución y sirvió para acentuar el orden, la disciplina y la tradición.

La clave del liberalismo consistía en un compromiso con las libertades o derechos individuales. La función más importante del gobierno era protegerlas. Defendían la igualdad ante la ley y los beneficios de la libertad económica. Su texto fundamental fue *La riqueza de las naciones* (1776). Otro, los *Principios de la moral y la legislación* (1780) de Jeremy Bentham (1748-1832), menos optimista que Smith y que pensaba que las leyes debían juzgarse de acuerdo con su utilidad social, es decir, las mejores serían aquellas que proporcionaran mayor felicidad a mayor número de personas. Por cierto, Bentham también creía que los «derechos naturales» eran un disparate.

Freeden, advirtiendo el carácter a veces impreciso de la ideología liberal, indica que a lo largo del tiempo se han ido acumulando diversos estratos teóricos. El liberalismo sería así una teoría que restringe el poder a la protección de los derechos individuales, de modo que los individuos puedan vivir sin la opresión del gobierno; una teoría económica basada en el libre mercado, que permite a los individuos beneficiarse del intercambio de bienes; una teoría del progreso humano que permite a los individuos desarrollar sus capacidades mientras no dañen a los demás; una teoría de la interdependencia mutua y de un bienestar regulado por el Estado hasta donde sea necesario para asegurar la libertad y el desarrollo pleno de los individuos; una teoría que reconoce la diversidad de estilos de vida y de creencias, y que defiende una sociedad plural y tolerante. Contiene, pues, siete conceptos fundamentales: libertad, racionalidad, individualismo, progreso, sociabilidad, interés general y poder limitado y controlado.[15]

El liberalismo también supuso la idea de fijar en un documento las leyes supremas de un Estado. Existían constituciones desde el mundo antiguo —en Grecia, Roma y en otras tradiciones culturales, como Mesopotamia o la India—, pero en el mundo moderno las primeras se encuentran en la Norteamérica anglosajona. En las *Fundamental Orders* de la colonia de Connecticut (1639) y en otras *colonial charters* se establecen algunos principios básicos de defensa de las libertades individuales y límites al poder. Desde finales del siglo XVIII será común que los estados liberales se doten de constituciones, muchas por inspiración de la norteamericana (1787) o de las francesas revolucionarias.

El socialismo se preocupaba de la «cuestión social», de los problemas que había planteado la industrialización, la intensificación del trabajo, la pobreza de los barrios obreros en las ciudades industriales, y la percepción de que las jerarquías se mantenían basadas ahora en la clase social. Para los socialistas, esas lacras procedían de la competencia, el individualismo y la propiedad privada. Marx y Engels publicaron en 1848 el *Manifiesto comunista*. Marx tomó de Hegel la idea de la historia como un proceso dinámico que sigue una lógica propia y avanza hacia la liberación humana. Esa historia no es lineal, sino dialéctica, es decir, conflictiva. Marx rechaza que el gran dinamismo sea la marcha de las ideas. Piensa que solo las fuerzas materiales, sociales y económicas dirigen la historia. El núcleo de su pensamiento es la igualdad. La crítica socialista del sistema liberal-burgués se manifestó en la lucha por el sufragio universal y en la exigencia de derechos de asociación y sindicación para las clases trabajadoras, que dieron origen al movimiento obrero. La elaboración intelectual marxista y la lucha obrera en pos del igualitarismo económico y social constituyeron un elemento fundamental de la política desde entonces.

4. La reestructuración de Europa

Las naciones vencedoras de Napoleón se reunieron en el Congreso de Viena, dispuestas a arreglar la paz. Las figuras más destacadas fueron Alejandro I, zar de Rusia, nación que había emergido como el estado continental más poderoso tras la derrota de Francia, y el diplomático austriaco Metternich, cuya obsesión era contener la expansión de Rusia e impedir el cambio político y social. También asistió un personaje dotado de asombrosa capacidad para sobrevivir en regímenes distintos: Talleyrand. El absolutismo volvía. El Congreso restauró la autoridad «legítima» y, de paso, aprovechó las conquistas napoleónicas para reestructurar Europa. Los estados y principados alemanes se redujeron de más de trescientos a 39, en una heterogénea Confederación Germánica. Polonia, que en la década de 1790 se habían repartido Rusia, Austria y Prusia, se convirtió en presa codiciada. Al final, las partes llegaron a un acuerdo. Crearon un reino de Polonia bajo el control del zar. Gran Bretaña pidió una compensación por sus esfuerzos bélicos contra Napoleón, y obtuvo territorios en África y en el Caribe. Apareció un nuevo concepto de legitimidad. Ya no procedía del derecho divino, sino del respaldo y las garantías internacionales. Hubo un movimiento de integración y de estabilización de fronteras. Durante los siglos XIX y XX veremos a mandatarios sentados alrededor de una mesa haciendo y deshaciendo fronteras. El Estado se separaba cada vez más del ciudadano. Los gobiernos jugaban con los países como si fueran naipes.

La Restauración tuvo que enfrentarse a fuertes oposiciones. Muchos monarcas intentaron acabar con el legado de la era revolucionaria y napoleónica. Se sucedieron nuevas fases revolucionarias que intentaron recuperar ese legado o incluso ir más allá del mismo. En 1830 y 1848 hubo movimientos revolucionarios en toda Europa. El modelo liberal que se estaba imponiendo se basaba en el *laissez-faire*, en la libertad y en la propiedad, que debían estar protegidas por el Estado. La situación social y económica demostraba que ese reconocimiento de derechos no era suficiente y que el Estado debía hacer posible el disfrute de esos derechos, no solo proclamarlos. Reconocer, por ejemplo, el derecho a la vida no significa solo la prohibición de matar, sino la obligación de ayudar a vivir. El derecho a la educación no consiste en permitir que la gente se eduque, sino en implantar sistemas educativos que lo hagan posible.

En Francia en febrero de 1848 se proclamó la república y apareció la petición de un nuevo derecho, el «derecho al trabajo», es decir, el derecho a poder ganar un sueldo con el que vivir. El gobierno provisional aceptó esa demanda y creó los «talleres nacionales», un programa de obras públicas, una medida más simbólica que efectiva, pero que anunció un cambio en la idea de «derecho». Sin embargo, tras el fracaso de los talleres nacionales, se produjo una nueva insurrección en junio (*journées de Juin*), que fue reprimida con dureza. Se convocaron elecciones que ganó Luis Napoleón Bonaparte, sobrino del emperador. Marx comentó sarcásticamente el acontecimiento: «Todos los hechos y personajes de la historia del mundo ocurren dos veces. La primera como tragedia, la segunda como farsa». La «marca» Napoleón fue, sin duda, importante en este triunfo. El nuevo presidente maniobró con habilidad, utilizó con tino los plebiscitos, cambió la Constitución y en 1852, con más del 96 por ciento de los votos, instauró el Segundo Imperio y adoptó el nombre de Napoleón III.

El entorno cambiaba muy deprisa, y no solo por la marcha imparable de la Revolución industrial. La revolución de 1848 adquirió un carácter simbólico. Ese mismo año, en la Convención de Seneca Falls, en Estados Unidos, apareció un movimiento a favor del sufragio femenino. El *Herald* de Nueva York contempla un panorama inquietante: «En cualquier lugar del mundo hacia donde dirijamos la atención, se desmorona la fábrica social y política. La obra de la revolución ya no se limita al Viejo Mundo, ni al género masculino». Ese mismo año se descubre oro en California. Marx comenta decepcionado: «Los sueños del oro suplantaron los sueños socialistas de los obreros parisienses».[16] En Australia también se descubrió oro. Engels comentaba con amargura a Marx, en 1852: «California y Australia son dos casos no previstos en el *Manifiesto comunista*. Se trata de la creación de la nada de grandes mercados nuevos. Tendremos que tomarlo en cuenta».[17] Los efectos que tuvo muestran la interdependencia de la economía. California creó una red comercial mediante la cual llegaron a Estados Unidos cereales chilenos, café y cacao mexicanos, azúcar y arroz de China e incluso después de 1854 algunas exportaciones de Japón. Produjo sorpresa la presencia de inmigrantes chinos. «Los chinos, hasta ahora criaturas imperturbables y caseras del universo, han emprendido una nueva vida por las noticias de las minas y han invadido California a millares.»[18] En 1852 eran 20.000 y en 1876 eran más de 110.000. Introdujeron, entre otras cosas, el restaurante chino.

5. Gran Bretaña y la Revolución industrial

A finales del siglo XVIII quienes buscaban ideas políticas e innovación cultural miraban a Norteamérica y Francia, pero a partir de 1815 todas las miradas se dirigieron al Reino Unido. Fue el primer país en industrializarse y disponía de un sistema de comercio internacional apoyado por una inmensa y poderosa Armada. Entre 1750 y 1850, su economía creció a un ritmo más rápido que en los doscientos años anteriores. La movilidad y la pluralidad social de Gran Bretaña favorecieron la innovación. El sistema de fábricas iniciado el siglo anterior se consolidó. Se buscó el beneficio a toda costa, lo que produjo la aparición de una enorme masa de trabajadores que vivían en condiciones miserables, desarraigados del mundo rural del que procedían. En 1815 las niñas iniciaban su vida laboral en las fábricas de lino a la edad de ocho años; trabajaban normalmente de seis de la mañana a siete de la tarde y cuando el trabajo aumentaba, la jornada se alargaba desde las cinco de la mañana hasta las nueve de la noche.

Las ciudades crecían de una manera veloz y caótica. La población de Manchester pasó de 70.000 habitantes en 1801 a 252.000 en 1841. Birmingham, Liverpool y Glasgow llegaron a los 800.000 a finales del siglo. La mortalidad infantil en los municipios industriales aumentó entre 1813 y 1836 hasta alcanzar un 172 por mil. La altura media disminuyó y siguió haciéndolo hasta 1860. Aumentaron los pobres. El Estado obligaba a que cada parroquia se ocupara de los suyos. En 1834, la Ley de Pobres implantó un sistema nacional.[19]

El Reino Unido puede tomarse como un ejemplo del triunfo de la «república industrial», que fue uno de los dos modelos propuestos por los ilustrados. Fue esta revolución la que impulsó los cambios sociales y, a la larga, los cambios políticos. No es extraño que en ese ambiente, Karl Marx pensara que los cambios en los modos de producción eran los que dirigían la historia.

La expansión inglesa más importante sucedió antes de 1850. Se abrieron 6.000 kilómetros de nuevas líneas ferroviarias, la producción de carbón aumentó de 16 millones de toneladas en 1815 a 50 en 1848, y la producción de hierro pasó de 250.000 toneladas a dos millones en el mismo periodo. Su gran ventaja es que habían comenzado antes. Cuando sus competidores comenzaron a industrializarse —la Alemania de Bismarck y Estados Unidos, por ejemplo— protegieron su producción nacional.

La desigualdad social aumentaba. Disraeli acuñó la expresión «dos naciones». Iba creciendo una burguesía urbana que ya suponía entre el 25 y el 30 por ciento de la población y comenzó a identificarse a sí misma como colectivo. Se consideraban depositarios de la virtud pública y se empezaron a valorar las virtudes domésticas, por ejemplo, las familiares. Marx y Engels reconocen su importancia: «Mediante el rápido mejoramiento de todos los instrumentos de producción y los inmensos medios de comunicación facilitados, la burguesía conduce a todas las naciones, incluso a las más bárbaras, a la civilización... En una palabra, crea un mundo a su propia imagen».[20] En 1831 lord Henry Brougham escribía: «La clase media es la riqueza y la inteligencia del país, la gloria británica».[21]

Por su parte, los obreros empezaron a ayudarse a sí mismos. En 1834, seis miembros de una asociación de trabajadores agrícolas creada en protesta por la reducción de salarios fueron condenados a las colonias penales de Australia. Las manifestaciones en contra forzaron el indulto. Wellington perdió parte de la fama ganada en Waterloo cuando años después soldados a caballo a sus órdenes dispersaron una multitud de más de cien mil personas que reclamaban cambios en el Parlamento. En 1838 aparece la primera organización de trabajadores, el movimiento cartista, llamado así por la Carta de trabajadores que defendían. El que un periódico como el cartista *Northern Star* tuviera una tirada de 60.000 ejemplares era inconcebible en otro país.[22] Aparecieron pequeños sindicatos, que desde el principio buscaban representación en el Parlamento. En 1874, dos mineros fueron elegidos por el Partido Liberal. En 1888 se fundó el Partido Laborista Escocés y al año siguiente otros independientes. En 1893 se creaba de manera oficial el Partido Laborista. Los movimientos obreros, vistos con enorme desconfianza por el resto de las fuerzas políticas, se organizaron durante el siglo XIX. En 1864 se constituyó la Asociación Internacional de Trabajadores, o Primera Internacional. Participaron Marx, Engels y el anarquista Bakunin. En 1871 un acontecimiento produjo una fractura en la asociación: la Comuna de París. La derrota ante Prusia derribó el régimen de Napoleón III. Se formó un gobierno provisional en Versalles. En París, la Guardia Nacional y movimientos ciudadanos no aceptaron sus órdenes e instauraron un gobierno que rigió la ciudad desde el 18 de marzo hasta el 28 de mayo de 1871. Promulgaron decretos revolucionarios, como la autogestión de las fábricas abandonadas por sus dueños, la creación de guarderías para los hijos de las obreras, la laicidad del Estado, la obligación de las iglesias de acoger las asambleas de vecinos y de sumarse a las labores sociales, la remisión de los alquileres impagados y la abolición de los intereses de las deudas. El gobierno provisional reprimió la insurrección con tal dureza que hubo diez mil muertos. Las diferencias entre Marx y Bakunin acerca de las lecciones que se debían extraer del fracaso de la Comuna y sobre cómo se debía proceder en un movimiento revolucionario condujeron a la separación de las facciones marxista y anarquista de la Internacional, que se disolvería en 1876. En 1889 se fundó la II Internacional, de tendencia socialista, que excluyó a los anarquistas. El aumento de la influencia política de la clase obrera, con menos posibilidades de ascenso social, va a ser una de los cambios políticos más profundos en este siglo.

Por ello, a lo largo del siglo hubo una creciente presión para acceder al sufragio. Durante los debates que culminaron con la promulgación de la *Reform Act* de 1867, que amplió notablemente la base electoral, lord Salisbury, primer ministro, afirmó: «El descontento, la insurrección, incluso la guerra civil, a largo plazo, no constituyen una amenaza superior a la amenaza de una democracia absoluta y sin restricciones. Lo que distingue a una buena reforma de una mala es que la buena no permite que la clase trabajadora disponga de la mayoría en este Parlamento, ni ahora, ni en un futuro cercano».

En Estados Unidos las cosas eran diferentes. Thomas Jefferson comprendió que un gobierno representativo exige un electorado comprensivo e informado. Un antiguo argumento (tan antiguo como Atenas) en contra de la concesión del derecho de voto al pueblo postulaba que el pueblo no disponía de la capacidad de tomar decisiones bien fundamentadas porque no estaba lo bastante educado. Los atenienses solucionaron esto, como Jefferson sabía muy bien, educando y estimulando a la ciudadanía y Jefferson propuso actuar de la misma manera en Norteamérica: «No conozco ningún guardián de los poderes últimos de la sociedad que no sean los mismos ciudadanos; y si creemos que no están lo bastante instruidos como para ejercer su control con un criterio saludable, el remedio no consiste en quitarles el control, sino en informar su criterio».[23]

6. La construcción de las naciones

Las guerras napoleónicas desencadenaron una oleada de movimientos nacionalistas. El centro del pensamiento nacionalista es el derecho de cada nación a disponer de su destino, lo que significa que la soberanía política corresponde al conjunto social, entendido como pueblo o nación, es decir, como organismo dotado de carácter propio, y no como simple agregado de individuos libres e iguales. En un principio, el nacionalismo aparece vinculado inicialmente al liberalismo, mientras se unen las reivindicaciones políticas revolucionarias (derechos y libertades, gobierno representativo) y las nacionalistas, pero deja de ser así cuando los derechos individuales liberales entran en conflicto con los derechos nacionales y, sobre todo, cuando en la segunda mitad del siglo XIX los estados más poderosos hacen uso del lenguaje nacionalista para legitimar sus aspiraciones imperialistas. Nacionalismo, imperialismo y colonialismo se combinan como expresión de la voluntad de cada pueblo y de su destino histórico, lo que justifica la acción colonizadora de las potencias europeas, casi en la misma medida que la firme creencia en la superioridad cultural y en la difusión de la civilización a pueblos inferiores.[24]

Había dos tipos de nacionalismo. Uno nacía en estados ya consolidados, como Francia, Inglaterra o España. El otro intentaba promover la creación de nuevos estados nación, mediante procesos de independencia o de unificación. La independencia de las colonias inglesas de América, que dieron origen a los Estados Unidos, inició el proceso. Siguió la independencia de las colonias españolas y portuguesas en América. Con la independencia los territorios adoptaron nuevos nombres para marcar la separación con respecto a su pasado colonial. La identidad nacional de los nuevos países se definió como una combinación de elementos europeos e indígenas, y para destacar su singularidad se realzó el recuerdo de los antiguos imperios prehispánicos. Sin embargo, el trato que realmente recibían los indígenas —así como los negros, mestizos y mulatos— no reflejaba esa admiración por el pasado prehispánico. A la hora de la verdad, para las nuevas elites criollas los modelos se encontraban en Francia, Gran Bretaña y Estados Unidos.

El sistema de gobierno predominante fue la república, aunque en Brasil y México se optó por la monarquía. En este último solo brevemente (1821-23), mientras que Brasil mantuvo un imperio «constitucional» hasta 1889, con relativa estabilidad y reconocimiento de derechos para los varones blancos, mientras que se mantenía la esclavitud. Brasil fue el último país occidental en abolirla y para entonces había importado el 40 por ciento de los esclavos africanos deportados en los casi cuatro siglos de tráfico atlántico. Solo dos años antes se había abolido en Cuba, entonces territorio español. Brasil y Cuba habían sido algunas de las sociedades coloniales pioneras en la recepción de esclavos africanos en el siglo XVI.[25]

Desde los primeros tiempos de la independencia tanto Gran Bretaña como Estados Unidos estuvieron atentos a la riqueza de Latinoamérica. Estados Unidos formuló la doctrina Monroe («América para los americanos») en fecha tan temprana como 1823, con la intención de dejar claro a los europeos que el hemisferio occidental ya no estaba abierto a la colonización, pero sí a sus intereses expansivos. Gran Bretaña buscó una fórmula de neocolonialismo económico, que tenía la ventaja de eludir los problemas que solía conllevar el control político de una colonia.[26]

En Estados Unidos el proceso de integración se hizo por caminos variados, guiados por la meta prioritaria en este siglo: la expansión. Ya en la primera mitad del siglo se afirmó que «el destino manifiesto de Estados Unidos es la expansión del continente asignado por la providencia para el desarrollo libre de los millones en que nos multiplicamos cada año», en palabras de un periodista de Nueva York. Estados Unidos compró Luisiana en 1803 y Florida en 1819, incorporó Oregón y Washington por un acuerdo con los británicos, y en 1848 se apropió de Arizona, Texas, Nuevo México, Utah, Nevada y California mediante la guerra con México. En 1867 compró Alaska al Imperio ruso y culminó el siglo con las anexiones de Hawái (1898) y de Puerto Rico, Guam y Filipinas tras la guerra con España (1899). La unificación no fue sencilla y hubo que pasar por una guerra civil entre el norte y el sur (1861-65). La expansión siguió hacia el oeste, ocupando las tierras de los indios. Al finalizar la guerra civil, el general Carleton decidió despejar el sudoeste para los colonos blancos y dictó una orden: «No habrá ni consejos ni reuniones con los indios. Se matará a los hombres donde y cuando se los encuentre». La historia se repetía. La civilización occidental no podía contemplar la idea de vivir junto a otra clase de sociedad en igualdad de condiciones.[27]

En Europa el nacionalismo se convirtió en una ideología apasionada y compleja, que prolongó las discusiones que hemos narrado al hablar de la Revolución francesa. Pueblo, nación y Estado eran nociones mal definidas que pugnaban por la soberanía. Son *herramientas conceptuales*, ficciones, para resolver problemas de organización del poder. En las naciones ya configuradas como estados, el nacionalismo se convirtió en un movimiento de fervor nacional, frecuentemente belicoso y segregador. Donde no existía ese sentimiento, la idea de nación aparecía primero en un grupo de movilizadores que se esforzaban para crear el sentimiento nacional, a partir del cual reclamar después el estado. El problema surgía al tener que definir la nación como realidad. Una manera de hacerlo consistía en apelar a la raza, pero era un criterio problemático. Apareció entonces como *herramienta conceptual* la idea de «nacionalismo cultural», lanzada por Johann Gottfried Herder (1744-1803). «La naturaleza —decía— ha separado a las naciones no solo mediante bosques y montañas, océanos y desiertos, ríos y climas, sino que también lo ha hecho de forma muy particular a través de las lenguas, inclinaciones y caracteres, para que subyugarlas mediante el despotismo sea mucho más difícil.» Según Novalis, la idea de estado nacional debe penetrar más adentro en la vida de los individuos por la razón de que cuanto más vivientes y espirituales son sus miembros, tanto más viviente y espiritual es el estado. Friedrich Schlegel sostenía que el amor al espíritu nacional deviene en necesidad de reintegrar todos los ordenamientos en los cuales aquel espíritu se ha realizado en su historia. En Fichte se daba la identificación total de pueblo y estado. «El estado es el espíritu del propio pueblo.» El individuo, para Fichte solo se elevaba a la conciencia real manifestándose como miembro de una comunidad. De ahí nacía la idea de una nación como supraindividualidad, que era a la vez una individualidad y una expresión de la divinidad. La deriva va siendo cada vez más peligrosa. Adam Müller, portavoz del romanticismo político, en sus *Elementos del arte del estado* (1809) presentaba el estado como un organismo donde todos los residuos iusnaturalistas y contractualistas quedaban eliminados. El estado —recuerden el Leviatán de Hobbes— es «un vasto individuo que comprende en sí a todos los pequeños individuos». La sociedad humana, «una comunión de la vida total interior y exterior de una nación en un único todo, grande, enérgico, infinitamente móvil y viviente». Los tradicionalistas pensaban lo mismo. «Las naciones tienen un alma general y una verdadera unidad moral que las constituyen en lo que son», decía Joseph de Maistre.[28] En Francia, el nacionalismo alcanzó su máxima expresión hacia finales de siglo con la trilogía de Maurice Barrès, *Le roman de l'énergie nationale*. Su idea es que el culto del ego constituye la principal causa de corrupción de la civilización. «La nación está por encima del ego y por lo tanto tiene que ser considerada como la prioridad suprema de la vida del hombre. El individuo no tiene otra opción que someterse a la función que la nación le asigna, obedecer la ley sagrada de su linaje y escuchar las voces del suelo y de los muertos.»[29]

Marcelino Menéndez y Pelayo defendía una «ciencia castiza» y se refería al pensamiento español como «cuerpo vivo por el cual circula la savia de una entidad realísima e innegable, aunque lograda por abstracción, que llamamos genio, índole o carácter nacional».[30] También explicó las diferencias entre Balmes y Donoso Cortés sobre la base de las diferencias entre las «razas» catalana y extremeña. La idea de nación se funda en el lenguaje, para lo que deben considerarlo un modo especial de comprender el mundo. Herder se anticipa a Heidegger al identificar en la lengua el ser nacional: «Hablamos palabras de los extranjeros y estas palabras nos alejan poco a poco de nuestro propio modo de pensar». Hay que defender la pureza lingüística. Esta glorificación de la lengua como modo especial de ser en el mundo hace que se hable con desdén de la «inteligencia traductora». Giovanni Papini decía que si no se había nacido en Florencia se era incapaz de entender a Dante. Menéndez Pelayo excluía del genio español a los escritores españoles árabes y judíos. Charles Maurras sostenía que un judío francés no podía comprender los versos de Racine. Heidegger se quejaba de que tras años de conversaciones con un intelectual japonés no había conseguido entender lo que significaba la palabra *iki*. Su divinización del lenguaje llegaba a tal punto que mantenía —lo que es grave en alguien que pasa por ser el principal filósofo del siglo xx— que el Ser hablaba en dialecto alemánico. Como reacción, mencionaremos que, en pleno auge del Romanticismo alemán, Goethe recomendaba la inclusión de traducciones alemanas de poemas extranjeros en una antología de la poesía para uso del pueblo. «Como hombre, como ciudadano, el poeta amará a su patria, pero la patria de su poder y de su acción política es lo bueno, lo noble, lo bello, que no están ligados a ninguna región especial, a ningún país especial. Que los tome y los forme allí donde los encuentre.»[31] Es un bello texto que merecería encabezar nuestro proyecto. Mientras leía una novela china, Goethe comentaba a Eckerman que no le resultaba tan exótica como pudiera creerse. Los chinos, pensaba, obran y sienten igual que los europeos. Como Marx y Engels afirmaban en el *Manifiesto comunista*: «La estrechez del espíritu nacional, el exclusivismo nacional, devienen cada vez más posibles, y de las numerosas literaturas nacionales y locales surge la literatura universal».

El tema del nacionalismo se complicó cuando se convirtió en un rasgo personal: la identidad. Hemos mencionado a lo largo del libro el tema de la «subjetivación», es decir, el modo como un individuo se concibe a sí mismo o, dicho de una forma gráfica aunque elemental, el modo como responde a la pregunta: ¿qué soy yo? El ser humano se ha identificado como miembro de un clan, de una tribu, de una religión, de un reino, como un ciudadano romano, como una criatura creada por Dios. Tardó mucho tiempo en comprenderse como miembro de la humanidad, como ser dotado de derechos, como persona. El nacionalismo alteró este proceso y afirmó que la identidad se adquiría por la pertenencia a una comunidad, fundamentalmente a una nación. Políticamente, como ha señalado Gellner,[32] todas las afirmaciones de identidad plantean un problema de reconocimiento, lo que es verdad. Lo que cambia es lo que se quiere reivindicar: puede ser la libertad, los derechos individuales, la no discriminación por razón de género o la pertenencia a una nación. Los problemas surgen cuando no se reconoce la pluralidad de identidades personales —una persona puede ser mujer, no religiosa, defensora de los derechos individuales, vecina de una ciudad y miembro de una nación— o cuando, por razones absolutamente coyunturales, una de las identidades es tan absorbente que anula todas las demás.

7. Algunos ejemplos de nacionalismos

El paladín más elocuente de la Europa de las nacionalidades fue Giuseppe Mazzini (1805-1872), que después de la revolución de 1830 fundó el movimiento juvenil, «Joven Italia», al que seguirían otros como «Joven Alemania», «Joven Polonia», «Joven Suiza». En 1857 propuso un mapa de su

Europa ideal, con once uniones de ese tipo. En estos casos, había que fomentar primero un sentimiento nacional, en el que apoyarse para iniciar los movimientos de unificación o secesión. Un caso paradigmático fue la creación de Italia. Al iniciarse la unificación se calcula que no más del 2,5 por ciento de la población hablaba realmente el italiano. El resto hablaban dialectos e idiomas tan distintos que a los maestros de escuela que mandó el Estado italiano a Sicilia se les tomó por ingleses.[33] No es de extrañar que Massimo d'Azeglio exclamara en 1860: «Hemos hecho Italia, ahora tenemos que hacer a los italianos». La nación no era un concepto espontáneo sino elaborado.[34] De ahí las instituciones que debían imponer uniformidad nacional, lo que significa primeramente el Estado, la educación pública, los puestos de trabajo públicos y el servicio militar. La enseñanza secundaria se dedicó a las clases medias. Las escuelas, sobre todo las primarias, fueron esenciales para el estado-nación, ya que solo a través de ellas el idioma nacional pudo de verdad convertirse en idioma hablado y escrito del pueblo.

Los intentos de conseguir una identidad nacional, que acompañada de un sentimiento patriótico facilitara la construcción de un estado, han sido arduos cuando la idea de nación era demasiado forzada. Nigeria es un estado creado el 1 de enero de 1914 por Frederick Lugard como «Colonia y Protectorado de Nigeria». La unión entre los protectorados del norte y del sur había sido impulsada por conveniencia administrativa, pero los territorios tenían muy poco en común. Lo que los británicos no encontraron en Nigeria tampoco lo crearon. Otra cosa fue la India. Desde el siglo XVIII establecieron un ejército, una administración nacional, una clase media formada y una lengua vehicular, el inglés, que pudiese conciliar los diversos orígenes étnicos. Sunil Khilnani sostiene que la propia «idea de India» como unidad política fue creada en la época colonial en torno a esas instituciones y a los ideales democráticos que se iban extendiendo lentamente.[35] En Nigeria, en cambio, no tuvieron interés en implicarse. En vísperas de la independencia, la tasa de alfabetización en inglés era solo del 2 por ciento en el norte y había solo mil nigerianos con formación universitaria. Tras la independencia (1960), la falta de identidad nacional condujo enseguida al desmoronamiento del país y a la guerra civil.

Indonesia es un caso diferente. Empezó de manera parecida a Nigeria. Antes del siglo XX Indonesia no existía. Era un archipiélago de más de once mil islas, y una amplia variedad de sultanatos, pueblos, puestos comerciales y grupos étnicos que hablaban cientos de lenguas diferentes. Pocos de sus habitantes eran conscientes de que existía algo más allá de su localidad o, como mucho, de su isla.[36] Todo cambió cuando a finales del siglo XIX los holandeses extendieron sus redes comerciales y los viajes regulares en barcos de vapor hicieron que la gente tuviera una imagen mental del archipiélago. A finales de la década de 1920 surgió una idea de Indonesia, con la creación de la Asociación Nacional Indonesia y un grupo nacionalista llamado «Joven Indonesia». La adopción del indonesio como lengua nacional fue un elemento crucial para la formación del país naciente. Es una versión estandarizada del malayo clásico utilizado comercialmente.

Crear un estado nacional propio fue un objetivo cada vez más atractivo para las elites políticas que ya no querían seguir subordinadas a autoridad superior alguna. Así ocurrió en el siglo XIX en regiones de Europa oriental sometidas a los imperios otomano (Serbia), austriaco (Hungría) y ruso (Polonia), y también en otros territorios, como Egipto.[37] A pesar de pertenecer formalmente al Imperio otomano, Egipto contaba con una amplia autonomía política dentro del mismo. Entre 1813 y 1882 funcionó como un país prácticamente independiente bajo Mehmet Alí y sus sucesores. A lo largo del siglo XIX se desarrolló en Egipto un sentido de identidad regional en parte gracias a que se hablaba una forma distintiva del árabe, a su glorioso pasado (como atestiguaban las ruinas faraónicas) y a una población considerable y concentrada a lo largo del Nilo con una potente economía. En la segunda mitad del siglo surgió un movimiento nacionalista que no era antiotomano, sino una reacción frente a la creciente intervención europea bajo el lema «¡Egipto para los egipcios!». Muchos de los nacionalistas egipcios se consideraban al mismo tiempo «patriotas otomanos» y seguían considerando Estambul el centro del mundo.[38]

En el Imperio otomano el nacionalismo fluctuó entre la afirmación de una identidad turca y la de un poder imperial que tenía que hacer frente a la pérdida de territorios por las presiones de otros nacionalismos. Durante las guerras en los Balcanes contra Rusia y Austria, la religión y la identidad imperial cobraron creciente importancia, de forma que en la definición del estado tuvo cada vez más presencia la religión islámica, que hasta entonces había tenido escaso peso por tratarse de un imperio multiétnico y multirreligioso.[39] Se intentó entonces construir una identidad panimperial que se denominó «otomanismo» (*osmanlilik*), con el objetivo de tratar de evitar el impulso centrífugo de los nacionalismos balcánicos.[40] En 1908, en la llamada «Revolución de los Jóvenes Turcos», los militares que asumieron el poder se encontraron ante el dilema de afianzar un estado al estilo europeo o consolidar un imperio multinacional. El modelo general seguía siendo europeo, aunque las propuestas bebían de una tradición de siglos de poder otomano. Las tendencias nacionalistas crecieron en la fase final del imperio, pero fueron mucho más intensas tras la Primera Guerra Mundial y el desplome del imperio. El régimen de Kemal Atatürk en la nueva Turquía (1923-38) combinó el nacionalismo turco con el secularismo, según un modelo ya claramente occidental.

En 1815 Alemania no existía. El Congreso de Viena creó la «Confederación Germánica» formada por 39 estados, para coordinar sus economías y la defensa común. Incluía a Prusia, que era la gran potencia de la región. La otra era Austria. Las clases medias prusianas liberales, que pensaban que la unión de Prusia y Austria facilitaría las reformas políticas, presionaron para conseguirla. Con el fin de negociar la formación de una sola nación alemana se reunieron en Frankfort (1848) representantes de Prusia, Austria y todos los pequeños estados. Aparecieron problemas que todavía siguen planteados. El más elemental era determinar quiénes iban a pertenecer al nuevo estado. La postura mayoritaria sostenía que eran alemanes todos aquellos que por lengua, cultura o geografía se sintieran vinculados al proyecto de unificación. Pensaban que debía incluir la mayor cantidad posible de alemanes. Pero otra facción reclamaba una Pequeña Alemania, que dejara fuera los territorios del Imperio de los Habsburgo, incluida la Austria alemana. Al final esta fue la solución aprobada y en 1849 la Asamblea ofreció el trono de la nueva nación alemana a Federico Guillermo IV de Prusia. Pero este rechazó la corona con el argumento de que la Constitución que querían imponerle era demasiado liberal. Los delegados quedaron desilusionados, pensando que liberalismo y nacionalismo no eran compatibles.[41] El Imperio austriaco también se vio convulsionado por movimientos nacionalistas, sobre todo de paneslavistas y húngaros, que aspiraban a la autonomía o independencia. Tras diversos conflictos y una serie de victorias, la última de ellas sobre Francia, Bismarck consiguió lo que quería. El 18 de enero de 1871 se proclamó en Versalles el Imperio alemán. Todos los estados alemanes, a excepción de Austria, acataron a Guillermo I como emperador de Alemania.

8. Equilibrios y desequilibrios

La expansión del poder, ya fuese económico o político, condujo una y otra vez a la guerra. No había forma de controlar el afán territorial. Ni tampoco el deseo de nuevos mercados. Las exportaciones británicas al Imperio otomano aumentaron de 3,5 millones de libras en 1848 a 16 millones en 1870; a la India, de 5 a 24 millones en 1875; al resto de Asia, de 7 millones a 41 millones en 1872; a Australia, de 1,5 millones a casi 20 millones.[42] Oriente apareció como un mundo ideal.

Las naciones europeas estaban preocupadas tanto por expansionarse como por no quedarse atrás. En 1853 Rusia entró en guerra contra el Imperio otomano a propósito de Crimea. Francia e Inglaterra recelaron del éxito ruso y entraron en guerra contra Rusia en 1854. En 1855 se unió el pequeño pero ambicioso estado italiano de Piamonte-Cerdeña. Se probaron armas nuevas y los periódicos informaron por telégrafo de todas las noticias puntualmente. Una de ellas sirve de ejemplo paradigmático de la irracionalidad. Nos referimos a la legendaria carga de la Brigada Ligera inglesa, en Balaclava. Lord Raglan, comandante en jefe, ordenó que la caballería avanzase rápidamente contra una posición rusa, para evitar que el enemigo retirase sus cañones. No tuvo en cuenta que en los flancos había más artillería y fusileros que podían disparar a los atacantes como en un tiro al blanco de feria. Es comprensible que el diario *Observer* comentase: «La guerra de Crimea tocó el nadir de la estupidez». De los setecientos jinetes que intervinieron, volvieron menos de doscientos. Lo más grave, lo que merecería ser anotado en la memoria de la humanidad, es que ese hecho sangriento e inútil fue cantado como una gesta brillante por Tennyson:

no nos correspondía a nosotros pensar el porqué,
Nos correspondía cabalgar y morir.

Qué lejos está el lema kantiano: *Sapere aude!* ¡Atrévete a pensar!

En Francia, Napoleón III tuvo una fe completa en la capacidad de la expansión industrial para generar prosperidad, apoyo político y gloria nacional. Uno de sus consejeros lo expresó del siguiente modo: «Veo en la industria, la maquinaria y el crédito los auxilios indispensables para el progreso moral y material de la humanidad».

La expansión y los medios de transporte produjeron una inusitada movilidad migratoria en todo el planeta: de 1850 a 1914 más de 60 millones de personas abandonaron sus países de origen para no volver nunca. En gran parte eran europeos que emigraron a las Américas, pero también indios, chinos y japoneses que se dirigieron a América, al sudeste asiático y a África.[43]

9. Se extiende el furor expansivo

El imperialismo era tan viejo como el mundo. Basta releer las páginas de este libro, pero ahora se hace más sistemático, autoconsciente, plural y variado. Se sirve de la fuerza militar y de la económica.

Europa iba a encargarse de civilizar al mundo. La expansión inicial, desde el siglo XVII, se había hecho a través de compañías privadas que disfrutaban de monopolios concedidos por los Estados. La británica East India Co., como hemos visto, llegó a dominar gran parte de la India. En 1857 su poder se vio atacado por lo que los ingleses denominaron el «Motín de los cipayos», y ahora se conoce como la «Gran rebelión de 1857». Los cipayos eran soldados indios contratados por la Compañía. El desencadenante de la rebelión fue el uso de cartuchos lubricados con grasa de vaca o de cerdo, algo que era ofensivo para hindúes y musulmanes. El ejército británico intervino y aplastó violentamente la rebelión, lo que dio lugar a una literatura heroica que inflamó el patriotismo imperial británico. Al final, Gran Bretaña disolvió la Compañía y se hizo cargo de la administración del país.

A pesar de la creciente democratización de Gran Bretaña durante el siglo XIX, en la India británica esto solo significó la promoción de cierta idea de liberalismo desde arriba, una especie de «despotismo liberal» que suponía la introducción de ideas liberales a través de la educación, sin dar acceso a verdaderos derechos a la población. La idea de soberanía popular se tradujo así en que el gobierno de la India estaba sujeto a la soberanía del pueblo británico, no del pueblo indio. En cambio, en otros aspectos, los británicos decidieron respetar escrupulosamente las costumbres y leyes locales, como en el derecho de familia, que se consideraba dentro del ámbito de las creencias religiosas, un campo en el que los británicos trataban de no inmiscuirse para evitar conflictos como el de los cipayos. Se establecieron esferas legales separadas para hindúes y musulmanes —unos regidos por los textos sánscritos y otros por la sharia— a pesar de las críticas occidentales a ciertas prácticas, como la reclusión de las mujeres, la exclusión de las hijas en las herencias o los matrimonios infantiles, y así se mantendrán hasta la independencia.[44]

Pronto los colonizadores trataron de crear una clase de indios que asumiesen los valores, opiniones y gustos británicos, y que sirviesen de intermediarios entre el poder colonial y el resto de la población. Pero la influencia cultural también se ejercía en sentido inverso, desde la India hacia el resto del mundo. El Imperio británico contó con numerosos indios entre sus funcionarios, policías y personal de servicio en sus dominios, así como en la propia Gran Bretaña, donde el número de residentes indios fue siempre superior al de británicos en la India. Y con las personas se transmitían también tradiciones religiosas y sociales, que proyectaron la influencia cultural india en estos territorios. Al mismo tiempo, se recibieron algunas ideas políticas que contribuyeron a la politización interna de la India: los indios de la metrópoli estaban al corriente de la lucha por la independencia irlandesa, y los de las colonias conocieron el estatus de dominio dentro del imperio y la autonomía política. En este sentido, resulta lógico que muchos de los grandes personajes de la lucha por la independencia hayan vivido fuera del país en algún momento de sus vidas.[45]

En China el imperialismo tomó formas distintas. Gran Bretaña no la invadió militarmente, sino que forzó acuerdos comerciales por las armas. En los mismos días de septiembre de 1793 en los que se iniciaba en Francia el régimen del Terror, una embajada inglesa llegaba a la corte del emperador chino Qianlong. Mientras la Revolución francesa vivía sus momentos de fervor más violento, la diplomacia británica no perdía oportunidades de ampliar sus mercados, aunque en ocasiones esto supusiese comerciar con productos de muy dudosa reputación, como el opio.

La embajada había salido de Inglaterra casi un año antes con el objetivo de firmar un tratado comercial con China. El ministro le había indicado al embajador, lord Macartney, que si al negociar el tratado se mencionaba el opio, el tema debía tratarse con sumo cuidado, pues dicho comercio estaba prohibido en China. Una parte importante del opio cultivado en la India británica se vendía en China, pero si en el tratado se exigía que se prohibiese su exportación a China, debía aceptarse tal prohibición para no poner en peligro el acuerdo, y así «dejar que la venta de nuestro opio de Bengala siga su curso en un mercado abierto» y que «encuentre sus consumidores en las sinuosas y difusas rutas de los mares de Oriente».[46]

Sin embargo, la embajada iba a fracasar por motivos muy distintos al comercio del opio. El opio tendría su protagonismo algunas décadas después. En 1793 el conflicto surgió por otra razón aparentemente más banal: el protocolo imperial y la consideración del visitante extranjero. Para la corte china las visitas de emisarios extranjeros eran generalmente consideradas «misiones de tributo», en las cuales el enviado entregaba tributos al emperador en reconocimiento de la superior dignidad de este. De modo que los chinos, a pesar de las protestas inglesas, interpretaron los regalos del embajador como tributos. Por otra parte, el ceremonial exigía que el visitante realizase el *ketou*, la postración ante el emperador, arrodillándose con ambas rodillas e inclinando nueve veces la cabeza hasta tocar el suelo con la frente. Durante la negociación previa al encuentro con el emperador, Macartney, convencido de la superioridad británica y desdeñoso de lo que consideraba una muestra de despotismo oriental, se negó a efectuar el *ketou* y solo aceptó arrodillarse una vez, aunque a la hora de la verdad se limitó a hacer una ligera genuflexión ante el emperador, como era costumbre en las cortes europeas.[47] El emperador pareció aceptar el gesto, pero en el decreto de respuesta a la embajada se refirió al monarca inglés como a un «lejano súbdito», y le agradeció su «sincera humildad y obediencia». Además, ante las pretensiones comerciales británicas, manifestó que en China «no tienen la más mínima necesidad de las manufacturas de su país».[48]

Podría decirse que la Compañía de las Indias fue un «imperio narco-militar», que industrializó la producción de opio. Se vendía en China, y con la plata recaudada se compraban productos chinos para vender en Europa. La moda de fumar opio se extendió tanto que el gobierno chino decidió prohibirlo. Las autoridades acabaron bloqueando los barcos británicos atracados en puerto. Los europeos consideraron que eso violaba sus derechos a comerciar libremente y estalló una guerra en 1839 en la que los buques británicos destrozaron a los navíos chinos. Gran Bretaña consiguió una serie de privilegios. Estados Unidos reclamó también una «política de puertos abiertos».

En 1850 en China había estallado la revolución más mortífera del siglo XIX, la Rebelión Taiping. Marx se dio cuenta de su importancia. «Es posible que el próximo levantamiento del pueblo europeo dependa más de lo que ahora está ocurriendo en el imperio celeste que de ninguna otra causa política.» Fue la más grande porque la secta Taiping llegó a controlar la mitad de China, que entonces tenía ya más de 400 millones de habitantes, y porque dio origen a guerras civiles amplias y feroces, en las que es posible que murieran 20 millones de personas. Taiping no dejó de ser un movimiento milenarista, como otros inspirados por las religiones heterodoxas (es decir, cultos no oficiales, como el taoísmo, budismo y maniqueísmo), que en la historia de China han proporcionado una esperanza mesiánica a las sublevaciones populares. Su líder, Hong Xiuquan, se proclamó el hermano menor de Jesucristo (pues había tenido contacto con las misiones protestantes norteamericanas) y fundó el Reino del Cielo (*tianguo*) de la Gran Paz (*taiping*). Organizó el estado teocráticamente, abolió la propiedad privada (la tierra se distribuyó para su uso, no como propiedad), estableció la igualdad de sexos, introdujo un nuevo calendario y rebajó los impuestos. Tras la derrota de la rebelión, la reacción de las clases dirigentes consistió en aferrarse más intensamente a las tradiciones y a la ortodoxia, al mismo tiempo que se reconocía la necesidad de modernizar los ejércitos.[49]

Pero el caso más espectacular del imperialismo europeo fue el «reparto de África». Para evitar enfrentamientos codiciosos, Bismarck convocó una conferencia en Berlín para repartirse África. Solo dos países africanos conservaron el derecho a preservar su independencia, Abisinia y Liberia. Esta última bajo la protección de Estados Unidos. Entre 1875 y 1902 los europeos se apoderaron del 90 por ciento del continente. En realidad, más que una «partición» de África se produjo una concentración de las entidades políticas africanas, que eran mucho más numerosas antes del periodo colonial (se calcula que hacia 1800 había varios miles) y que fueron unificadas de modo artificial por las potencias imperialistas (hasta formar unas cuarenta regiones coloniales) con resultados generalmente perjudiciales para su futuro, pues tal fusión supuso amalgamar realidades políticas preexistentes sin consideración alguna hacia las diferencias culturales y lingüísticas, como se ha visto en el caso de Nigeria.[50]

Además, la colonización tuvo efectos disgregadores, pues las rutas comerciales precoloniales fueron cortadas por las nuevas fronteras impuestas por las potencias europeas. A esto se sumó la construcción de ferrocarriles que funcionaban como vías de extracción de los recursos, que unían las zonas de producción minera o agrícola con los puertos exportadores, pero que no pretendían establecer redes de comunicación dentro de los territorios. Por otra parte, uno de los elementos divisorios más duraderos iba a ser la diferenciación lingüística, pues, aunque en el continente se hablaban más de ochocientas lenguas, existían algunas lenguas francas —como el suajili, el hausa, el mandinga y el wólof— usadas por los comerciantes en grandes regiones, pero con la colonización terminaron imponiéndose las lenguas propias de los imperios coloniales, creando zonas anglófonas, francófonas y lusófonas.

Los notables cambios sucedidos —las revoluciones liberales, el surgimiento de los estados-nación, la industrialización— impulsaron el afán expansivo. Pero no hubo una nueva controversia de Valladolid. La mayoría de los intelectuales confiaban en el progreso, y este iba unido a la superioridad europea, aunque hubo algunas voces críticas. A pesar de que en Francia no se dudó de su misión civilizadora, los franceses, en mayor medida que en otras po-

454

tencias, debatieron acerca del sentido de su imperio, sobre si el objeto era la gloria de Francia o la civilización de los pueblos sometidos.[51] El primer ministro francés Jules Ferry afirmó: «Es preciso decir abiertamente que, en efecto, las razas superiores tienen un derecho con respecto a las razas inferiores porque existe un deber para con ellas. Las razas superiores tienen el deber de civilizar a las razas inferiores».[52] Pero no dejó de haber posturas críticas al respecto, como la de Georges Clemenceau, si bien fueron voces minoritarias, que alegaban los «derechos del hombre» en contra de cualquier imposición violenta sobre otros pueblos.

Algunos historiadores han estudiado si el Imperio británico había «merecido la pena», es decir, si los beneficios obtenidos compensaron los gastos incurridos. Concluyeron que supuso pérdidas económicas para las cuentas imperiales públicas; pero si se consideran los principales sectores de la economía británica y sus grandes empresas, parece claro que el imperio resultó extremadamente rentable. Se privatizaron beneficios con una socialización de los costes.[53] Así lo demuestra el caso de la India, donde el mercado abierto a los productos británicos benefició sin duda a la economía de la metrópoli.

Apareció un darwinismo social: los más fuertes no solo estaban destinados por naturaleza a dominar a los débiles, sino que además habían alcanzado esa posición de fuerza gracias a la voluntad de sus antecesores unida a la suya propia. Desde 1860 la sociedad occidental estaba firmemente convencida de la justicia de la supervivencia del más fuerte y de la superioridad moral del poderoso. Esto llevaba a maneras abstractas de concebir la humanidad, en lugar de conducir a un compromiso práctico con la mejora de la situación de las personas individuales. El darwinismo social permite justificar cualquier cosa. Desde el liberalismo económico hasta la esclavitud y el genocidio.

10. Japón, una sociedad del aprendizaje

Nunca los europeos dominaron el mundo más completa y profundamente que en la segunda mitad del siglo XIX. De todos los países no europeos solo uno venció realmente al enfrentarse a Occidente, Japón, que derrotaría a Rusia en 1905. El cambio se inició en 1868 con la llamada revolución o restauración Meiji, que supuso una reforma radical de la política y la sociedad japonesas. Los aspectos más modernizadores del nuevo régimen consistieron en la abolición de las diferencias entre samuráis y plebeyos, mediante la extensión a toda la población de los privilegios de los primeros (uso de apellido, libertad para viajar y cabalgar, matrimonios mixtos, servicio militar). Según Osterhammel, se trata de «la revolución de mayor alcance de las décadas centrales del siglo XIX; una revolución que se llevó a término sin terror ni guerra civil».[54]

¿Cómo ocurrió ese cambio? La estructura social de Japón era asombrosamente parecida a la de Occidente. Contaba con un orden feudal similar al del medievo europeo, una nobleza hacendada hereditaria, campesinos semiserviles y un conjunto de financieros y empresarios a los que rodeaba una multitud de artesanos, dentro de un marco urbano en expansión. La concentración en las ciudades hizo que dependieran de los agricultores. Un ejemplo, la familia Mitsui —todavía una de las mayores fuerzas del capitalismo japonés— comenzó dedicándose a la agricultura a principios del XVII, se hicieron prestamistas y se establecieron en varias ciudades como almacenistas. Pasaron a ser financieros de la familia imperial y de varios grandes clanes feudales. No es imposible pensar que por su cuenta Japón hubiera evolucionado hacia una economía capitalista, lo que es cierto es que estaba más dispuesto a imitar a Occidente y contaba con más capacidad para conseguirlo. China no quiso seguir la «ley universal del aprendizaje», se sentía autosuficiente. Japón sabía que era una nación vulnerable, no un imperio ecuménico. Sus elites tuvieron capacidad para transformar el país. La conservación implicaba transformación. Sucedió como en Prusia: fueron algunos burócratas y aristócratas los que impusieron el cambio. La revolución Meiji abolió las viejas provincias feudales y las sustituyó por una administración centralizada estatal, incorporó una nueva moneda decimal y racionalizó los impuestos. Implantó una nueva aristocracia del mérito. Dispuestos a aprender, ¿a quién debían copiar? El modelo inglés sirvió de guía en cuanto al ferrocarril y el telégrafo, las obras públicas, la industria textil y los métodos de negocio. El patrón francés inspiró la reforma legal, y, hasta que se impuso el modelo prusiano, la organización del ejército. Las universidades siguieron el ejemplo alemán y norteamericano, y la educación primaria, la innovación agrícola y el correo se tomaron de Estados Unidos. En 1875 fueron contratados entre quinientos y seiscientos expertos extranjeros, y en 1880 unos tres mil. En 1889 se promulgó una Constitución, según el modelo prusiano. Ito Hirobumi, su principal inspirador, había pasado año y medio en Europa estudiando diversas constituciones europeas. También era consciente de que en Occidente la religión proporcionaba una sólida base para la responsabilidad cívica, pero en Japón el poder de la religión era débil y solo el emperador podía constituir el fundamento del estado. Se alentó así un renacimiento del sintoísmo centrado en la figura del emperador, con la intención de convertir este conjunto de prácticas —pues no se trata de una religión en el sentido occidental— en una especie de «devoción patriótica», que cumpliese unas funciones políticas similares a las de las religiones monoteístas. Se fusionaban así antiguas tradiciones japonesas con los objetivos de la construcción nacional según el modelo occidental.[55]

11. ¿Qué provocó la expansión imperialista?

Hay una explicación económica de este expansionismo, que es la que expuso Lenin en su obra *El imperialismo, fase superior del capitalismo* (1917). Hobson, en un influyente estudio, sostuvo que los culpables habían sido los capitalistas internacionales.[56] Es cierto que Londres se había convertido en banquero del mundo, que las fábricas europeas y americanas necesitaban materias primas, nuevos mercados y lugares para invertir. Pero la explicación económica es demasiado simple y, si se quiere, demasiado racional. No siempre las colonias resultaron rentables. Intervinieron motivos estratégicos y nacionales. Se creó una especie de «patriotismo imperial». El imperio era la demostración del vigor nacional. Grupos de presión como la Sociedad Colonial Alemana, el Partido Colonial francés o el Real Instituto Colonial británico presentaban el expansionismo como una fase de la construcción nacional.

El imperialismo es la culminación del nacionalismo. «El imperialismo se ha convertido en la última y más elevada encarnación de nuestro nacionalismo democrático» (duque de Westminster). «Los británicos somos la raza gobernante más grandiosa que el mundo haya conocido» (Joseph Chamberlain). Al divisar el puerto de Sydney, Charles Darwin escribió: «El primer sentimiento que me invadió fue la alegría de haber nacido inglés». Y Cecil Rhodes: «Sostengo que somos la raza líder del mundo y que cuanto más poblemos el mundo, mejor será este para la humanidad. Dado que Dios obviamente convirtió a la raza de habla inglesa en el instrumento elegido mediante el cual pretende construir un estado y una sociedad basados en la justicia, la libertad y la paz, es necesario que cumpliendo su voluntad haga todo lo que esté en mis manos para ofrecer a esta raza tanto poder como sea posible. Pienso que, si en verdad existe un Dios, es su deseo que yo haga una cosa, a saber, colorear de rojo británico el mapa de África hasta donde sea posible».[57]

El expansionismo imperial descansaba sobre el poder militar y, dentro de ese sistema de ideas y sentimientos, la vida militar apareció como una dignidad. La literatura de Rudyard Kipling es representativa de una multitud de relatos épicos, que oponen la vida vulgar del urbanita a la vida heroica. Ya hemos visto aparecer esa ensoñación bélica y la veremos de nuevo en el siglo XX. Muchos europeos, hastiados de la paz, ansiaban el drama, el desafío, la gloria y la simplicidad de la guerra. Helmuth von Moltke, jefe del Alto Estado mayor alemán entre 1871 y 1888, escribió: «La paz perpetua es un sueño, y no precisamente un bello sueño. La guerra forma parte del orden divino del mundo y es donde se desarrollan las virtudes más nobles del hombre: el valor, la abnegación, la fidelidad al deber y el espíritu de sacrificio; los soldados entregan sus vidas. Sin guerra, el mundo se estancaría y se perdería en el materialismo».[58]

En este libro proponemos una explicación más elemental. El «furor expansivo» es una característica de la humanidad. Es uno de los componentes de la felicidad, tal como la entendemos. Ese furor expansivo puede ser económico, político, o cultural. Como todo ejercicio del poder, buscó sus mitos de legitimación. Rudyard Kipling fue uno de sus voceros. La «carga del hombre blanco» era civilizar a los bárbaros. La cultura imperial otorgó relevancia a las teorías raciales.

Influyó también la ambición personal, como en el caso de Leopoldo II de Bélgica, que con su propio dinero financió la colonización del Congo. El Estado Libre del Congo lo regentó una empresa privada del rey. La explotación fue feroz y produjo millones de muertos. Una generación de escritores y periodistas, el más famoso de ellos Joseph Conrad, con su relato *El corazón de las tinieblas*, denunciaron los abusos. El escándalo alcanzó tales proporciones que en 1908 el Congo pasó a ser una colonia belga.

El mundo en 1899

Gran Bretaña
Francia
España
Alemania
Austria-Hungría
Imperio otomano
Imperio ruso
Corea
Japón
Imperio Qing
JP
Filipinas [EE.UU.]
Indochina
Indias Orientales Holandesas
AL
Birmania
Siam
India
Persia
Australia
Nueva Zelanda

Argelia
ES
África Occidental Francesa
Egipto
Sudán
Etiopía
IT
AL
Congo Belga
Mozamb [PT]
Nigeria
AL
Angola [PT]
AL
Cabo

Canadá
Estados Unidos
México
Venezuela
Colombia
Ecuador
Perú
Brasil
Bolivia
Argentina

Posesiones británicas
Posesiones francesas
Otras potencias y sus posesiones
Países independientes

12. La utopía de una humanidad unida

El siglo XIX estuvo lleno de problemas, posibilidades y nuevos problemas planteados por esas posibilidades. Cada vez que aparecía un nuevo invento que favoreciese la comunicación, surgía de nuevo la esperanza de una era de paz y de unidad. El telégrafo puede conseguir unir a las naciones.[59] Saint-Simon tiene mucho interés por las vías de comunicación y por la banca y el circuito del crédito, que «es al cuerpo político lo que la sangre al cuerpo humano».[60] Uno de sus seguidores, Ferdinand de Lesseps construye el canal de Suez, la obra magna de la comunicación. El ferrocarril es también una esperanza salvadora.[61] Los viajes en globo hacen gritar a Victor Hugo: «¡Toda la Tierra será compatriota!».

Los nuevos inventos fomentan las uniones internaciones. El 13 de abril de 1865, veinte naciones europeas se unen para crear la Unión telegráfica internacional. Se forman las Internacionales obreras, que transcienden las fronteras. En 1874 en Berna se formaliza la Unión General de Correos. En 1884 veinticinco países acordaron dividir el globo en un sistema de husos horarios a partir del meridiano de Greenwich, que todavía usamos. En 1913 se había adoptado casi globalmente.[62]

La década de 1840 fue la edad de oro del idealismo social. El católico liberal Lammenais invoca «la familia universal del género humano». Lamartine, en su poema «La marsellesa de la Paz», escribe: «El egoísmo y el odio tienen una sola patria. La fraternidad no la tiene». Nombrado ministro de Asuntos Exteriores dice a los cuerpos diplomáticos: «La razón, que irradia por todas partes, por encima de las fronteras de los pueblos, ha creado entre las mentes esta gran nacionalidad intelectual que será la culminación de la Revolución francesa y la constitución de la fraternidad internacional del globo». En 1893 se reunió en Chicago el Parlamento mundial de las religiones, para iniciar una senda de diálogo interreligioso en un contexto de creciente antisemitismo y nuevos conflictos entre confesiones.[63] Se fundaron varias Ligas de la Paz. En 1864 se constituyó la Cruz Roja. Las olimpiadas forman parte de este movimiento de unión y de paz (1889). En 1901 el primer Nobel de la Paz fue otorgado a Henri Dunant y a Frédéric Passy. La acción conjunta de los juristas, de los interparlamentarios y de las sociedades de la paz sienta las bases de una organización jurídica de la comunidad mundial. La unión interparlamentaria cuenta con más de tres mil diputados, pertenecientes a veintidós parlamentos, y en siete parlamentos europeos los interparlamentarios forman mayoría. De esa convergencia emana el convenio por el que se crea un tribunal permanente de arbitraje de los conflictos internacionales. La Conferencia de 1907 consagra la expresión «Sociedad de naciones». El presidente de la conferencia afirma: «Es la primera vez que los representantes de todos los estados existentes se han reunido para discutir de los intereses que tienen en común y que conciernen al bien de toda la humanidad». Tras milenios de vida dispersa, la humanidad parece a punto de alcanzar la «conciencia universal». En 1904 Theodore Ruyssen, que llegará a ser uno de los grandes especialistas en derecho internacional, sostiene en *La filosofía de la paz*: «Cuando el planeta esté recubierto por completo de una apretada red de hilos y de cables, la Idea circulará libremente por toda la superficie, como el aire que respiramos. Se creará la conciencia universal. La humanidad ha adquirido hoy la plena conciencia de su *existencia*, de su *unidad*; empieza a vislumbrar el crecimiento indefinido de su *poder*; queda por saber lo que *querrá* hacer con ellos».[64]

En 1914 estalla la Primera Guerra Mundial.

En nuestro largo recorrido histórico, hemos visto a los *sapiens* tropezar una y otra vez en la misma piedra. Actúan en nosotros impulsos ancestrales poderosísimos. ¿Supone esto que estamos sometidos a un destino implacable? Negar los determinismos sería ingenuo. Caer en ellos, decepcionante. Hace siglos Spinoza ofreció una solución que ahora aceptan los más perspicaces neurocientíficos. Lo que llamamos «libertad» es una *necesidad conocida*. Por ser «necesidad» no podemos librarnos de ella, pero por ser conocida podemos aprender a dominarla. La *ciencia de la evolución de las culturas* al estudiar la terca presencia de constantes humanas aspira a ayudarnos a gestionarlas inteligentemente. Es un concepto humilde, pero realista, de lo que ampulosamente llamamos «libertad».

CAPÍTULO DECIMOCTAVO

ESTO ES EL SER HUMANO

1. La marcha de la locura

El siglo XX puede servirnos como gigantesco resumen de la historia del ser humano, capaz de lo mejor y de lo peor. El título del capítulo hace referencia al título del libro de Primo Levi, superviviente del campo de concentración de Monowice: *Si esto es un hombre.*[1] Hablando del régimen comunista chino, Jiwei Ci escribe: «No es casual que, en un espectáculo humano tan rico en esperanza, tragedia y maldad como el de la China de Mao, no vea yo solo la historia del comunismo del siglo XX, sino también muchas cosas que en un sentido importante son ciertas o podrían ser ciertas de la humanidad en su conjunto».[2] Aun a riesgo de simplificar excesivamente, vamos a dividir el siglo en dos mitades. La primera terminará en 1945, coincidiendo con el fin de la Segunda Guerra Mundial. La denominaremos: la *época de la locura.* La segunda dura hasta este momento y la llamaremos: la *época de las soluciones precarias.* Un punto de inflexión decisivo es noviembre de 1989, cuando cayó el muro de Berlín. Recordaremos una vez más que no estamos escribiendo una historia universal, sino una historia de la *evolución de las culturas,* es decir, del modo como hemos intentado resolver nuestros problemas y cumplir nuestras expectativas. No nos interesa conocer por conocer, sino conocer para comprender y poder tomar mejores decisiones. Cuando en el campo individual hablamos de la «experiencia de la vida» como fuente de sabiduría, nos percatamos enseguida de que no nos estamos refiriendo a la mera acumulación de años. La experiencia no es un mero vivir, sino, cuando menos, un vivir consciente y reflexivo. Lo mismo sucede con la «experiencia histórica», tal como la entendemos. No se trata de conocer los hechos, sino de integrarlos en marcos de comprensión. Que todos los acontecimientos sociales —como, por otra parte, todos los comportamientos personales— deriven de muchas causas no debe impedirnos intentar descubrir algunos antecedentes importantes.[3]

El comienzo de siglo fue optimista. Se llama *Belle Époque* al periodo comprendido entre la guerra franco-prusiana de 1871 y la Primera Guerra Mundial. Las exposiciones universales de 1889 y 1900, celebradas en París, pueden servir de imagen publicitaria de ese momento, incluida la torre Eiffel. Europa vivía alegre y confiada. Había pasado un periodo de relativa paz. Las potencias se habían puesto de acuerdo en el reparto de África. Estados Unidos imponía la doctrina Monroe sobre el resto de América. Sin embargo, la situación era frágil. Ya sabemos que una cosa es «terminar un conflicto» y otra «resolverlo». Resolver es terminar un conflicto por medios justos, es decir, de tal manera que, aunque en un caso dado una de las partes pueda resultar perjudicada por la norma, tenga la convicción de que en otro puede salir beneficiada. A todos los que juegan un partido de fútbol les interesa que el árbitro sea imparcial, incluso en el momento en que acaba de castigarles con un penalti. Cuando un conflicto se termina por procedimientos injustos, el problema retoñará de alguna manera. El reparto colonial era consecuencia de una estructura política basada en el ejercicio descarnado del poder y en la utilización del «fervor nacional» para mantenerlo. Aparentemente, era un juego de suma positiva para todos los participantes, pero no lo era para todos los afectados.

Los repartos territoriales continuaron como en una especie de Monopoly real. En 1904 la llamada *Entente cordiale* (Reino Unido y Francia) decide repartirse el norte de África. Francia acepta no obstruir las actividades británicas en Egipto a cambio de Marruecos. Se deja para España la parte de Marruecos que está frente a Gibraltar, para limitar de alguna forma el poder inglés. En 1907, Reino Unido y Rusia llegan a acuerdos que afectaban a Persia, Afganistán y el Tíbet. En 1908 Austria decide incorporar Bosnia y Herzegovina. En 1911 Alemania intenta frenar la ocupación francesa del protectorado de Marruecos. Italia quiere incorporar a su imperio Tripolitania y Cirenaica, lo que inicia la guerra con el Imperio otomano. Para impedir que Serbia adquiera más poder se crea Albania. Alemania tenía puesta su mirada en el petróleo de Oriente Medio. Serbia era un obstáculo, pero estaba respaldada por Rusia, y Francia estaba aliada con Rusia. La política de geometría variable solo conseguía mantener un equilibro inseguro.

Los gobiernos estaban desconectados de la sociedad y de sus preocupaciones. ¿Cuál fue la solución que se buscó desde esos mismos despachos para eliminar tal desconexión? Fomentar el «fervor nacional» que, como ocurre con todos los estados pasionales compartidos, reduce la capacidad crítica y produce un sentimiento de comunidad afectiva que moviliza tremendas energías. Fue el momento de las «masas patrióticas». «La agrupación de los europeos en estados étnicos —escribe Osborne— cambió la rivalidad entre naciones por un amargo odio hacia los otros. Un francés despreciaría a un alemán, no por la historia, sino porque "los alemanes" eran por su propia naturaleza estúpidos, agresivos e incultos, epítetos que con pocas variaciones se lanzarán recíprocamente desde el otro bando».[4] Los grupos sociales que no tenían un estado, como por ejemplo los judíos, se encontraban desplazados.

La política de los países europeos parecía orientada a la guerra. En la recién creada Alemania, el ejército consumía el 90 por ciento del presupuesto. También en Francia y Rusia la política estaba dirigida por la estrategia militar. El servicio militar obligatorio inculcaba disciplina a millones de jóvenes. Las empresas privadas, como Armstrong, Vickers, Krupp, Creusot y Nobel, aplicaban técnicas industriales a la fabricación de armas. Como consecuencia, la tecnología armamentística mejoró. Un fusil Mauser podía matar a 1.400 metros. La artillería alcanzaba los 5.000 metros. Se fabricó la Maxim, la primera ametralladora. Alemania, Francia y el Reino Unido competían en esa carrera.

Empezaron a buscarse pretextos para un conflicto. Los militares se hicieron cargo del gobierno. Theobald von Bethmann-Hollweg, canciller alemán en 1914, escribía: «Durante todo el tiempo que duró mi mandato nunca se convocó ningún tipo de gabinete de guerra en el que los políticos pudieran intervenir con el fin de manifestar sus opiniones en pro y en contra del debate militar».[5] Francia creía que los métodos diplomáticos no conseguirían lo que querían, la devolución de Alsacia y Lorena. En el verano de 1914 los dos bloques —Francia y Rusia, por un lado; Alemania y Austria-Hungría, por otro— estaban dispuestos para iniciar un ataque. Austria, aprovechando el asesinato del archiduque Fernando en Sarajevo, declaró la guerra a Serbia. Alemania anunció la invasión de Bélgica. El gobierno del Reino Unido, apoyado por la mayoría de la población, se sintió obligado a proteger la neutralidad de Bélgica y entró en guerra.

El darwinismo social justificaba el éxito del más fuerte. El inglés Houston Stewart Chamberlain en su libro *Los fundamentos del siglo XIX*, publicado en 1898, defendía la autoafirmación de la raza alemana una vez liberada de los judíos. Tuvo un gran éxito. En 1901, el káiser le escribió para «agradecer a su compañero en la batalla y aliado en la lucha de los alemanes contra Roma, Jerusalén, etc. haber mostrado el camino que se ha de seguir para la salvación de los alemanes y, por lo tanto, para la salvación de la humanidad».[6]

2. La masa patriótica

La postura de los gobernantes nos resulta ya conocida. Quieren la expansión de su poder, adecentada por cualquiera de los mitos de justificación disponibles, lo que provoca una dialéctica de rearme continuo. Lo que nos gustaría comprender es la euforia con que la población recibió la guerra. Los políticos de izquierdas, que en principio se oponían a ella, se consolaban pensando que sería la guerra que acabaría con las guerras. Los anarquistas, los sindicatos y los socialistas franceses, que habían decidido convocar una huelga general contra ella, se vuelven atrás. Solo Jean Jaurès, fundador de *L'Humanité*, sigue oponiéndose. Tres días después del comienzo de las hostilidades es asesinado y su figura es utilizada como reclamo de batalla: «¡La defensa de la nación ante todo! Han asesinado a Jaurès, nosotros no asesinaremos a Francia». En Alemania, los socialdemócratas opuestos a la guerra capitalista abandonaron su promesa de oponerse a ella. En agosto de 1916 Alemania estuvo muy cerca de convertirse en una dictadura bajo el mando de Hindenburg y Ludendorff, con el káiser como jefe de Estado mayor honorario, y con toda la población de varones de entre diecisiete y sesenta años movilizada.[7] En el Reino Unido se nombró secretario de Estado para la guerra, un puesto tradicionalmente civil, a un militar de carrera, lord Kitchener. Militar muy prestigioso, fue jefe del ejército británico en la guerra contra los bóers, en la que practicó una política de tierra quemada y organizó el primer sistema de campos de concentración, donde más de 25.000 niños, mujeres y hombres, todos ellos civiles, murieron por el hambre y las malas condiciones entre 1900 y 1902. En Rusia, el zar dirigía el ejército y en Austria-Hungría el pueblo apoyaba al emperador. Todas las potencias dirigieron todo su esfuerzo industrial y toda su energía ciudadana hacia la guerra, que se convirtió en un asunto de supervivencia nacional.

Poco a poco, la guerra fue pareciendo inevitable y, lo que es más escandaloso, al final, querida. Philip Larkin en su poema *MCMXIV* describe las colas para alistarse al comienzo de la Primera Guerra Mundial:

> Las copas de los sombreros, el sol
> sobre caras arcaicas y bigotudas
> que sonríen como si estuvieran
> de juerga en sus vacaciones de verano.[8]

«La guerra es la higiene de los pueblos», pontifica Marinetti en sus proclamas futuristas. Nietzsche, que alimentaba muchos espíritus, había escrito: «Debes amar la paz como medio para otras guerras. Y la paz más breve que larga. ¿Decís que la causa buena santifica la guerra? Yo os digo: la guerra buena santifica todas las causas».[9] Opone la moral noble del guerrero, que posee la dureza del diamante, a la fragilidad sucia del carbón, su primo hermano. Ya conocemos que ese mito es muy antiguo. Tras siglos de cristianismo, el hombre europeo es para él «un animal insignificante, domado, doméstico».[10]

Un caso nos parece especialmente significativo. En 1915 Max Scheler publica *Der Genius des Krieges und der deutsche Krieg*.[11] Scheler era el creador de la filosofía de los valores, un pensador ético de gran prestigio, un hombre religioso, sensible, autor de *Esencia y formas de la simpatía,* y de *Ordo amoris.* Sin embargo, sostiene que la guerra no es violencia física, «sino que es una controversia de poderío individual entre las personas espirituales colectivas que llamamos estados». Es importante subrayar el nivel de abstracción en que se mueve. En la guerra no pelean los hombres, sino los estados. «Su finalidad última es el máximo dominio espiritual sobre la Tierra». No todos los estados tienen los mismos derechos, añade Scheler. Una «superior justicia» debe ser aquella que dé a cada uno lo que se merece. Y el tribunal donde puede impartirse esa justicia es la guerra. Estremece pensar que un hombre lúcido, movido por el «afecto delincuente» que detectó Feijoo, pudiera escribir cosas como esta.

3. La segunda locura mundial

El balance de la Primera Guerra Mundial fue espantoso: más de quince millones de muertos. Pero la humanidad no aprendió nada. «El peor de los rasgos de esta guerra —ha escrito Josep Fontana—, que los soldados no tardarían en descubrir, fue el desprecio por las vidas humanas por parte de unos jefes a quienes no importaba mandar a sus hombres a la muerte para conseguir los éxitos personales que esperaban obtener de una victoria. El primer ministro británico, Lloyd George, le dijo en diciembre de 1917 a C. P. Scott, un periodista del *Manchester Guardian*: «Si la gente supiese [la verdad], la guerra se detendría mañana mismo. Pero, por supuesto, ni la saben ni deben saberla»».[12]

Desaparecieron cuatro imperios: el alemán, el ruso, el austriaco y el otomano; y el británico y el francés quedaron irreparablemente dañados. Aparecieron nuevas naciones (Checoslovaquia, Hungría, Yugoslavia) y se remodelaron algunas ya existentes (Polonia, Austria, Alemania, Rumanía). La humanidad volvió a demostrar su capacidad de recuperación y su olvido de las víctimas. Hubo una aceleración económica que terminó bruscamente con una Gran Depresión desde el año 1929.

En 1917, durante la Gran Guerra, se había producido un hecho que iba a afectar profundamente a todo el siglo: la Revolución rusa. A pesar de su novedad, el sistema soviético iba a mostrar ciertas continuidades con el régimen autocrático ruso, al que agregaba la voluntad —de raigambre ilustrada— de construir racionalmente un sistema social, político y económico a partir de postulados marxistas. Se trataba de una alternativa a las formas liberales y democráticas de organización de la sociedad, sin renunciar por completo a ciertos elementos de estas, al menos formalmente. El sistema era autoritario, con el poder muy centralizado.

En el periodo de entreguerras surgieron también sistemas autoritarios presididos por un dictador, que controlaba el poder mediante un partido único y los nuevos medios de comunicación de masas. Muchos de estos, de corte fascista, aparecieron como reacción ante el temor comunista, y reflejaban la tradición de antiparlamentarismo, antiliberalismo e idealización de la jerarquía, heredadas de las corrientes más conservadoras del siglo XIX, que en muchos casos suponían la persistencia de estilos e ideologías del Antiguo Régimen, pero combinadas con modernos procedimientos de política de masas.

El fascismo y el comunismo, con una aparición casi simultánea y conexiones entre ambos, reflejaban el descontento con la modernidad, la inestabilidad del sistema capitalista y la polarización extrema de ideologías nacionalistas, socialistas y racistas surgidas en el siglo anterior. Las ideologías comunistas y fascistas representaron respuestas revolucionarias ante el malestar generado por la modernidad industrial y el liberalismo político, con los múltiples conflictos que conllevaban (de clase, género, partido o nación), y la erosión de las comunidades tradicionales en nombre del individualismo. Los regímenes que instauraron son definidos como «totalitarios» por la dominación de un partido bajo la dirección de un individuo todopoderoso, que trataban de controlar toda la sociedad en nombre de una utopía con el fin de transformar radicalmente la sociedad y crear un «nuevo ser humano», mediante formas extremas de violencia.[13]

En este sentido, los nuevos regímenes totalitarios se diferenciaban de las dictaduras o autocracias decimonónicas en que muchos de ellos invadían la esfera de la vida privada y pretendían conformar al individuo y abolir su autonomía, y para ello, el terror y la coacción jugaron un papel destacado en la acción política, aunque los niveles de violencia fueron muy variables según los casos y los momentos. Asimismo, en muchos de ellos era habitual la preponderancia del poder militar, lo que suponía la militarización de la vida social. En general, los regímenes fascistas solían mantener las elites dominantes —pues a menudo habían sido estas las que los habían encumbrado— así como el sistema económico capitalista, aunque con una fuerte presencia del Estado en la economía; mientras que en los regímenes comunistas se produjo un recambio de elites y se alteró radicalmente el sistema económico mediante la socialización de los medios de producción. En ambos tipos de regímenes existía complicidad, apoyo y participación de amplios sectores de la sociedad civil.[14]

El mundo más desarrollado se organizó alrededor de tres ideologías políticas: la liberal, la soviética y la fascista. Tres modos distintos de intentar resolver los problemas sociales, económicos y políticos. España fue víctima de esas tensiones que desembocaron en un alzamiento militar y una guerra civil, preludio de la Segunda Guerra Mundial, que estalló cinco meses después de haber terminado aquella. En Rusia, la dictadura comunista introdujo reformas terribles que produjeron millones de muertes. El *guion evolutivo* iniciado por la Revolución francesa se puso de nuevo en marcha. El comunismo no podía admitir oposición en su camino hacia el mundo ideal. La dictadura y el terror eran necesarios. En el *Manifiesto comunista* se admite que serán pre-

cisas «intervenciones despóticas», ya que los objetivos deseados solo «pueden alcanzarse mediante el derrocamiento
violento de todo orden social del pasado». Como ya advirtió
Rosa Luxemburgo, apenas una docena de dirigentes del
partido, de energía inagotable y experiencia sin límites, dirige y gobierna Rusia. A la muerte de Lenin, Stalin se hace
con el poder. A partir de 1928, colectivizó el campo. En una
nación fundamentalmente rural eso suponía el control total del país. Pero en menos de dos años los alimentos comenzaron a escasear. En el verano de 1933 millones de
campesinos en Ucrania y Rusia occidental, el cinturón agrícola de la Unión Soviética, morían de hambre. Como escribió Kravchenko, «en el campo de batalla, los hombres
mueren rápidamente, luchan y se defienden y les sostiene la
camaradería y el sentido del deber. Aquí he visto a la gente
morir en soledad y poco a poco, de una muerte repugnante,
sin la excusa del sacrificio por la causa. Han quedado atrapados y se les ha dejado morir a cada uno en su casa por una
decisión política tomada en una capital remota alrededor de
mesas de conferencias y de banquetes».[15] En una población
rural de 25 millones de personas, cinco millones murieron
de hambre. Admirador de la purga realizada por Hitler en
las filas del partido nazi, en junio de 1934, Stalin se dispuso
a eliminar cualquier posible resistencia. Durante el congreso del partido de ese año, de los 1.966 delegados, 1.108 fueron fusilados. Y en todo el país los ciudadanos eran deteni-
dos, juzgados sumariamente y fusilados. La ausencia de
resistencia a lo que se ha denominado «el gran terror», en
el que fueron asesinadas 750.000 personas y represaliadas
veinte millones, se explica por la creencia en el proceso inevitable de la historia. Los miembros del partido que habían
sido arrestados estaban acusados de ser enemigos de ese
proceso, por lo que se les alentaba a que hicieran un examen
de conciencia y confesaran sus errores en público. Incluso
los injustamente condenados, movidos por una conmove-

474

dora, aunque suicida, confianza en la revolución, aceptaban la pena. El comunismo suscitó una fe religiosa que hizo que muchos camaradas aceptaran una especie de martirio laico. En *El cero y el infinito*, de Arthur Koestler, Rubachof, miembro de la vieja guardia bolchevique, es encarcelado por Stalin. En el proceso se declara culpable. ¿De qué? «De haber colocado la cuestión de la culpabilidad y de la inocencia por delante de la utilidad o inutilidad de la acción. Me acuso de haber puesto la idea del hombre por encima de la idea de humanidad.»[16] Maquiavelo sigue vivo. De nuevo la abstracción favorece el crimen. Es difícil saber cuántas personas murieron. El valor de la vida del otro desaparece. Una estimación calcula en 61.911.000 el número de personas que mató el régimen soviético en los setenta años posteriores a 1917.

Mientras, Japón, el alumno aventajado de Occidente, había invadido Manchuria en 1931 y acabó invadiendo gran parte de China. En 1937 los japoneses pusieron cerco a Nanking. Las órdenes fueron simples: matad a todos, quemadlo todo, destruid todo. Más de doscientos mil ciudadanos chinos fueron asesinados en la «Masacre de Nanking». El desprecio de la vida humana continuará activando las matanzas.

En Alemania, la exaltación de la nación a la categoría de entidad casi mística conllevaba la idealización de una raza inmaculada e históricamente pura. Al inicio de los años treinta el partido nazi contaba con más de cien mil miembros que constituían una fuerza paramilitar mayor que la que se permitía tener al ejército alemán. En 1932, Hitler ganó las elecciones, pero el presidente de la República, Hindenburg, no quiso nombrarle canciller. Un grupo de políticos, funcionarios, empresarios y banqueros le presionó para que lo hiciese. Accedió a nombrarlo el 30 de enero de 1933. La maquinaria de un Estado moderno proporciona inmenso poder, sobre todo si se ejerce dictatorialmente y sin remordimientos. Al año siguiente, tras la muerte de Hindenburg, Hitler sumó el cargo de presidente al de canciller. La democracia había terminado en Alemania. En 1935 se promulgaron las leyes de Nuremberg, que prohibían los matrimonios entre judíos y gentiles, y limitaban los cargos que podían ocupar. La desaprobación mundial fue suave, porque en Estados Unidos había leyes segregacionistas y las políticas coloniales de otros países también admitían discriminaciones raciales. Era difícil tirar la primera piedra. En agosto de 1939 Hitler llegó a un acuerdo con Stalin que le permitía invadir Polonia con el compromiso de entregar a Rusia la región polaca del este. El 1 de septiembre de 1939 Alemania invadió Polonia. Dos días después toda Europa estaba en guerra. Para Hitler la guerra sería el crisol purificador de la raza. Las victorias fueron tan espectaculares que los alemanes se creyeron omnipotentes. En 1941, tras conquistar Polonia, Holanda, Bélgica, Dinamarca, Noruega, y Francia, decidió invadir Rusia, lo que supuso la muerte de más de veinte millones de ciudadanos rusos. En Stalingrado murieron un millón de soldados alemanes. El exterminio sistemático de los judíos provocó seis millones de muertes. En los escritos de Hitler se ve su obsesión por aplicar las ideas del darwinismo social: «Si no impusiéramos nuestra voluntad según el derecho del más fuerte, llegaría un día en el que los animales salvajes nos devorarían». Con la entrada en guerra de Japón y Estados Unidos, el mundo entero arde.

La guerra pone en marcha una racionalidad eficiente, cuyo objetivo es matar con mayor rapidez y al menos coste. En 1942 lord Cherwell, consejero de Churchill, sostuvo que el objetivo principal de los bombardeos sobre ciudades alemanas debían ser las viviendas de clase trabajadora, porque era allí donde había mayor densidad de población. Las clases pudientes estaban más diseminadas y se desperdiciaba la potencia mortífera de las bombas. Años después, en plena guerra fría, se habló de la conveniencia de una bomba que solo mataba, sin destruir las instalaciones industriales. Alemania puso su eficiencia técnica al servicio de la eliminación de seis millones de judíos. Veinte años después, el inventor de las cámaras de gas escribió una carta a los periódicos quejándose de que no se había reconocido el alarde técnico de su procedimiento.

4. ¿Qué deberíamos aprender?

La capacidad de aprender impulsó la aparición de nuestra especie, que sobrevivirá mientras continúe aprendiendo. Por eso es tan importante entender lo que parece incomprensible —lo que sucedió— para sacar alguna enseñanza. ¿Cómo fue posible que un país civilizado como Alemania pudiera cometer tales atrocidades? Bertrand de Jouvenel, que vivió los horrores de la Segunda Guerra Mundial, escribe: «Ni una participación tan general ni una destrucción tan bárbara hubieran sido posibles sin la transformación de los hombres por pasiones violentas y unánimes que han permitido la perversión natural de sus actividades naturales. La excitación y el mantenimiento de estas pasiones ha sido obra de una máquina de guerra que condiciona el empleo de todas las demás, la propaganda. Ella ha sostenido la atrocidad de los hechos con la atrocidad de los sentimientos».[17] Desde el principio de este libro reconocimos la necesidad de elaborar una «historia pasional» de la humanidad, es decir, de los grandes sismos emocionales que han movido a las sociedades. La acción humana depende del difícil juego de coordinar pasión y razón. La razón sin emoción es paralítica, la pasión sin la razón es irresponsable. Este es el momento oportuno para recordarlo. El horror sádico, sin justificación, la ferocidad que vemos repetirse en enfrentamientos sociales tiene una causa principal: la *inhumanidad*. Utilizamos esta palabra para recordarles que la *humanitas* fue una gran creación del derecho romano, imprescindible según sus jurisperitos para que la aplicación de una ley fuera justa. Y también recordarles que *inhumano* es el que carece de compasión. El lenguaje es muy sabio al considerar que el sentimiento que mejor nos define como especie, aquel cuya ausencia nos desnaturaliza, es la compasión, el sentirnos afectados por el dolor ajeno.[18] Las grandes religiones han intentado fomentarla. Unas lo han conseguido, como por ejemplo el budismo, que predica la compasión universal. Otras, la defienden a ratos, como el cristianismo cuando se acerca a Jesús de Nazaret y no a los inhumanos inquisidores, hombres sin piedad. Lo que hemos presenciado en el siglo XX —en los metódicos horrores del Holocausto, en los sádicos experimentos de Mengele, en el asesinato de niños, en las torturas, en los bombardeos masivos— es el colapso de la compasión. Jonathan Glover ha contado en un espeluznante libro la historia moral del siglo XX.[19] De su estudio emerge con claridad un principio que no deberíamos olvidar: cuando desaparece la compasión, aparece el *horror*, nos adentramos en el corazón de las tinieblas. Sucedió en los campos de exterminio alemanes, en los gulags, en las luchas étnicas en Ruanda, en la guerra de Argelia, en Vietnam, en Camboya, en las dictaduras sudamericanas, en Irak. Las estadísticas racionalizan y enfrían la experiencia. Por eso, al menos una vez, vamos a recuperar un ejemplo: Ahmad Qazabard era un kuwaití de diecinueve años al que los iraquíes retenían como prisionero. Un oficial iraquí dijo a sus padres que estaba a punto de ser liberado. Tim Kelsey lo cuenta así en el *Independent on Sunday*: «Estaban llenos de alegría, cocinaron exquisiteces, y cuando oyeron que se aproximaban coches fueron a la puerta. Cuando sacaron del coche a Ahmad Qazabard, los padres vieron que le habían extirpado las orejas, la nariz y los genitales. Salió del coche con los ojos en las manos. Luego los iraquíes le dispararon, una vez en el estómago y otra en la cabeza, y dijeron a la madre que se cuidara de no mover el cadáver durante tres días».[20]

Una parte importante de la *evolución de las culturas* ha intentado humanizar nuestro comportamiento. La primera y la segunda era axial fueron momentos importantes en este proceso. Pero debemos aprender que lo conseguido puede colapsar. Esa es la gran amenaza. La humanidad puede deshumanizarse. «Durante muchos años hemos vivido felizmente juntos, y ahora todo es matar unos los bebés de los otros. ¿Qué nos está pasando?», se preguntaba Indira Hadziomerovic.[21]

Hay pasiones fáciles de despertar, por ejemplo, las tribales, las emociones compartidas que nos sumergen en una unión casi mística, en el estado de masa puro. El historiador Klaus Fischer describe el sistema de adoctrinamiento educativo de la Alemania nazi. Baldur von Schirach convirtió las Juventudes Hitlerianas en una colosal máquina de control mental. También las religiones han prescrito la obediencia, hasta recomendar la oblación del pensamiento. Una ley de 1936 obligó a todos los niños y niñas alemanes (de diez a dieciocho años) a pertenecer a las Juventudes Hitlerianas para ser educados física, moral e intelectualmente, y promover su servicio al Estado. Se trataba de producir jóvenes «conscientes de su raza, orgullosos de su país y leales al Führer». El lema era «Hitler ordena y nosotros obedecemos». Se fomentaba el racismo y la agresividad. El método consistía en eliminar el pensamiento crítico, fomentar la identificación con el jefe y sentirse unidos por el odio a un enemigo: a los que humillaron a Alemania haciéndole firmar el Pacto de Versalles, y a los judíos, bolcheviques, homosexuales, gitanos, etc.[22] Las grandes matanzas étnicas tienen como antecedente el cultivo del odio. Los fanáticos islamistas entrenan a sus hijos para la yihad. En los asesinatos masivos en Ruanda (1994) es bien conocida la participación de medios de comunicación que demonizaron sistemá-

479

ticamente a los tutsis, incitando al miedo y al odio. El eslogan repetido una y otra vez era: «No vamos a permitir que nos matéis, vamos a mataros». El genocidio estuvo planificado por personas que querían mantener el poder. Las matanzas en la antigua Yugoslavia estuvieron azuzadas por los predicadores del rencor, que lo disfrazaban de amor a la patria. Cuando Amin Maalouf habla de «identidades asesinas»[23] o Amartya Sen estudia las relaciones entre «identidad y violencia»,[24] se están refiriendo a la utilización de los sentimientos de odio u hostilidad hacia «el otro», como medio de afirmar la identidad nacional, religiosa o grupal. En 1990 el diario *Kangura* publicó los «diez mandamientos hutus», uno de los cuales afirmaba que cualquier hutu que se casara con una tutsi, la empleara o simplemente tuviera amistad con ella, sería considerado un traidor. Otro mandaba a los hutus «dejar de tener piedad» hacia los tutsis.[25] Hasta 1980, fecha de la muerte de Tito, Yugoslavia, una federación de seis repúblicas, con diferencias étnicas y religiosas, había convivido en paz. Los líderes políticos azuzaron el odio, la gente perdió la compasión y la crueldad apareció en escena como una vieja loca y sanguinaria.

Debemos saber lo vulnerables que somos a pasiones muy antiguas que pueden despertarse descontroladas. David Hamburg, de la Universidad de Stanford, ha señalado que «los dictadores, los demagogos y los fanáticos religiosos pueden jugar hábilmente con las frustraciones reales que las personas experimentan en tiempos de dificultades económicas y/o sociales severas». Ha estudiado la pedagogía del odio como método político.[26] Sería una bendición conseguir una vacuna que nos inmunizara contra esa infección. La historia emocional de la humanidad es dramáticamente repetitiva. Daniel Chirot ha estudiado el papel del resentimiento en las guerras del siglo XX.[27] Fattah y Fierke, el resentimiento islámico;[28] Arias Maldonado ha hablado del resentimiento y la democracia;[29] Liah Greenfeld defiende que el principio que ha regido el nacionalismo en el mundo moderno ha sido el resentimiento, que según ella, es la senda de Nietzsche. Consiste en «un estado psicológico fruto de reprimir los sentimientos de envidia y odio (envidia existencial) y la imposibilidad de satisfacer dichos sentimientos».[30]

Los sentimientos no aparecen aislados, sino que tienen un componente cognitivo. La falta de compasión puede basarse en prejuicios aprendidos. En 1944 el *American Jewish Committee* patrocinó una investigación a gran escala para intentar comprenderlo. Intervinieron Adorno, Horkheimer, Ackerman, Jahoda y otros investigadores de prestigio. Concluyeron que la cultura alemana había fomentado una *authoritarian personality,* una personalidad que necesita vivir bajo una autoridad estricta.[31] También Erich Fromm habló de «conciencia autoritaria», que busca identificarse con la autoridad, porque con ello el individuo se siente seguro.[32] A finales de 1941, cuando se hallaba en la cúspide de su poder, Goebbels afirmó que la creación del mito del Führer había sido su mayor logro propagandístico. Es un caso interesante porque fue una imagen creada por las masas y a la vez impuesta a ellas. El portador del carisma hace suya una misión y en virtud de esa misión exige obediencia absoluta a los demás. En la Alemania prenazi había ya una «ideología del líder», sobre todo en la derecha nacionalista. El liderazgo —se proclamaba— no puede hallarse en los sistemas constitucionales, sino que emana, como destino, de la esencia íntima de un pueblo. El líder es el «órgano ejecutivo de un poder que le trasciende». En España, eso mismo decía la «teoría del caudillaje».[33] Las características del jefe ya estaban descritas quince años antes de que se reconocieran en Hitler: «El líder no se somete a las masas, sino que actúa de acuerdo con su misión. No adula a las masas. Duro, sincero e implacable, toma el mando tanto en los buenos días como en los malos». Considerar que el líder es la voz del pueblo le deja las manos libres para hacer lo que quiera. Su poder es absoluto, lo que, como ya sabemos, supone que la ley depende de él, y él está fuera del control de la ley.

Hannah Arendt, en sus crónicas sobre el juicio de Eichmann, uno de los gestores del Holocausto, habló de la «banalidad del mal».[34] Muchos se irritaron ante lo que consideraron una falta de respeto hacia el dolor de las víctimas. Arendt, sin embargo, había llegado al corazón de las tinieblas y allí no había encontrado más que un ser vulgar, débil, confuso, incapaz de tomar las decisiones adecuadas. Eichmann era el hombre masa. Si hubiera estado en otra situación, habría podido ser un funcionario ejemplar. Se aprovechó de las circunstancias, que fueron letales para él.

5. La perversión de la creatividad y de la voluntad

El arte unas veces se adelanta a los movimientos sociales y otras les proporciona herramientas simbólicas. Del romanticismo, el arte europeo salió un poco desquiciado. «¿Y qué será ahora de nosotros sin bárbaros? Quizá ellos eran una solución después de todo», escribió Constantino Kavafis en 1898. Los románticos cultivaron, si no la demonología, sí la demonización del genio poético. Rimbaud habló del «*dérèglement de tous les sens*», del sistemático desarreglo de todos los sentidos, como indispensable acceso a la poesía; Baudelaire coqueteó con las flores del mal; muchos sienten fascinación por Sade. «¡Los deleites de la crueldad! Deleites no pasajeros», resumía, a su manera, Isidore Ducasse, conde de Lautréamont, autor de los *Cantos de Maldoror*; Bataille presumía de malditismo. Se frivoliza con el mal, como una colegiala con la picardía. Pero el mal es otra cosa. Es Auschwitz. El anhelo de libertad absoluta condujo a la divinización del artista. Como ha estudiado Azara en su libro *De la fealdad del arte moderno*, la repulsa de la realidad tiene una lectura teológica. La naturaleza era tradicionalmente interpretada como obra de Dios, y la muerte de Dios, anunciada por Nietzsche, arrastraba tras de sí a la naturaleza.[35] Uno de los creadores del suprematismo, Malévich, auguraba que el hombre se convertiría en Dios. Huidobro decía lo mismo en un tono más inflamado: «Toda la historia del arte no es más que la evolución del hombre-espejo hacia el hombre-dios o el artista que resulta ser un creador absoluto». Roger Griffin ha mostrado en un convincente libro la relación del modernismo y el fascismo.[36] Hitler afirmó muchas veces su vocación artística. Creía que, si Alemania no hubiera perdido la Primera Guerra Mundial, él habría sido un artista tan genial como Miguel Ángel. Sin embargo, consideró que el gobierno le permitía una obra de arte más transcendental: crear el nuevo pueblo alemán. La idea la había expresado ya Mussolini y la repetirán tiranos como Mao Zedong o Pol Pot.[37] Todos se creen omnipotentes y desprecian al pueblo, al que ven como una masa informe. La analogía entre el artista y el hombre de Estado supone una docilidad absoluta del pueblo. Goebbels, en su novela *Michael* (1929), describe al pueblo como si ocupara el lugar de la piedra para el escultor. Dos años después insiste: «Para nosotros, la masa no es más que un material informe. Solo mediante la mano del artista surge de la masa un pueblo, y del pueblo una nación». En abril de 1936 el órgano del partido nazi, el *Völkischer Beobachter*, publica en portada un artículo titulado «El arte como fundamento del poder creador político», en el que leemos: «Entre los trabajos artísticos del Führer y su gran obra política hay un vínculo interno e indiscutible. Su actividad artística es la condición primera de su idea creadora de la totalidad».[38] Eso explica una frase de Hitler: «El arte es una misión sublime que obliga al fanatismo». Hitler le dice a Rauschning: «Quien no ve en el nacionalsocialismo más que una religión nada sabe de él. Es más que una religión. Es la voluntad de crear un hombre nuevo». La utopía de crear un «hombre nuevo» ha sido constante en los totalitarismos del siglo xx. Es la culminación de la pasión expansiva, del afán fáustico. Es también una manifestación de la omnipotencia de la voluntad.[39] Finkielkraut, en *L'Humanité perdue*, empareja el nazismo y el bolchevismo por su común «culto a la voluntad».[40] La voluntad del caudillo salvaría al pueblo. En las dictaduras totalitarias hay una imperiosa llamada a la voluntad de una raza o un partido, que contagia a las masas la ebriedad de la omnipotencia. Hitler excluye la categoría de lo imposible. Las metas están al alcance de la voluntad. No hay que permitir que los sentimientos ni las dudas la debiliten. Hannah Arendt dice al final de *Los orígenes del totalitarismo* que «lo que tratan de lograr las ideologías totalitarias no es la transformación del mundo exterior o la transformación revolucionaria de la sociedad, sino la transformación de la misma naturaleza humana».[41]

Hay que recordar también que el arte de vanguardia, precisamente por su afán liberador, fue condenado tanto por la dictadura nazi, que lo consideró «arte degenerado», como por la tiranía soviética, que lo consideraba «arte capitalista».

6. La era de las soluciones precarias

Las dos guerras mundiales produjeron un desolador escepticismo acerca del poder de la civilización para detener el horror. Vivíamos en «la hora veinticinco», aquella en la que ni siquiera un dios podría salvarnos.[42] Ni las religiones, ni la ciencia, ni la técnica, ni el arte, ni la economía ni las ideologías políticas fueron capaces. El existencialismo extrajo las consecuencias: «El hombre es una pasión inútil». «El infierno son los otros.» Pero una vez más, el *sapiens* se rehízo, continuó su marcha en busca de la *felicidad objetiva*. Tomaremos a Albert Camus como el propagandista de una contraintuitiva esperanza, cuando al final de su novela simbólica *La peste* escribe:

En medio de los gritos que redoblaban su fuerza y duración, que repercutían largamente hasta el pie de la terraza, a medida que los cohetes multicolores se elevaban más numerosos en el cielo, el doctor Rieux decidió redactar el relato que termina aquí, para no ser de aquellos que se callan, para dar testimonio a favor de estas víctimas, para dejar al menos recuerdo de la injusticia y de la violencia que les habían sido inferidas, y para decir sencillamente lo que se aprende en medio de las plagas: que hay en el hombre más cosas dignas de admiración que de desprecio.[43]

Su amigo y contendiente Jean Paul Sartre dio una versión más precisa de esa esperanza. «No amamos al hombre por lo que es, sino por lo que puede ser.»

De nuestra investigación emerge una esperanza más humilde e incierta. La salvación, la solución a nuestros problemas, solo podrá encontrarla una inteligencia social en la que interaccionen personas que se hayan liberado de la pobreza extrema, de la ignorancia, del fanatismo, del miedo y del odio. No podemos dar soluciones para un mundo cambiante y acelerado, porque nadie las conoce, pero podemos crear las condiciones para que unas inteligencias informadas, críticas, valerosas y compasivas las encuentren. Los terribles hechos ocurridos en nuestro planeta en la primera mitad del siglo XX prueban la verosimilitud de nuestra tesis. Hubo un colapso cognitivo y afectivo, que llevó al *horror*. Una metáfora marinera aclara nuestra idea de la historia. La humanidad navega a barlovento, es decir, contra el viento. Tenemos decidida la meta —la *felicidad*—, pero vientos en contra nos impiden seguir el rumbo. No podemos confiar en ellos, ni entregarnos a ellos, porque nos llevarían adonde no queremos ir. La «astucia de la inteligencia» nos proporciona una solución. La única posible: aprovechar en nuestro favor fuerzas que están en contra. Eso es lo que hace un buen timonel. El velero no puede ir de cara al viento, pero puede navegar en zig-zag. Antes de dar la bordada, de cambiar la dirección de la vela, estamos muy lejos de nuestro rumbo. En los trágicos sucesos que hemos narrado estábamos brutalmente apartados de nuestra meta y sin tener la seguridad de que la humanidad iba a cambiar de bordada y acercarse de nuevo al rumbo querido. La barbarie podía haber triunfado.

Afortunadamente, no sucedió y la humanidad pudo recuperar los logros alcanzados. Quedaron, por supuesto, restos de comportamientos pasados, tics absolutistas y colonialistas. Se mantuvieron restos de los enfrentamientos pasados.

Durante las negociaciones de Teherán (1943) y de Yalta (1945), la Unión Soviética esgrimió su legitimidad para controlar el este de Europa, y el resto de los mandatarios lo aceptó. Durante una visita a Moscú en 1944, Churchill y Stalin negociaron sus respectivas esferas de influencias, ofreciéndose uno a otro «porcentajes» de los países que quedarían liberados. Era la viejísima lógica del vencedor. En el Consejo de Seguridad de la ONU quedan rastros de esa ideología en el derecho a veto concedido a cinco potencias: Rusia, China, Francia, Reino Unido y Estados Unidos. La guerra ardiente fue sustituida por la guerra fría, por el enfrentamiento de dos bloques. Las dinámicas del poder son recalcitrantes hasta la estupidez. En 1986 había en el mundo 78.000 cabezas nucleares con una potencia de explosión de 18.000 millones de toneladas de TNT. Es decir que nos correspondían 3,6 toneladas a cada uno de los habitantes del planeta.[44] Afortunadamente, la estrategia de la disuasión funcionó.

La recuperación económica fue más rápida que la social y política. Se puso en marcha un juego de suma positiva: el Plan Marshall. Al terminar la guerra Estados Unidos se encontró con una potentísima industria de guerra que tenía que reconvertir. Pero el consumo interior no era suficiente para mantener el nivel de producción, y fuera no había posibles compradores. Con muy buen acuerdo, el

486

presidente Truman y su secretario de Estado, el general George Marshall, pusieron en marcha un plan de ayuda a los países europeos, el *European Recovery Program*, con un importe de unos 13.000 millones de dólares de la época. El programa comenzó en 1948 y tuvo una duración de cuatro años, al final de los cuales el nivel de producción de Europa había alcanzado los niveles de antes de la guerra. ¡Ya podíamos olvidarnos de los muertos!

El bloque soviético pretendía conseguir una expansión universal, con el apoyo de los partidos comunistas de todo el mundo. Stalin mantuvo su dictadura absoluta y resulta escandalosa la fascinación que suscitó en intelectuales y artistas. Abundaban las loas a Stalin, como las cantadas en castellano por Miguel Hernández, que visitó la URSS en 1937: «Ah, compañero Stalin: de un pueblo de mendigos / has hecho un pueblo de hombres que sacuden la frente, / y la cárcel ahuyentan, y prodigan los trigos»; por Rafael Alberti: «Padre y maestro y camarada / quiero llorar, quiero cantar, / que el agua clara me ilumine, / que tu alma clara me ilumine / en esa noche que te vas» y por Pablo Neruda: «Su sencillez y su sabiduría / su estructura de bondadoso pan y de acero inflexible / nos ayuda a ser hombres cada día».

7. De nuevo, la excepcionalidad china

China, a punto de convertirse en la potencia económica más fuerte del mundo, muestra el sorprendente recorrido de una peculiar dictadura comunista. La figura de Mao Zedong también fascinó a muchos europeos. Mao nunca había salido de China hasta que se convirtió en jefe de Estado. Su formación intelectual era por completo casera y se podría decir que casi bebía más del utopismo tradicional chino que del pensamiento marxista original. De hecho, el comunismo chino apenas tenía relación directa con Marx o con el marxismo. La mayor influencia marxista llegó a través de la Revolución rusa y el estalinismo. Según Hobsbawm, «el conocimiento que Mao tenía de la teoría marxista parece derivar totalmente de la estalinista *Historia del PCUS: Curso introductorio* de 1939 [...]. Su visión de una sociedad ideal unida por un consenso total (una sociedad en la que, como se ha dicho, «la abnegación total del individuo y su total inmersión en la colectividad son la finalidad última... una especie de misticismo colectivista») es lo opuesto del marxismo clásico que, al menos en teoría y como un último objetivo, contemplaba la liberación completa y la realización del individuo».[45] El guion del terror se repite. Cuando en 1949 Mao proclamó la República Popular China, muchos chinos sintieron una oleada de optimismo. Pero en los primeros veinte años de gobierno, China experimentó dos de las mayores catástrofes del siglo producidas por el hombre: el Gran Salto Adelante y la Revolución Cultural. Con el Gran Salto Adelante se animaba a todo el mundo a la producción masiva de acero y alimento. Se produjo una hambruna de magnitud desconocida. Entre 1958 y 1962 murieron de hambre entre veinte y treinta millones de personas. Las intenciones de transformación social se radicalizaron con la Revolución Cultural que Mao desencadenó en 1966, mediante la cual trató de acabar con las nuevas elites que se estaban formando en el país por el procedimiento de proletarizarlas, para así disponer de una sociedad civil sometida, sojuzgada y obediente. El principio de subversión del propio orden lanzado desde la dirección política del país resulta un caso inédito en la historia. A partir de 1966 creó un clima de fanatismo y terror. Mao fue un ejemplo de inhumanidad, de falta absoluta de compasión. Creía que de los seiscientos millones de habitantes que tenía China había alrededor de treinta millones de enemigos del pueblo. En 1957 pronunció un discurso en el que dijo que estaba dispuesto a perder trescientos millones de chinos en una guerra atómica. Eso sería la mitad de la población, pero no supondría una gran pérdida mientras el país pudiera producir más habitantes.[46] Aparece el terrible sistema oculto del poder totalitario. Rehacer todo de nueva planta, cambiar las creencias, la naturaleza, las emociones. Implantar un férreo sistema de reeducación. El voluntarismo, la desmesura, la *hybris* acerca de la que nos habían advertido nuestros antepasados griegos, alcanzaba en Mao el paroxismo. En palabras de Hobsbawn:

> Con toda su fe en el papel de la acción y de la decisión política, Lenin nunca olvidó que las circunstancias prácticas imponían graves limitaciones a la eficacia de la acción; incluso Stalin reconoció que su poder tenía límites. Sin embargo, sin la fe en que las «fuerzas subjetivas» eran todopoderosas, en que los hombres *podían* mover montañas y asaltar el cielo si se lo proponían, las locuras del gran salto adelante son inconcebibles. Los expertos decían lo que se podía y no se podía hacer, pero el fervor revolucionario podía superar por sí mismo todos los obstáculos materiales y la mente transformar la materia. Por tanto, ser «rojo» no es que fuese más importante que ser experto, sino que era su alternativa. En 1958 una oleada unánime de entusiasmo industrializaría China *inmediatamente*, saltando todas las etapas hasta un futuro en que el comunismo se realizaría *inmediatamente* [...]. En cierto sentido, esta fe en la capacidad de la transformación voluntarista se apoyaba en una fe específicamente maoísta en «el pueblo», presto a transformarse y por tanto a tomar parte creativamente, y con toda la tradicional inteligencia e ingenio chinos, en la gran marcha hacia adelante.[47]

Era la visión esencialmente romántica de un artista, que ya hemos visto en otras dictaduras.

La instintiva desconfianza de Mao hacia los intelectuales estuvo en el origen de los diez años de la Revolución Cultural, en la que prácticamente se paralizó la educación superior (en 1970 solo había 48.000 estudiantes universitarios en China, cuya población era de 830 millones) y los intelectuales fueron regenerados en masa, realizando trabajos físicos obligatorios en el campo. Durante los años de la guerra fría, se habló mucho de los procedimientos de «lavado de cerebro», es decir, de las técnicas empleadas para cambiar el modo de pensar, las convicciones y, a partir de ahí, los sentimientos de una persona. Richard L. Walker, en su libro *China under Communism*,[48] narró los procedimientos de adoctrinamiento del régimen comunista. Los programas duraban de nueve a doce meses y siempre respondían a un mismo esquema. Jung Chang, que vio de cerca las consecuencias de Mao, señala: «El núcleo de sus pensamientos parece ser que las luchas humanas eran la fuerza motriz de la historia y que a fin de hacer historia era necesario crear «enemigos de clase» continuamente y en masa. Me pregunto si había algún filósofo cuyas teorías hubiesen llevado al sufrimiento y a la muerte a tantas personas».[49]

Y continúa Hobsbawm: «Mao estaba convencido de la importancia de la lucha, del conflicto y de la tensión como algo que no solamente era esencial para la vida, sino que evitaría la recaída en las debilidades de la vieja sociedad china, cuya insistencia en la permanencia y en la armonía inmutables había sido su mayor flaqueza. La revolución, el propio comunismo, solo podían salvarse de la degeneración inmovilista mediante una lucha constantemente renovada. La revolución no podía terminar nunca».[50] Mao murió en el poder en el año 1976. En 1978 llegó al gobierno Deng Xiaoping, un hombre que había estado represaliado, que huía del culto a la personalidad establecido en los regímenes comunistas y que comenzó a abrir el país a una economía de mercado. A lo largo de este libro hemos sentido la presencia de China como gran potencia cerrada en sí misma y la previsión de que ese gigante podía despertar. Esto ya ha sucedido. En los últimos treinta años su PIB ha crecido un 10 por ciento anual. Quinientos millones de personas han salido de la pobreza. China es la segunda mayor economía en el mundo y se supone que en 2030 puede ser la primera.[51] Los consejos que da el Banco Mundial son: consolidar el sistema de mercado, favorecer la innovación, promover un desarrollo sostenible, asegurar la igualdad de oportunidades y la protección social para todos, fortalecer las finanzas públicas y mantener relaciones *win-win* con el resto del mundo. Como puede verse, nada aconseja sobre la democratización del régimen.

8. Globalización y cambios culturales

China nos indica que la globalización económica ha triunfado, que la libertad de los mercados y el comercio internacional son condiciones indispensables para el desarrollo. La interconexión de las economías es cada vez mayor, como se ha puesto de manifiesto en la crisis de 2008. El comercio internacional, que hemos visto desarrollarse desde el comienzo de la historia, ha alcanzado su máximo esplendor, fundamentalmente por la mejora de los transportes. Ha permitido, además, la solución de problemas difíciles. Gracias a la prosperidad ocasionada por la Revolución industrial, la población de Inglaterra aumentó de 8,5 millones en 1801 a 15 millones en 1841. La tecnología no mejoró la productividad del campo. ¿Cómo pudo Inglaterra alimentar a tanta población? «La respuesta —escribe Daniel Cohen en *La prosperité du vice*— es sencilla. Consistió en exportar productos industriales e importar productos agrícolas. Inglaterra adoptó el modelo que será el de los nuevos países industriales en los años 1970 y el de China en la actualidad: una estrategia de crecimiento enteramente basada en exportaciones y, especialmente en una primera fase, en la industria textil, cuyos beneficios permitirán importar los productos agrícolas que necesitan.»[52] En China vive una quinta parte de la población mundial, pero solo cuenta con el 10 por ciento de la tierra cultivable del mundo, de manera que alimentar a su población es un problema crítico. Una parte importante de sus alimentos tiene que venir del exterior: Sudamérica, Estados Unidos y Australia. Los beneficios del centro agrícola de Estados Unidos proceden de sus ventas a China.

La interconexión de la economía ha estimulado la creación de organizaciones internacionales. Las dos principales se fundaron en la conferencia de Bretton Woods, en 1944: El Banco internacional para la reconstrucción y el desarrollo (Banco Mundial) y el Fondo Monetario Internacional (FMI). Posteriormente se fundó la Organización Mundial del Comercio (OMC). El Fondo Monetario Internacional presta dinero a los países que sufren una crisis monetaria, también a bancos y compañías. Intenta garantizar que los países de todo el mundo gestionen sus economías de forma sensata. El Banco Mundial, en cambio, fue diseñado para proporcionar ayuda a los países más empobrecidos. Ha sido objeto de muchas críticas por imponer condiciones demasiado severas a aquellos países a los que presta dinero. La Organización Mundial del Comercio promueve la reducción de las barreras comerciales en el mundo. Estas instituciones fueron creadas en un espíritu socialdemócrata, impulsado por el economista John M. Keynes, pero poco a poco fueron tomando un enfoque más liberal, hasta que a principios de los noventa se empezó a hablar del «Consenso de Washington», al que algunos han acusado de fundamentalismo neoliberal. Su lema es «estabilizar, privatizar, liberalizar».

Para organizar la economía mundial se reúne el G-7, que es el grupo de las siete economías más industrializadas del mundo (Estados Unidos, Japón, Alemania, Reino Unido, Francia, Italia y Canadá). A partir de 1999 también se organizó el G-20. Sus miembros son Alemania, Arabia Saudita, Argentina, Australia, Brasil, Canadá, China, Corea del Sur, Estados Unidos, Francia, India, Indonesia, Italia, Japón, México, Reino Unido, Rusia, Sudáfrica, Turquía y la Unión Europea. España acude como invitada. La OCDE (Organización para la Cooperación y el Desarrollo Económico) es esencialmente un organismo de cooperación internacional de los países desarrollados cuyas funciones fundamentales consisten en la coordinación de las políticas de los países industrializados.

La tecnología avanza aceleradamente, en especial las dos ramas específicamente del siglo XX: la informática y la ingeniería genética. Cuando hablamos del posthumanismo, nos estamos refiriendo sobre todo a esas dos ramas de la creatividad humana. Los grandes avances de las ciencias, y de las técnicas a ellas asociadas, han generado temores en la sociedad por la amenaza que ciertos desarrollos científico-técnicos o el uso masivo de algunas tecnologías plantean para la vida sobre el planeta (armas nucleares), su estabilidad ecológica (calentamiento global), la propia definición del ser humano (ingeniería genética) o los límites de la privacidad (internet), entre otras cuestiones. La censura de la civilización científico-tecnológica y la denuncia de sus peligros se han fundado en ocasiones en la crítica de la racionalidad instrumental, considerada un mal propio de la cultura occidental, así como de los intereses industriales capitalistas que aspiran al máximo beneficio. Pero muchas de estas críticas se basan en una concepción exageradamente todopoderosa de la ciencia y la técnica, que las presenta desligadas de todo tipo de controles sociales. Además, ciencia y técnica multiplican las posibilidades de oposición frente a las evoluciones que ellas mismas han desatado: el saber brinda la posibilidad de defenderse frente al poder.[53]

La globalización también es un fenómeno cultural. Según Peter Berger, la globalización cultural potencia la autonomía del individuo por encima de la colectividad y de sus tradiciones. Este cambio se ha percibido en muchas culturas como un modo de socavar la autoridad tradicional, y en cierto sentido es así. En realidad, se produce un complejo solapamiento, por el cual el proceso de modernización —urbanización, industrialización, creciente individualismo—, que renuncia a las tradiciones rurales, comunitarias y jerárquicas, se ve considerablemente acelerado por la globalización.[54]

Por otra parte, el movimiento de liberación de la mujer o movimiento feminista supone una de las mutaciones más revolucionarias que vive el siglo xx. Una vez conseguido el voto, el movimiento feminista se centra en la lucha contra la discriminación, en la crítica de las estructuras sexistas de poder y en la concienciación ante las desigualdades en la familia y el trabajo. El cambio social logrado en el siglo xx en este aspecto es extraordinario y repercute en todos los órdenes de la vida y la cultura, desde la política y los derechos hasta el lenguaje, la religión, el trabajo o la educación. Su impacto no se limita al mundo occidental, sino que, como sucede con muchos otros fenómenos culturales desencadenados en Occidente, transciende sus fronteras culturales y afecta al resto del mundo.

Desde la década de los sesenta se inicia un proceso de liberación sexual en parte inducida por el desarrollo de los medios de comunicación de masas, en parte por los avances médicos (píldora anticonceptiva, control de la sífilis), e incluso también por la tensión causada por la guerra fría y el temor a la destrucción total, que generan diversas reacciones contraculturales en Occidente. Se inicia en las regiones más ricas de Europa occidental y Estados Unidos, para luego extenderse al resto del mundo occidental y afectar también a otras culturas del planeta. Este conjunto de procesos llega hasta nuestros días y supone transformaciones radicales en las costumbres y comportamientos sociales. La liberación sexual conlleva cambios significativos en la tolerancia hacia la presencia pública de contenidos sexuales en los medios de comunicación (reducción de la censura), en el cambio de actitudes frente a los roles sexuales tradicionales y, en las siguientes décadas, en la creciente presencia y aceptación de la homosexualidad.

9. La lucha por el reconocimiento

La *evolución de las culturas* muestra que el *sapiens* no es un *Homo oeconomicus*, preocupado por maximizar su interés, sino un *Homo spiritualis* que vive coordinando realidad e irrealidad, razón y sinrazón, pasado y futuro, egoísmo y altruismo, violencia y ternura. Las luchas por el reconocimiento —por la identidad cultural, por los derechos civiles, por la libertad de conciencia, por la libertad sexual— forman parte esencial de la *evolución de las culturas* en el siglo XX y nos proporcionan un fascinante campo de investigación, porque muestran cómo una necesidad psicológica se convierte en fuerza política. La idea de «reconocimiento» (*Anerkennung*) fue estudiada por primera vez por Johan Gottlieb Fichte en los *Fundamentos de derecho natural* (1796) y posteriormente fue retomada por G. W. F. Hegel en su célebre pasaje de la dialéctica del amo y el esclavo, de su *Fenomenología del Espíritu* (1807). En ambas teorías este concepto hace referencia a la necesidad que tiene el yo de que los demás lo reconozcan y confirmen como un sujeto libre y activo. Esa necesidad de ser reconocido como un ser humano, o como un titular de derechos, o como miembro de una cultura, ha dirigido una parte importante de las luchas sociales de este siglo. Axel Honneth ha elaborado la teoría más completa sobre este fenómeno señalando tres niveles de reconocimiento: el afectivo, el jurídico y el solidario. Necesitamos que se reconozca nuestro valor como personas,

495

que se reconozcan nuestros derechos, que se reconozca nuestra necesidad de ayuda.[55]

A partir de 1947 comenzaron movimientos descolonizadores, que pedían el reconocimiento del derecho a la autodeterminación. Estudiar este derecho es, por supuesto, un tema que debe abordar la *ciencia de la evolución de las culturas*.[56] En 1918 el presidente de Estados Unidos Woodrow Wilson propuso en un discurso ante el Congreso catorce puntos que debían guiar la reconstrucción europea tras la Primera Guerra Mundial. En el quinto punto buscó una solución para las reivindicaciones coloniales, defendiendo el derecho a la autodeterminación. El principio de autodeterminación estuvo presente en la configuración de los «mandatos» de la Sociedad de Naciones, en el artículo 22 del Pacto de Versalles. Se encomendaba a las potencias vencedoras la tutela de las colonias, distinguiendo las que pensaban que estaban preparadas para la independencia y las que aún no lo estaban. Este derecho fue solicitado en casos muy variados. Lenin lo defendió, aunque subordinándolo a la lucha de clases, y reconoció la independencia de Finlandia. Apoyándose en él, el partido nazi pidió la unificación de los alemanes. Este derecho fue reconocido por Naciones Unidas en los *Pactos Internacionales de Derechos Humanos* de 1966. Con ello no se cerró la polémica, porque Naciones Unidas, que estaba pensando en las colonias, no definió lo que entendía por «pueblo», lo que dio origen a reivindicaciones de autodeterminación que suponían la secesión de un estado ya constituido. Quebec, Escocia, el País Vasco o Cataluña sirven de ejemplos.

Volviendo a los movimientos anticolonialistas, en París se fundó la revista *Présence Africaine*, que publicó textos de Aimé Césaire, de Martinica, y de Léopold Sédar Senghor, de Senegal, que se convirtieron en exponentes de la «negritud». Según Senghor, «la asimilación fue un error. Podíamos asimilar matemáticas en lengua francesa, pero jamás

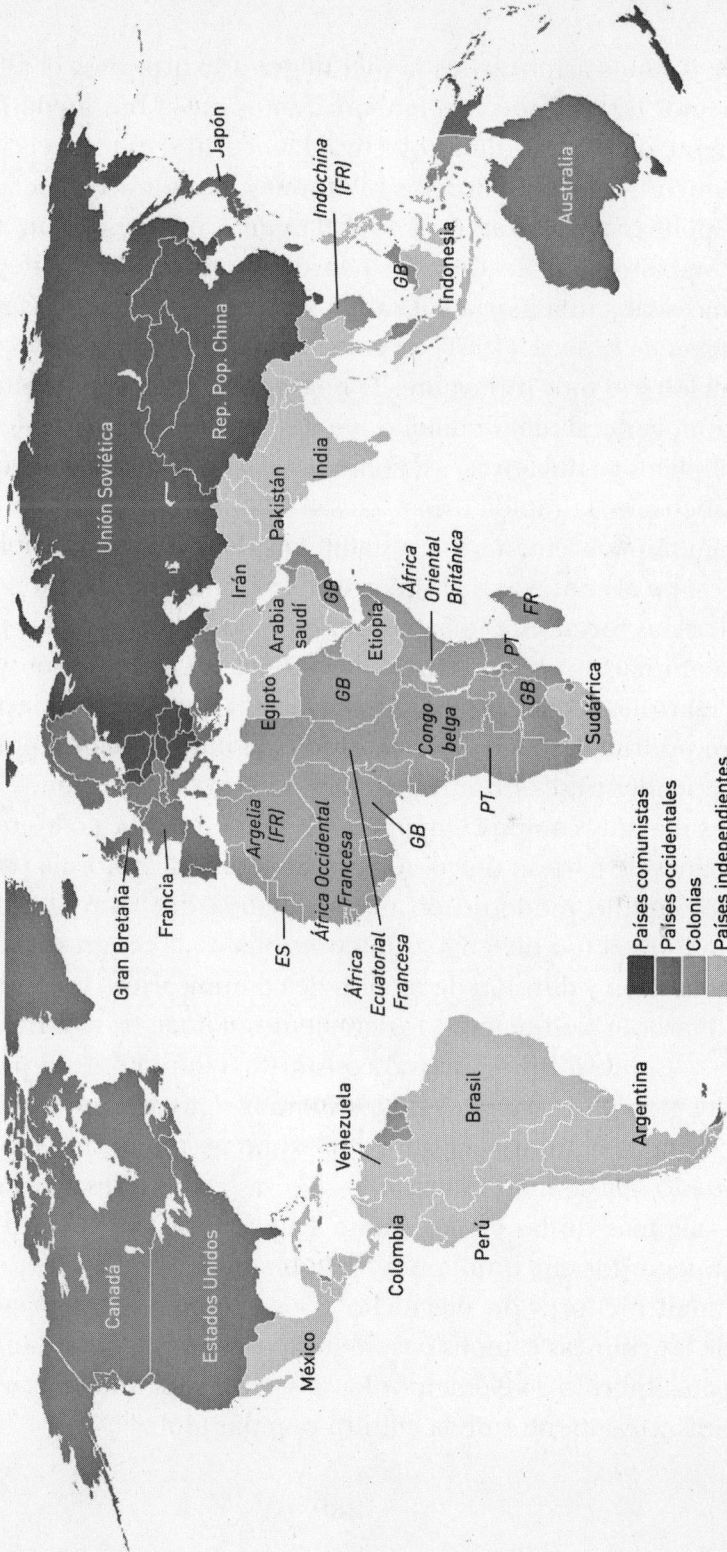

El mundo en 1950

Gran Bretaña
Francia
Japón
Unión Soviética
Rep. Pop. China
Indochina [FR]
Indonesia
GB
Australia
Irán
Pakistán
India
Arabia saudí
Argelia [FR]
Egipto
GB
Etiopía
África Oriental Británica
PT
FR
GB
ES
África Occidental Francesa
GB
Congo belga
GB
Sudáfrica
África Ecuatorial Francesa
PT
México
Estados Unidos
Canadá
Venezuela
Colombia
Brasil
Perú
Argentina

Países comunistas
Países occidentales
Colonias
Países independientes

podríamos arrancarnos la piel negra o extirparnos el alma negra. De ahí que nos embarcáramos en la búsqueda ferviente de nuestra alma colectiva. La negritud es todo el conjunto de valores civilizados (culturales, económicos, sociales y políticos) que caracterizan a la gente negra». Frantz Fanon, discípulo de Césaire, pensó que la población negra necesitaba una teoría del cambio radical. Su libro *Los condenados de la tierra* (1961) se convirtió en un manifiesto revolucionario muy influyente. Tras las independencias, la situación general de debilidad de las instituciones, servicios públicos y educativos, así como los elevados niveles de analfabetismo, la rápida urbanización y las divisiones étnicas dificultan sobremanera la estabilidad de sus sistemas políticos. En el contexto de la guerra fría algunos estados adoptan diversas formas de socialismo, a menudo acompañadas por la afirmación de los valores tradicionales. La educación y el desarrollo económico impulsados por el Estado se convierten en prioridades, pero los resultados son muy limitados, por la dependencia exterior, el clientelismo y la corrupción, y así resulta muy común la injerencia militar en política o los regímenes de partido único. A pesar de todo, África forma parte del mundo moderno en mayor medida que nunca, como muestra el uso de lenguas internacionales, la progresiva alfabetización y difusión de medios de comunicación, la extraordinaria urbanización y los crecientes contactos externos.[57]

El hibridismo cultural constituye, como en gran parte del globo, el resultado de los últimos siglos de interacción con otras culturas y el futuro próximo en un mundo globalizado. Así se manifiesta en las nuevas megaurbes africanas —algunas de las cuales, como Lagos, Kinshasa o Luanda, superan los cinco millones de habitantes, siendo más de la mitad menores de dieciocho años—, donde, distanciadas de las culturas campesinas, se forja una nueva identidad urbana, híbrida de elementos locales, creencias religiosas mestizas y fragmentos de la cultura popular global.[58]

La India fue la primera y más grande colonia que alcanzó la independencia. Mohandas K. Gandhi, líder espiritual, y Jawaharlal Nehru, primer ministro y líder del Partido del Congreso, habían alcanzado tanto apoyo que a los británicos les fue imposible continuar en el poder. Durante las negociaciones, la Liga Musulmana, encabezada por Muhammad Ali Jinnah, reclamó una independencia fuera del Estado hindú para los territorios de mayoría musulmana. India y Pakistán se constituyeron como entidades diferentes. Desde finales del siglo XIX se habían ido politizando las diferencias religiosas y se acrecentaron las rivalidades entre hindúes y musulmanes. En último término, la imposibilidad de llegar a un acuerdo entre unos y otros condujo a la partición en dos estados, en lo que se ha considerado una tragedia, sobre todo para los millones de habitantes que sufrieron desplazamientos, pérdidas de propiedades e incluso la muerte, y que vieron cómo su tierra natal quedaba dividida, sus vínculos económicos rotos y sus culturas mixtas desgarradas. El trauma de la partición ha envenenado las relaciones indo-pakistaníes durante décadas. Pero la partición también se consideró una solución a una situación sumamente compleja y volátil, que amenazaba con desembocar en una guerra civil, aunque no se pudo evitar la violencia.[59]

En 1948 terminó el mandato británico en Palestina. Las Naciones Unidas dividieron el territorio en dos estados, lo que no convenció ni a los colonos judíos ni a los árabes palestinos. En cuanto Israel declaró la independencia fue invadida por cuatro estados vecinos. La guerra árabe-israelí de 1948 supuso el inicio de un largo conflicto que llega hasta el presente. Tras la guerra, un millón de palestinos quedaron confinados en la franja de Gaza y en territorios cedidos a Jordania.

En 1965 casi todas las colonias africanas eran ya independientes y prácticamente ninguna tenía instituciones suficientemente poderosas para asegurar un progreso mantenido y pacífico. Cuando las autoridades belgas abandonaron El Congo, dejaron un sistema de ferrocarriles desvencijado y menos de dos docenas de personas autóctonas con formación superior. En 1952 un grupo de oficiales nacionalistas derrocó la monarquía de Egipto. Nasser consiguió el poder y nacionalizó el canal de Suez. La independencia de Vietnam y Argelia se consiguió después de crueles guerras de liberación.

En 1962 tuvo lugar una de las confrontaciones más peligrosas de la guerra fría. Fidel Castro, líder de la revolución contra el dictador Batista, había llegado a un acuerdo con la URSS para permitirles instalar misiles en la isla. El presidente Kennedy exigió su retirada. Durante unos días, el mundo temió una Tercera Guerra Mundial.

10. El consumismo

Después de la Segunda Guerra Mundial, el mundo occidental disfrutó de un periodo de desarrollo mantenido, que implantó una «sociedad de consumo».[60] Edward Bernays, sobrino de Freud, fue uno de los primeros teóricos que estudiaron el consumismo, la apetencia continua de cosas. Hemos mencionado que ese afán forma parte de la dinámica expansiva del ser humano. El *sapiens* es un ser lujoso. La sociedad opulenta se desarrolló en primer lugar en Estados Unidos. El presidente Coolidge afirmaba que «la importancia de un americano para su país no radica en el hecho de ser ciudadano, sino en el hecho de ser consumidor». Debemos recuperar conceptos que hemos mencionado. En este caso el de «subjetivación», el modo como una persona se concibe como sujeto. Es evidente que ser «sujeto comprador» no es lo mismo que ser un «ciudadano». Aquel forma parte de un sistema ideológico invisible extremadamente poderoso.[61] Se funda precisamente en una continua incitación del deseo. Tradicionalmente, las culturas han desconfiado de la *pleixonia*, de la proliferación de deseos, pero en este momento se estimula, entre otras cosas, porque es imprescindible para mantener un mundo productivo en expansión. John Galbraith ha explicado que durante milenios el sistema productivo estaba dedicado a satisfacer necesidades, pero que en la actualidad se produce más de lo que se necesita y una parte del esfuerzo productivo tiene que ir dirigido a «crear necesidades», de lo que se encarga la publicidad.[62] Como señala un estudio sobre publicidad escrito por el grupo Marcuse, los publicitarios saben que trabajan con «necesidades» y «deseos», pero creen que el consumismo actúa en un nivel más superficial: las apetencias. Son sociales y fugaces, siempre relativas a individuos cuyo estatus envidiamos. La publicidad las azuza. Recurre a modelos que dan envidia, pero cuya satisfacción es fugaz, porque la industria necesita que sea sustituida por otra.[63] Lo importante no es ofrecer objetos, sino experiencias. Ha nacido lo que se denomina la «economía libidinal», que no está montada sobre la necesidad, sino sobre el capricho. Por supuesto, esta es la situación propia de capas privilegiadas, que coexisten con una economía de la necesidad y de la pobreza. Pero una de las características de la sociedad de la segunda mitad del siglo xx ha sido el «consumo de masas», es decir, la gran capacidad de compra que han tenido grandes colectivos y que hace olvidar frecuentemente la cantidad de personas que viven bajo el umbral de la pobreza en las propias sociedades desarrolladas, además de las sociedades que viven en la miseria. El consumismo tuvo consecuencias sociales y políticas. Perfeccionó mucho los sistemas publicitarios e hizo que la gente perdiera interés por la política, cosa que ya habían predicho los pensadores del siglo xviii.

La «sociedad de consumo», que se presenta como una «utopía de baja intensidad», recibe sin embargo críticas desde diversas perspectivas. La primera, respecto de su sostenibilidad, porque se basa en un consumo masivo de recursos y energía. En segundo lugar, porque supone una visión del ser humano sometido a fuerzas meramente económicas, una especie de materialismo y hedonismo light, que ha fomentado la aparición de fundamentalismos religiosos, que aspiran a «reencantar el mundo». Los fundamentalistas parten de la convicción de que luchan por su fe en un mundo que mantiene una actitud sistemáticamente hostil a la religión. Libran una guerra contra la modernidad laica. «A mediados del siglo xx —escribe Karen Armstrong— los expertos y analistas asumían que el laicismo era la ideología del porvenir inmediato y que la religión ya nunca más desempeñaría un papel importante en los asuntos internacionales. Pero los fundamentalistas han invertido esta tendencia y, poco a poco, en Estados Unidos, en Israel y en el mundo musulmán la religión se ha convertido en una fuerza que todos los gobiernos deben tomarse muy en serio.»[64] La *ciencia de la evolución cultural* nos enseña la importancia del fenómeno religioso y la facilidad con que puede dar origen a estallidos sangrientos. Un tenaz esfuerzo de información, comprensión y crítica parece imprescindible.

11. El nuevo optimismo

Las dramáticas experiencias de nuestro siglo, el sentimiento de que no controlamos nuestras propias creaciones técnicas, la precariedad del futuro, la persistencia de las desigualdades económicas, el calentamiento del planeta, las crisis migratorias y la convicción de que nuestros hijos van a vivir peor que sus padres han desprestigiado la idea de «progreso», que animó a nuestra familia durante siglos. Si alguien afirma que estamos en el mejor momento de la historia, será acusado de ignorante, de impostor o de colaborar con la injusticia. Arthur Herman ha mostrado que los pesimistas disfrutan de gran prestigio intelectual, de modo que ocupan los currículos de humanidades.[65] Robert Nisbet, en *Historia de la idea de progreso,* escribe: «El escepticismo respecto al progreso occidental ha crecido y se ha propagado no solo entre la gran mayoría de los intelectuales de este cuarto final de siglo, sino entre otros muchos millones de occidentales».[66] Reformulemos la pregunta en nuestro vocabulario: ¿han mejorado los niveles de *felicidad objetiva?* Barack Obama dijo en 2016: «Si tuvieras que elegir un momento de la historia para nacer y no supieras de antemano quién serías —si no supieras si ibas a nacer en una familia rica o en una familia pobre, ni en qué país nacerías, ni si ibas a ser hombre o mujer—, si tuvieras que elegir a ciegas en qué momento querrías nacer, elegirías el presente.» ¿Tenía razón? Es evidente que se estaba refiriendo al ciudadano americano, pero ¿se lo diría al perseguido en Siria o a un miembro de la etnia rohinyá, en Birmania?

Sin embargo, resultaría absurdo negar los progresos alcanzados. Un grupo de autores se esfuerzan en subrayarlos: Matt Ridley,[67] Hans Rosling,[68] Max Roser,[69] Johan Norberg,[70] Steven Pinker,[71] Francis Fukuyama.[72] Los optimistas se basan en datos estadísticos que muestran, por ejemplo, que la esperanza de vida ha mejorado. A mediados del siglo XVIII la esperanza de vida en América y Europa rondaba los treinta y cinco años, hoy la media mundial es de setenta y un años. Es verdad que hay diferencias notables entre unos países y otros, pero en todos ha aumentado. Un africano nacido hoy puede esperar vivir tanto como una persona nacida en América en 1950. Y sería mayor si no fuera por el SIDA. La mortalidad infantil es en todos los países más baja que en 1950. Y lo mismo sucede con la mortalidad materna. El progreso en el cuidado de la salud (vacunas, antibióticos, técnicas quirúrgicas, marcapasos, etc.) es espectacular. Oímos hablar de hambrunas. En nuestro recorrido histórico hemos visto que ha sido una de las plagas que han acompañado siempre a la humanidad. Fernand Braudel ha documentado que la Europa premoderna sufría hambrunas cada pocas décadas.[73] El economista Richard Fogel ha mostrado que el valor energético de la dieta típica en Francia en el siglo XVIII era tan bajo como el de Ruanda en 1965, la nación más desnutrida ese año.[74] Lo que ha cambiado en este momento es que tenemos medios para evitarlas, porque la producción actual de alimentos lo permite. Las investigaciones de Amartya Sen, premio Nobel de Economía, muestran que el hambre no es consecuencia de la falta de alimentos, sino de las desigualdades en la distribución de alimentos. Tiene, pues, una causa política.[75]

Nos interesa mucho la obra de Steven Pinker porque su enfoque coincide en muchas cosas con el nuestro. Pinker es un psicólogo cognitivo, especializado en el estudio de la inteligencia, que se ha interesado cada vez más por la sociología y por la historia. Ha dedicado un grueso volumen a mostrar que la violencia ha disminuido a lo largo de la historia, a pesar de las terribles guerras de este siglo. Aunque en cifras absolutas son indudablemente las más sangrientas, no lo son en cifras relativas. Lo mismo sucede con el número de crímenes no bélicos. Lo que nos interesa, sobre todo, es que hace un estudio genealógico. Atribuye la violencia a cinco «demonios interiores»: la violencia depredadora para conseguir un fin, el deseo de dominar, la venganza, el sadismo y las motivaciones ideológicas. Descubre también cuatro ángeles interiores que nos animan a la cooperación y el altruismo: la compasión, el autocontrol, el sentido moral y la facultad de razonar.[76] Solo tenemos que hacerle dos críticas. La evaluación porcentual estadística es cierta y permite constatar un progreso, pero las cifras absolutas son también importantes, porque dan otra dimensión del fenómeno: la cantidad de sufrimiento. Es decir, la cantidad de personas que fueron sometidas al horror y la cantidad de personas que fueron capaces de provocarlo. Hay un fenómeno de escala que añade una dimensión monstruosa porque cambia la experiencia. No es lo mismo provocar la muerte de cien personas, aunque sean el cien por cien de la aldea, que provocar la muerte de sesenta millones, aunque sea el 0,5 por ciento de la población. La segunda crítica es que al tratar series temporales largas no da la importancia debida a los colapsos, a las épocas, como las dos grandes guerras, en que los sistemas de protección dejan de funcionar: la compasión, el autocontrol, el sentido moral y la racionalidad. El optimismo tiene dificultad en detectar los fallos y los signos premonitorios de las catástrofes, según David Runciman, un crítico del «nuevo optimismo».[77] Por eso, como ha contado Jared Diamond, la humanidad ha sufrido colapsos terribles, en que un modo de vida se derrumba.[78] Pensemos, por ejemplo, en el nazismo. En la actualidad, hay dos serias amenazas: la ecológica y los niveles intolerables de desigualdad que puedan alcanzarse. ¿Seremos capaces de detectar señales premonitorias de un posible colapso?

Las estadísticas del PNUD (Plan de Naciones Unidas para el Desarrollo) también señalan un progreso continuo en los parámetros que mide. Por ejemplo, la pobreza se ha reducido del 35 por ciento en 1990 a menos del 10 por ciento en 2016, con una disminución del número de pobres en el mundo de más de 1.000 millones de personas. Sin embargo, en sus objetivos para el 2030 señala la necesidad de luchar contra la desigualdad femenina, proteger a los colectivos más desprotegidos, intentar resolver el problema del agua potable y cuidar el planeta.

12. La felicidad objetiva

Según la Declaración francesa de Derechos de 1789, «las únicas causas de las desdichas públicas» son «la ignorancia, el olvido o el desprecio de los derechos del hombre». Los horrores que habían afligido a la humanidad entera hacía imprescindible recuperarlos. Durante la ocupación nazi de Francia, un grupo de intelectuales liderado por Emmanuel Mounier redactó una nueva Declaración de Derechos, tal vez para poder soportar el horror. El 6 de enero de 1941, en su mensaje al Congreso de Estados Unidos, Franklin D. Roosevelt diseña la nueva sociedad mundial que ha de surgir de la paz. Conocido como el mensaje de las cuatro libertades —libertad de expresión, libertad religiosa, liberación de la miseria y liberación del miedo—, puso en marcha una serie de creaciones institucionales. Cincuenta naciones firmaron la Carta de la ONU en 1945, en la que se habla del «respeto universal y efectivo de los derechos humanos sin discriminación por motivos de raza, culto o sexo». A pesar de su vaguedad, suponía una profunda innovación en el derecho Internacional. Al decir de Truyol, un experto en el tema, la Carta de la ONU «ha roto el principio de que un Estado puede tratar a sus súbditos a su arbitrio, y lo ha sustituido por otro nuevo: por el principio de que la protección de los derechos humanos y las libertades fundamentales constituyen una cuestión esencialmente internacional».[79] Por ello, la ONU ha discutido en varias ocasiones el derecho de injerencia en otros países para proteger los derechos fundamentales de sus ciudadanos.[80] Nuestros lectores se percatarán de que esto va en contra del principio de soberanía tal como lo hemos visto aparecer en capítulos anteriores.

En 1946 la Carta fundacional de la Unesco decía que «puesto que la guerra nace en las mentes de los hombres, es en la mente donde hay que construir los baluartes de la paz». Al año siguiente, se envió una encuesta a grandes pensadores, juristas, políticos y personalidades religiosas, preguntándoles cómo debía ser a su juicio una nueva Declaración de Derechos. Respondieron Aldous Huxley, Benedetto Croce, Salvador de Madariaga, Pierre Teilhard de Chardin y muchos otros. Gandhi contestó entre tren y tren una carta de compromiso. Jacques Maritain expresó su desánimo. Ni siquiera creía que se fuese a llegar a un acuerdo teórico y, menos aún, que se pudiera poner en práctica.

Las discusiones comenzaron en un clima de desconfianza y desinterés. Lo primero que se discutió es si tendría forma de declaración o de convención. La diferencia es importante. Según el Derecho internacional, una declaración no tiene fuerza vinculante; una convención, sí. El bloque soviético mostró desde el comienzo una visible hostilidad. Marx había hecho una furibunda crítica de los derechos humanos en *La cuestión judía*. Para sus seguidores, lo fundamental era el Estado, y ya hemos visto que los «derechos humanos» prolongan la secular lucha del ciudadano por limitar el poder. La comunidad internacional no podía criticar ni intervenir en la situación de otro país: es lo que en este momento sostienen países como China. Tras casi dos años de debates, el 9 de diciembre de 1948 se firmó la Declaración. René Cassin, para muchos el principal autor material de la Declaración, dijo que constituía «la más vigorosa protesta de la humanidad contra la opresión», y concluyó: «La Declaración debe ser un faro para la esperanza de los hombres». Eleanor Roosevelt acertó con una frase: «Esa Declaración podría ser la Carta Magna de toda la humanidad». Se aprobó con 48 votos a favor, ocho abstenciones (países socialistas, Sudáfrica y Arabia Saudí, este último país por la igualdad de derechos en el matrimonio y por la posibilidad de cambiar de religión, inadmisible para ellos) y ningún voto en contra. El acto pasó absolutamente inadvertido, pero poco a poco el documento ha ido adquiriendo relevancia. Aunque no es un documento vinculante para los estados, sirvió para la redacción de dos Convenciones internacionales, el «Pacto Internacional de derechos civiles y políticos» y el «Pacto internacional de derechos económicos, sociales y culturales», de 1966. Estos han sido aceptados por muchos países. La Constitución española, por ejemplo, en su artículo 10.2 ordena que los derechos y libertades se interpreten según la Declaración Universal de Derechos Humanos y los tratados y acuerdos internacionales sobre las materias ratificados por España.

13. Una ficción salvadora

En nuestra exposición de la *evolución de las culturas* hemos dado mucha importancia a la genealogía de los derechos, porque nos parece la aventura esencial de la humanidad, la que verdaderamente nos define como especie, la que nos constituye como *animales espirituales*. En estas últimas páginas queremos justificar nuestra posición. En su búsqueda de la felicidad, a través de la experiencia de triunfos y fracasos, los *sapiens* han llegado a la conclusión, por un procedimiento de ensayo y error, de que lo que podía asegurar y favorecer de mejor manera sus proyectos personales de vida era estar protegidos por derechos. Esto, que era una solución defensiva y práctica, ha ido convirtiéndose en una aventura metafísica. Hemos contado parte de su historia. Los derechos no debían depender de una ley, debían pertenecer al sujeto (ser subjetivos) antes de cualquier legislación. Pero ¿dónde fundamentarlos? ¿Cómo justificarlos? Se elaboraron tres propuestas a lo largo de la historia: Dios, las leyes antiguas y la naturaleza. Apelar a Dios acabó resultando fuente de conflictos, porque no se pudo encontrar un acuerdo acerca de esa figura. Las guerras de religión han sido demoledoras para esa creencia. Remitirse a leyes antiguas tampoco resultó la solución porque no era más que eludir la respuesta, apelando a una creación anónima como fundamento. La propuesta que parecía más consistente era la que intentaba fundar los derechos en la naturaleza. Pero tampoco esta propuesta resistió las críticas. Cada uno encontraba en el concepto «naturaleza» lo que previamente había puesto en ella. Los teólogos cristianos pusieron a Dios. Nietzsche encontró la voluntad de poder. Los iusnaturalistas nazis encontraron un derecho nazi. Alfred Rosenberg, el ideólogo del racismo ario, decía: «La idea del derecho racial es una idea moral que se basa en el conocimiento de una legalidad natural. El hombre nórdico-occidental reconoce una legalidad natural eterna». Joseph Goebbels sostenía que «La naturaleza está por encima de la ciencia y conforma su propia vida». Hermann Göring da un paso más: «Los pueblos son lo primero y llevan su derecho no escrito como una brasa sagrada en la sangre. Derecho es lo que los hombres arios consideran tal, no derecho lo que ellos desaprueban».[81]

En el derecho español reciente tenemos una convincente prueba de la instrumentalización de la noción de naturaleza. El artículo 57 del Código Civil español, vigente hasta 1975, decía textualmente «El marido debe proteger a la mujer y esta obedecer al marido». La mujer casada estaba jurídicamente equiparada a los niños, a los locos o dementes y a los sordomudos que no supieran leer ni escribir: a todos se les consideraba incapaces para contratar. Lo grave es el preámbulo de la ley de 24 de abril de 1958 que justificaba el artículo 57: «Existe una potestad de dirección, que la naturaleza, la religión y la historia atribuyen al marido». Aquí se apelaba al triple fundamento de los derechos —Dios, leyes viejas y naturaleza— para justificar una felonía.

Parece que no había solución. O todos los derechos dependían del legislador —eran derechos objetivos, derechos positivos, con lo que el individuo quedaba a merced de él— o se debían admitir unos derechos subjetivos sin fundamento. En este punto, el recuerdo, la experiencia del *horror*, de no tener un asidero legal, fue tan fuerte que se encontró una solución magnífica. Una grandiosa y salvadora ficción. Se confirió a la naturaleza humana una propiedad que la transformaba: la *dignidad*. Una propiedad que hacía a cada persona valiosa por el hecho de existir, con independencia de sus características, de su situación o, incluso, lo que es más difícil de admitir, de su comportamiento. Y de esa dignidad derivaban sus derechos.

Es evidente que «dignidad» no es un predicado real. No tendría sentido que la ciencia lo utilizara, por ejemplo. El hombre puede ser un animal más inteligente que el chimpancé, pero ¿le hace eso más digno? ¿Por qué hemos decidido reconocer a todos los seres humanos una dignidad con independencia de lo que hagan? Asombra que se acepte como evidente que la racionalidad o la libertad nos hacen ascender a un nivel superior al resto de las criaturas. En *La lucha por la dignidad,* un libro dedicado por entero a intentar comprender por qué se acepta dogmáticamente la dignidad de los seres humanos por el hecho de pertenecer a nuestra especie, los autores incluyen el siguiente texto: «En Sierra Leona, los guerrilleros cortan la mano derecha de los habitantes de una aldea antes de retirarse. Una niña, que está muy contenta porque ha aprendido a escribir, pide que le corten la izquierda para poder seguir haciéndolo. En respuesta, un guerrillero le amputa las dos. En Bosnia, unos soldados detienen a una muchacha con su hijo. La llevan al centro del salón. Le ordenan que se desnude. Puso al bebé en el suelo, a su lado. Cuatro chetniks la violaron. Ella miraba en silencio a su hijo, que lloraba. Cuando terminó la violación, la joven preguntó si podía amamantar al bebé. Entonces, un chetnik decapitó al niño con un cuchillo y dio la cabeza ensangrentada a la madre. La pobre mujer gritó. La sacaron del edificio y no se la volvió a ver más (*The New York Times,* 13.12.1992)».[82] ¿Cómo podemos justificar la afirmación de que esos seres tan crueles están dotados de alguna dignidad, que sus vidas son intrínsecamente valiosas? Son racionales y libres, pero eso ¿les confiere mayor dignidad o mayor abyección? Sin embargo, reconocemos su dignidad, porque después de tantear otras soluciones para asegurar la justicia, lo mejor que se nos ha ocurrido es afirmar —aunque sea de una manera voluntarista y autorreferente— que todos los humanos somos iguales en dignidad y que de esa dignidad derivan los derechos. Es una ficción que sostenemos porque negarla provoca tragedias sin cuento. De la misma manera que en matemáticas hay una *demonstratio ad absurdum,* en ética hay una *demonstratio ad horrorem.* En el caso de las matemáticas, se rechazan las soluciones que de ser aceptadas llevarían a conclusiones absurdas. En el caso de la ética, rechazaríamos aquellas soluciones que, antes o después, llevan al horror. Todas las demás soluciones, comprobadas en el banco de pruebas de la historia de la humanidad, son peores. Elegimos la dignidad como Einstein eligió la geometría no euclidiana. Este, para realizar su proyecto de comprensión física. La ética, para realizar su proyecto de convivencia justa.[83]

La idea de dignidad permite aprovechar la fuerza que siempre ha tenido la idea de *derecho natural,* fundando un «derecho natural de segunda generación», que es un *mito legitimador* que aceptamos como si fuera real. Para conseguirlo, como señaló Ágnes Heller, hemos construido una «esencia cultural», sobre una supuesta «esencia natural» del ser humano.[84] Desde la antropología, Arnold Gehlen sostiene lo mismo.[85] Al hablar de la «ficción jurídica», Yan Thomas escribe: «*Elle transgresse, pour le fonder autrement, l'ordre même de la nature des choses*».[86] La afirmación refleja exactamente lo que estamos defendiendo.

La Declaración de los Derechos Humanos incluyó en su preámbulo la dignidad como base de nuestra arquitectura política y legal: «La libertad, la justicia y la paz en el mundo tienen por base el reconocimiento de la dignidad intrínseca y de los derechos iguales e inalienables de todos los miembros de la familia humana». A partir de ella, la idea de dignidad aparece en múltiples Constituciones. En Alemania, la Ley fundamental de 1949 dispone en su artículo 1:

«La dignidad humana es intangible [...] Consecuentemente con ello, el pueblo alemán reconoce los inviolables e inalienables derechos del hombre». En España, el primero de los derechos fundamentales inscritos en el artículo 10 es «la dignidad de la persona». Portugal proclama en el artículo 1 de la Constitución de 1976 que es «una república soberana fundada sobre la dignidad de la persona humana». La de Cuba lo hace citando un texto de José Martí: «Yo quiero que la Ley primera de nuestra República sea el culto de los cubanos a la dignidad plena del hombre». En el apartado VII de la Conferencia de Helsinki de 1975 se vuelve a decir que los derechos y libertades «derivan de la dignidad inherente a la persona humana y son esenciales para su libre y pleno desarrollo».

Con esta invención, la capacidad creadora de la inteligencia humana cierra el bucle prodigioso. Acaba redefiniéndose como especie y, en este sentido, podemos recuperar la tesis kantiana: la dignidad de la especie humana se funda en su capacidad de definirse a sí misma como dotada de dignidad, y obrar en consecuencia. Es una afirmación performativa, constituyente y precaria.[87] Como todas las ficciones pragmáticas, la ficción ética intenta resolver un problema. Para que sea eficaz, debemos comportarnos *como si* no fuera una ficción. Y esto supone vivir en permanente estado de precariedad, sin saber si la espléndida ficción salvadora que nos mantiene durará siempre.

Este libro debería completarse con una minuciosa historia de cómo se han ido seleccionando y consiguiendo los derechos. La *ciencia de la evolución de la cultura* serviría como fundamentación de una ética universal, sacada de la experiencia histórica de la humanidad. Para ello, debe conocer las distintas experiencias de otras culturas, como han intentado resolver los problemas que afectan a la *felicidad objetiva*. Cuando Samuel Huntington auguró un «choque de civilizaciones» encontraba la causa en modos diferentes de resolver esos problemas.[88] Hay varios enfrentamientos que deberíamos analizar *sine ira et studio*, para saber quién tiene razón. Por ejemplo, hay un enfrentamiento entre «derechos individuales» y «derechos colectivos». Las culturas orientales, musulmanas y africanas piensan que los «derechos humanos», tal como los entendemos, son individualistas y occidentales. Ulrich Beck pensaba lo mismo: la individualización rompe el sentimiento social.[89] Pero Occidente tiene la experiencia de lo que sucede cuando los derechos colectivos se imponen a los individuales. Otro enfrentamiento surge de la idea de libertad, que es el valor fundamental para Occidente, mientras que para algunas culturas orientales puede serlo la justicia o la armonía. ¿Estamos seguros de tener razón? La segunda mitad del siglo XX ha visto un renacimiento de la religión, lo que Gilles Kepel denominó «la revancha de Dios», que ha sustituido la idea «occidental» de «modernizar el islam» por la de «islamizar la modernidad». Estas líneas de fractura quedan ocultas bajo el manto universalizador de la técnica y de la economía, pero son problemas no solucionados, que retoñarán.

Decíamos al principio del libro que la *ciencia de la evolución de las culturas* podría dar origen a un *nuevo humanismo*, capaz de comprender las aventuras y desventuras de nuestra familia humana. Esperamos que el lector haya comprendido nuestras razones y le hayan parecido convincentes. Esto es, por supuesto, solo un principio. Como decían los clásicos: *Finis operis sed non finis quarendi*. Aquí termina el libro, pero no la búsqueda.

EPÍLOGO

«Plutarco cuenta que un día Pirro hacía proyectos de conquista: "Primero vamos a someter Grecia", decía. "¿Y después?", le pregunta Cineas. "Ganaremos África". "¿Y después de África?" "Pasaremos al Asia, conquistaremos Asia Menor, Arabia". "¿Y después?" "Iremos hasta las Indias". "¿Y después de las Indias?" "¡Ah!", dice Pirro, "descansaré". "¿Por qué no descansar entonces inmediatamente?", le dice Cineas.» Así comienza el libro de Simone de Beauvoir, *¿Para qué la acción?*[1] La respuesta se la había dado en el siglo XVII Angelus Silesius, un poeta místico, admirado por Borges: «*Die Rose ist ohne warum; sie blühet weil sie blühet*». «La rosa es sin por qué; florece porque florece.» Lo mismo podemos decir del ser humano. Crea, inventa, explora, amplía sus posibilidades, las destruye, porque no tiene otro remedio. Busca la felicidad sin saber ni siquiera en qué consiste. Por eso con tanta frecuencia hemos visto que avanza dando palos de ciego. Solo a posteriori sabe si ha encontrado lo que buscaba. Y aunque lo haya logrado, nunca le basta.

A rachas, hemos creído en el progreso de la humanidad y a rachas lo hemos negado con indignación, a la vista de las catástrofes sufridas. La historia parece un *bateau ivre*, un barco borracho a merced de las tormentas exteriores e

interiores. Los ciudadanos se han dividido siempre en apo-
calípticos y utópicos. Hoy, vivimos la exaltación tecnocien-
tífica que nos promete la inmortalidad, la felicidad y la
divinidad.[2] Tras la gigantesca desconfianza provocada por
las atrocidades del siglo xx renace una nueva confianza en
el futuro. Nos dirigimos hacia una «humanidad aumenta-
da», hacia una «humanidad mejorada». De ello se encarga-
rán las *Human Enhancement Technologies* (HET), definidas
por el Parlamento Europeo como «aquellas modificacio-
nes dirigidas a mejorar las capacidades humanas, conse-
guidas por la intervención de las nuevas tecnologías en el
cuerpo humano».[3] Según el informe del National Intelligence Council, *Global Trends 2030,* «la *human augmentation*
permitirá a los civiles y a los militares trabajar más efectiva-
mente y en entornos que antes eran inaccesibles», por
ejemplo, aumentando la memoria o la velocidad del pensamiento.[4] Como ha señalado Kevin Warwick, el cerebro
de una persona y su cuerpo pueden no estar en el mismo
lugar, lo que nos libera de algunas limitaciones.[5] No estamos
hablando de que la tecnología restaure funciones dañadas,
como hacen un marcapasos o un implante coclear, sino de
que aumente nuestras capacidades o cree otras nuevas. Se
trata de vivir en una «realidad expandida», lo que exige una
inteligencia igualmente expandida. La *ciencia de la evolución
de las culturas* nos ha mostrado que la tecnología tiene su
propia dinámica, que actúa como un destino. O la aceptas
o mueres.

Pero al estudiar la evolución de las culturas hemos descubierto dos niveles distintos de creatividad. En uno, con-
templamos una continuada lucha por ejercer el poder o por
limitarlo. Un afán de superar las limitaciones humanas, que
demuestran el carácter fáustico, prometeico, lujoso, de nuestra naturaleza. Pirro es un ejemplo. Es lo que conduce a la
forja de imperios, a las innovaciones incesantes, al consumo
insaciable o a la «humanidad tecnológicamente mejorada».

Pero hemos descubierto otra línea evolutiva, independiente de la anterior, que nos ha parecido mucho más ambiciosa, mucho más creativa y mucho menos valorada. No pretende aumentar nuestro poder, sino hacernos ascender de nivel, redefinirnos como especie. Convierte la biografía de la humanidad en una aventura ontológica. No se trata tanto de dominar la realidad, como de darle sentido. Los seres humanos, a lo largo de un proceso lento, con avances y retrocesos, hemos alcanzado cierto consenso sobre la necesidad de afirmarnos como animales muy especiales, dotados de una propiedad transcendental, casi mágica por los efectos que esperamos que produzca: la hemos llamado «dignidad». ¿Eso es todo? En efecto, eso es todo aunque parezca algo tan frágil que cualquier movimiento pasional pueda liquidarlo. De ahí proviene la precariedad de nuestra situación. Queremos vivir en un nivel ético, que por su carácter simbólico, inventado, solo se mantiene si lo mantenemos.[6] Esta creación tan especial no se mueve en el mismo nivel que la ciencia, la tecnología o la economía. Es una *afirmación constituyente*. La noción de *dignidad* no es una noción científica, no es un patrón que se pueda extraer de los *big data*. Surge de la experiencia histórica y enlaza con la experiencia individual. Y la experiencia —sensitiva, afectiva, emocional, estética, religiosa— es un terreno de difícil acceso para las nuevas tecnologías, más hábiles en tratar información que en comprender valores. Es un proyecto, una ficción salvadora, una solución para los problemas que plantea la búsqueda de la *felicidad objetiva*. Podemos tomarla o dejarla, como el enfermo puede tomar o dejar el antibiótico que puede salvarle. Si quiere curarse, lo tomará, pero debe querer curarse. Lo mismo sucede con el reconocimiento de la dignidad humana. Si queremos evitar el *horror* debemos empeñarnos en vivir «como si» fuéramos seres dotados de un valor intrínseco, hagamos lo que hagamos, que eso es lo que significa la palabra *dignidad*.

Dijimos al principio del libro que la *ciencia de la evolución de las culturas* serviría para generar un *nuevo humanismo*. Ahora podemos precisar que se trataría de *humanismo de tercera generación*. Ya hemos visto que el humanismo de la primera generación apareció en el Renacimiento. Las ciencias humanas se independizaron de las letras divinas. A un lado quedaba la teología y al otro todas las demás creaciones humanas. El humanismo de segunda generación surgió en el siglo XIX, dentro ya de las letras humanas, con la distinción entre ciencias positivas y ciencias de la cultura. Es la situación en que vivimos ahora, con un ascenso espectacular de las STEM (*science, technology, engineering, mathematics*) y cierto desdén por las humanidades. Martha Nussbaum ha indicado que la crisis más peligrosa que está viviendo el mundo es el olvido de las humanidades, una *silent crisis.*[7] Tiene razón, pero no basta con reivindicar un humanismo anterior. Necesitamos un *humanismo de tercera generación* que interprete la historia como el gigantesco esfuerzo de los *sapiens* por convertirse en *animales espirituales*, por crear mundos simbólicos, por intentar resolver los enormes problemas surgidos de la necesidad o del deseo.

En el prólogo señalamos que la *ciencia de la evolución de las culturas* nos permitiría comprendernos mejor, hacer compatible la lealtad local con la lealtad a toda la humanidad podría ayudarnos a tomar decisiones sobre cómo dirigir la evolución de la humanidad, y a inventar una ética universal que no es más que el conjunto de normas que nos permiten alcanzar la *felicidad objetiva*. Esperamos que el apresurado recorrido histórico justifique nuestras expectativas.

No podemos saber a qué problemas nos enfrentaremos y menos todavía cuáles pueden ser las soluciones. Solo nos hemos atrevido a señalar a qué tipo de inteligencia nos gustaría encomendar el porvenir. Una inteligencia bien informada para poder comprender la complejidad de la situación, liberada de dogmatismos que impiden desarrollar un pensamiento crítico, a salvo de los miedos que dificultan el ejercicio de la libertad, y compasiva con el dolor. Nuestra familia humana se ha visto siempre desgarrada entre la grandeza de sus aspiraciones y la frecuente miseria de sus actos. Vivimos siempre en vilo en una frontera incierta, como en el poema de Apollinaire:

> *Nous voulons explorer la bonté, contrée énorme où tout se tait*
> *Il y a aussi le temps qu'on peut chasser ou faire revenir*
> *Pitié pour nous qui combattons toujours aux frontières*
> *de l'illimité et de l'avenir.*

Queremos explorar la bondad, comarca inmensa donde
[todo se calla
También el tiempo que podemos expulsar o retornar
Apiadaos de nosotros que combatimos siempre
[en las fronteras
de lo ilimitado y por venir.[8]

NOTAS

Introducción

1.   Robert Pepperell, *The Posthuman Condition. Consciousness Beyond the Brain*, Chicago, University of Chicago Press, 2003.

2.   *The Economist*, 6.1.2018.

3.   Luc Ferry, *La révolution transhumaniste: Comment la technomédecine et l'uberisation du monde vont bouleverser nos vies*, París, Plon, 2016.

4.   Nick Bostrom, *Superinteligencia*, Zaragoza, Teell, 2016.

5.   Ray Kurzweil, *La singularidad está cerca. Cuando los humanos transcendamos la biología*, Berlín, Lola Books, 2012; Ray Kurzweil, *Cómo crear una mente. El secreto del pensamiento humano*, Berlín, Lola Books, 2013; Francis Fukuyama, *El fin del hombre. Consecuencias de la revolución biotecnológica*, Barcelona, Ediciones B, 2002; Yuval Noah Harari, *Homo Deus*, Barcelona, Debate, 2016.

6.   Edward O. Wilson, *El sentido de la existencia humana*, Barcelona, Gedisa, 2016.

7.   Daron Acemoglu y James A. Robinson, *Por qué fracasan los países: los orígenes del poder, la prosperidad y la pobreza*, Barcelona, Deusto, 2012.

8.   François-René de Chateaubriand, *Memorias de ultratumba*, Barcelona, Acantilado, 2006.

9.   Giovanni Pico della Mirandola, *De la dignidad del hombre*, Madrid, Editora Nacional, 1984.

10. Arnold Gehlen, *Antropología filosófica*, Barcelona, Paidós, 1993, p. 75.

11. Toda la filosofía moderna, desde Descartes —y en especial desde el existencialismo—, ha afirmado que la peculiaridad del ser humano es hacerse cargo de sí mismo y de su propia vida, lo que le distancia del mero vivir animal.

12. Explicar que la comprensión de la histora necesita un enfoque psicológico y que la comprensión de la conducta humana necesita un enfoque histórico fue la gran obra de Wilhelm Dilthey. Henri Berr, fundador en 1900 de la *Revista de Síntesis Histórica*, insistía en que la historia es la psicología misma, el nacimiento y desarrollo de la psique. Dos de sus alumnos jóvenes, Lucien Febvre y Marc Bloch, se encargaron de realizar ese proyecto. La «historia de las mentalidades» pretendió (1) incorporar la psicología científica de modo metódico a la reconstrucción y comprensión del pasado, (2) reaccionar contra la historia interesada solo en las estructuras, y (3) resolver desde la historia alguno de los interrogantes del presente.

13. Jorge Luis Borges, *Otras inquisiciones*, Madrid, Alianza, 1976, p. 17.

14. Mircea Eliade propuso un *nuevo humanismo* a partir de la historia de las religiones (*La búsqueda*, Barcelona, Kairós, 1998, cap. 1), Martha Nussbaum basándose en la experiencia literaria y multicultural, *El cultivo de la humanidad*, Barcelona, Andrés Bello, 2001; *id.*, *Not for Profit. Why Democracy Needs the Humanities*, Princeton, PUP, 2016.

15. Martha Nussbaum, *El cultivo de la humanidad, op. cit.*, p. 185.

Capítulo primero. *Cuestiones de método*

1. Patrick Manning, *Big Data in History*, Londres, Palgrave, 2013.

2. Arnold Gehlen, *Antropología filosófica*, Barcelona, Paidós, 1993.

3. Georges Duby, *La historia continúa*, Madrid, Debate, 1992, p. 62.

4. Clifford Geertz, *La interpretación de las culturas*, Barcelona, Gedisa, 1998, p. 301.

5. Robert Nisbet, *History of the Idea of Progress*, New Brunswick, Transaction, 1980, p. 349.

6.   J. R. Hale, *La Europa del Renacimiento, 1480-1520*, Madrid, Siglo XXI, 1980, p. 169.

7.   Karen Armstrong, *Mahoma. Biografía del profeta*, Barcelona, Tusquets, 2001.

8.   Thomas Sowell, *Race and Culture*, Nueva York, Basic Books, 1995.

9.   Darrin M. McMahon, *Una historia de la felicidad*, Madrid, Taurus, 2006.

10.   Edward Gibbon, *The History of the Decline and Fall of the Roman Empire*, Ware, Wordsworth, 1998.

11.   Ignacio Izuzquiza, *El proyecto filosófico de Juan David García Bacca*, Barcelona, Anthropos, 1984, pp. 341-426; José Antonio Marina, *Teoría de la inteligencia creadora*, Barcelona, Anagrama, 1993.

12.   José Antonio Marina, *Las arquitecturas del deseo. Una investigación sobre los placeres del espíritu*, Barcelona, Anagrama, 2007, p. 33.

13.   Lucien Febvre, «Pour l'histoire d'un sentiment: le besoin de sécurité», *Annales, E.S.C.*, 1956, p. 244.

14.   Jean Bottéro, *La religión mas antigua: Mesopotamia*, Madrid, Trotta, 2001, p. 68; Ninian Smart, *Las religiones del mundo*, Madrid, Akal, 2000, p. 48. Según un dictamen atribuido a Mahoma, habría no menos de 360 vías diferentes hacia la vida eterna (Noel J. Coulson, *Historia del derecho islámico*, Barcelona, Bellaterra, 1998, p. 97). Tal vez fuera porque hasta la llegada de Mahoma la Kaaba albergaba 360 ídolos (Rochdy Alili, *Qu'est-ce que l'islam?*, París, La Découverte, 2000, p. 23).

15.   J. Poirier, «Ethnologie générale», en *Encyclopédie de la Pléiade*, París, Gallimard, 1968.

16.   Pedro Laín Entralgo, *¿Qué es el hombre?*, Oviedo, Nobel, 1999, p. 173.

17.   Tomás de Aquino, *Summa Theologica*, I-II, 30,4.

18.   Frank Trentmann, *Empire of Things*, Nueva York, Harper, 2016.

19.   Karl Popper, *Conocimiento objetivo*, Madrid, Tecnos, 1982, pp. 236-259; *Conjeturas y refutaciones*, Barcelona, Paidós, pp. 57 y ss.

20.   Felipe Fernández-Armesto, *Civilizaciones*, Madrid, Taurus, 2002.

21.   Robert Wright, *Non Zero. The Logic of Human Destiny*, Londres, Little, Brown & Co., 2000.

22.   Steven Pinker, *Los ángeles que llevamos dentro*, Barcelona, Paidós, 2012, p. 121.

23.   Samuel Ricard, *Traité général du commerce*, Ámsterdam, 1704.

24.   R. L. Trivers, «The evolution of reciprocal altruism», en *Quarterly Review of Biology*, 46, 1971.

25.   Carlo Cipolla, *Allegro ma non troppo*, Barcelona, Crítica, 1991.

26.   Henri Focillon, *La vida de las formas*, Madrid, Xarait, 1983.

27.   E. H. Gombrich, *Historia del arte*, Madrid, Alianza, 1979.

28.   Juan Martín Velasco, *El fenómeno místico. Estudio comparado*, Madrid, Trotta, 2003; Evelyn Underhill, *La mística*, Madrid, Trotta, 2006.

29.   Francis Fukuyama, *La construcción del Estado: hacia un nuevo orden mundial en el siglo XXI*, Barcelona, Ediciones B, 2004.

30.   Marshall D. Sahlins y Elman R. Service (eds.), *Evolution and Culture*. Ann Arbor, University of Michigan Press, 1960.

31.   William F. Ogburn y Dorothy Thomas, «Are Inventions Inevitable? A Note on Social Evolution», en *Political Science Quarterly*, 37, 1, 1922, pp. 83-98.

32.   Mircea Eliade, *Mitos, sueños y misterios*, Barcelona, Kairós, 1999, p. 126.

33.   Chris Scarre (ed.), *The Human Past*, Londres, Thames & Hudson, 2013, p. 639.

34.   Samuel Huntington, *La tercera ola. La democratización a finales del siglo XX*, Barcelona, Paidós, 1994.

35.   Ian Morris, *The Measure of Civilization*, Princeton, PUP, 2013.

36.   Martha Nussbaum y Amartya Sen (eds.), *La calidad de vida*, México, FCE, 2002; Martha Nussbaum, *Creating Capabilities. The Human Development Approach*, Cambridge MA, Harvard UP, 2011.

37.   La *psicología positiva* se ha centrado en el tema de la felicidad. Cfr. Martin Seligman, *La auténtica felicidad*, Barcelona, Vergara, 2003. Una crítica de la «moda de la felicidad» en Gustavo Bueno, *El mito de la felicidad*, Barcelona, Ediciones B, 2005.

38.   José Antonio Marina, *Ética para náufragos*, Barcelona, Anagrama, 1995.

39.   Hans Kelsen, *¿Qué es justicia?*, Barcelona, Ariel, 1991, p. 36.

40.   Lant Pritchett y Michael Woolcock, «Solutions When the Solution is the Problem: Arraying the Disarray in Development»,

Center for Global Development, documento de trabajo 10, Washington DC, 2002, citado por Francis Fukuyama, *Los orígenes del orden político*, Barcelona, Deusto, 2016, I, p. 41.

41.   Jacques Maritain, *El hombre y el Estado*, Buenos Aires, Guillermo Kraft, 1952, pp. 92 y ss.

42.   Robin S. Rosenberg, «Abnormal Is the New Normal», *Slate*, abril 2013.

43.   John Rawls, *Teoría de la justicia*, México, FCE, 1979, pp. 585 y ss.

CAPÍTULO SEGUNDO. *La emergencia de los animales espirituales*

1.   David Christian, *Mapas del tiempo. Introduccion a la «gran historia»*, Barcelona, Crítica, 2007.

2.   La noción de «mundo» procede de la biología. Von Uexküll monstró que cada animal tiene un *Umwelt*, un mundo propio (Wilhelm Dilthey, *Introducción a las ciencias del espíritu*). Husserl habló del *Lebenswelt*, del «mundo de la vida», pero fue Heidegger quien en *Ser y Tiempo* lo utilizó como concepto fundamental en su sistema. Cfr. Martin Heidegger, *Conceptos fundamentales de la metafísica*, Madrid, Alianza, 2007.

3.   Jerome H. Barkow Leda Cosmides y John Tooby (eds.), *The Adapted Mind: Evolutionary Psychology and the Generation of Culture*, Nueva York, Oxford University Press, 1995.

4.   José Antonio Marina, *El bucle prodigioso*, Barcelona, Anagrama, 2012; Eugenio Trias, *La edad del espíritu*, Barcelona, Destino, 1994.

5.   Jean-François Dortier, *L'Homme, cet étrange animal. Aux origines du langage, de la culture et de la pensée*, Auxerre, Sciences Humaines, 2012.

6.   Annette Karmiloff-Smith, *Beyond Modularity. A Developmental Perspective on Cognitive Science*, Cambridge, MA, MIT Press, 1992.

7.   Merlin Donald, *A Mind So Rare*, Nueva York, Norton, 2001.

8.   Ray S. Jackendoff, *Conciousness and the Computational Mind*, Cambridge MA, The MIT Press, 1987.

9.   Terrence W. Deacon, *The Symbolic Species*, Nueva York, Norton, 1998.

10. Arnold Gehlen, *Antropología filosófica*, Barcelona, Paidós, 1993, pp. 52 y ss.

11. Richard Wrangham y Dale Peterson, *Demonic Males: Apes and the Origins of Human Violence*, Boston, Houghton Mifflin, 1997.

12. Steven A. LeBlanc y Katherine E. Register, *Constant Battles: The Myth of the Peaceful, Noble Savage*, Nueva York, St. Martin's Press, 2003, p. 83.

13. Frans De Waal, *El bonobo y los diez mandamientos En busca de la ética entre los primates*, Barcelona, Tusquets, 2013.

14. Fukuyama, *op. cit.*, I, p. 66.

15. Sue Savage-Rumbaugh y Roger Lewin, *Kanzi. The Ape at the Brink of the Human Mind*, Nueva York, Doubleday, 1994.

16. Amy S. Pollick y Frans de Waal, «Ape Gesture and Language Evolution», *PNAS*, 194, 19, 2007, pp. 8184-8189.

17. M. Tomasello, J. Call y B. Hare, «Chimpanzees Understand Psychological States», *Trends in Cognitive Science*, 7, n.° 4, 2003, p. 153.

18. Andrew Whiten, «Causes and consequences in the evolution of hominid brain size», en *Behavioral and Brain Sciences*, 13, 367, 1990.

19. Rudolf von Ihering, *El fin en el Derecho*, Granada, Comares, 2000, p. 180.

20. Franz Boas, *The Mind of Primitive Man*, Londres, Macmillan, 1938; Joseph Henrich, *The Secret of Our Success. How Culture Is Driving Human Evolution, Domesticating Our Species, and Making Us Smarter*, Princeton, Princeton UP, 2016; Terrence W. Deacon, «Multilevel selection in a complex adaptive system: the problem of language origins», en B. H. Weber y D. J. Depew (eds.), *Evolution and Learning: The Baldwin Effect Reconsidered*, Cambridge MA, The MIT Press, 2003, pp. 81-106.

21. Richard Wrangham, *Catching Fire. How Cooking Made Us Human*, Nueva York, Profile, 2009.

22. Michael Tomasello, «Do Apes Ape?», en Cecilia M. Heyes y Bennett G. Galef (eds.), *Social Learning in Animals: The Roots of Culture*, San Diego, Academic Press, 1996, pp. 319-436. En los últimos años ha aparecido una importante bibliografía sobre la autodomesticacion de nuestra especie: Henrich, *The Secret...*, *op. cit.*; Helen M. Leach, «Human Domestication Reconsidered», en *Current Anthropology*, 44 (3),

2003, pp. 349-368. Helen M. Leach, «Selection and the unforeseen consequences of domestication», en R. Cassidy y M. Mullin (eds.), *Where The Wild Things Are Now: Domestication Reconsidered*, Londres, Bloomsbury, 2007, pp. 71-100. Una estupenda bibliografía puede verse en James G. Thomas, *Self-domestication and Language Evolution*, tesis doctoral publicada en internet, University of Edinburg, 2013.

23.   Michael Gazzaniga, *¿Qué nos hace humanos?* Barcelona, Paidós, 2010, pp. 125-169.

24.   Norbert Elias, *El proceso de civilización*, México, FCE, 2011.

25.   E. R. Dodds, *Los griegos y lo irracional*, Madrid, Revista de Occidente, 1960; Julian Jaynes, *The Origin of Consciousness in the Breakdown of the Bicameral Mind*, Londres, Penguin, 1993.

26.   Barbara Tuchman, *A Distant Mirror. The Calamitous 14th Century*, Nueva York, Knopf, 1978, p. 5.

27.   Ian Hodder, *The domestication of Europe: Structure and Contingency in Neolithic Societies*, Oxford, Blackwell, 1990. Alasdair Whittle, *Europe in the Neolithic: The Creation of New Worlds*, Cambridge, Cambridge UP, 1996.

28.   Ran R. Hassin, James S. Uleman y John A. Bargh, *The New Unconscious*, Oxford, Oxford University Press, 2005; Timothy D. Wilson, *Stranger to Ourselves: Discovering the Adaptive Unconscious*, Cambridge MA, Belknap Press, 2004; José Antonio Marina, *Objetivo generar talento*, Barcelona, Conecta, 2015.

29.   Daniel Dennett, *De las bacterias a Bach. La evolución de la mente.* Barcelona, Pasado & Presente, 2018; Antonio Damasio, *El extraño orden de las cosas*, Barcelona, Destino, 2018, Terrence W. Deacon, *The Symbolic Species: The co-Evolution of Language and the Brain*, Londres, Penguin, 1997.

30.   Peter Watson, *Ideas. Historia intelectual de la humanidad*, Barcelona, Crítica, 2006, p. 42.

31.   Alberto Ferrús, «El homínido que aprendió a cocinar», *Revista de Libros*, 191, jul.-ago. 2017, pp. 133-144.

32.   Stephen Oppenheimer, *Eden in the East: The Drowned Continent of Southeast Asia*, Londres, Weidenfeld & Nicolson, 1998, p.17.

33.   Claude Lévi-Strauss, *Mythologiques I-IV*, París, Plon, 1964-1971.

34.   Julien D'Huy, «La evolución de los mitos», *Investigación y Ciencia* 485, febrero, 2017, pp. 68-75.

35. E. J. Michael Witzel, *The Origins of the World's Mythologies*, Oxford, Oxford University Press, 2012.

36. Samuel Noah Kramer, *La historia empieza en Sumer*, Barcelona, Aymá, 1961.

37. Dietrich Stout, «¿Cómo nos cambió la fabricación de herramientas?», en *Investigación y Ciencia*, junio 2016, pp. 29-35; T. J. H. Morgan *et al.*, «Experimental evidence for the co-evolution of hominin tool-making teaching and language», *Nature Communication*, vol. 6, 6029, 13.1.2015.

38. David Lewis-William, *The Mind in the Cave*, Londres, Thames & Hudson, 2002, p. 127.

39. James V. Wertsch, *Vigotski y la formación social de la mente*, Barcelona, Paidós, 1988.

40. Steven Mithen, *Arqueología de la mente*, Barcelona, Crítica, 1998.

41. W. Tecumseh Fitch, *The Evolution of Language*, Cambridge, Cambridge University Press, 2010. p. 363.

CAPÍTULO TERCERO. *Todos somos africanos*

1. Scarre, *Human Past*, p. 152.

2. Mateja Hajdinkaj, Svante Pääbo *et al.*, «Reconstructing the genetic history of late Neanderthals», en *Nature*, 555, pp. 652-656, March 2018.

3. Peter Watson, *La gran divergencia*, Barcelona, Crítica, 2011, p. 33.

4. Sijia Wang *et. al.*, «Genetic Variation and Population Structure in Native Americans», en *PLoS Genetic*, Vol. 3, 11, Nov. 2007.

5. Alain Finkielkraut, *La humanidad perdida*, Barcelona, Anagrama, 1988, p. 13.

6. Karin Bojs, *Mi gran familia europea*, Barcelona, Ariel, 2017.

7. Mircea Eliade, *Tratado de historia de las religiones*, Madrid, Cristiandad, 2000, p. 77.

8. B. F. Skinner, «La superstición en la paloma», en *Registro acumulativo*, Barcelona, Fontanella, 1975, pp. 585 y ss.

9. Xavier Zubiri centró en «el poder de lo real» su filosofía de la religión. *El problema filosósifo de la historia de las religiones*, Madrid,

Alianza, 1993; *El problema teologal del hombre*, Madrid, Alianza, 1997, y *El hombre y Dios*, Madrid, Alianza, 1984.

10.   G. Van der Leeuw, *Fenomenología de la religión*, México, FCE, 1964, pp. 15 y ss.

11.   Los antropólogos han señalado que la religión es un fenómeno cultural universal (Nicholas Wade: *The Faith Instinct: How Religion Evolved and Why It Endures*, Nueva York, Penguin, 2009, pp. 18-37), que coincide con la aparición de la cultura (Eliade, *La búsqueda*, p. 23), que fue fundamental para la propia creación cultural (Roy A. Rappaport, *Ritual y religión en la formación de la humanidad*, Madrid, Cambridge University Press, 2001), que define lo humano (Karen Armstrong, *En defensa de Dios*, Barcelona, Paidós, 2009, p. 34), y los psicólogos han intentado explicar esta universalidad (Steven Pinker, *Cómo funciona la mente*, Barcelona, Destino, 2001; Pascal Boyer, «Functional Origins of Religious Concepts: Ontological and Strategic Selection in Evolved Minds», en *Journal of the Royal Antropological Institute*, 6, 2000, pp. 195-214).

12.   Brian Hayden, *Archaeology: The Science of Once and Future Things*, Nueva York, Freeman, 1993, p. 148.

13.   Marcel Otte, *Préhistoire des Religions*, París, Masson, 1993.

14.   Tucídides, *Historia de la guerra del Peloponeso*, Barcelona, Orbis, 1986, cap. VII, p. 55 (trad. de Diego Gracián).

15.   René Girard, *Los orígenes de la cultura*, Madrid, Trotta, 2006.

16.   Mircea Eliade, *Historia de las creencias y las ideas religiosas, I*, Barcelona, Paidós, 1999.

17.   James Burke y Robert Ornstein, *Del hacha al chip. Cómo la tecnología cambia nuestras mentes*, Barcelona, Planeta, 2001.

18.   Claude Lévi-Strauss, *El pensamiento salvaje*, México, FCE, 1964.

19.   Colin Renfrew, *Prehistory Making of the Human Mind*, Londres, Weidenfeld & Nicholson, 2007.

20.   J. R. McNeill y W. H. McNeill, *Las redes humanas. Una historia global del mundo*, Barcelona, Crítica, 2010, p. 12.

21.   Kevin Laland, *Darwin's Unfinished Symphony: How Culture Made the Human Mind*, Princeton, PUP, 2017, pp. 295-307.

22.   André Leroi-Gourhan, *Les religions de la Préhistoire*, París, PUF, 1966.

23. Karen Armstrong, *La gran tranformación*, Barcelona, Paidós, 2007, cap. 1.

24. Gombrich, *op.cit.*

25. Hans Urs von Balthasar, *Gloria. Una estética teológica*, 8 vols., Madrid, Encuentro, 1992.

26. Chris Stringer, *The Origin of Our Species*, Londres, Penguin, 2012, pp. 122-137.

27. Kim Hill y A. Magdalena Hurtado, *Ache Life History. The Ecology and Demography of a Foraging People*, Nueva York, Routledge, 1996, p. 164.

28. Gary Haynes, *The Early Settlement of North America: the Clovis Era*, Cambridge, CUP, 2002.

29. Georgi Hudjashov *et al.*, «Revealing the prehistoric settlement of Australia by Y chromosome and mtDNA analysis», *PNAS*, 2007, 104.

30. N. G. Butlin, *Economics and the Dreamtime. A Hypothetical History*, Cambridge, CUP, 1993, pp. 98-101.

31. Michael Cook, *Una breve historia de la humanidad*, Barcelona, Antoni Bosch, 2012, p. 88.

32. Fred Alan Wolf, *The Dreaming Universe: A Mind-Expanding Journey Into the Realm Where Psyche and Physics Meet*, Nueva York, Simon & Schuster, 1994.

Capítulo cuarto. *Parte de la humanidad se hace sedentaria*

1. Marshall Sahlins, *Stone Age Economics*, Nueva York, Aldine de Gruyter, 1972, pp. 1-37. Brian M. Fagan, *People on the Earth: An Introduction to World Prehistory*, Nueva York, Harper Collins, 1995.

2. Erich Fromm, «El hombre, ¿es perezoso por naturaleza?», en Erich Fromm, *La patología de la normalidad*, Barcelona, Paidós, 1994, pp. 131-187.

3. «El áspero viento es recio esta noche / y alza los blancos bucles del mar, / con tal tormenta invernal, el temor / del salvaje vikingo no me aflige.» Citado en Thomas Bartlett, *Ireland. A History*, Cambridge, CUP, 2010, p. 31.

4. Ian Hodder (ed.), *Religion in the Emergence of Civilization*, Cambridge, CUP, 2010.

5.   *The Cambridge World History*, vol. II, *A World with Agriculture, 12,000 BCE-500 CE*. Cambridge (CUP), 2017.

6.   Felipe Fernández-Armesto, *The World. A Brief History*, Upper Saddle River, NJ, Pearson/Prentice Hall, 2008, p. 27.

7.   Michael E. Moseley, *The Maritime Foundations of Andean Civilization*, Menlo Park, Cummings, 1975; B.T. Arriaza, *Beyond Death: The Chinchorro Mummies of Ancient Chile*, Washington, Smithsonian Institute Press, 1995, pp. 12 y ss.

8.   Juan P. Ogalde *et al.*, «Prehistoric psychotropic comsumption in Andean Chilean mummies», en *Journal of Archaeological Science*, vol. 36, 2, 2009, pp. 467-472; Watson, *La gran divergencia, op. cit.*, pp. 299 y ss.

9.   Richard Pipes, *Propiedad y libertad*, Madrid, Turner y FCE, 2002.

10.   Allen W. Johnson y Timothy Earle, *La evolución de las sociedades humanas*, Barcelona, Ariel, 2003, pp. 88-89.

11.   Julian H. Steward, *Basin-Plateau Aboriginal Sociopolitical Groups*, Washington, Smithsonian Institution, 1938.

12.   Colin Renfrew, *Prehistory. Making of the Human Mind*. Londres (W&N), 2007, pp.142 y ss.

13.   Johnson y Earle: *La evolución, op.cit.*, pp.186-188.

14.   Charles K. Meek, *Land Law and Custom in the Colonies*, Londres,Frank Cass, 1968, p. 6.

15.   Citado en Victor Turner (ed.), *Colonialism in Africa 1870-1960*, vol. 3, Nueva York, Cambridge University Press, 1971, p. 203.

16.   Fukuyama, *Orígenes, op. cit.*, vol. I, p. 117.

17.   Sobre el derecho como «fuerza simbólica», cfr. José Antonio Marina, *Ética para náufragos*, Barcelona, Anagrama, 1995, pp. 99-127.

18.   Johnson y Earle: *La evolución, op.cit.*, pp.190, 196-8.

19.   Roger Osborne, *Civilización*, Barcelona, Crítica, 2007.

20.   Karen Armstrong, *Campos de sangre*, Barcelona, Paidós, 2015, p. 23.

21.   Walter Cannon, «Voodoo Death», *American Anthropologist*, 1942, 44, pp. 169-181.

22.   Ian Hodder (ed.), *Religion in the Emergence of Civilization*, Nueva York, Cambridge UP, 2010, p. 11.

23.   Alan H. Simmons, *The Neolithic Revolution in the Near East:*

Transforming the Human Landscape, Tucson, University of Arizona Press, 2011.

24.   Ian Morris, *¿Por qué manda Occidente... por ahora?*, Barcelona, Ático de los libros, 2014, p. 160.

25.   Jacques Cauvin, *The Birth of the Gods and the Origins of Agriculture*, Cambridge, CUP, 2007, p. 245.

26.   Mircea Eliade, *Historia de las creencias y las ideas religiosas, I*, Barcelona, Paidós, 1999, pp. 65-81; Robert N. Bellah, *Religion in Human Evolution*, Cambridge, MA, Harvard University Press, 2011, pp. 132, 158; Steven Mithen, *After the Ice, A Global Human History 20.000-5000 BC*, Cambridge, MA, Harvard University Press, 2003, pp. 85-86.

27.   Jared Diamond, *Armas, gérmenes y acero*, Barcelona, Random House, 2006, pp. 122-123.

28.   Watson, *La gran divergencia, op. cit.*, p. 353.

29.   Renfrew, *Prehistory, op. cit.*

30.   Tamim Ansary, *Un destino desbaratado. La historia universal vista por el islam*, Barcelona, RBA, 2011.

31.   Watson, *La gran divergencia, op. cit.*, p. 330.

32.   E. E. Kuzmina, *The Prehistory of the Silk Road*, Filadelfia, University of Pennsilvania Press, 2008, p. 4.

33.   Watson, *La gran divergencia, op. cit.*, p. 349.

34.   Timothy May, «Pastoral nomads», en C. Benjamin (ed.), *A World with States, Empires and Networks, 1200 BCE-900 CE, The Cambridge World History*, vol. 4. Cambridge, CUP, 2015, pp. 235-236.

35.   Peter N. Stearns, *World History in Brief*, Londres, Penguin, 2013, p. 38.

36.   Mark Edward Lewis, *The Early Chinese Empires: Qin and Han*, Harvard, Harvard University Press, 2009, p. 131; Stearns, *op. cit.*, p. 41.

37.   Heródoto, *Historia*, 1.135.1.

38.   Lawrence H. Keeley, *War Before Civilization*, Oxford, Oxford University Press, 1996, p. 183.

39.   Ian Morris, *Guerra, ¿para qué sirve?*, Barcelona, Ático de los Libros, 2017.

40.   I Samuel 8,19-20.

41.   Immanuel Kant, *Ideas para una historia universal en clave cosmopolita y otros escritos sobre filosofía de la historia*, Madrid, Tecnos, 1987, con un interesante estudio preliminar de Roberto Rodríguez Aramayo.

42. Elman R. Service, *Origins of the State and Civilization. The Process of Cultural Evolution*, Nueva York, W. W. Norton, 1975, p. 61.

43. Wright, *op. cit.*

44. Keeley, *op. cit.*, p. 145.

CAPÍTULO QUINTO. *Un mundo de ciudades*

1. Edward Glaeser, *El triunfo de las ciudades*, Madrid, Taurus, 2011.

2. Bernal Díaz del Castillo, *Historia verdadera de la conquista de la Nueva España*, Madrid, Alianza, 2016.

3. Gwendolyn Leick, *Mesopotamia. La invención de la ciudad*, Barcelona, Paidós, 2002.

4. Paul M. Romer, «Endogenous Technological Change», en *Journal of Political Economy*, 98, 1990, pp. 71-108.

5. Robert L. Carneiro, «A Theory of the Origin of State», en *Science*, 169, 1970, pp. 733-738.

6. Marvin Harris, *Caníbales y reyes*, Madrid, Alianza, 1977.

7. Paul Kriwaczek, *Babilonia*, Barcelona, Ariel, 2010, p. 25.

8. Kramer, *op. cit.*

9. Jean-Claude Margueron, *Los mesopotámicos*, Madrid, Cátedra, 2013, p. 263.

10. Françoise Brüschweiler, «La ville dans les textes littéraires sumériens», en *La ville dans le Proche-Orient Ancient*, Lovaina, Peeters, 1979, p. 194.

11. Edmond Sollberger y Jean-Robert Kupper, *Inscriptions royales sumériennes et akkadiennes*, París, Éd. du Cerf, 1971, p. 245.

12. Marc Van de Mieroop, *Society and Enterprise in Old Babylonian Ur*, Berlín, Reimer, 1992.

13. Mario Liverani, «Power and Citizenship», en Clark, Peter (ed.), *The Oxford Handbook of Cities in World History*, Oxford, OUP, 2013, p. 177.

14. Karl A. Wittfogel, *Despotismo oriental: estudio comparativo del poder totalitario*, Madrid, Guadarrama, 1966.

15. J. R. Kupper, *Correspondance de Kibri-Dagan*, París, Impr. Nat., 1950; Margueron, *op. cit.*, p. 155.

16. Andrew Marr, *Una historia del mundo*, Madrid, Biblioteca Nueva, 2018, p. 65.

17. G. Dossin, «La route de l'étain en Mésopotamie au temps de Zimri-Lim», *Revue d'Asiriologie*, 64, 1970, p. 100.

18. *The New York Times*, 11.11.1997; Wright, *op. cit.*, p. 107.

19. Leonard Shlain, *El alfabeto contra la diosa*, Barcelona, Debate, 2000.

20. Robert K. Logan, *The Extended Mind: The Emergence of Language, the Human Mind and Culture*, Toronto, UTP, 2007.

21. Peter Watson, *Ideas*, Barcelona, Crítica, 2006, p. 137.

22. Kramer, *op. cit.*, p. 50.

23. C.C. Lamberg-Karlovsky y Jeremy A. Sabloff, *Ancient Civilizations: The Near East and Mesoamerica*, Long Grove, Waveland Press, 1995, p. 168.

24. Waarwick Bray, *Every Life of Aztecs*, Nueva York, Peter Bedrick Books, 1991, p. 88.

25. Richard E. W. Adams, *Ancient Civilizations of the New World*, Boulder, Westview Press, 1997, p. 123.

26. James Gleick, *The Information*, Nueva York, Pantheon, 2011, pp. 13-27.

27. Gil Stein, «The organizational dynamics of complexity in Greater Mesopotamia», en G. Stein y M. S. Rothman (eds.), *Chiefdoms and Early States in the Near East*, Madison, Prehistory Press, 1994, p. 12.

28. Gerhard Lenski y Patrick Nolan, *Human Societies. An Introduction to Macrosociology*, Nueva York, OUP, 2014, p. 185.

29. Robin Dunbar, *Grooming, Gossip, and the Evolution of Language*, Cambridge MA, Harvard UP, 1996.

30. Citado en Diane Wolkstein, *The first love stories*, Nueva York, Harper, 1991.

31. Armstrong, *Campos, op. cit.*, p. 35.

32. Joaquín Sanmartín (ed.), *Códigos legales de tradición babilónica*, Madrid, Trotta, 1999.

33. José Antonio Marina y María de la Válgoma, *La lucha por la dignidad*, Barcelona, Anagrama, 2000, pp. 33-50.

34. Jan Assmann, *Egipto. Historia de un sentido*, Madrid, Abada, 2005, pp. 191-195.

35.   Wilfred G. Lambert, *Babylonian Wisdom Literature,* Londres, Clarendon, 1960, p. 134.

36.   H. Rawlinson, «The Persian Cuneiform Inscription at Behistun. Deciphered and Translated», *Journal of the Royal Asiatic Society,* 11, 1849, pp. 1-192.

37.   Henry James Sumner Maine, *Village Communities in the East and the West,* Londres, J. Murray, 1871, p. 110.

38.   Consejo de Derechos Humanos de las Naciones Unidas, 33/1. *Relatora Especial sobre las formas contemporáneas de la esclavitud, incluidas sus causas y consecuencias,* A/HRC/RES/33/1, 29 de septiembre de 2016 (consultado 19 de marzo de 2018 en: http://bit.ly/ 2GfjJsO). Asamblea General de las Naciones Unidas, *Informe de la Relatora Especial sobre las formas contemporáneas de la esclavitud, incluidas sus causas y consecuencias,* A/72/139, 17 de julio de 2017 (consultado el 19 de marzo de 2018 en: https://bit.ly/2FNBdJc). Council on Foreign Relations (CFR), *Modern Slavery: an exploration of its root causes and the human toll,* CFR Info Guide, 17 de enero de 2018 (consultado el 21 de marzo de 2018 en: http://on.cfr.org/2DkZxkm). Anti-Slavery International, *Slavery in supply chains,* Reino Unido, 2018 (consultado el 22 de marzo de 2018 en: https://bit.ly/2o9h8oj).

39.   Peter Frankopan, *El corazón del mundo. Una nueva historia universal,* Barcelona, Crítica, 2016, p. 145.

40.   Walter Scheidel, «The Roman slave supply», en Keith Bradley, *et al.* (eds.), *The Cambridge World History of Slavery,* 3 vols., Cambridge, CUP, 2011, vol. 1, pp. 287-310.

41.   Hugh Thomas, *La trata de esclavos,* Barcelona, Planeta, 1998, p. 13.

42.   Aristóteles, *Política,* 1254b.

43.   William N. Goetzmann, *Money Changes Everything,* Princeton, Princeton University Press, 2017, p. 15.

44.   Goetzmann, *op.cit,* p. 41.

45.   Pinker, *Los ángeles...,* *op. cit.,* p. 349.

46.   Mark W. Zacher, «The Territorial Integrity Norm: International Boundaries and the Use of Force», en *International Organization,* 55, 2, 2001, pp. 215-250.

47.   Francis Oakley, *Kingship,* Oxford, Blackwell, 2006, pp. 39-41.

48. Jan Assmann, *Moses the Egyptian. The Memory of Egypt in Western Monotheism*, Cambridge MA, Harvard UP, 1997, p. 25.

49. Van der Leeuw, *op. cit.*, cap. 1.

50. Kent Flannery y Joyce Marcus, *The Creation of Inequality*, Cambridge, MA, Harvard University Press, 2012, p. x.

51. Gombrich, *op. cit.*, p. 58.

52. Citado en Diane Ackerman, *Una historia natural del amor*, Barcelona, Anagrama, 1994.

53. Barry J. Kemp, *El Antiguo Egipto*, Barcelona, Crítica, 2004, p. 191; Bruce G. Trigger, *Understanding Early Civilizations*, Cambridge, CUP, 2003, p. 154.

54. Trigger, *op. cit.*, pp. 157-160.

55. Diodoro Sículo, *Biblioteca Histórica*, libro 9, cap. 13, p. 260.

CAPÍTULO SEXTO. *Sucesos precursores*

1. Lev S. Vygotsky, *Pensamiento y lenguaje*, Barcelona, Paidós, 1962; James V. Wertsch, *Voices of the Mind. A Sociocultural Approach to Mediated Action*, Cambridge MA, Harvard University Press, 1993; José Antonio Marina, *Tratado de filosofía zoom*, Barcelona, Ariel, 2016.

2. Michel Foucault, *Tecnologías del yo*, Barcelona, Paidós, 1990.

3. «Entrevista de Gilles Deleuze a Michel Foucault», en Michel Foucault, *Microfísica del poder*, Madrid, La Piqueta, 1980, p. 78.

4. Richard L. Gregory, *Mind in Science: A History of Explanation in Psychology and Physics*, Cambridge, Cambridge University Press, 1987.

5. Jane Burbank y Frederick Cooper utilizan el término *repertorios*, para designar las distintas soluciones para un problema político, en su caso, los imperios (*Imperios. Una nueva visión de la historia universal*, Barcelona, Crítica, 2011, p. 16). Krishan Kumar también estudia las diferentes soluciones dadas a un mismo problema: gestionar la diversidad, en *Imperios. Cinco regímenes imperiales que moldearon el mundo*, Barcelona, Pasado y Presente, 2018.

6. Isaiah Berlin, refiriendose a la necesidad de conocer la historia, escribió: «La categoría dominante de Churchill es «su imaginación histórica», "el sentido del pasado", principalmente de la historia antigua, por lo que está "familiarizado con las tinieblas"» («Winston

Churchill in 1940», en *The Proper Study of Mankind: An Anthology of Essays*, Nueva York, Farrar, Strauss and Giroux, 1998).

7.   La noción de «meme», inventada por Richard Dawkins ha fascinado a psicólogos, historiadores de la cultura e informáticos, porque parecía explicar con claridad los fenómenos de difusión cultural. Susan Blackmore, *The Meme Machine*, Oxford, OUP, 2000; Richard Brodie, *Virus of the Mind: The New Science of the Meme*, Seattle, Integral Press, 1996; L. Bull, O. Holland y S. Blackmore, «On meme-gene coevolution», en *Artificial Life*, 6 (3), 2000, pp. 227-235. Felipe Fernández-Armesto (*Un pie en el río. Sobre el cambio y los límites de la evolución*, Madrid, Turner, 2016) ha criticado el rigor del concepto. Creemos que el modelo defendido en este libro —herramientas que pueden hacerse tan necesarias que forman parte del genoma cultural de una sociedad— aprovecha lo útil y desecha lo exagerado.

8.   E. M. Rogers, *Diffusion of innovations*, Nueva York, Free Press, 1962. Arnulf Grubler, «Time for a Change: Rates of Diffusion of Ideas, Technologies and Social Behaviors», IIASA, 1995; H. E. Pemberton, «The Curve of Culture Diffusion Rate», *American Sociological Review*, 1 (4), 1936, pp. 547-556.

9.   Deborah S. Rogers y Paul R. Ehrlich, «Natural selection and cultural rates of change», en *Proceedings of the National Academy of Sciences of the United States of America*, 105, 9, 2008, pp. 3416-3420.

10.   Benedict Anderson, *Comunidades imaginadas*, Madrid, FCE, 2006.

11.   Eric Hobsbawm, *Naciones y nacionalismo desde 1780*, Barcelona, Planeta, 2013.

12.   Daniel C. Dennett dedica al estudio de la ingeniería inversa aplicada a la evolución un capítulo de *La peligrosa idea de Darwin*, Barcelona, Galaxia Gutenberg, 1999, pp. 343 y ss.

13.   Francis Fukuyama, *Los orígenes del orden político*, I, Barcelona, Deusto, 2016, p. 46.

14.   Hugh Baker, *Chinese Family and Kinship*, Nueva York, Columbia University Press, 1979, p. 26.

15.   Margaret Mead, *Sexo y temperamento en las sociedades primitivas*, Barcelona, Laia, 1973.

16.   Claude Lévi-Strauss, *Las estructuras elementales del parentesco*, Buenos Aires, Paidós, 1969, pp. 58-59.

17.   Kwang-chih Chang *et al.*, *The Formation of Chinese Civilization: An Archeological Perspective*, New Haven, Yale University Press, 2005, p. 110.

18.   Helwig Schmidt-Glintzer, *Antigua China*, Madrid, Acento, 2001, p. 20.

19.   Derk Bodde, *Chinese Thought, Society, and Science*, Honolulu, University of Hawaii Press, 1991, p. 28.

20.   Charles Holcombe, *A History of East Asia*, Nueva York, Cambridge University Press, 2011, p. 19.

21.   Victoria Tin-bor Hui, *War and State Formation in Ancient China and Early Modern Europe*, Nueva York, Cambridge University Press, 2005.

22.   Alain Peyrefitte, *Cuando China despierte*, Barcelona, Plaza y Janés, 1974.

23.   Edwin Bryant, *The Quest for the Origins of Vedic Culture. The Indo-Aryan Migration Debate*, Oxford, OUP, 2001; Colin Renfrew, *Arqueología y lenguaje: la cuestión de los orígenes indoeuropeos*, Barcelona, Crítica, 1990.

24.   Giuseppe Ricciotti, *Historia de Israel*, 2 vols., Barcelona, Ed. Luis Miracle (traducido por Xavier Zubiri), 1966; P. van Imschoot, *Teología del Antiguo Testamento*, Madrid, Fax, 1969.

25.   Francisco Rodríguez Adrados, *Lingüística indoeuropea*, Madrid, Gredos, 1975, p. 19.

26.   Karen Armstrong, *La gran transformación*, Barcelona, Paidós, 2007, pp. 23-24.

27.   La domesticación del caballo produjo cambios culturales profundos tanto en la agricultura, como en el modo de vida (nomadismo) y en la guerra. En *El ascenso del hombre* (Bogotá, FEI, 1979), Jacob Bronowski afirmó que, en cierto sentido, la guerra fue creada por el caballo. Lo cierto es que la introducción del caballo en cualquier cultura —por ejemplo, en el Nuevo Mundo— produce cambios transcendentales. La importancia que tuvo el comercio de caballos con las tribus nómadas fue constante en el Imperio chino.

28.   Mary Boyce, *Zoroastrians: Their Religious Beliefs and Practices*, Londres, Routledge, 2001; Peter Clark, *Zoroastrianism. An Introduction to an Ancient Faith*, Brighton, Sussex Academic Press, 1998.

29.   McNeill y McNeill, *op. cit.*, p. 67.

30.   *Rig Veda*, 9.10.6.

31. Fernando Tola y Carmen Dragonetti, «El vedismo. Los "vedas". Lo uno como origen de todo. El orden cósmico», *Boletín de la Asociación Española de Orientalistas*, 39, 2003, pp. 217-241.

32. El texto bíblico se compuso a lo largo de varios siglos en el primer milenio antes de Cristo, pero su versión definitiva no se fijó hasta época postexílica (desde finales del siglo VI a.C.). El relato refleja las cuestiones teológicas que preocupaban en el momento de su fijación. El texto utiliza obras y tradiciones muy anteriores, que se refieren a personajes y hechos remotos, incluso legendarios, de forma que su valor para las reconstrucciones históricas disminuye según uno se aleja de la época de su compilación definitiva. Véanse Israel Finkelstein y Neil Asher Silberman, *La Biblia desenterrada*, Madrid, Siglo XXI, 2005, pp. 70-77; Marc Van De Mieroop, *A History of the Ancient Near East*, Oxford, Blackwell, 2007, p. 223; Mario Liverani, *El Antiguo Oriente*, Barcelona, Crítica, 1995, p. 518.

33. Armstrong, *La gran transformación*, *op. cit.*, pp. 67-78.

CAPÍTULO SÉPTIMO. *El gran giro espiritual*

1. Jared Diamond, *Armas, gérmenes y acero*, Barcelona, Random House, 2006.

2. Karl Jaspers, *Origen y meta de la Historia*, Madrid, Alianza, 1980.

3. Merlin Donald, «An Evolutionary Approach to Culture. Implications for the Study of the Axial Age», en Robert Bellah y Hans Joas (eds.), *The Axial Age and Its Consequences*, Cambridge MA, Harvard University Press, 2012, p. 73.

4. Robert Bellah, *Religion in Human Evolution: From the Paleolithic to the Axial Age*, Cambridge, MA, Harvard University Press, 2011.

5. Benjamin I. Schwartz, «The Age of Transcendence», en *Daedalus*, 104, 2, 1975.

6. Björn Wittrock, «The Axial Age in Global History», en Bellah y Joas, *op. cit.*, p. 110.

7. El estudio de cómo la inteligencia humana alcanza la realidad mediante irrealidades, mediante ficciones, es el tema del *Tratado de filosofía zoom*, de José Antonio Marina, Barcelona, Ariel, 2016.

8. Robert R. Marett, *The Threshold of Religion*, Londres, Methuen, 1909.

9. Rappaport, *op. cit.*, p. 21.

10. Mircea Eliade, *Tratado de historia de las religiones*, Madrid, Cristiandad, 2000; cap. 1: Estructura y morfología de lo sagrado.

11. Rudolf Otto, *Lo santo*, Madrid, Alianza, 1980.

12. José Antonio Marina, *Dictamen sobre Dios*, Barcelona, Anagrama, 2001.

13. David Sloan Wilson, *Darwin's Cathedral: Evolution, Religion, and the Nature of Society*, Chicago, University of Chicago Press, 2002.

14. «No habrá paz entre las naciones sin paz entre las religiones. No habrá paz entre las religiones sin diálogo entre las religiones. No habrá diálogo entre las religiones si no se investigan los fundamentos de las religiones», Hans Kung, *El Islam: historia, presente, futuro*, Madrid, Trotta, 2007, p. 9.

15. Armstrong, *op. cit.*, p. 110.

16. Mircea Eliade, *Historia de las creencias y de las ideas religiosas*, Madrid, Cristiandad, 1978, III, p. 26, nota 34.

17. Benjamin I. Schwartz, *The World of Thought in Ancient China*, Cambridge MA, Harvard UP, 1985.

18. Jacques Gernet, *El mundo chino*, Barcelona, Crítica, 2005, pp. 90-99.

19. Weiming Tu (ed.), *The Triadic Chord: Confucian Ethics, Industrial East Asia, and Max Weber*, Singapur, Institute of East Asian Philosophies, 1991; Weiming Tu (ed.), *Confucian Traditions in East Asian Modernity*, Cambridge, MA, Harvard University Press, 1996; Weiming Tu, Milan Hejtmanek y Alan Wachman (eds.), *The Confucian World Observed: A Contemporary Discussion of Confucian Humanism in East Asia*, Honolulu, University of Hawaii Press, 1992; William Theodore De Barry y Weiming Tu (eds.), *Confucianism and Human Rights*, Nueva York, Columbia University Press, 1998; Everett Zhang, Arthur Kleinman y Weiming Tu (eds.), *Governance of Life in Chinese Moral Experience: The quest for an adequate life*, Londres, Routledge, 2011.

20. Anne Cheng, *Historia del pensamiento chino*, Barcelona, Bellaterra, 2002.

21. Gernet, *op. cit.*, pp. 93-97.

22. Armstrong, *op. cit.*, p. 190.

23.   *Anguttara Nikaya* 8.7.3.

24.   Francisco Rodríguez Adrados, *Historia de la democracia*, Madrid, Temas de Hoy, 1997.

25.   Orlando Patterson, *Freedom in the Making of Western Culture*, Nueva York, Basic Books, 1991.

26.   Tucídides, *Historia de la Guerra del Peloponeso*, libro II, 35-46.

27.   Osborne, p. 67.

28.   Platón, Séptima Carta, 326.

29.   Armstrong, *op. cit.*, p. 435.

30.   Hipócrates, *De prisca medicina.*

31.   Aristóteles, *Política.*, libro II, cap. V.

32.   Aristóteles, *Ética a Nicómaco* 1099a 24.

33.   Séneca, *De la vida bienaventurada*, en *Obras Completas* (traducción de Lorenzo Riber), Madrid, Aguilar, 1966, pp. 286 y ss.

34.   Aristóteles, *Ética a Nicómaco* 1102a 15.

35.   Platón, *Apología de Sócrates*, 38a5-6.

36.   *Brihadaranyaka Upanishad* 2,4.4-5.

37.   Randall Collins, *Sociología de las filosofías*, Barcelona, Hacer, 2005, pp. 852 y ss.

38.   *Ibid.*, p. 870.

39.   Bruce A. Bracken (ed.), *Handbook of self-concept*, Nueva York, Wiley, 1995.

40.   Michel Foucault, *La hermenéutica del sujeto*, Buenos Aires, FCE, 2002.

41.   *Rig Veda*, 9, 10, 6.

42.   *Dadestan-i Denig*, 94, 5.

43.   *Analectas*, XV, 24.

44.   *Udanavarga*, 5, 18.

45.   *Tao Te Ching*, 49.

46.   *Mahabharata*, Libro de la paz, 167.

47.   Levítico 19,18.

48.   Mateo 7,12.

49.   Hans Küng, *Una ética mundial para la economía y la política*, Madrid, Trotta, 1999, p. 111.

50.   Óscar Pérez de la Fuente, «Un análisis sobre la Regla de Oro como un enfoque multicultural para la resolución de conflictos», *Universitas*, 26, 2017, pp. 68-98.

51. Alan Gewirth, «The Golden Rule rationalized», en Russ Sapher-Landau (ed.), *Ethical Theory: An Anthology*, Oxford, Wiley, 2013, pp. 524-535.

52. *Declaration towards a Global Ethic, Endorsed by the Parliament of the World Religions in Chicago, September, 1993.* Reproducida en W. Sullivan y W. Kymlicka (eds.); *The Globalization of Ethics*, Cambridge, Cambridge University Press, 2007, p. 238.

53. Fréderic Lenoir, *La rencontré du bouddhisme et de l'Occident*, París, Albin Michel, 1999.

54. Arnold Toynbee, citado por Lenoir, *op. cit.*, p. 1.

55. Armstrong, *op. cit.*

CAPÍTULO OCTAVO. *La era axial política y económica*

1. Robert Bellah y Hans Joas (eds.), *The Axial Age and Its Consequences*, Cambridge MA, Harvard University Press, 2012.

2. Christian Meier, *A Culture of Freedom*, Oxford, Oxford University Press, 2011.

3. Richard Seaford, *Money and the Early Greek Mind*, Cambridge, Cambridge University Press, 2004.

4. Peter Watson, *La gran divergencia, op. cit*, p. 424.

5. Jack Weatherford, *The History of Money*, Nueva York, Three Rivers, 1997, p. 27.

6. Henri Bergson, *Les deux fontes de la morale et de la religion*, *Oeuvres*, París, PUF, 1963, p. 1003.

7. J. A. Marina, *La pasión del poder*, Barcelona, Anagrama, 2008.

8. Jacques Necker, *Du pouvoir exécutif dans les grands États*, París, 1792, p. 20.

9. Jean-Jacques Rousseau, *El contrato social*, libro III, cap. VI.

10. Bertrand de Jouvenel, *Sobre el poder*, Madrid, Unión Editorial, 1998.

11. *Mémoires de Charles Perrault, contenant beaucoup de particularités et d'anecdotes intéressantes du ministére de M. Colbert* (1759), Kessinger Publishing, 2009.

12. Baron Agathon-Jean-François Fain, *Mémoires*, París, Arléa, 2001.

13. Theodore C. Sorensen, *Kennedy*, Nueva York, Harper and Row, 1965.

14. Jane Burbank y Frederick Cooper, *Imperios*, Barcelona, Crítica, 2011.

15. Ian Morris, *Guerra, op. cit.*

16. Paul Kennedy, *Auge y caída de las grandes potencias*, Barcelona, Debolsillo, 2004.

17. D. D. Luckenbill, *Ancient Records of Assyria and Babylonia*, I, Chicago, University of Chicago Press, 1926, párrafos 433, 445, 455, 472.

18. Heródoto, *Historias*, 8. 98, 4.

19. Kumar, *Imperios, op. cit.*, p. 66.

20. Louis Robert, «De Delphes à l'Oxus; inscriptions grecques nouvelles de la Bactriane», *Comptes Rendus de l'Académie des Inscriptions*, 1968.

21. Wendy Doniger, *The Hindus. An Alternative History*, Oxford, Oxford University Press, 2009, pp. 254-257; John Keay, *India. A History*, Londres, Harper, pp. 87-100.

22. Max Weber, *Economía y sociedad*, México, FCE, 2014.

23. Philip T. Hoffman, *¿Por qué Europa conquistó el mundo?*, Barcelona, Crítica, 2016, p. 144.

24. John K. Fairbank, «Introduction: Varieties of the Chinese Military Experience», en Frank A. Kiernan y John K. Fairbank (eds.), *Chinese Ways in Warfare*, Cambridge MA, Harvard University Press, 1974, p. 2.

25. Mark Edward Lewis, *The Early Chinese Empires: Qin and Han*, Cambridge MA, Harvard University Press, 2007, pp. 52-55.

26. Max Weber, *Ensayos sobre sociología de la religión*, Madrid, Taurus, 1984, vol. I, pp. 269 y ss.

27. Diodoro Sículo, *Biblioteca histórica*, V, 26.

28. Osborne, *op. cit.*, p. 112.

29. Kumar, *Imperios*, p. 58.

30. Mary Beard *et al.*, *Religions of Rome*, I, Nueva York, Cambridge University Press, 1998, pp. 150-156, 219 y 228-233.

31. Merio Scattola, *Teologia politica*, Bolonia, Il Mulino, 2007, pp. 13-15; Walter Burkert, *Religión griega arcaica y clásica*, Madrid, Abada, 2007, pp. 424 y 438-439.

32. Henry Sumner Maine, *El derecho antiguo: su conexión con la*

543

historia temprana de la sociedad y su relación con las ideas modernas, Valencia, Tirant, 2014.

33. Mireille Delmas-Marty, *Le flou du droit. Du code pénal aux droits de l'homme*, París, PUF, 2004; Mireille Delmas-Marty, *Pour un droit commun*, París, Seuil, 1994; Miguel José Arjona Sánchez, «El Derecho en red: una aproximación desde el Derecho Europeo», *Videtur Quod*, 2, 2010.

34. Maine, *op. cit.*

35. Rondo Cameron y Larry Neal, *Historia económica mundial*, Madrid, Alianza, 1990, p. 51.

36. Andrew Marr, *Una historia del mundo*, Madrid, Biblioteca Nueva, 2017, p. 139.

37. Séneca, *De beneficiis*, 7.9.

38. Thomas O. Höllmann, *La ruta de la seda*, Madrid, Alianza, 2008, p. 29.

39. Marcial, *Epigramas* 5, 37.

40. Frankopan, *op. cit.*, p. 50.

41. Étienne de la Vaissière, *Sogdian Traders*, Leiden, Brill, 2005.

42. McNeill y McNeill, *op. cit.*, p. 189.

43. David Graeber, *En Deuda*, Barcelona, Ariel, 2014, p. 281.

44. Sobre el dinero y las ficciones económicas, José Antonio Marina, *Tratado de filosofía zoom, op. cit.*

45. Karl Marx, *El capital*, Madrid, Akal, 1976, I, Cap. II, 55.

46. Scarre, *The Human Past, op. cit.*, pp. 367-368.

CAPÍTULO NOVENO. *Difusión de religiones y mudanzas de imperios*

1. José Antonio Marina, *Por qué soy cristiano*, Barcelona, Anagrama, 2005.

2. Watson, *Ideas, op. cit.*, p. 305.

3. *Ibid.*, p. 277.

4. John K. Fairbank, *China. A New History*, Cambridge MA, Harvard UP, 2006.

5. Gernet, *op. cit.*, p. 129.

6. *Ibid.* pp. 143-145.

7. Helio Jaguaribe, *Un estudio crítico de la Historia*, México, FCE, 2001.

8.   Georges Ifrah, *Historia universal de las cifras*, Madrid, Espasa, 1997, pp. 790, 926 y 989.

9.   Edward Gibbon, *Historia de la decadencia y caída del Imperio romano*, Barcelona, Alba, 2000.

10.   Edward Schillebeeckx, *Jesús, la historia de un viviente*, Madrid, Cristiandad, 1981.

11.   E. P. Sanders, *Paul*, Oxford, OUP, 2001, p. 41; Geza Vermes, *Christian Beginnings*, Londres, Penguin, 2012, p. 69.

12.   Rudolf Schnackenburg, *Reino y reinado de Dios: estudio bíblico-teológico*, Madrid, Fax, 1967.

13.   Ceslas Spicq, *Théologie morale du Nouveau Testament*, París, Lecoffre, 1965.

14.   Daniel Goleman y Richard Boyatzis, *El líder resonante crea más*, Barcelona, Debolsillo, 2003.

15.   Wilfred Cantwell Smith, *El sentido y el fin de la religión*, Barcelona, Kairós, 2005.

16.   Hans Küng, *El judaísmo*, Madrid, Trotta, 1993.

17.   Ronald L. Johnstone, *Religion in Society: A Sociology of Religion*, New Jersey, Prentice Hall, 1997.

18.   Thomas Trautmann, *India. Brief History of a Civilization*, Nueva York, Oxford University Press, 2011, p. 113.

19.   Bodde, *op. cit.*, pp. 148-158.

20.   George B. Sansom, *Japan: A Short Cultural History*, Stanford, Stanford University Press, 1952, p. 47; Holcombe, *op. cit.*, pp. 87-88; Edwin O. Reischauer, *Japan. The Story of a Nation*, Nueva York, McGraw-Hill, 1990, pp. 12-15.

21.   Robert N. Bellah, *Imagining Japan*, Los Ángeles, University of California Press, 2003, pp. 37-38; Holcombe, *op. cit.*, p. 256.

22.   Mark Edward Lewis, *China Between Empires. The Northern and Southern Dynasties*, Cambridge, MA, Harvard University Press, 2009, p. 206.

23.   *Ibid.*, p. 205; Holcombe, *op. cit.*, pp. 72-74.

24.   P. T. Raju, *et al.* (eds.), *Radhakrishnan. Comparative Studies in Philosophy Presented in Honour of His Sixtieth Birthday*, Londres, Allen & Unwin, 1951.

25.   Lewis, *op. cit.*, pp. 131-135.

26.   *Ibid.*, p. 137.

27. Barry Cunliffe, *Europe Between the Oceans*, New Haven, Yale University Press, 2011, pp. 395-397.

28. Kumar, *Imperios*, p. 77.

29. Kenneth Pennington, *The Prince and the Law*, Los Ángeles, University of California Press, 1993, p. 18.

30. J. R. Hale, *La Europa del Renacimiento*, Madrid, Siglo XXI, 1978, p. 126.

31. Amiano Marcelino, *Historias*.

32. Virgilio, *Eneida*, VI, 851-853.

33. Brian Hayden, *Archaeology: The Science of Once and Future Things*, Nueva York, Freeman, 1993, p. 347.

34. Otto Friedrich, *The End of the World*, Nueva York, Fromm, 1986, p. 36.

35. A. N. Wilson, *Paul: The Mind of the Apostle*, Nueva York, W. W. Norton, 1997, p. 9.

36. Friedrich, *op. cit.*, p. 32. Citas tomadas de Wright, *op. cit.*, p. 141.

37. Bryan Ward-Perkins, *La caída de Roma y el fin de la civilización*, Madrid, Espasa, 2007.

38. William H. McNeill, *The Rise of the West: A History of Human Community*, Chicago, University of Chicago Press, 1963, p. 238.

39. Chester G. Starr, *A History of the Ancient World*, Oxford, Oxford University Press, 1991, p. 700.

40. Mark Elvin, *The Pattern of the Chinese Past*, Stanford, Stanford University Press, 1973, p. 41.

41. Otto Seeck, *Geschichte des Untergangs der Antiken Welt*, Berlín, 1925.

42. Wright, *op. cit.*

43. Joseph A. Schumpeter, *Capitalismo, socialismo y democracia*, Madrid, Aguilar, 1971.

44. McNeill, *op. cit.*, p. 391.

45. Peter Brown, *The Rise of Western Christendom*, Oxford, Blackwell, 2003, pp. 196-198; Peter Brown, *The World of Late Antiquity*, Londres, Thames & Hudson, 1971, p. 101.

46. *Ruta de la Seda*, p. 73.

47. David Scott, «Christian responses to Buddhism in Pre-Medieval Times», *Numen*, 32, 1, 1985, pp. 91-92.

48.	John S. Mbiti, «African view of the Universe», en *Introduction to African Religion*, Londres, Heinemann, 1975, pp. 31-39.

49.	Scarre, *op. cit.*, pp. 292-294.

Capítulo décimo. *Un nuevo protagonista*

1.	Albert Hourani, *La historia de los árabes*, Barcelona, Ediciones B, 2010, pp. 37-42; Hugh Kennedy, *The Prophet and the Age of the Caliphates*, Harlow, Pearson, 2004, pp. 29-36.

2.	Karen Armstrong, *Mahoma. Biografía del profeta*, Barcelona, Tusquets, 2005.

3.	Tamim Ansary, *Un destino desbaratado. La historia universal vista por el islam*, Barcelona, RBA, 2011, p. 100.

4.	Hans Küng, *El islam*, Madrid, Trotta, 2006, pp. 66 y 70-73.

5.	Ira Lapidus, *Islamic Societies to the Nineteenth Century*, Nueva York, Cambridge University Press, 2012, pp. 46-48.

6.	Samuel P. Huntington, *El choque de civilizaciones*, Barcelona, Paidós, 1997.

7.	Fatima Mernissi, *El miedo a la modernidad. Islam y democracia*, Madrid, Ed. del Oriente y del Mediterráneo, 1992.

8.	Gilles Kepel, *Jihad. Expansion et déclin de l'islamisme*, París, Gallimard, 2000; Gilles Kepel, *Al oeste de Alá*, Barcelona, Paidós, 1995.

9.	Michael Cook, «The centrality of Islamic civilization», en Benjamin Z. Kedar y Merry E. Wiesner-Hanks (eds.), *Expanding Webs of Exchange and Conflict, 500 CE-1500 CE, The Cambridge World History*, vol. 5, Cambridge, Cambridge University Press, 2015, pp. 385-414.

10.	Lapidus, *op. cit.*, p. 61.

11.	*Ibid.*, p. 64.

12.	Cook, *op. cit.*, pp. 411-412; Fernández-Armesto, *The World*, *op. cit.*, p. 196.

13.	Judith Coffin y Robert Stacey, *Western Civilizations*, Nueva York, W. W. Norton, 2008, p. 349.

14.	Federico Chabod, *Storia dell'idea d'Europa*, Bari, Laterza, 1995.

15.	Robert Tignor *et al.*, *Worlds Together, Worlds Apart*, Nueva York, W. W. Norton, 2014, p. 347.

16.   José Ángel García de Cortázar y José Ángel Sesma, *Manual de Historia Medieval*, Madrid, Alianza, 2008, pp. 133-134; Chris Wickham, *Europa en la Edad Media*, Barcelona, Crítica, 2017, pp. 120-121; Peter Brown, *The Rise, op. cit.*, pp. 437-440.

17.   Jaguaribe, *op. cit.*, vol. II, p. 380.

18.   Elvin, *op. cit.*, p. 42.

19.   Peter Duus, *Feudalism in Japan*, Nueva York, McGraw-Hill, 1993.

20.   Wright, *op. cit.*, p. 159.

21.   Maine, *El derecho antiguo, op. cit.*

22.   Texto en Charles O. Hucker, *China's Imperial Past*, Stanford, SUP, 1975, p. 364.

23.   Daoqian, «De camino al monasterio de Guizong», en Yoshinobu Shiba, *Commerce and Society in Sung China*, Ann Arbor, University of Michigan Press, 1970, p. 357.

24.   Hermann Kulke y Dietmar Rothermund, *A History of India*, Londres, Routledge, 1998, p. 96.

25.   Harold J. Beran, *Law and Revolution: The Formation of the Western Legal Tradition*, Cambridge, MA, Harvard University Press, 1983, p. 91.

26.   Wickham, *op. cit.*, pp. 183-185.

27.   Joseph R. Strayer, *On the Medieval Origins of the Modern State*, Princeton, Princeton University Press, 1970, p. 21.

28.   Fukuyama, *Orígenes del orden político, op. cit.*, I, p. 377.

29.   Ansary, *op. cit.*, p. 170.

30.   Alphonse Dupront, *Le mythe de croisade*, París, Gallimard, 1997, p. 1019.

31.   Christopher Tyerman, *Las guerras de Dios*, Barcelona, Crítica, 2010, p. ix.

32.   Otto Brunner, *Estructura interna de Occidente*, Madrid, Alianza, 1991, pp. 32-34; Marc Bloch, *La sociedad feudal*, Madrid, Akal, 1987, p. 148.

33.   Thomas N. Bisson, *La crisis del siglo XII*, Barcelona, Crítica, 2010, p. 74.

34.   *Ibid.*, p. 97.

35.   «La muerte del pagano es una gloria para el cristiano, pues por ella es glorificado Cristo», Bernardo de Claraval, «Las glorias de la nueva milicia», en *Obras completas*, Madrid, BAC, 1977, vol. 1, p. 503.

1. M. Gosman, «La légende du Prêtre Jean et la propagande auprès des croisés devant Damiette (1218-1221)», en D. Buschinger (ed.), *La Croisade: réalité et fictions, Actes du colloque d'Amiens, 12 mars 1987*, Göpping, 1989, pp. 133-142.

2. Peter Frankopan, *El corazón del mundo*, Barcelona, Crítica, 2016, p. 188; C. F. Beckingham, «The Achievements of Prester John», en C. F. Beckingham y B. Hamilton (eds.), *Prester John, the Mongols and the Ten Lost Tribes*, Aldershot, Variorum, 1996, pp. 1-22.

3. Het'um Patmich' [Haitón de Córico], *La fleur des histories de la ere d'Orient*, en *Recueil des historiens des croisades*, Documents Arméniens, 1906, vol. 1, p. x.

4. Tucídides, *Historia de la guerra del Peloponeso*.

5. Albert O. Hirschman, *Las pasiones y los intereses*, Barcelona, Península, 1999.

6. Anatoly M. Khazanov, «Pastoral nomadic migrations and conquests», en *The Cambridge World History*, vol. 5, pp. 376-381.

7. Michal Biran, «The Mongol Empire and inter-civilizational exchange», en *The Cambridge World History*, vol. 5, pp. 553-555.

8. Holcombe, *op. cit.*, pp. 152 y 183; Bellah, *Imagining Japan, op. cit.*, pp. 11-14.

9. Bellah, *op. cit.*, pp. 10-11; Holcombe, *op. cit.*, p. 153; Edwin O. Reischauer, *Japan: the Story of a Nation*, Nueva York, McGraw-Hill, 1990, pp. 58-59.

10. Holcombe, *op. cit.*, p. 157.

11. Daisetz Teitaro Suzuki, *Introducción al budismo zen*, Buenos Aires, Kier, 1996.

12. Trautmann, *op. cit.*, pp. 154-159; Doniger, *op. cit.*, pp. 449-452.

13. Kulke y Rothermund, *op. cit.*, p. 124; Keay, *op. cit.*, p. 269.

14. Kulke y Rothermund, *op. cit.*, pp. 107-112.

15. Bonnie G. Smith *et al.*, *Crossroads and Cultures*, Boston, Bedford, 2012, p. 493.

16. Hourani, *op. cit.*, pp. 155-156; Lapidus, *op. cit.*, p. 250; Kennedy, *op. cit.*, pp. 204-207; Fukuyama, *op. cit.*, pp. 189-228.

17. Debe entenderse «turco» como grupo étnico-lingüístico

centroasiático, que solo en la Edad Moderna dará nombre a la actual Turquía.

18. Smith *et al.*, *Crossroads*, *op. cit.*, pp. 464-466.

19. Fernand Braudel, *Civilisation matérielle, économie et capitalisme, XVe et XVII ^e siècles*, París, Armand Colin, 1979; Carlo M. Cipolla, *Storia economica dell'Europa pre-industriale*, Bolonia, Il Mulino, 2002; David Landes, «Why Europe and the West? Why Not China?», en *Journal of Economic Perspectives*, 20 (2), 2006, pp. 3-22; François Crouzet, *Histoire de l'économie européenne, 1000-2000*, París, Albin Michel, 2000; Kenneth Pomeranz, *The Great Divergence: China, Europe, and the Making of the Modern World Economy*, Princeton, PUP, 2000.

20. Citado en Alfred Crosby, *La medida de la realidad: la cuantificación y la sociedad occidental 1250-1600*, Barcelona, Crítica, 1998.

21. Niall Ferguson, *Civilización: Occidente y el resto*, Barcelona, Debate, 2012.

22. Marc Bloch, *La extraña derrota*, Barcelona, Crítica, 2003.

23. Citado en François Dosse, *L'histoire en miettes*, París, L'Harmattan, 1989, p. 104.

24. Janet L. Abu-Lughod, *Before European Hegemony*, Nueva York, Oxford UP, 1991.

25. Immanuel Wallerstein, *El moderno sistema mundial*, Madrid, Siglo XXI, 1979.

26. Ferguson, *op. cit.*, p. 19.

27. Watson, *Ideas*, *op. cit.*, p. 504.

28. Schmidt-Glintzer, *op. cit.*, p. 126.

29. Colin Morris, *The Discovery of the Individual, 1050-1200*, Toronto, UTP, 1987.

30. Watson, *Ideas*, *op. cit.*, p. 158.

31. Jean Leclercq, *El amor a las letras y el deseo de Dios*, Salamanca, Sígueme, 2009.

32. Tomás de Aquino, *Summa Theologiae*, III, q. 18, a. 1, ad 3.

33. Marie-Dominique Chenu, *L'éveil de la conscience dans la civilisation médiévale*, París, 1969.

34. Tomás de Aquino, *De malo*, 8, 2.

35. R. A. Gauthier, *Magnanimité: l'idéal de la grandeur dans la philosophie païenne et dans la théologie chrétienne*, París, Vrin, 1951; J. A.

Marina, *Pequeño tratado de los grandes vicios,* Barcelona, Anagrama, 2011.

36.   Johan Huizinga, *El otoño de la Edad Media,* Madrid, Alianza, 1982, p. 86.

37.   Aaron Gurevich, *Los orígenes del individualismo europeo,* Barcelona, Crítica, 1997, p. 39.

38.   Francis Fukuyama, *Los orígenes del orden político,* Barcelona, Deusto, 2016, vol. I, p. 354.

39.   Patricia Crone, *God's Rule. Government and Islam,* Nueva York, Columbia UP, 2004, p. 14.

40.   Gregorio Piaia, «Democrazia o totalitarismo in Marsilio da Padova», en *Medioevo,* 2, 1976, pp. 363-376.

41.   Marsilio de Padua, *Defensor Pacis* II: XVII, 9 y XXI, 5.

42.   Felice Battaglia, «Marsilio e il «Defensor pacis», en *Rivista Internazionale di Filosofia del diritto,* n.º 4, IV, 1924, pp. 398-416.

43.   Friedrich Hayek, *Law, Legislation and Liberty: A New Statement of the Liberal Principles of Justice and Political Economy,* Chicago, University of Chicago Press, 1976, vol. I, p. 72.

44.   F. Pollock y F. W. Maitland, *The History of English Law before the Time of Edward I,* Cambridge, CUP, 1923, vol. I, p. 182.

45.   García de Cortázar y Sesma, *op. cit.,* pp. 396-398 y 403; Ermelindo Portela *et al., Historia de la Edad Media,* Barcelona, Ariel, 2014, p. 225.

46.   Wickham, *op. cit.,* pp. 302-304; García de Cortázar y Sesma, *op. cit.,* pp. 219-220.

47.   Wickham, *op. cit.,* pp. 361-363, 380 y 387; García de Cortázar y Sesma, *op. cit.,* pp. 397-398.

48.   Catharina Lis y Hugo Soly, *Pobreza y capitalismo en la Europa preindustrial (1350-1850),* Torrejón, Akal, 1985.

49.   Holcombe, *op. cit.,* pp. 137-140.

50.   J. P. Bardet y J. Dupâquier (eds.), *Histoire des populations de l'Europe,* París, Fayard, 1997.

51.   Scarre, *op. cit.,* p. 384.

52.   *Ibid.,* p. 383; John Iliffe, *África, historia de un continente,* Madrid, Akal, 2013, pp. 116-119.

53.   Scarre, *op. cit.,* pp. 386-387; Renfrew, *op. cit.,* p. 36; J. D. Fage, *A History of Africa,* Londres, Routledge, 2001, pp. 130-132.

54. Fernández-Armesto, *The World, op. cit.*, pp. 271 y 384.

55. Étienne Gilson, *Héloïse et Abélard. Etudes sur le Moyen-Âge et l'Humanisme*, París, Vrin, 1938.

56. Pierre Duhem, *Le système du monde*, París, Harmann, 1959, t. X, pp. 25-26.

57. C. F. Black *et al.*, *Cultural Atlas of the Renaissance*, Nueva York, Prentice Hall, 1993.

58. Zhu Xi, *Reflexiones sobre las cosas inmediatas* (1176), citado en Charles O. Hucker, *China's Imperial Past*, Stanford, SUP, 1975, p. 371.

59. Xue Xuan o Hsüeh Hsüan (1392-1464), citado en Hucker, *op. cit.*, p. 373. Aunque esto no impide que se desarrollen corrientes de pensamiento independientes de la tradición oficial neoconfuciana: véase Gernet, *op. cit.*, p. 392.

60. Erasmo, carta 522, en F. M. Nichols, *The Epistles of Erasmus*, Londres, Longman, 1904, II, p. 506.

61. J. W. von Goethe, *Fausto*, vv. 1230-1237.

62. Eugenio Garin, *Moyen Âge ou Renaissance*, París, Gallimard, 1969.

CAPÍTULO DUODÉCIMO. *El inicio de una segunda y larga era axial*

1. McNeill, *op. cit.*, p. 173.

2. J. Darwin, *After Tamerlane. The Global History of Empire*, Londres, Penguin, 2007.

3. Lapidus, *op. cit.*, pp. 429-431.

4. Jeremy Adelman *et al.*, *Worlds Together, Worlds Apart*, Nueva York, Norton, 2014, pp. 411-416.

5. Coffin y Stacey, *op. cit.*, p. 510.

6. Giancarlo Casale, «The Islamic empires of the early modern world», en *The Cambridge World History*, vol. 6.1, Cambridge, CUP, 2015, pp. 333-341.

7. Ian Morris, *¿Por qué manda Occidente por ahora?*, Barcelona, Ático, 2014, p. 470.

8. *Ibid.*, p. 472.

9. Kevin Bishop, *China's Imperial Way*, Hong Kong, Odyssey, 1997, p. 47.

10. S. H. Tsai, *Perpetual Happiness: The Ming Emperor Yongle*, Seatle, 2002, p. 123.

11. Diamond, *Armas, op. cit.*, p. 470.

12. Ferguson, *op. cit.*, p. 95.

13. Robert B. Marks, *Los orígenes del mundo moderno*, Barcelona, Crítica, 2007.

14. Ch'oe Pu, *Diario*, citado en John Meskill, *Ch'oe Pu's Diary. A Record of Drifting Across the Sea*, Tucson, University of Arizona Press, 1965, p. 390.

15. Qiu Jun, «Suplemento a las Exposiciones sobre el gran saber» (1487), citado en T. Brook, *The Confusion of Pleasure: Commerce and Culture in Ming China*, Berkeley, University of California Press, 1998, p. 103.

16. Graeber, *op. cit.*

17. Charles Tilly, *Coercion, Capital and European States*, Cambridge, MA, Blackwell, 1992, p. 30.

18. Hoffman, *op. cit.*

19. J. R. Hale, *War and Society in Renaissance Europe, 1450-1620*, Baltimore, Johns Hopkins University Press, 1985, p. 29.

20. Carl von Clausewitz, *De la guerra*, Madrid, Ministerio de Defensa, 1999, p. 227.

21. J. R. Hale, *La Europa del Renacimiento, 1480-1520*, Madrid, Siglo XXI, 1973, p. 108.

22. Armstrong, *Gran transformación, op. cit.*, p. 159.

23. Chris Hedges, *La guerra es la fuerza que nos da sentido*, Madrid, Síntesis, 2003.

24. Theodore Nadelson, *Trained to Kill: Soldier at War*, Baltimore, Johns Hopkins University Press, 2005, p. 64.

25. Pasquale M. d'Elia, y Matteo Ricci, *Fonti ricciane; documenti originali concernenti Matteo Ricci e la storia delle prime relazione tra l'Europa e la Cina (1579-1615)*, Roma, Libreria dello Stato, 1942, vol. I, p. 66. Para una narración actual, véase Jonathan D. Spence, *El palacio de la memoria de Matteo Ricci*, Barcelona, Tusquets, 2002.

26. Citado en Ferguson, *op. cit.*, p. 61.

27. Hoffman, *op. cit.*, p. 24.

28. Ian Morris, *Guerra. ¿Para qué sirve?*, Barcelona, Ático de los libros, 2017.

29.   Citado en Tilly, *op. cit.*, p. 128.

30.   Max Weber, *The Religion of China: Confucianism and Taoism*, Nueva York, The Free Press, 1968.

31.   Fernand Braudel, *Civilización material, economía y capitalismo: siglos XV-XVIII*, Madrid, Alianza, 1984.

32.   Chris Harman, *Historia mundial del pueblo*, Madrid, Akal, 2013, p. 155.

33.   George Holmes, *Florence, Rome and the Origins of the Renaissance*, Oxford, OUP, 1986, p. 39.

34.   Robert S. Lopez, «The trade of medieval Europe: the south», en M. Prostan *et al.*, *The Cambridge Economic History of Europe*, Cambridge, CUP, 1952, vol. II, pp. 257 y ss.

35.   David García Hernán, *Historia Universal*, Madrid, Sílex, 2007, p. 241.

36.   Martín González Fernández, «Medievo y Renacimiento. ¿Ruptura o continuidad? El marco historiográfico de una polémica», en *Revista Española de Filosofía Medieval*, vol. 1, 1994, pp. 1-18.

37.   Giovanni Pico della Mirandola, *Discurso sobre la dignidad del hombre*, Barcelona, PPU, 1988.

38.   Giordano Bruno, *Expulsión de la bestia triunfante*, Madrid, Alianza, 1989, p. 227.

39.   *Ibidem.*

40.   Dorothy Koenigsberger, *Renaissance Man and Creative Thinking*, Hassocks, Harvester Press, 1979, p. 19.

41.   Harry Elmer Barnes, *An Intellectual and Cultural History of the Western World*, Nueva York, Dover, 1965, vol. 2, p. 549.

42.   Gene A. Brucker, *Florentine Politics and Society, 1343-1378*, Princeton, PUP, 1962, p. 105; Peter Burke, *Culture and Society in Renaissance Italy, 1420-1540*, Londres, Batsford, 1972.

43.   Israel M. Kirzner, *Competition and Entrepreneurship*, Chicago, University of Chicago Press, 1973.

44.   Gombrich, *op. cit.*, p. 155.

45.   Benedict Anderson, *Imagined Communities: Reflections on the Origin and Spread of Nationalism*, Londres, Verso, 1991, p. 39.

46.   Citado en Elizabeth L. Eisenstein, *The Printing Revolution in Early Modern Europe*, Cambridge, CUP, 1993, p. 152.

47.   J. Bradford DeLong y Andrei Shleifer, «Princes and Mer-

chants: European City Growth before the Industrial Revolution», en *Journal of Law & Economics*, 36, 1993, pp. 671-702.

48.   Gernet, *op. cit.*, p. 300.

49.   John K. Fairbank, *China. A New History*, Cambridge MA, Harvard UP, 1992, p. 88.

50.   Wright, *Nadie pierde, op. cit.*, pp. 190-204.

51.   Paul F. Grendler, *The Universities of the Italian Renaissance*, Baltimore, Johns Hopkins University Press, 2002.

CAPÍTULO DECIMOTERCERO. *Mundos en contacto*

1.   Bernardino de Sahagún, *Historia general de las cosas de Nueva España*, Madrid, Dastin, 2001, vol. II. pp. 817-818; Antonio Aimi, *La verdadera visión de los vencidos. La conquista de México en las fuentes aztecas*, Alicante, 2009, pp. 81-104.

2.   Watson, *Ideas, op. cit.*, p. 719; Ronald Wright, *Stolen Continents: The «New World» Through Indian Eyes Since 1492*, Boston, Houghton Mifflin, 1992, p. 23.

3.   Alvin M. Josephy, *America in 1492*, Nueva York, Vintage, 1993, p. 251.

4.   Cauvin, *op. cit.*

5.   Watson, *La gran divergencia, op. cit.*, p. 27.

6.   Watson, *Ideas, op. cit.*, p. 717.

7.   Alfred W. Crosby, *The Columbian Exchange*, Nueva York, Greenwood, 1972; *Id.*, *Ecological Imperialism*, Cambridge, CUP, 1986.

8.   Nathan Wachtel, *La vision des vaincus*, París, Gallimard, 1971, p. 212; Claude Lévi-Strauss, *Tristes tropiques*, París, Plon, 1955, p. 31.

9.   Watson, *La gran divergencia, op. cit.*, p. 462.

10.   David Freidel *et al.*, *El cosmos maya*, México, FCE, 2000.

11.   Jane Stevenson Day, *Aztec: the World of Moctezuma*, Denver, 1992.

12.   Berthold Riese, *Los mayas*, Madrid, Acento, 2002, pp. 55-56; Trigger, *op. cit.*, pp. 481 y 531; Mircea Eliade, *Diccionario, op. cit.*, pp. 40-41.

13.   Trigger, *op.cit.*, pp. 436, 447 y 612.

14.   Geoffrey W. Conrad y Arthur Demarest, *Religión e imperio: dinámica del expansionismo azteca e inca*, Madrid, Alianza, 1998.

15. Smith *et al.*, *Crossroads*, *op. cit.*, pp. 519-523; Hanns J. Prem, *Los aztecas*, Madrid, Acento, 2002, pp. 60-61; Trigger, *op. cit.*, pp. 71-89; Marvin Harris, *Antropología cultural*, Madrid, Alianza, 2011, pp. 402-406.

16. David Carrasco, *Quetzalcoatl and the Irony of Empire: Myths and Profecies in the Azec Tradition*, Boulder, University Press of Colorado, 2000, p. 18.

17. Flannery, *op. cit.*, pp. 380, 523-538; Trigger, *op. cit.*, pp. 76-86.

18. Michael E. Moseley, *The Incas and their Ancestors*, Londres, Thames & Hudson, 2001, pp. 72-73; Catherine Julien, *Los incas*, Madrid, Acento, 2002, pp. 98-99; Trigger, *op. cit.*, pp. 378-380.

19. Ifrah, *op. cit.*, pp. 181-186; Trigger, *op. cit.*, p. 595.

20. David Hume, *The Natural History of Religion*; Paul Radin, *Primitive Religion. Its Nature and Origin*, Nueva York, Dover, 1937; Robert H. Lowie, *Primitive Religion*, Londres, Routledge, 1936.

21. Cit. en Watson, *La gran divergencia*, *op. cit.*, p. 200.

22. Jan N. Bremmer (ed.), *The Strange World of Human Sacrifice*, Lovaina, Peeters, 2007, p. 230.

23. Pinker, *op. cit.*, p. 196.

24. Francisco López de Gómara, *Primera parte de la Historia General de las Indias*, BAE, t. XXII, Madrid, 1852, p.156.

25. Juan Luis Vives, «Epístola nuncupatoria a Juan III rey de Portugal», fechada en Brujas en julio de 1531.

26. John H. Elliott, *El Viejo Mundo y el Nuevo*, Madrid, Alianza, 1990.

27. Karl Lanz, *Correspondencia del emperador Carlos V*, Leipzig, 1844-1846, t. III, p. 20.

28. McNeill, *op. cit.*

29. Jorge N. Rodrigues y Tessaleno C. Devezas, *Portugal: o pioneiro da globalização*, Lisboa, Centro Atlantico, 2009, p. 193.

30. Tomé Pirés, *The Suma Oriental*, Londres, Hakluyt Society, 1944, p. 123, cit. en Felipe Fernández-Armesto, *Los conquistadores del horizonte*, Barcelona, Destino, 2006.

31. Morris, *Por qué manda*, *op. cit.*, p. 500.

32. J. Song, «Studies on the Spreading and Growing and Influences of Crops Originated in America During Ming and Qin Dynasties. Focusing in Maize, Sweet Potato and Tobacco», tesis, Univ. de Henan, 2007, cit. en Charles C. Mann, *1493*, Buenos Aires, Katz, 2013, p. 53.

33.   Xie Zhaoshe, Wuza zu, citado en Hucker, *op. cit.*, 1959, p. 262.

34.   Heinrich Müller (1560), citado en Braudel, *op. cit.*, 1981-1984, vol. I, p. 194.

35.   William Atwell, «Ming China and the emerging world economy, c. 1470-1650», en *The Cambridge History of China*, Cambridge, CUP, 1986, p. 384.

36.   D. Oropeza, «Los "indios chinos" en la Nueva España: la inmigración de la Nao de China, 1565-1700». Tesis doctoral en El Colegio de México, México, 2007, p. 172; R. Carrillo, «Asia llega a América. Migración e influencia cultural asiática en Nueva España (1565-1815)», *Asiacádemica*, 3, enero 2014, pp. 81-98; Manel Ollé, «La proyección de Fujian en Manila: los sangleyes del parián y el comercio de la Nao de China», en S. Bernabéu (ed.), *Un océano de seda y plata: el universo económico del Galeón de Manila*, Sevilla, CSIC, 2013, pp. 155-178.

37.   Smith *et al.*, *Crossroads, op. cit.*, pp. 690-696; Timothy Brook, *The Troubled Empire*, Cambridge MA, Harvard UP, 2010, pp. 230-232.

38.   Brook, *op. cit.*, p. 264.

39.   Richard von Glahn, *The Economic History of China*, Cambridge, CUP, 2016, pp. 4 y 10.

40.   B. Fernández Herrero, *La utopía de la aventura americana*, Barcelona, Anthropos, 1994.

41.   Eduardo García de Enterría, *La lengua de los derechos. La formación del Derecho público europeo tras la Revolución francesa*, Madrid, Alianza, 1995.

42.   Avelino Folgado, *Evolución histórica del concepto de Derecho Subjetivo*, San Lorenzo del Escorial, Anuario Jurídico Escurialense, 1960.

43.   G. W. F. Hegel, *Lecciones sobre la filosofía de la historia universal*, Madrid, Alianza, 1994.

44.   Ángel Losada, «Introducción» a Bartolomé de las Casas, *Obras*, Madrid, Alianza, 1986, p. 12.

45.   John H. Elliott, *Imperios del mundo atlántico*, Madrid, Taurus, 2006.

46.   Hugh Thomas, *La trata de esclavos*, Barcelona, Planeta, 1997, p. 53.

47.   Jean Dumont, *El amanecer de los derechos del hombre*, Madrid, Encuentro, 2009.

48.   Ramón Carande, «Gobernantes y gobernados en la hacienda de Castilla», en *Estudios de Historia*, vol. I, Barcelona, Crítica, 1989, p. 86.

49.   Citado en Fernández Buey, p. 254.

50.   Puede verse como apéndice a Manuel Fernández Álvarez, *Economía, sociedad y corona*, Madrid, 1963.

51.   Dumont, *op. cit.*, p. 89.

52.   Juan Manzano Manzano, *La incorporación de las Indias a la Corona de Castilla*, Madrid, 1948, p. 127.

Capítulo decimocuarto. *La lucha por la tolerancia*

1.   John L. Esposito (ed.), *The Islamic World: Past and Present*, Nueva York, Oxford UP, 2004.

2.   Merry E. Wiesner-Hanks, *A Concise History of the World*, Cambridge, Cambridge UP, 2015, pp. 256-257; R. Po-Chia Hsia, «Christianity in Europe and overseas», en *The Cambridge World History*, Cambridge, CUP, 2015, vol. 6.2, pp. 340 y 345.

3.   Richard A. Crofts, «Printing, Reform and Catholic Reformation in Germany», en *The Sixteenth Century Journal*, 16, 3, 1985, p. 376.

4.   Neil MacGregor, *Germany. Memories of a Nation*, Londres, Penguin, 2014, pp. 104-107.

5.   Nicholas Ostler, *Empires of the Word*, Londres, Harper, 2005, p. 364.

6.   Adelman *et al.*, *Worlds Together*, *op. cit.*, p. 419; Wiesner-Hanks, *op. cit.*, pp. 259-260.

7.   Jacob Bronowski y Bruce Mazlish, *The Western Intellectual Tradition*, Londres, Penguin, 1970, p. 85.

8.   Coffin y Stacey, *op. cit.*, p. 577.

9.   Hsia, *op. cit.*, pp. 341 y 344.

10.   Coffin y Stacey, *op. cit.*, p. 608.

11.   Paul Janet, *Historie de la philosophie morale et politique*, París, 1858, II, p. 38.

12.   Barrington Moore, *Pureza moral y persecución en la historia*, Barcelona, Paidós, 2001.

13.   *Ibid.*, p. 88.

14.   *Ibid.*, p. 89.

15.   Marcelino Menéndez Pelayo, *Historia de los heterodoxos españoles*, t. IV, *OO.CC.*, Madrid, 1928, p. 376.

16.   Huizinga, *op. cit.*

17.   Martin E. Marty y R. Scott Appleby, *Fundamentalisms Observed*, Chicago, University of Chicago Press, 1991.

18.   Karen Armstrong, *Los orígenes del fundamentalismo en el judaísmo, el cristianismo y el islam*, Barcelona, Tusquets, 2017, p. 23.

19.   Voltaire, «Lettre à Mme du Deffand, 18 mai 1767».

20.   Dietrich Gerhard, *La Vieja Europa*, Madrid, Alianza, 1991, pp. 122, 125 y 136.

21.   Heinrich Lutz, *Reforma y Contrarreforma*, Madrid, Alianza, 1992, pp. 280-285; Iring Fetscher, *La tolerancia*, Barcelona, Gedisa, 1994, pp. 44-48 y 69.

22.   Lutz, *op. cit.*, pp. 221-224.

23.   Edmund S. Morgan, *La invención del pueblo*, Madrid, Siglo XXI, 2006.

24.   Yves-Charles Zarka, *Filosofía y política en la época moderna*, Madrid, Escolar y Mayo, 2008.

25.   William Ebenstein, *Los grandes pensadores políticos*, Madrid, Revista de Occidente, 1969, p. 341.

26.   Nicolás Maquiavelo. *Discursos sobre la Primera Década de Tito Livio*, 1952, p. 105.

27.   Nicolás Maquiavelo, *El Príncipe*, 1959, p. 128.

28.   Rafael del Águila, *La senda del mal. Política y razón de Estado*, Madrid, Taurus, 2000.

29.   Robert Kagan, *Poder y debilidad*, Madrid, Taurus, 2003.

30.   Georg Jellinek, *Teoría general del estado*, Granada, Comares, 2000.

31.   F. H. Hinsley, *El concepto de soberanía*, Barcelona, Labor, 1972.

32.   Ivo de Chartres, *Epístola CVI*, P.L., t. CLXII, col. 121.

33.   Morgan, *op. cit.*

1. William Shakespeare, *El sueño de una noche de verano*, acto II, escena I.

2. Geoffrey Parker, *El siglo maldito*, Barcelona, Planeta, 2013, p. 83.

3. John Locke, *Dos tratados sobre el gobierno civil*, Londres, 1660, citado en Parker, *op. cit.*

4. Charles T. Foster y F. H. B. Daniels (eds.) *The Life and Letters of Ogier Ghiselin de Busbecq*, Londres, 1881, p. 221, citado en Ferguson, *Civilización*, *op. cit.*, p. 101.

5. Ferguson, *op. cit.*, p. 108.

6. Thomas Sprat, *History of the Royal Society of London for Improving of Natural Knowledge*, Londres 1702, p. 67.

7. Étienne Chauvin, *Lexicon Rationale, sive Thesaurus Philosophicus*, Rotterdam, 1692.

8. Hugo Grocio, Prolegómeno a *De iure belli ac pacis*, 11.

9. Ernst Cassirer, *Filosofía de la Ilustración*, Madrid, FCE, 1993, p. 269.

10. Alessandro Passerin d'Entrèves, *Derecho Natural*, Madrid, Aguilar, 1972, p. 75.

11. Toby E. Huff, *Intellectual Curiosity and the Scientific Revolution. A Global Perspective*, Cambridge, CUP, 2010.

12. Sayyed M. Deen, *Science under the Islam: Rise, Decline and Revival*, Keele, 2007, p. 122.

13. Philip Mansel, *Constantinople: City of the World's Desire, 1453-1924*, Londres, 2006, p. 45.

14. Bodde, *op. cit.*, pp. 344-346 y 362.

15. Theodore K. Rabb, *The Last Days of the Renaissance & the March to Modernity*, Nueva York, Basic Books, 2006 p. 111.

16. Ferguson, *Civilización*, p. 121.

17. Steven Shapin, *La revolución científica. Una interpretación alternativa*, Barcelona, Paidós, 2000, p. 65; Ofer Gal y Raz Chen-Morris, *Baroque Science*, Chicago, UCP, 2012, pp. 6-12.

18. Keith Thomas, *Religion and the Decline of Magic*, Londres, 1971.

19. Coffin y Stacey, *op. cit.*, p. 628; Anne L. Barstow, *La caza de brujas en Europa: 200 años de terror misógino*, Gerona, Tikal, 1999.

20.   Francis Bacon, *Novum organum*, 1620.

21.   Gregorio Peces Barba, «Sobre el puesto de la historia en el concepto de los derechos fundamentales», en *Escritos sobre derechos fundamentales*, Madrid, EUDEMA, 1988, p. 91.

22.   Ernst Cassirer, *El Mito del Estado*, México, FCE, 1947.

23.   Fanny Cosande y Robert Descimon, *L'absolutisme en France*, París, Seuil, 2002.

24.   Dig. 1,3,31 y Dig. 1,4,1, respectivamente.

25.   Parker, *op. cit.*, p. 97.

26.   *Ibid.*, p. 99.

27.   Gioele Solari, *La formazione storica e filosofica dello Stato moderno*, Turín, Giappichelli, 1962, p. 54.

28.   García de Enterría, *op. cit.*, p. 57.

29.   Pierre Bayle, «Commentaire philosophique sur ces paroles de Jésus-Christ, "Contrain-les d'entrer"», en *Oeuvres diverses*, II, La Haya, 1727, reproducida en G. Olms, Hildesheim, 1965, II, 8, p. 425.

30.   Pierre Bayle, *Pensées sur les Comètes*, 1682, párrafo 182.

31.   Francis Fukuyama, *Orden y decadencia de la política*, Barcelona, Deusto, 2016.

32.   Zhang Tao, *Shexian zhi*, citado en Timothy Brook, *The Confusions of Pleasure: Commerce and Culture in Ming China*, Berkeley, UCP, 1998, pp. 1-4.

33.   Richard Kagan, *Students and Society in Early Modern Spain*, Baltimore, JHUP, 1974, p. 45; Joseph Bergin y Laurence Brockliss (eds.), *Richelieu and His Age*, Oxford, Clarendon, 1992, p. 245; Gabriel Naudé, *Considérations politiques sur les coups d'état* (1639); Robert H. Bremner, *Children and Youth in America*, Cambridge MA, Harvard UP, 1970, p. 90; Parker, *op. cit.*, p. 91.

34.   Willard J. Peterson (ed.), *The Cambrige History of China*, Cambridge, CUP, 1978-2009, VIII, p. 714.

35.   Bertrand de Jouvenel, *Sobre el poder*, Madrid, Unión Editorial, 1998, p. 81.

36.   Roger Osborne, *Civilización. Una historia crítica del mundo occidental*, Barcelona, Crítica, 2007, p. 331.

37.   Trautmann, *op. cit.*, pp. 160-165.

38.   *Ibid.*, pp. 167-168.

39.   Adelman *et al.*, *Worlds Together, op. cit.*, p. 417; Casale, *op. cit.*, pp. 335-342.

40.   Fage, *op. cit.*, pp. 254-262; John Parker y Richard Rathbone, *African History*, Oxford, OUP, 2007, p. 78.

41.   Fage, *op. cit.*, pp. 254-270; Parker y Rathbone, *op. cit.*, p. 72.

42.   Holcombe, *op. cit.*, pp. 122-123, 157 y 183-186; Reischauer, *op. cit.*, pp. 59-60 y 86.

43.   Holcombe, *op. cit.*, pp. 179-183; Reischauer, *op. cit.*, pp. 64 y 74-77.

44.   Bellah, *Imagining Japan, op. cit.*, pp. 22 y 28; Holcombe, *op. cit.*, pp. 213-214.

CAPÍTULO DECIMOSEXTO. *El siglo de las revoluciones*

1.   Immanuel Kant, «¿Qué es Ilustración?» (1784), en *Id.*, *Filosofía de la historia*, México, FCE, 1981, p. 25.

2.   Francisco Rodríguez Adrados, *Historia de la democracia*, Madrid, Temas de Hoy, 1997, p. 262.

3.   François Furet y Mona Ozouf, *Dictionnaire critique de la Révolution française*, París, Flammarion, 1992, vol. 2, p. 63.

4.   J. A. Marina, *Los sueños de la razón*, Barcelona, Anagrama, 2003.

5.   Francesc Romà i Rossell, *Las señales de la felicidad en España* (1768), Barcelona, Alta Fulla, 1989.

6.   José Antonio Maravall, *Estudios de la historia del pensamiento español. Siglo XVIII*, Madrid, Mondadori, 1991, pp. 162-189.

7.   Luca Scuccimarra, «...Un popolo infelice non ha patria. Politiche della felicità nel Settecento», en B. Consarelli y N. di Penta (eds.), *Il mondo delle passioni nell'immaginario utopico*, Milán, Giuffrè, 1997, pp. 55-81; Anna Maria Rao (ed.), *Felicità pubblica e felicità privata nel Settecento*, Roma, Edizioni di Storia e Letteratura, 2012.

8.   Henri de Saint-Simon, *L'industrie*, vol. II, p. 17, en *Oeuvres de Saint-Simon*, vol. XIX, p. 47.

9.   Hirschman, *op. cit.*

10.   Max Weber, *La ética protestante y el espíritu del capitalismo*, Barcelona, Península, 1995.

11.   María Rosa Lida de Malkiel, *La idea de fama en la Edad Media castellana*, México, FCE, 1951.

12.   Giambattista Vico, *Princìpi di scienza nuova*, Milán, Mondadori, 1992, p. 79 (libro I, sezione II, VII).

13.   Henri de Rohan, *De l'interest des princes et estats de la chrestienté* (1639), Introducción a la parte II.

14.   *Boswell's Life of Johnson*, Nueva York, Oxford UP, 1933, vol. I, p. 567, 27 de marzo de 1775.

15.   Jacques Savary, *Le parfait négociant* (1675), libro de texto para hombres de negocios.

16.   Adam Ferguson, *An Essay on the History of Civil Society*, Londres, 1767.

17.   Hirschman, *op. cit.*, p. 139.

18.   F. W. Schelling, «Kant», en J. L. Villacañas (ed.), *Schelling. Antología*, Barcelona, Península, 1988, pp. 165-166.

19.   Immanuel Kant, *Sobre la paz perpetua* (1795), Madrid, Akal, 2011.

20.   Margaret C. Jacob, *The Cultural Meaning of the Scientific Revolution*, Filadelfia, Temple UP, 1988, p. 109.

21.   Shapin, *op. cit.*

22.   Stephen Toulmin, *Human Understanding*, Princeton, PUP, 1972, p. 42.

23.   Christian, *op. cit.*, p. 473.

24.   Gaspar Melchor de Jovellanos, *Discurso sobre la necesidad de cultivar en el Principado el estudio de las ciencias naturales* (1782).

25.   Jean Sarrailh, *La España ilustrada de la segunda mitad del siglo XVIII*, México, FCE, 1957, p. 243.

26.   Napoléon-Louis Bonaparte, *Fragments historiques, 1688 et 1830*, París, 1841, p. 125.

27.   Eric Hobsbawm, *Industria e imperio*, Barcelona, Ariel, 1977, p. 28.

28.   Joel Mokyr, *The Enlightened Economy: An Economic History of Britain, 1700-1850*, New Haven, Yale UP, 2012; Id., *The Lever of Riches. Technological Creativity and Economic Progress*, Nueva York, Oxford UP, 1990, p. 99.

29.   Friedrich Engels, *La situación de la clase obrera en Inglaterra*, 1845.

30. Mokyr, *op. cit.*

31. Osborne, *op. cit.*

32. Keith Michael Baker, *Inventing the French Revolution*, Cambridge, CUP, 1990.

33. Patrice Gueniffey, *La politique de la Terreur*, París, Fayard, 2000.

34. Osborne, *op. cit.*, p. 371.

35. Ladan Boroumand, *La guerre des principes: Les assemblées révolutionnaires face aux droits de l'homme et à la souveraineté de la nation, mai 1789-juillet 1794*, París, Éditions de l'EHESS, 1999.

36. B. J. Feijoo, «Amor a la patria y pasión nacional», *Teatro crítico*, t. III, discurso 10.

37. Anacharsis Cloots, «Bases constitutionnelles de la république du genre humaine» (1793), en *Écrits révolutionnaires, 1790-1794*, París, Champ Libre, 1979, p. 476.

38. Robespierre, *OO.CC.*, t. VIII, p. 81.

39. Karl Marx y Friedrich Engels, *La sagrada familia* (1844), Madrid, Akal, 2013.

40. Florence Gauthier, *Triomphe et mort du droit naturel en Révolution 1789-1795-1802*, PUF, París, 1992.

41. Isaiah Berlin, «The Counter-Enlightement», en *Id.*, *Against the Current: Essays in the History of Ideas,* Princeton, PUP, 1979; Graeme Garrard, *Counter-Enlightenments: From the Eighteenth Century to the Present*, Nueva York, Routledge, 2006; Arthur Herman, *La idea de decadencia en la historia occidental*, Barcelona, Andrés Bello, 1997.

42. Kulke, *op. cit.*, pp. 165-176; Keay, *op. cit.*, p. 414; Trautmann, *op. cit.*, pp. 176-179.

43. Smith *et al.*, *Crossroads, op. cit.*, pp. 693-695.

44. Kenneth Pomeranz, *The Great Divergence. China, Europe, and the Making of the Modern World Economy*, Princeton, PUP, 2000.

45. Pomeranz, *op. cit.*, pp. 140-148; William T. Rowe. *China's Last Empire. The Great Qing*, Cambridge MA, Harvard UP, 2009, pp. 149-150.

CAPÍTULO DECIMOSÉPTIMO. *La furia expansiva*

1. Heidegger, tan interesado por el poder, comentó este texto en *Nietzsche*, Barcelona, Destino, pp. 72 y ss.

2.   Friedrich Wilhelm Joseph Schelling, *Sämtliche Werke*, Múnich, 1958, vol. VII, p. 350.

3.   Karl Marx, *Tesis sobre Feuerbach* (1845), Barcelona, Grijalbo, 1974.

4.   *Mémoires du général de Caulaincourt*, del extracto publicado en Ginebra, La Palatine, 1943, pp. 112-169.

5.   Hermann Rauschning, *Gespräche mit Hitler*, Zúrich, 1940.

6.   Ramiro de Maeztu, «Estudio sobre Sudermann», en *La España moderna*, 113, 1898.

7.   José Ortega y Gasset, *Personas, obras, cosas*, en *OO.CC.*, Madrid, Taurus, 2004, vol. 2, p. 29.

8.   José María Salaverría, *Vieja España*, Madrid, 1907, p. 147.

9.   John Kenneth Galbraith, *La anatomía del poder*, Barcelona, Plaza y Janés, 1984, pp. 85 y ss.

10.   Adolf A. Berle, *Power*, Nueva York, Harcourt, 1968, p. 63.

11.   Charles E. Lindblom, *Politics and Markets: The World's Political Economic Systems*, Nueva York, Basic Books, 1977, p. 26.

12.   Jürgen Osterhammel, *La transformación del mundo: Una historia global del siglo XIX*, Barcelona, Crítica, 2015, pos. 16698-711.

13.   *Ibid.*, pos. 16860-83.

14.   *Ibid.*, pos. 17050.

15.   Michael Freeden, *Liberalism*, Oxford, OUP, 2015, pp. 12-16.

16.   Coffin y Stacey, *op. cit.*, p. 897.

17.   Eric Hobsbawm, *La era del capital (1848-1875)*, Barcelona, Crítica, 2012, p. 393.

18.   *Bankers Magazine*, V, Boston, 185º, p. 11.

19.   Osborne, *op. cit.*, p. 392.

20.   Karl Marx y Friedrich Engels, *El manifiesto comunista* (1848).

21.   Osborne, *op. cit.*, p. 395.

22.   Donald Read, *Press and People, 1790-1850*, Londres, Arnold, 1961, p. 216.

23.   Jouvenel, *op. cit.*, p. 360.

24.   J. M. Roberts, *The New Penguin History of the World*, Londres, Penguin, 2007, p. 746.

25.   Ronaldo Vainfas, *Dicionário do Brasil Imperial (1822-1889)*, Río de Janeiro, Objetiva, 2002; Laird W. Bergad, *The Comparative His-*

tories of Slavery in Brazil, Cuba, and the United States, Nueva York, Cambridge UP, 2007.

26.   Julie A. Charlip, «Latin America in world history», en *The Cambridge World History*, Cambridge, CUP, 2015, vol., 7.1, pp. 526-534.

27.   Osborne, *op. cit.*, p. 433.

28.   Joseph de Maistre, *Oeuvres complètes*, Lyon, Vittre, 1884, p. 325.

29.   Watson, *Ideas, op. cit.*, p. 1059.

30.   Marcelino Menéndez y Pelayo, *La ciencia española*, 1876.

31.   Johann Wolfgang von Goethe, *Escritos de arte*, Madrid, Síntesis, 1999.

32.   Ernest Gellner, *Naciones y nacionalismo*, Madrid, Alianza, 2001.

33.   Tullio de Mauro, *Storia linguistica dell'Italia unita*, Bari, Laterza, 1963.

34.   Hobsbawm, *La era de capital, op. cit.*, II, p. 425.

35.   Sunil Khilnani, *The Idea of India*, Nueva York, Farrar, Straus & Giroux, 1998.

36.   Robert E. Elson, *The Idea of Indonesia*, Nueva York, Cambridge UP, 2008, pp. 1-4.

37.   Osterhammel, *op. cit.*, pos. 11936-42.

38.   Christopher A. Bayly, *El nacimiento del mundo moderno, 1780-1914*, Madrid, Siglo XXI, 2010, pp. 228 y 239.

39.   Bayly, *op. cit.*, pp. 237 y 247.

40.   John Coatsworth *et al.*, *Global connections*, Cambridge, CUP, 2015, vol. 2, p. 296.

41.   Coffin y Stacey, *op. cit.*, p. 902.

42.   Hobsbawm, *La era de capital, op. cit.*, II, p. 382.

43.   Jürgen Osterhammel y Niels P. Petersson: *Globalization. A Short History*, Princeton, PUP, 2005, p. 77.

44.   Trautmann, *op. cit.*, pp. 183-187.

45.   Keay, *op.cit*, pp. 431 y 452.

46.   William T. Rowe, *China's Last Empire. The Great Qing*, Cambridge MA, Harvard UP, 2009, pp. 145-148.

47.   Osterhammel, *op. cit.*, pos. 14538 y ss.

48.   John Keay, *China. A History*, Londres, Harper, 2008, p. 448.

49. Gernet, *op. cit.*, pp. 469 y 486-497.

50. Osterhammel, *op. cit.*, pos. 12322-7; J. D. Fage, *A History of Africa*, Londres, Routledge, 2001, pp. 326-333.

51. Osterhammel, *op. cit.*, pp. 403, 409-420 (ed. en inglés: Princeton, PUP, 2014).

52. Jules Ferry, «Les fondements de la politique coloniale», *Journal Officiel* du 29 juillet 1885.

53. Osterhammel, *op. cit.*, p. 456 (ed. en inglés).

54. Osterhammel, *op. cit.*, pos. 12224-30.

55. Bellah, *Imagining Japan, op. cit.*, pp. 35-36; Holcombe, *op. cit.*, pp. 220-223.

56. John A. Hobson, *Imperialism: A Study*, Nueva York, Pott & Co., 1902.

57. William T. Stead (ed.), *The Last Will and Testament of C. J. Rhodes*, Londres, 1902, p. 97, cit. en Watson, *Ideas, op. cit.*, p. 1058.

58. Osborne, *op. cit.*, p. 464.

59. Alexandre-Théophile Vandermonde, «Quatrième leçon d'économie politique, 23 ventôse», en Daniel Nordman (ed.) *L'École normale de l'an III*, París, Dunod, 1994.

60. Armand Mattelart, *Histoire de l'utopie planétaire*, París, La Découverte, 1999, p. 133.

61. Michel Chevalier, *Le système de la Méditerranée*, artículos publicados en el diario *Le Globe*, 1832.

62. Osterhammel y Petersson, *op. cit.*, pp. 82-83.

63. Bayly, *op. cit.*, p. 271.

64. Theodore Ruyssen, *La philosophie de la paix*, París, Giad et Brière, 1904, p. 11.

CAPÍTULO DECIMOCTAVO. *Esto es el ser humano*

1. Primo Levi, *Si esto es un hombre*, Barcelona, El Aleph, 2006.

2. Jiwei Ci, *Dialectic of the Chinese Revolution. From Utopianism to Hedonism*, Stanford, SUP, 1994.

3. Rafael Palacios, *El sentido de la historia*, Madrid, Mandala, 2018.

4. Osborne, *op. cit.*, p. 471.

5.   Citado por Gerhard Ritter, *The Sword and the Scepter*, Londres, Allen Lane, 1969-1973.

6.   Fritz Fischer, *War of Illusions. German Policies from 1911 to 1914*, Londres, Norton, 1975, p. 30.

7.   Bernard Wasserstein, *Barbarie y civilización*, Barcelona, Ariel, 2010, pp. 75 y 87.

8.   Philip Larkin, *Poesía reunida*, Barcelona, Lumen, 2014 (traducción de Damián Alou).

9.   Friedrich Nietzsche, *Así habló Zaratustra*, parte 1, «De la guerra y los guerreros».

10.   Friedrich Nietzsche, *Más allá del bien y del mal*, sec. 62.

11.   «El genio de la guerra y la guerra alemana». Ver el comentario de Ortega en sus *OO. CC.*, II, pp. 192-223. Thomas Mann polemizó contra el pacifista Romain Rolland, afirmando que el hombre se deteriora con la paz, que la ley es una fuerza niveladora que solo beneficia a los débiles, y que la guerra hace más fuertes: Leon W. Fuller, «The War of 1914 as Interpreted by German Intellectuals», en *The Journal of Modern History*, 14 (2), junio 1942, pp. 145-160.

12.   Josep Fontana, *El siglo de la revolución. Una historia del mundo desde 1914*, Barcelona, Crítica, 2017.

13.   Robert Strayer, «Communism and fascism», en *The Cambridge World History, op. cit.*, vol. 7.1, pp. 442-458.

14.   Mark Mazower, «The Dark Continent: Europe and Totalitarianism», en H. Joas y K. Wiegandt (eds.), *The Cultural Values of Europe, op. cit.*, pp. 268-275.

15.   Osborne, *op. cit.*, p. 486.

16.   Arthur Koestler, *El cero y el infinito*, Barcelona, Debolsillo, 2011.

17.   Jouvenel, *op. cit.*, p. 30.

18.   Aurelio Arteta, *La compasión. Apología de una virtud bajo sospecha*, Barcelona, Paidós, 1996. Martha Nussbaum ha pedido que la compasión se integre en los currículos educativos en *El cultivo de la humanidad*, Barcelona, Paidós, 2005, pp. 139 y ss.

19.   Jonathan Glover, *Humanidad e inhumanidad. Una historia moral del siglo XX*, Madrid, Cátedra, 2007.

20.   Tim Kelsey, «Report», en *Independent on Sunday*, 10.3.1991.

21.   Indira Hadziomerovic, «Duelo en Sarajevo», en *Independent*, 8.8.1992.

22. Klaus P. Fischer, *Nazi Germany. A New History*, Londres, Bloomsbury, 1995.

23. Amin Maalouf, *Identidades asesinas*, Madrid, Alianza, 2012.

24. Amartya Sen, *Identidad y violencia*, Buenos Aires, Katz, 2007.

25. African Rights, *Uganda*, p. 42.

26. David Hamburg, *Learning to Live Together*, Nueva York, OUP, 2004.

27. Daniel Chirot, *Modern Tyrants*, Princeton, PUP, 1994.

28. Khaled Fattah y K. M. Fierke, «A Clash of Emotions: The Politics of Humiliation and Political Violence in the Middle East», en *European Journal of International Relations*, 15 (1), pp. 67-93, 2009.

29. Manuel Arias Maldonado, «El resentimiento en la democracia», en *Revista de Libros*, julio 2015.

30. Liah Greenfeld, *Nationalism: Five Roads to Modernity*, Cambridge MA, Harvard UP, 1992.

31. Theodor W. Adorno *et al.*, *The Authoritarian Personality*, Nueva York, Harper, 1950.

32. Erich Fromm, *El miedo a la libertad*, Barcelona, Paidós, 1982, y *Ética y psicoanálisis*, México, FCE, 1985.

33. Francisco Javier Conde, *Contribución a la doctrina del caudillaje*, Madrid, 1952.

34. Hannah Arendt, *Eichmann en Jerusalén: un estudio sobre la banalidad del mal*, Barcelona, Lumen, 1999.

35. Pedro Azara, *De la fealdad del arte moderno*, Barcelona, Anagrama, 2006.

36. Roger Griffin, *Modernismo y fascismo. La sensación de comienzo bajo Mussolini y Hitler*, Madrid, Akal, 2010.

37. Steven Pinker, *La tabla rasa*, Barcelona, Paidós, 2003.

38. Tzvetan Todorov, *La experiencia totalitaria*, Barcelona, Galaxia Gutenberg, 2010, p. 233.

39. Dalmacio Negro, *El mito del hombre nuevo*, Madrid, Encuentro, 2009.

40. Alain Finkielkraut, *L´Humanité perdue*, París, Seuil, 2007.

41. Hannah Arendt, *Los orígenes del totalitarismo*, Madrid, Alianza, 1987, p. 680.

42. Virgil Gheorghiu, *La hora veinticinco*, Barcelona, Caralt, 1950.

43. Albert Camus, *La peste*, Barcelona, Edhasa, 1979.

44. Lester R. Brown *et al.*, *State of the World 1999*, Nueva York, Norton, 1999, p. 154.

45. Eric Hobsbawn, *Historia del siglo XX*, Barcelona, Crítica, 1998, pp. 464-465; que cita a Benjamin Schwartz, «Modernisation and the Maoist Vision», en Roderick MacFarquhar (ed.), *China Under Mao: Politics Takes Command*, Cambridge MA, The MIT Press, 1966.

46. Li Zhisui, *The private Life of Chairman Mao*, Nueva York, Chatto & Windus, 1994, p. 125.

47. Hobsbawm, *op. cit.*, p. 465.

48. Richard L. Walker, *China under Communism*, Londres, Allen & Unwin, 1956.

49. Jung Chang, *Wild Swans*, Nueva York, Harper, 1991, p. 658.

50. Hobsbawm, *op.cit.*, p. 466.

51. World Bank, *China 2030: Building a Modern, Harmonious, and Creative High-Income Society*, Washington DC, World Bank, 2013.

52. Daniel Cohen, *La prosperité du vice*, París, Le Livre de Poche, 2009, p. 88.

53. Daniel Innerarity, *La democracia del conocimiento*, Barcelona, Paidós, 2011, pp. 74-79.

54. Peter L. Berger y Samuel P. Huntington (eds.), *Globalizaciones múltiples*, Barcelona, Paidós, 2002, pp. 19-22.

55. Axel Honneth, *La lucha por el reconocimiento: por una gramática moral de los conflictos sociales*, Barcelona, Crítica, 1997. Charles Taylor, *El multiculturalismo y la «política del reconocimiento»*, Madrid, FCE, 1993.

56. José A. de Obieta Chalbaud, *El derecho humano de la autodeterminación de los pueblos*, Madrid, Tecnos, 1993.

57. Fage, *op. cit.*, pp. 501-533.

58. «Africa's cities take centre stage», en *The Economist*, 21.11.12.

59. Kulke y Rothermund, *op.cit*, p. 211; Keay, *op.cit*, p. 499; Trautmann, *op.cit.*, p. 209; Heinrich von Stietencron, «Hinduism», en H. Joas y K. Wiegandt (eds.), *Secularization and the World Religions*, Liverpool, LUP, 2009, p. 139.

60. Frank Trentmann, *Empire of Things*, Nueva York, Harper, 2016, Epílogo, pp. 676-690.

61. José Antonio Marina, *Las arquitecturas del deseo*, Barcelona, Anagrama, 2007.

62. John Kenneth Galbraith, *La sociedad opulenta*, Barcelona, Ariel, 1984. Galbraith nos parece una figura imprescindible para comprender la infraestructura económica de la historia del siglo XX, con libros como *El nuevo estado industrial*, *El crash de 1929*, *El dinero* o *La anatomía del poder*.

63. Grupo Marcuse, *De la miseria humana en el medio publicitario*, Barcelona, Melusina, 2006.

64. Karen Armstrong, *Los orígenes del fundamentalismo en el judaísmo, el cristianismo y el islam*, Barcelona, Tusquets, 2004.

65. Arthur Herman, *La idea de decadencia en la historia occidental*, Barcelona, Andrés Bello, 1998.

66. Robert Nisbet, *History of the Idea of Progress*, New Brunswick NJ, Transaction, 2009, p. 317.

67. Matt Ridley, *El optimista racional*, Madrid, Taurus, 2011.

68. Hans Rosling, cofundador de Gapminder Foundation.

69. Max Roser, director de la web *Our World in Data*, de la Universidad de Oxford.

70. Johan Norberg, *Progreso: 10 razones para mirar al futuro con optimismo*, Instituto Juan de Mariana-Cobas-Deusto, 2017.

71. Steven Pinker, *Los ángeles que llevamos dentro. El declive de la violencia y sus implicaciones*, Barcelona, Paidós, 2012; y *En defensa de la Ilustración*, Barcelona, Paidós, 2018.

72. Francis Fukuyama, *El fin de la historia y el último hombre*, Barcelona, Planeta, 1992.

73. Fernand Braudel, *Civilización material, op. cit.*

74. Robert William Fogel, *Escapar del hambre y la muerte prematura, 1700-2100: Europa, América y el Tercer mundo*, Madrid, Alianza, 2009.

75. Amartya Sen, *Poverty and Famines: An Essay on Entitlement and Deprivation*, Oxford, OUP, 1981.

76. Pinker, *Los ángeles..., op. cit.*, pp. 664 y ss.

77. David Runciman, *The Confidence Trap*, Princeton, PUP, 2013.

78. Diamond, *Colapso, op. cit.*

79. Antonio Truyol, *Los derechos humanos*, Madrid, Tecnos, 1982.

80. Federico Aznar Fernández-Montesinos, «Derecho y política. Debates sobre el derecho de injerencia», en IEEE:ES, Documento 40/2015.

81. Ernesto Garzón Valdés, «Notas sobre la filosofía del derecho alemana actual», en *Derecho, Ética y Política*, Madrid, Centro de Estudios Constitucionales, 1993. pp. 235-264.

82. José Antonio Marina y María de la Válgoma, *La lucha por la dignidad*, Barcelona, Anagrama, 2000, Introducción.

83. José Antonio Marina, «La ética como ficción salvadora», en *Ética y filosofía política: Homenaje a Adela Cortina*, Madrid, Tecnos, 2018.

84. Ágnes Heller, *Instinto, agresividad y carácter*, Barcelona, Península, 1980, p. 202.

85. Arnold Gehlen, *Antropología filosófica*, Barcelona, Paidós, 1993.

86. Transgrede el propio orden de la naturaleza de las cosas para fundarlo de otro modo. Yan Thomas, «Les artifices de la vérité en droit commun médiéval», en *L'Homme*, 175-176, 2005, pp. 113-130.

87. Christophe Grzegorczyk, «Le rôle du performatif dans le langage du droit», en *Archives de philosophie du droit*, XIX, 1974, pp. 229 y ss.

88. Samuel Huntington, *El choque de civilizaciones y la reconfiguración del orden mundial*, Barcelona, Paidós, 1997.

89. Ulrich Beck, *La individualización. El individualismo institucionalizado y sus consecuencias sociales y políticas*, Barcelona, Paidós, 2003.

Epílogo

1. Simone de Beauvoir, *¿Para qué la acción?*, Buenos Aires, La Pléyade, 1972, p. 9. El título original es *Pyrrhus et Cinéas* (1944).

2. Yuval Noah Harari, *Homo Deus*, Barcelona, Debate, 2016, p. 32.

3. European Parliament, *Human Enhancement*, 2009. Steven John Thompson (ed.), *Global Issues and Ethical Considerations in Human Enhancement Technologies*, Hershey, IGI Global, 2014.

4. *Global Trends 2030: Alternative Worlds*, National Intelligence Council, 2012, p. 100.

5. Kevin Warwick, *I, Cyborg*, Champaign, University of Illinois Press, 2004.

6.   José Antonio Marina, «La ética como ficción salvadora», en *Ética y filosofía política: Homenaje a Adela Cortina*, Madrid, Tecnos, 2018.

7.   Martha C. Nussbaum, *Not for Profit. Why Democracy Needs the Humanities*, Princeton, Princeton University Press, 2012, p. 1.

8.   Guillaume Apollinaire, «La jolie rousse», en *Le Guetteur mélancolique suivi de Poèmes retrouvés*, París, Gallimard, 1970. Versión española de Octavio Paz, *Versiones y diversiones*, México, Joaquín Mortiz, 1974, p. 28.